数理ファイナンスの歴史

The History of Mathematical Finance

櫻井 豊 [著]
Yutaka sakurai

一般社団法人 金融財政事情研究会

はじめに

　本書で用いる「数理ファイナンス」という言葉は、デリバティブの価格理論などのいわゆる金融工学に、一般均衡理論、MM理論、ポートフォリオ理論やその他の投資技術などを加えたものであると考えていただきたい。つまり、本書は金融工学とそれに直接的に関連する経済やファイナンスの理論、概念や技術の発展を、歴史の視点でまとめたものであり、関連するさまざまな事件、金融危機や規制当局の動きなども説明する。

　本書は次のような特徴をもつが、数理ファイナンスの諸概念や関連する事件を歴史というアプローチによって重要事項を網羅的に伝える試みは、おそらく過去に例がないものであると考える。

① 「歴史」という視点で、数理ファイナンスの基本的原則が確立された過程と、それが未曾有の危機を引き起こした過程と要因を克明に分析していること。
② 1900年のルイ・バシュリエの論文から、つい最近のフィンテックやマイナス金利の話題まで、数理ファイナンスの理論、事件、規制等に関する重要なものをすべて網羅していること。
③ 金融工学、一般均衡理論、MM理論、ポートフォリオ理論など、広範囲な領域の主要な理論を網羅し、それらの相互の関係を明らかにしていること。
④ 数理ファイナンスの基本的な原則の内容と意味について、表面的・形式的・教科書的な説明でなく、その本質を丁寧に説明していること。
⑤ 証券化商品とクレジット・デリバティブ、およびそれらが引き起こした金融危機については、その内容だけで別の本にできるほど詳しく説明していること。
⑥ 数理ファイナンスの重要な論文や歴史における重要な文献など多くの一次資料を紹介し、できるだけそれらの一次資料を使って歴史や原理を説明していること。

⑦　理論と実務の両方の視点のバランスがとれていること。

　2008年9月のリーマン・ショック以来、金融業界は急激な変貌を遂げつつある。ただでさえ複雑で難解な数理ファイナンスの体系や実務的な意義について、危機後の金融当局による数々のパッチワーク的な規制強化策なども加わって、適切に理解するのがますますむずかしくなっているのではなかろうか。本書の執筆を思い立った理由は、こうした時代であるからこそ、歴史をもう一度原点から眺め直し、各理論がどのように融合して発展してきたのか、どうして金融危機に至ったのかを再確認することが重要だと思ったからだ。

　これまでの、ほとんどすべてのファイナンスや金融工学のテキストは、その著者の専門分野のバイアスが色濃く反映され、多くのテキストは表面的な理論しか語らない。数理ファイナンスは、さまざまな分野の理論が融合して成り立つ大変に興味深い研究分野であるとともに、その理論の実践の場でもある。関連する分野は、ファイナンス以外に、確率過程、解析学、数値解析、統計、物理コンピュータ・テクノロジーなどがあり、もちろん現場のトレーダーやセールスマンも数理ファイナンスの実践を通して重要な役割を果たしている。そうした専門家たちが、それぞれの専門用語で、それぞれの関心のある理論ばかり語れば、読み手が混乱するのは当然であり、そうした文献をいくつか読んだところで数理ファイナンスの本質を理解することはできない。本書は、こうした問題に対する挑戦でもある。

　本書の構想は少々野心的すぎるかもしれないが、筆者はたまたま、トレーダー、投資家、クオンツ（金融工学のスペシャリスト）などという実務家の立場で、1980年代のデリバティブの黎明期から現在に至るまでの歴史的な歩みの直接の当事者であり続けたので、広い領域をカバーするだけの知見はあるかもしれない。また、実際の市場参加者の一員としての、時には苦い経験によって、過去数十年に開発されたさまざまな概念やモデルの長所と限界について、論文の表面だけでは読み取れない何かがみえてくることもある。実際、リーマン・ショックなどの出来事の本質的な理解は、当事者でないとむ

ずかしい。実務と理論に即した多面的な経験があれば、特定の専門分野に偏ることなく、公平な立場で歴史を記述できるかもしれない。

　本書を執筆するにあたって心がけたことが3つある。1つは、重要論文などオリジナル資料の記述・内容をできるだけ忠実に伝え歴史を客観的に伝えることである。数理ファイナンスの基礎を築いてきた重要論文をあらためて読み直すと思いがけない発見をする。論文の著者は、当然のことながら、それぞれの時代の要請や自分の論文の意義について熱心に記している。しかしながら、後世の数理ファイナンスのテキストでは、個々の論文の背景となっている歴史の時間軸は重視されず、テキストの著者独自の説明方法と体系化が優先される。本書は、歴史の本として、一次資料と時間軸を重視する。2つ目は、過去の重要論文の歴史的な意義を解釈することである。単に重要論文の概要を羅列するだけでも有用な資料になるかもしれないが、本書では筆者の実務経験に基づいた筆者なりの数理ファイナンスの歴史解釈を伝えたい。3つ目は数理ファイナンスの全体像がみえるように、できるだけ広範囲の分野について言及し、その関連性を明確にすることである。先ほど説明したように、数理ファイナンスは大変に広範囲な理論の融合の場であり、そこで形成された理論を実践する場でもある。

　本書の構成を簡単に説明する。第1章は全体の概要であり、数式はほぼ使っていない。第1章を読めば数理ファイナンスの基本的な概念の黎明から金融危機後までの全体像を頭に入れることができるはずだ。第2章以降は、さらに詳しい説明であり、第1章を読んで興味をもった分野を読んでいただければよい。第2章と第3章は数理ファイナンスの概念と理論の形成に関連する部分である。第2章ではオプション理論、一般均衡理論、MM理論、CAPMなど数理ファイナンスの基礎となる諸概念とその成立過程を説明する。第3章では、ブラック・ショールズ・モデルやCAPMで確立された価格理論の基本原則の応用とより抽象的で一般性のある数学モデルへの発展を説明する。第3章を中心に、一部に抽象数学が登場する。本書は各概念の細部を説明するテキストではないので、数式は理論の概要を把握するための最

小限にとどめているが、抽象数学に不慣れな方はスキップして読んでいただきたい。

　第 4 章以降では、基本的な理論が確立された後に、実際にどのように応用がなされ、どのような事件が発生したかを説明する。ここからは、数式はあまり登場しない。第 4 章ではブラック・マンデー、デリバティブによる損失事件や LTCM の崩壊など具体的な事件と、こうした事件によって数理ファイナンスの手法がどのように修正・変化したのかを説明する。第 5 章では、証券化商品やクレジット・デリバティブなど信用リスクに関連する理論や技術の発展を説明し、第 6 章ではサブプライム・ローンを組み入れた証券化商品が金融危機を引き起こした経緯とその後の世界について説明する。第 5 章と第 6 章は強く関連する部分であり、ぜひ通して読んでいただき、金融危機の真の原因と数理ファイナンスの現状を把握していただきたい。また、第 6 章では、スマート・ベータ、フィンテック、マイナス金利など、最新のトピックを取り上げた。

2016 年 1 月

櫻　井　　豊

【著者紹介】

櫻井　豊（さくらい　ゆたか）

　早稲田大学理工学部数学科を卒業後、1986年に東京銀行（現三菱東京UFJ銀行）入行。2000年にソニーのネット銀行設立メンバーに加わり、ソニー銀行執行役員市場運用部長などを経て2010年よりリサーチアンドプライシングテクノロジー株式会社（RPテック）取締役。入行2年目より一貫して金融市場におけるさまざまな商品（現物、デリバティブ）を用いたトレーディング、資産運用、商品開発などの業務に従事し、広範囲の金融商品やその市場に関する実務と理論の両方を熟知する。1993年から2000年にかけては世界の金融センターであるロンドンで金利や通貨デリバティブのトレーダーを務め、特に円金利オプションなどについては主要なマーケット・メーカーの1人であった。日本アクチュアリー会準会員、著書に『時価革命と金融工学』（ISコム）がある。

目 次

第1章 数理ファイナンスの歴史（概要）

1.1 市場の歴史と科学的分析の始まり（パリの不遇の天才）……………4
1.2 1950年代から60年代：一般均衡理論とファイナンス理論の展開……8
1.3 数学、統計、物理と効率的市場仮説………………………………15
1.4 CAPMとギャンブルの世界がヒントになった最後の1ピース……19
1.5 ブラック・ショールズ・モデルの歴史的意義………………………22
1.6 オプション理論の純数学化（リスク中立測度とマルチンゲール理論）……………………………………………………………………26
1.7 エキゾチック・オプションが次々に登場（デリバティブの隆盛）……33
1.8 事件の発生と前提条件への疑問（ブラック・マンデーの教訓）………36
1.9 修正モデルの登場（ボラティリティのスマイル）……………………38
1.10 証券化商品の発展と信用バブルの膨張……………………………40
1.11 サブプライム・モーゲージとABS CDO……………………………44
1.12 リーマン・ショック……………………………………………………49
1.13 数理ファイナンスは物理学ではない………………………………53
1.14 明らかになった実態（ウォール街、格付社、監督当局）……………54
1.15 新たな規制と数理ファイナンスの関係……………………………57
1.16 数理ファイナンスの現在位置………………………………………59

第2章 ルイ・バシュリエからブラック・ショールズまで

2.1 ルイ・バシュリエ（19世紀のランダム・ウォークによるオプション価格理論）………………………………………………………………67
2.2 アローとドブリュー（一般均衡の存在）……………………………77
2.3 市場のランダム性の研究（ケンドールとオズボーン）………………86

2.4 MM理論（ファイナンス理論のパラダイム・シフト）……………93
2.5 ブラック・ショールズ・モデルの原型の完成（スプレンクルとボネス）……………………………………………………………101
2.6 CAPMの登場（ポートフォリオの理論からのアプローチ）…………106
2.7 サミュエルソンが果たした役割……………………………………119
2.8 ギャンブルの理論からのアプローチ（ソープとカッスーフ）………126
2.9 効率的市場仮説（マンデルブロ、サミュエルソン、ファーマ）……134
2.10 ブラックとショールズのアプローチ（発想の転換）………………142
2.11 ロバート・マートンの役割（理論の整理と伊藤の補題の活用）……153

第3章 ファイナンス理論から抽象数学へ（マルチンゲールとエキゾチック・オプション）

3.1 裁定価格理論——CAPMの拡張（ロスとロール）…………………167
3.2 リスク中立評価法とジャンプ拡散・二項過程（コックスとロス）…176
3.3 マルチンゲール測度による評価（ハリソンとクレプス）……………186
3.4 完備性とマルチンゲール（ハリソンとプリスカ）……………………200
3.5 HJMモデルの革新性（マルチンゲール理論の成果）…………………215
3.6 エキゾチック・オプションの展覧会（ルビンシュタイン、ハウグ）……………………………………………………………………225
3.7 アカデミズムに組み込まれた金融工学（ダフィー）…………………233

第4章 事件の発生と前提条件の微修正

4.1 マンデルブロの予言（市場のファット・テール性）…………………245
4.2 最初の兆候（ブラック・マンデー）……………………………………255
4.3 ボラティリティのスマイル（スキュー）とローカル・ボラティリティ・モデル………………………………………………………………264
4.4 CAPMの修正（ファーマ・フレンチの3ファクター・モデル）………273
4.5 デリバティブの暴走（バンカース・トラストとP&G）………………280

4.6 超低金利下のランダム・ウォーク（対数正規分布それとも正規分布）……………………………………………………………………… 290
4.7 確率ボラティリティ・モデル ………………………………………… 297
4.8 流動性問題の露呈（LTCMの破綻とロシア危機）………………… 308
4.9 根拠なき熱狂（シラーの効率的市場仮説への疑問）……………… 320

第5章 クレジット・デリバティブとCDO（サブプライム・バブルの膨張）

5.1 アメリカのモーゲージ証券 ………………………………………… 333
5.2 信用リスクの評価　その1（構造型モデル：マートン・モデル）…… 341
5.3 信用リスクの評価　その2（誘導型モデル：ジャロー・モデル）…… 349
5.4 クレジット・デリバティブの登場 …………………………………… 358
5.5 CDOとシンセティックCDO（信用リスクの加工工場）…………… 365
5.6 ガウシアン・コピュラの導入（リー）……………………………… 377
5.7 シャドー・バンキング（SIVとABCPコンデュイット）…………… 388
5.8 サブプライムCDO（レバレッジ投資需要への粗悪製品）………… 397
5.9 暴走するCDO（ABS CDO、売れ残り証券のリサイクル）……… 406
5.10 CPDO（究極のレバレッジ）………………………………………… 412
5.11 格付会社の果たした役割（AAA格債の濫造）……………………… 419

第6章 リーマン・ショックと危機後の世界

6.1 バーゼル規制とVaR ………………………………………………… 427
6.2 パリバ・ショック（突如訪れた崩壊の兆し）……………………… 436
6.3 リーマン・ショック（大崩壊）……………………………………… 448
6.4 批判を浴びた金融工学（ウィルモットのマニュフェスト）……… 459
6.5 リーマン・ショック後当局の対応 ………………………………… 466
6.6 次々と明らかになった当局、金融機関、格付会社の行状 ……… 474
6.7 再び明らかになったデリバティブの暴走（ドイツ、日本、その

	他）…………………………………………………………	485
6.8	危機後の金融規制の概要（バーゼルⅢ、店頭デリバティブ規制	
	等）…………………………………………………………	494
6.9	市場慣習の変化とその意味（無リスク金利、完備性）………	502
6.10	実測度の見直し……………………………………………	508
6.11	スマート・ベータ（ファクター運用の新たな機運）…………	515
6.12	ロボット運用とフィンテック（テクノロジーが主役の時代へ）……	518
6.13	〔補遺〕マイナス金利時代の金利オプションの評価…………	528

おわりに …………………………………………………………… 535
参考文献 …………………………………………………………… 537
事項索引 …………………………………………………………… 548

第1章

数理ファイナンスの歴史
（概要）

年	出来事
1602	アムステルダム証券取引所の設立。世界最古の証券取引所
1688	アムステルダム証券取引所で株式オプションの取引が開始
1733	フランスの数学者アブラーム・ド・モアブル、正規分布を導入
1769	プロイセンのフリードリッヒ大王、最初のカバード・ボンドを発行
1792	ニューヨーク証券取引所の設立
1809	カール・フリードリヒ・ガウス、『天体運行論』を出版。このなかで正規分布、最小二乗法、最尤法などが説明される
1868	シカゴ商品取引所設立
1900	**ルイ・バシュリエ**、論文「投機の理論―株の市場価格のランダム性」を提出。ランダム・ウォークによる株のオプション価格評価
1908	**ヴィンチェンツ・ブロンズィン**、ドイツ語のオプション価格理論の本を出版
1952	**ハリー・マーコウィッツ**、論文「ポートフォリオ選択論」を発表
1953	**モーリス・ケンドール**、市場価格がランダムな動きであることを示す論文を発表
1954	**ケネス・アローとジェラール・ドブリュー**、市場の一般均衡の存在を証明
1958	**フランコ・モディリアーニとマートン・ミラー**、MM理論に関する論文を発表
1963	**ブロワ・マンデルブロ**、綿花の価格がランダム・ウォークより裾が厚い安定パレート分布に従うことに関する論文を発表
1964	**ウィリアム・シャープ**、CAPMに関する論文を発表
1970	**ユージン・ファーマ**、効率的市場仮説に関する論文を発表
	アメリカで最初のモーゲージ担保証券（MBS）が発行される
1971	ニクソン・アメリカ大統領、ドルと金の交換停止を発表（ニクソン・ショック）。為替取引は変動相場制の時代へ
1973	シカゴ・オプション取引所（CBOE）で上場オプションの取引が始まる
	フィッシャー・ブラックとマイロン・ショールズ、ブラック・ショールズ・モデルの論文を発表

年	出 来 事
1979	**マイケル・ハリソンとデイビッド・クレプス**、無裁定性とマルチンゲールの関係を明らかにした論文を発表
1981	**ハリソンとスタンレー・プリスカ**、完備性と一物一価の法則の関係を明らかにした論文を発表
1985	アメリカで最初の資産担保証券（ABS）が発行される
1987	ドレクセルの**マイケル・ミルケン**、最初のCDO発行をアレンジ
	ブラック・マンデーが発生。ニューヨークの株価急落
1988	バーゼル委員会による銀行規制（バーゼルⅠ）が公表される
1992	**マーク・ルビンシュタイン**、論文集『エキゾチック・オプション』を発表
1994	JPモルガンと欧州復興開発銀行のクレジット・デフォルト・スワップの締結
1998	ロシア危機の発生とヘッジファンドLTCMの崩壊
1999	クリントン・アメリカ大統領、グラス・スティーガル法の重要な部分を廃止
2000	**デイビッド・リー**、デフォルトの相関にコピュラ関数を適用する論文を発表
2004	バーゼル委員会がバーゼルⅡを公表
2007	パリバ・ショックが発生
2008	リーマン・ショックが発生
2009	アメリカの自動車大手のGMとクライスラーが破綻
	G20ピッツバーグ・サミットで危機後の金融規制の方針が示される
2011	金融危機に関するアメリカ政府公式のFCICレポートが発表される

1.1 市場の歴史と科学的分析の始まり（パリの不遇の天才）

証券市場とオプションの歴史

　証券市場における活発な取引や投機の歴史はルネサンス期（14〜16世紀）のフィレンツェやベネチアまでさかのぼる。そしてその時代の投機の理論もいくつか記録として残っている。やがて金融市場の主役はイタリアから17世紀に強力な商業艦隊を擁して絶頂期を迎えるオランダに移ることになる。関ヶ原の戦いとほぼ同じ時代の1602年に設立された、アムステルダム証券取引所は組織的で大規模取引を伴う最初の近代的な証券市場とされる。近代における[1]オプションの店頭取引も、ほぼ同じ時期の17世紀初頭のオランダで始まる。最初のオプション取引の対象はチューリップの球根であり、1637年には有名なチューリップ・バブルの崩壊も経験する。株のオプション取引についてもオランダが先駆者であり、アムステルダム証券取引所では1688年にオランダ東インド会社の株のオプション取引が開始された。そしてすぐその後を追ってロンドン、パリ、ニューヨークその他の金融センターで株のオプション取引が行われるようになった。そして、金融市場の中心は、アムステルダムからロンドンやパリに移行した。活発な金融市場にはバブルがつきもので、パリとロンドンでは18世紀初頭にそれぞれ、ほぼ同時並行的にミシシッピ会社[2]と南海会社[3]のバブル膨張とその崩壊を経験している。

オプション取引の分析

　17世紀に始まった株式のオプション取引は、取引が制限されるような時期

---

[1] 古代においてもすでに、実質的なオプション取引が行われていたといわれる。たとえば古代ギリシャのオリーブの収穫に関するものなどである。
[2] イギリスから追放されたスコットランドの実業家ジョン・ローがフランスにおいて仕掛けて設立した会社で、北米ミシシッピ川周辺のフランス植民地（当時）の開発・貿易計画を行っていた。ミシシッピ会社の株はジョン・ローの巧みな宣伝で熱狂的な投機の対象になりヨーロッパ中の投機資金を集めたが、1720年にバブルが崩壊しミシシッピ会社の株価はピークの1,000万分の1程度に下落したという。

をはさみながらも、想像以上に盛んに取引された時期もあったようだ。たとえば1870年代から20世紀初頭にかけてはロンドン、ニューヨーク、パリといった市場でオプションはきわめて活発に取引されていたという研究がある。この時期にはオプションのプット・コール・パリティ[4]に関する研究やオプション価格に関する先駆的な研究も行われた。

オプションの価格理論といえば、1973年のフィッシャー・ブラック（Fisher Black）とマイロン・ショールズ（Myron Scholes）による有名なブラック・ショールズ・モデルから始まると認識されている読者も多いかもしれないが、実際には今日一般に理解されているより多くのオプション価格やオプションを用いた投資手法に関する研究が、それより遥か以前からなされていた。

このようなオプションの価格に関する分析や研究は、市場一般の振る舞いや原理の科学的な研究に大変重要な意味をもつ。なぜならばオプション取引の分析には、原資産の価格の振る舞いや他の資産・負債との関係などを精密かつ具体的にモデル化することが必要だからである。オプション価格の研究によって、ファイナンス理論は大きく発展することになる。

ルイ・バシュリエ

こうした先駆的な研究のなかで専門家たちの間で最も有名なのが、1900年にフランス人の数学者ルイ・バシュリエ（Louis Bachelier）が博士論文として書いた「投機の理論」である。バシュリエはたった1人、ほぼ完全に孤立した状態でオプションの価格形成理論においてかなりの進捗を達成し、ブラック・ショールズ・モデルにかなり近いかたちのオプションの評価式まで導き出していた。バシュリエの論文のなかで特に重要とされるものは、ブラ

---

[3] 南海会社（The South Sea Company）は1711年にイギリスで設立された、南アメリカ大陸およびその周辺諸島とイギリスとの貿易を独占する会社。ミシシッピ会社のバブルに追従するかたちでバブルが成長、気をよくした南海会社の経営陣は、関係者に新たに発行する自社株をタダで与えるのと引き換えに英国政府の巨額の債務を引き受けた。この策は当初は市場に歓迎され株価は一段と上昇するが、1720年の秋にはバブルが崩壊した。アイザック・ニュートンが南海会社の投機で大損したことは有名。
[4] 同じ行使価格で同じ満期のプットとコールの価格と原資産価格の関係式。

ウン運動（ランダム・ウォーク）の発見と、「だれも市場を出し抜くことができない」という近代的なファイナンス理論の考え方の原型となる洞察である。「ブラウン運動」は現在の確率解析においては欠かすことのできない重要な概念であり1905年にアインシュタインの論文で現れ、1920年代にノーバート・ウィーナー（Norbert Wiener）によって厳密に数式化される。しかし、驚くべきことにバシュリエはアインシュタインの5年も前に独力でブラウン運動の概念を事実上確立し、株式オプションの評価に利用しているのである。ちなみに、この重要な博士論文は当時のフランス数学界の重鎮であり彼の指導教官であったポアンカレ（Jules-Hemri Poincaré）を感銘させたものの、時代を先取りしすぎたバシュリエの研究は、当時の数学界の大勢から理解されなかった。そしてバシュリエは、生涯を通じてその才能に見合うポジションを得ることができなかった。結果として、この画期的な論文は一部の確率論の専門家を除いて長い間忘れ去られるのである。

1950年代のアメリカでの再発見

　バシュリエは、その後も何本かの論文を書き、それらはコルモゴロフ（Andrey N. Kolmogorov）やドゥーブ（Joseph L. Doob）といった高名な確率論の学者の論文に参照されていた。しかし、ファイナンスの世界で再発見されるのは1950年代になってからである。ただし、再発見後は、バシュリエの研究は当時すでに経済学界の大御所となっていたポール・サミュエルソン（Paul Samuelson）によって熱心に啓蒙されるという幸運に恵まれる。オプション理論の研究はサミュエルソンの講義に刺激された多くの若手のアメリカの学者たちによって五十数年ぶりに引き継がれ、バシュリエは先駆者としての名を刻んだ。再開されたオプション理論の研究によって、1960年代半ばには、ブラック・ショールズ・モデルと外見上は同一の評価式に到達する。そこではバシュリエの仮定した株価のランダム・ウォークは、株価の変動率がランダム・ウォークするという仮定に修正されていた。こうした研究を担ったのが、博士課程の大学院生であったケース・スプレンクル（Case Sprenkle）やジェームズ・ボネス（James Boness）といったいまではほとんど名前をみかけることがない何人かの研究者たちやサミュエルソン自身であ

る。彼らは皆似たような結論に到達していた。つまり、オプション価格の評価式自体は、ブラック・ショールズ・モデル登場の10年近く前に多数の研究者によってほぼ到達されていたのである。

バシュリエと伊藤清

バシュリエは一部の確率論の専門家には記憶され続けたことを説明したが、その1人が日本の数学者、伊藤清（Kiyoshi Ito）である。伊藤は第二次世界大戦中に潜水艦によって運ばれたバシュリエの論文に傾倒し、ブラウン運動に関する研究を進めたという。伊藤は戦時中に「伊藤の補題」という命題を証明した。これが後年、オプション理論の数理に決定的に重要な役割を果たす。歴史のめぐり合わせである。

もう1人のバシュリエ

最近の研究では、バシュリエとほぼ同じ時代にヨーロッパの別の文化圏でもオプション理論の先駆的な研究が行われたことが再発見されている。それは1908年にヴィンチェンツ・ブロンズィン（Vinzenz Bronzin）というイタリアのトリエステ（当時はオーストリア・ハンガリー帝国の都市）の数学者による研究である。ブロンズィンの研究は、バシュリエのような確率過程の研究としてではなく、ヘッジ、商品の複製、裁定といった実践的な関係を用いてオプション価格を評価したものである。裁定関係を使ってオプション価格を評価する理論はブラックとショールズのアプローチの最大の特徴であるが、このアプローチについても知られざる先駆者がいたことが明らかになった。ただしバシュリエの場合と違って、ブロンズィンは近年まで完全に忘れ去られていたのである。

1.2 1950年代から60年代：一般均衡理論とファイナンス理論の展開

冷戦期のアメリカ

　1950年代から60年代にかけてのアメリカでは、経済学の一般均衡理論、ファイナンス理論さらには統計の分野で、市場の均衡や市場の振る舞いに関する研究が急速かつ同時並行的に進められた。こうした研究が進んだのは、第二次世界大戦後の米ソ冷戦の激化という時代背景と無関係ではなく、自由市場の優位性を示す研究を後押しする有形無形の力が働いたと考えられる。ナチス・ドイツの台頭や第二次世界大戦の影響はアメリカに世界中の頭脳を結集させたが、彼らの一部は第二次世界大戦中やその後の冷戦の軍事的な戦術の研究にかかわり、いくつかの重要な研究所も設立された。そうした研究は、米ソ冷戦の時代にはコンピュータのハードウェアやオペレーションズ・リサーチ（OR）などを使った数理解析の技法の急速な発展を促した。こうした研究で獲得されたさまざまな分析手法や研究に用いられたインフラは、やがてファイナンスを含む民間部門でも応用され、多くの新しい研究や研究者を生んだのだ。バシュリエの再発見がこうした時代の機運と重なったのは、必ずしも偶然とはいえない。

　バシュリエは天才であり、たった1人で多くの重要な概念に一気にたどり着いた。しかしながら、この知的研究の絶頂期ともいえる時期のアメリカにおいて、バシュリエと同じ道をたどるのに実は多くの歳月を要した。バシュリエの再発見から、それとほとんど同じ結論のオプション理論を市場が納得して実用化するまでに、20年近い歳月を必要としたのだ。実はこれには事情があり、当時のアメリカのファイナンス理論における、ある固定観念が影響し足を引っ張っていた。この議論は後で説明するとして、まずオプション理論とミクロ経済、ファイナンス理論の関係と、当時のアメリカにおけるそうした分野の研究の状況について説明する。

一般均衡理論とファイナンス理論とオプション理論の関係

　一般均衡理論は、人間が合理的、競争的に行動した場合における財の生産や消費の選択や配分に関する理論体系であり、すべての経済学の基礎の1つである。19世紀に一般均衡理論を定式化したレオン・ワルラス[5]は「純粋経済学は物理数学的科学と全く類似した科学である」とその著書に記している。一般均衡理論は数学を本格的に経済に持ち込んだ最初の分野でもある。そして均衡状態における配分はその重要なテーマである。市場における株式やそのオプション価格は、株式という1つの財の均衡状態に関する分析によって導かれる。高名な経済学者のヨーゼフ・シュンペーター（Joseph Schumpeter）は一般均衡理論を重視し「経済理論のマグナカルタ」と称えた。

　一方、ファイナンス理論は、企業や家計の資産や負債に関する分析を行い、その意思決定に関連する理論を提供する分野である。株式や債券のポートフォリオ理論やオプション理論はファイナンス理論の主戦場の1つであるが、これらファイナンス理論のなかで証券やデリバティブの価格やその市場に関連する部分は、株式や社債など企業財務に関連する資産と負債に対象を絞った一般均衡理論の応用という視点でとらえることもできる。そしてオプション理論とポートフォリオ理論はどちらも競争的な市場における株価やそのリスクについての分析をするものであり、その理論には重なる部分が多い。以上のような経済学の一般均衡理論やファイナンス理論、ファイナンス理論の一分野である株のオプション価格理論の関係のイメージは図1.2.1のようになる。ここでいいたいことは、オプションやポートフォリオ理論には、経済学やファイナンス理論のさまざまな理論が関連しているということである。本書では、この図に示したようなファイナンス理論の領域を数理ファイナンスと呼ぶことにする[6]。

---

[5] レオン・ワルラス（Léon Walras、1834～1910）はフランス生まれでスイスのローザンヌ大学で教授を務めた経済学者。限界効用理論と一般均衡理論の創設により、現代経済学の祖の1人といわれる。当初は、理工系のエリート大学を目指したが受験に二度失敗し、その後経済学に転じるが長いこと定職を得ることはなく36歳でローザンヌのポジションを得る。「純粋経済学は物理数学的科学と全く類似した科学である」という言葉は一般均衡論に関する著書『純粋経済学要論』に記したものである。ワルラスは、経済学的分析に数学的手法を積極的に活用したことから数理経済学の創始者ともいわれる。

図1.2.1 数理ファイナンスの領域

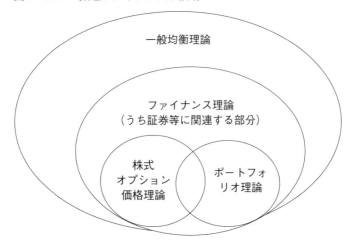

一般均衡理論

一般均衡理論においては1951年と1954年に大きな進展があった。まず1951年にはケネス・アロー（Kenneth Arrow）とジェラール・ドブリュー（Gérard Debreu）がそれぞれ独立に、完全な競争均衡状態がパレート効率（資源の生産および消費における効率的な状態）になることを示した。これは厚生経済学の基本第一定理と呼ばれる定理である。さらにアローとドブリューは1954年に今度は共同で、任意の完備（任意の市場の資産価値を他の資産のポートフォリオで複製できること）な競争経済市場においては、競争均衡が成立する、つまり需要と供給が一致することを示した。こちらは競争均衡の存在定理と呼ばれる。この2つの定理を総合すると、完備な競争市場では均衡価格が存在しそれは市場の効率的な状態（パレート効率）になる。少々抽象的な表現なのでわかりにくいかもしれないが、これは資産価格の理論として非常に重要な性質であり、競争的な市場であれば資産価格は効率的（最適）な価格に落ち着くということである。したがって資産の合理的な価格を算出するに

---

6 英語のMathematical FinanceやFinancial Engineeringという言葉は、一般にファイナンス理論のなかでも数学的技術や計算技術に関連する狭い領域を指すので、本書では数理ファイナンスという言葉をこのように定義する。

図1.2.2 一般均衡理論の発展

は、この効率的な状態における価格の分析を行えばよいことになる（図1.2.2参照）。

ちなみに、一般均衡理論に関しては、日本人の研究者も大きな足跡を残している。存在定理の証明に重要な役割を果たす「不動点定理」は日本人数学者の角谷静夫（Shizuo Kakutani）が解いたものである。さらに日本の経済学者である二階堂副包（Fukukane Nikaido）は、1956年に別の前提条件のもとで証明している。二階堂は一般均衡理論に関する優れたテキストも書いている。

一般均衡理論と金融工学[7]の関係が明確に体系化されるのは後年のことであるが、金融工学はブラックとショールズによって、均衡状態に働く裁定の概念を使ってオプション価格を算出する方法に到達する。このようにアローとドブリューの研究は時代を大きく先取りするものであったが、残念ながらアローとドブリューのアプローチは、そこから直接的にファイナンス分野の具体的な応用に結びつけるには、あまりに数学的に抽象化されすぎた理論だった。アローとドブリューの1954年の論文については第2章で紹介するが、この論文の仮定条件は経済学の仮定というよりほぼ純粋な抽象数学に近いものであり、現実世界との関連性を想像することは容易でない。

MM理論と「完全市場」の想定

その点1958年にフランコ・モディリアーニ（Franco Modigliani）とマートン・ミラー（Merton Miller）が発表した命題（MM理論）は徹底的に具体的なアプローチであった。MM理論は企業の資本コストに関する当時のファイナンス理論の一般的認識を覆し「市場が完全であるならば資本構成や配当政

---

[7] 本書では金融工学を、デリバティブや証券化商品のプライシングやリスク管理に関する理論や技術と定義する。

策を変えても企業価値や調達コストは変わらない」さらには「企業の資本調達コストは、資金を調達するために用いられる証券の種類に全く影響されない」ことなどを示したものだ。MM理論はファイナンス理論をパラダイム・シフトさせ、MM理論の登場によって本格的な現代的なファイナンス理論が始まったとされる。当時、資本コストは社債の発行など負債のコストなどに連動したものであるという常識があったが、MM理論はこの常識を打ち破ったのである。MM理論の妥当性に関する賛否論争はすぐに沸き起こり、その論争は現在も完全には終息していない。

MM理論においては、市場の均衡は「完全市場」という条件を所与として議論が展開される。そして鍵となるのは完全市場においては裁定機能が働くという考え方である。具体的な証明をごく簡単に説明する。まったく同じ収益を生み出すと想定した2つの会社が、異なる資金調達の戦略に従って社債と株式の発行による資金調達をした場合、資金調達戦略の違いによるコストのゆがみは、株式市場の裁定機能が働いて株価を調整することによって解消されてしまう。したがって、結果的には両者の資本コストはまったく同じになるというものだ。

MM理論は、社債や株式という具体的な資産を使って、市場の均衡状態における資産価格の相対関係を示した理論であるといえる。MM理論で洞察された結果や考え方は、後の数理ファイナンスの理論形成に大変大きな影響を与えた。たとえばどんな調達方法であってもコストが変わらないという洞察は、アローの弟子であるスティーブン・ロス（Stephen Ross）が「リスク中立評価法」を考案するのに重要なヒントを与えることになる。リスク中立評価法はそれ以降、数理ファイナンスの価格評価理論の中核となる。またロバート・マートン（Robert Merton）は同じ洞察をオプション理論と融合させて、企業のデフォルト・リスクをモデル化した。さらにロスはMM理論における裁定関係の論理をさらに洗練された理論に発展させ裁定価格理論を確立する。

ポートフォリオ理論

市場の理論のもうひとつの流れは、株式の投資理論から発展したポート

フォリオ理論である。株の投資理論は1938年にジョン・バー・ウィリアムズ（John Burr Williams）が発表した「投資価値理論」によって割引配当モデルによる株価を分析する手法が導入され、初めて学問として確立されたといわれる。現在も使われているキャッシュフローの割引による企業価値測定法の基礎はウィリアムズがつくったのである。ウィリアムズの理論に触発されたハリー・マーコウィッツ（Harry Markowitz）は1952年に分散・共分散を使って、ポートフォリオ全体のリスクとリターンの関係を計測する方法を導入した。マーコウィッツはさらに、分散・共分散によるリスクとリターンの関係が効率的になる効率的ポートフォリオという概念を導入し、第二次世界大戦中に連合軍が効率的に作戦を遂行するために考案した数理的な手法であるオペレーションズ・リサーチ（OR）を、その解を求める手段として導入した。

　こうした一連の手法は「現代ポートフォリオ理論」と呼ばれる。マーコウィッツの手法はまったく合理的なものであったが、実際の効率的ポートフォリオ算出には当時のコンピュータの限界を遥かに超えた計算負荷を要したため、計算の簡便化が急務であった。この要請に応えたのが資本資産市場モデル（CAPM：Capital Asset Pricing Model）である。CAPMは1960年代の半ばにウィリアム・シャープ（William Sharpe）やジャック・トレイナー（Jack Treynor）など4人の研究者によって、ほぼ同時期にそれぞれ別に導かれた。CAPMの説明をする前に、CAPMを導くための重要なステップとなったトービンの分離定理を説明する。

トービンの分離定理

　マーコウィッツのアプローチをさらに大きく前進させたのは、ケインズ派の経済学者として有名なジェームズ・トービン（James Tobin）である。トービンの投資理論における大きな業績は、投資家の選好にジョン・フォン・ノイマン（John von Neuman）とオスカー・モルゲンシュテルン（Oskar Morgenstern）の効用関数を導入して重要な分析結果を導いたことである。ちなみにジョン・ノイマンは人類史上最高の天才の1人ともいわれる人物であり、現在のコンピュータのほとんどは「ノイマン型コンピュータ」と呼ばれる。また1944年にノイマンとモルゲンシュテルンが出版した本によって確

立された「ゲームの理論」は、ミクロ経済分析の重要な領域であり、効用関数はその理論で考案された。さてトービンの分離定理は、リスク資産の最適配分比率（最適ポートフォリオの構成比率）と無リスク資産とリスク資産の最適配分比率の問題は別々に考えることができるというものである。つまり、リスク資産同士をどう組み合わせるべきかという問題と、投資家のリスク資産の選好の問題は別々に考えてよいということだ。この定理はCAPMの成立に直接的につながった。

CAPM

　CAPMはマーコウィッツのポートフォリオ理論に、ファイナンス理論で知られていたリスクとリターンの直線的な関係を導入し、均衡状態のポートフォリオのリスクとリターンの関係を示したものである。リスクとリターンの関係が資本市場線という直線上で議論できることはトービンの分離定理の成果である。そしてCAPMでは、ある銘柄のリスクとリターンの大きさを、市場全体のリスクとリターンの相対的な大きさを表すパラメータのベータ（β）を導入することによって示した。つまりたった1つのベータによって、銘柄固有のリスクを算出する方法を確立したのだ。これによってポートフォリオ全体のリスクとリターンの計測は著しく簡略化され、当時のコンピュータでも対応することが可能になった。

　CAPMはその理論自体は特にむずかしい内容ではないが、他の市場の研究に多くの示唆を与えた。ミクロ経済の視点では一般均衡理論では扱われなかったリスクとリターンの具体的な関係を示したという側面がある。さらにファイナンス理論の視点からは、CAPMはMM理論では教えてくれなかった企業の資本コストを具体的に算出する1つの方法を提供したともいえる。MM理論では企業の資本コストは結果でなく前提条件として与えられ議論が展開されたが、CAPMはベータを推定すればその企業の期待リターンが計算できることを示した。市場の期待リターンは裏を返せば企業の資本コストであるから、CAPMによって資本コストを算出することができるのである。さらにCAPMの示したリスクとリターンの関係は、次の理論形成に大きな役割を果たした。それはオプション価格理論に対するヒントである。

MM理論	社債と株式のリターン（コスト）の相対的関係
CAPM	リスクとリターンの関係の共通尺度

1.3 数学、統計、物理と効率的市場仮説

統計学者の分析

　ここまで1950年代から60年代にかけての一般均衡理論やファイナンス理論の状況をみてきたが、同じ時期に経済学とは別の視点からの研究も進んでいた。それは統計や物理という自然科学系の研究者からの観点である。こうした研究の発生は、オプション価格理論の先駆者であるバシュリエが経済学者でなく数学者であったことからしても決して不思議なことではない。

　統計的な視点で金融市場のデータを分析したものとしては、1938年にアメリカの経済学者・統計学者アルフレッド・コウルズ（Alfred Cowles）が発表した「株式市場の予測者は予測ができるのか？」という論文が知られている。この論文の答えは「NO」である。コウルズはコウルズ財団を設立しアメリカの計量経済の研究を大きく前進させたことでも有名であり、本書でこれから登場する人物の少なからずがコウルズ財団に関連する。1950年代に入り、イギリスの統計学者モーリス・ケンドール（Maurice Kendall）は、たまたま統計データが入手しやすい商品や株の取引のデータを分析したところ、期待していた規則的なトレンド性などをまったく発見することができず、市場の動きはランダムであると結論づけるしかなかった。

　これは1953年のことである。当時は市場にはなんらかのトレンドなどがあって規則的に変動をすると広く考えられていたので、この結論は驚きをもって迎えられた。ケンドールは市場の経済に関してはまったく門外漢であり、単に観察してその観察結果を統計的に分析しただけである。この分析結果に一部の経済学者からは「門外漢が余計な口をはさむな」という反応まであったという。

物理学者による発見

　市場の動きがランダムであるという研究結果はその後も思いがけない方向から現れる。アメリカの海軍研究試験所（NRL）で対潜水艦の作戦や、音響の研究などをしていた好奇心旺盛な物理学者モーリー・オズボーン（Maury Osborne）は新聞の株式欄の価格をみて、これがウェーバー＝フェヒナーの法則という音響など人間の知覚に関する法則に従うものではないかと直感した。ウェーバー＝フェヒナーの法則は、要は人間が知覚の違いを認識するかしないかは刺激の大きさそのものの差ではなく、刺激の比率が大事であるという法則である。つまり刺激の比率が一定以上変化した場合に人間は刺激の変化を認識するというのだ。もしこの人間の知覚の法則が株式市場でも成り立つのであれば、株価データのグラフの性質も比率の比較によって明確になるはずである。オズボーンが実際にデータの値を比率の比較に適する対数のグラフにしてみると、正規分布のグラフにそっくりな形状になった。こうしてオズボーンは株価の分布は対数正規分布に従うと結論づけ、1959年に論文として発表した。

　バシュリエのランダム・ウォーク理論がファイナンスの関係者に再発見されたのはちょうどその頃であった。こうした環境で、ケンドールとオズボーンの研究は一部の人間に強いインパクトを与えた。おそらくこれらの研究が、経済学やファイナンス理論とまったく別の世界の人間がたまたま観察して発見した結果であることで、かえって説得力があったのかもしれない。そもそも一般均衡理論は、均衡状態の存在や財の相対的な関係については説明するが、均衡状態の市場がどんな確率分布をするかについてはまったく答えてくれない。均衡価格の確率的な振る舞いについては、自然科学的な観察と分析が不可欠であった。その後、こうして得られた自然科学的な分析を経済の理論に取り込み、市場がランダム・ウォークに従うと考える一群の学者たちが現れた。その代表格がサミュエルソンであり、彼が所属していたMITの周辺はランダム・ウォーク仮説を支持する学者の中心地となった。1964年にはサミュエルソンの教え子クートナー（Paul Cootner）によって、バシュリエの論文を含むさまざまなランダム・ウォークに関する研究論文を1冊の本としてまとめた『株式の市場価格のランダム性』が出版された。こうして

ランダム・ウォーク仮説は急速に拡散した。

マンデルブロ

　ランダム・ウォーク仮説はやがて効率的市場仮説という大変に影響力のある流れにつながっていくのだが、効率的市場仮説の形成に大きな影響を与えたのは、少し意外かもしれないが、後にカオス理論のフラクタルで有名になるブノワ・マンデルブロ（Benoit Mandelbrot）である。マンデルブロ自身は市場の変動がランダムであると考えていたわけではなく、ランダム・ウォークよりファット・テールで変動リスクの高い分布に安定パレート分布（べき分布の一種）に従っている可能性があることに気づいていた。そして、その考えを示した1963年の論文は、後のフラクタル理論の原点になるものだった。マンデルブロは1966年に書いた別の論文で、今度は「トレーダーが過去の動きのパターンを分析して利益を得ることはできない」ことを数学的に証明してみせた。市場の変動はランダム・ウォークではないが、マルチンゲール（フェアなゲーム）である可能性が高いというのである。

　一方、ランダム・ウォーク仮説派の総帥ともいうべきサミュエルソンも、1965年に発表した論文で市場価格がマルチンゲールであるという主張をしている。サミュエルソンは、さらに1967年の議会における証言で、「多くのファンド・マネジャーが選択する株式ポートフォリオの銘柄はダーツを投げて決めるより劣る」と発言した。このようなサミュエルソンとマンデルブロのマルチンゲール性の共通認識は、次に説明する市場効率仮説の確立を力強く牽引した。

　ちなみに、マンデルブロは、経済学者というより尋常でない「観察力」を有して市場や経済に興味をもった数学者というべき存在である。市場の振る舞いに関する研究は、少なくとも先駆的な研究がなされたステージにおいては、定理や補題を並べる頭でっかちな学者だけでなく、自然科学の観察能力をもつ研究者たちによっても進められた。ただし、マンデルブロのもうひとつの重要な主張である、市場の変動のファット・テール性については、長い間ファイナンス理論のアカデミックでほとんど無視されることになる。これについては後で説明する。

効率的市場仮説

　マンデルブロの影響を受けたシカゴ大学のユージン・ファーマ（Eugene Fama）は1970年に市場に関するこれまでのさまざまな研究を整理し、「効率的資本市場：理論と実証」という論文として発表する。この論文によって効率的市場仮説という概念が誕生した。ファーマのいう効率的市場は、利用可能な情報が即座に株価に反映される状態と定義される。つまり特定の確率分布のかたちは前提にせず、利用可能な情報だけでは「市場を出し抜くことができない」という意味であり、市場はマルチンゲールであるという意味に近い。

　ファーマは効率的市場仮説の効率性を「ウィーク型」「セミ・ストロング型」「ストロング型」の３つの段階に分類した。３つの段階は、それぞれ反映される情報が「過去の市場データ」「公表された情報」「インサイダーのみが入手可能な情報」として定義される。ファーマは、この３つの段階のうち「過去の市場データ」が反映されるウィーク型の成立を示す研究は非常に多数あり、「公表された情報」が反映されるセミ・ストロング型もいくつか有力な研究があるとしている。つまりストロング型まで成立するかどうかはわからないが、おそらくセミ・ストロング型までは成立しているだろう、というのがファーマの考えだった。

　効率的市場仮説は、しばしばランダム・ウォーク仮説と混同されるが、効率的市場仮説の理論形成に大きな影響を与えたマンデルブロの研究でもわかるように、それは大きな間違いである。効率的市場仮説は市場がマルチンゲールであることには関連するが、特定の分布関数に従うと仮定しているわけではない。

　効率的市場仮説はその誤解を生みやすい名称も影響して、感情的な反発や誤解など大きな反響を呼んだ。強い反発とともに熱心な伝道者も現れたが、次第に支持派が優勢となり、CAPMの考え方と相まって多くのパッシブ・ファンドの成立などにつながった。サミュエルソンの指摘どおり、多くのファンド・マネジャーがお払い箱になったのである。しかしながら効率的市場仮説に対する反対意見は根強く残っていて、それをめぐる論争はいまでも終わっていない。2013年のノーベル経済学賞は、効率的市場仮説の提唱者で

図1.3.1　市場の均衡の各概念のイメージ

あるファーマと、市場が非合理であると主張するロバート・シラー（Robert Shiller）が同時に受賞した。

さて、これまで説明した一般均衡理論、ファイナンス理論、効率的市場仮説に関連する市場の均衡の概念をまとめると図1.3.1のようなイメージになる。

1.4 CAPMとギャンブルの世界がヒントになった最後の1ピース

株価の期待収益率とオプション

オプションの価格理論に話を戻す。バシュリエが思いついた株式の変動をランダム・ウォークによってモデル化するアイデアは、オズボーンの研究によって株価の対数（または株価の変動率）のランダム・ウォークに修正されたかたちで、標準的な前提条件として受け継がれた。そしてこの前提条件に従ったオプションの評価式の研究が、サミュエルソン自身や彼の影響を受けた若手の研究者などによってなされた。大変に興味深いことに一部の若い学者の論文では、1960年代半ばにはすでにブラック・ショールズ・モデルと同じかたちの評価式が導かれていた。しかしながらこのモデルは、ブラック・ショールズ・モデルのように普及することはなく、研究者の名前はほとんど知られることがなかった。ブラック・ショールズ・モデルとの違いを生んだのは、当時のファイナンス理論の固定観念にとらわれて、モデルに入力すべ

きパラメータを間違えたことである。サミュエルソンも同じ間違いをおかした。

　当時のアメリカのファイナンス理論の世界では、株式にはそれぞれの銘柄ごとに異なるリスク・プレミアムが反映された異なる期待収益率があるという考え方が、一種の信仰に近いようなかたちで存在していた。つまり株式のようにリスクの高い資産は当然、国債のような無リスク資産に比べるとリスク・プレミアムが上乗せされていて期待リターンは高いはずであり、そのリスク・プレミアムは銘柄ごとに違うはずだ、という考え方である。この考え方自体は、現在の視点でもまったく間違ったものではない。しかし当時のファイナンス理論では銘柄ごとに期待収益率が違うという考えが強すぎた。オプション価格の評価には各株式の期待リターンのインプットが不可欠であるという発想から抜け切れなかった。これはサミュエルソンだけでなく、ブラックとショールズに出会う前のロバート・マートンも同様である。

ブラックとCAPM

　こうした状況を打開するヒントを与えたのがCAPMである。CAPMは株式のポートフォリオのリスクとリターンの関係を説明する理論であり一般にはシャープが有名だが、実は4人の研究者がほぼ同じ時期にそれぞれ独立で類似の結論にたどり着いていたことが知られている。そのなかの1人でシャープより先にCAPMを完成させていたのが、ブラックの職場の先輩であったジャック・トレイナー（Jack Treynor）である。ブラックはオプション理論に関心をもった当初、トレイナーに教わったCAPMを使って問題を解決しようとした。CAPMの手法では、リスクはベータで表される市場ポートフォリオとの相対的な関係であり、個々の株の期待収益率はそうした関係のなかに織り込まれている。株とオプションをうまく組み合わせれば、ベータの項を消し去ることができるのではないか。そうすればオプションの価格の算出にも、サミュエルソンたちのように株の期待収益率をインプットする必要はない。そういう発想である。

「市場をやっつけろ」（伝説の投資家エド・ソープ）

　CAPMとともに、オプション価格理論に重大なヒントを与えたのが、ギャンブルの延長としてのオプション取引の必勝法の研究である。その研究をしたのが大学の数学教授をしながらカジノの必勝法の研究と実践を行い、最終的には有名なヘッジファンドの運用者になったエドワード・ソープ（Edward Thorp）である。ソープは1962年にカジノの必勝法の理論と経験をまとめた『ディーラーをやっつけろ（Beat the Dealer）』を出版し、この本はベストセラーになった。ソープは本を書くだけでなく、自身でカジノを訪れて理論を実践したが、やがてカジノの世界にこれ以上かかわることに身の危険を感じるようになった。ソープは身の危険のない株式市場に投機対象を移し、投資好きの数学者シーン・カッスーフ（Sheen Kassouf）と共同で、今度は『市場をやっつけろ（Beat the Market）』という本を出版する。これは市場で割高に評価されているオプション（ワラント）を見つけ出して、それを株式のロング・ポジションでヘッジすることによって高確率で儲ける理論を説明したものである。ソープたちの本の特徴は「空売り」戦略を活用し、適切な「ヘッジ比率」を割り出すことによって、市場のオプション価格の割高・割安から裁定的に利益を得るというものである。「空売り」と「ヘッジ」が鍵である。

株の空売り

　株の空売りは短期金利で株を借りてきて、その株を売却することによって実行される。こうした取引はアメリカの株式市場では当時から活発に行われていたものであり、株式だけでなくオプション（ワラント）の空売りも可能であった。『市場をやっつけろ』は割高なオプションを空売りし、そのポジションをオプションの原資産である株式を買うことによってヘッジする戦略の有効性を説いた本である。ヘッジをすれば割高なオプションの利益を確定できるが、これは見方を変えればヘッジ操作によってオプションを売買するのと同じ経済価値を得ることができることを意味する。そしてヘッジに関連するコストは、株の空売りに必要な短期金利による株の借入コストだけであり、株の期待収益率は関係しない。ここが重要な点でありヘッジ戦略を使っ

てもCAMPのベータで考えたのと同様に、株の期待収益率を使わずにオプション価格の評価が可能になる。

1.5 ブラック・ショールズ・モデルの歴史的意義

　ブラックのオプション理論の最初のアイデアはCAPMから出発したが、長い思考期間の後に彼が最終的に採用したのは、株の空売りによるヘッジ戦略であった。こうしてブラックとショールズの1973年の有名な論文の次の序文に到達する。

> 　もしオプションの価格が市場で正しくプライシングされているとすれば、オプションや原資産である株をロングやショートのポジションにするポートフォリオをつくって確実に利益を得ることはできない。この原則に従ってオプションの理論価格の評価式は導かれる。企業のすべての負債はオプションのコンビネーションであると考えることができるから、オプションの評価式やそれを導いた分析は、普通株、社債やワラントなどにも適用することができる。とりわけ、社債にはデフォルトの可能性があるから、この評価式は社債に適用すべき割引率を導くのに有効である。
> 　　　　　　　　　　　　　　　　　　　　　　　　　　　（訳：著者）

　この考え方よって個別株のリスク・プレミアムを反映した期待収益率のインプットから解放されたのである。そしてモデルの前提として次の条件が示された。

〔ブラック・ショールズ・モデルの主な前提条件〕
① 短期金利の水準は一定であり、それは周知されている。
② 株価の変動率は連続時間のランダム・ウォークに従う。つまりある有限期間の期日では株価の分布は対数正規分布に従う。そしてその分

散は一定とする。（つまりボラティリティも一定）
③ 取引に関する費用はいっさいなく株式とオプションは自由に売買できる。
④ 株式はどんな少額であっても短期金利を借入コストとして自由に借り入れ、または保有することができる。
⑤ 空売りにペナルティはない。

オプションの価格を示す方程式は次のとおりである。

〔ブラック・ショールズ・モデル〕

$$w(S,T) = SN(d_1) - \exp(-rT)KN(d_2)$$

ただし

$$d_1 = \frac{\ln(S/K) + \left(r + \frac{1}{2}\sigma^2\right)T}{\sigma\sqrt{T}}$$

$$d_2 = d_1 - \sigma\sqrt{T}$$

S：現在の先物株価
K：行使価格
T：満期までの時間
σ：株価の標準偏差
r：金利

　繰り返しになるが株価が対数正規分布をすることを前提条件としたオプションの評価式自体は10年前にできあがっていたものだ。その式に入力するrを、株価の期待収益率でなく（無リスク）金利としたこと、そして金利をインプットすべき理由を明確かつファイナンスの理論と整合的に説明したことが重要なポイントであった。その理論によってブレークスルーが起こったのである。裁定の関係はCAPMより普遍性のある概念であるから、ヘッジ

による理論構成を選択したブラックは正しかった。

　ブラック・ショールズ・モデルの歴史的意義は、オプション価格評価が「無裁定」になるように評価されるべきであるという原則を確立したことであり、この考え方は現在でも揺るぎない。

ロバート・マートン

　ブラックとショールズのオプションの研究は、実際にはもう1人の人物との共同研究であった。もう1人とはサミュエルソンの弟子だったロバート・マートン（Robert C. Merton）である。もともとマートンはサミュエルソンと共同でオプション理論の研究をしていたが、MITでショールズの同僚となったことをきっかけに、今度はショールズたちと共同でオプション理論を論じる関係になる。そしてマートンはブラックとショールズの論文とほぼ同じタイミングで自身の論文として研究成果を発表する。もともと数学を専攻していたうえに、サミュエルソンとともにオプション価格計算に必要な確率過程など数学の研究を重ねていたマートンは、自身の論文で伊藤清が第二次世界大戦中に示した「伊藤の補題」を使って、より数学的にエレガントな方法で結論を導いた。ブラックたちの当初の理論は離散的な時間の枠組みからの演繹であったが、これを連続時間のモデルに拡張し、連続的にヘッジ可能という前提に変更させたのがマートンである。実はマートンは、ブラックとショールズの論文発表の遥かに以前に伊藤の補題を使った評価式の導出に成功していた。こうした功績によってマートンは1997年にショールズとともにノーベル経済学賞を受賞し、それ以降ブラック・ショールズ・モデルにはしばしばマートンの名前も付されるようになった。

　ブラック・ショールズ・モデルはタイミング的にも絶妙であった。論文はシカゴ・オプション取引所（CBOE）で上場オプションの取引が始まった直後に発表され、さらに世はコンピュータが金融機関の現場にも普及し始めた時代でもあった。こうした状況が後押ししてブラック・ショールズ・モデルは急速に普及し、また共通の評価方法を得た市場はさらに流動性を増し、結果としてさらにモデルを普及させた。市場の拡大とモデルの普及が相乗効果を起こしたのである。こうしてブラック・ショールズ・モデルは一気に金融

界のスターダムにのし上がり、まったく金融に関係のない人にもその名が知られるようになった。

トレーダーにとってのメリット

　株式オプションのトレーダーにとって、ブラック・ショールズ・モデルの最大のメリットは、インプットの必要なパラメータがたった1つしかないことだ。もちろん株価や短期金利のインプットは必要だが、これは市場から観察するものであってトレーダー自身が決めるものでない。したがって、行使価格を設定したオプション価格の算出に必要なのは、ボラティリティだけである。実は設定すべきパラメータが1つか2つかという違いには、天と地ほどの差がある。設定すべきパラメータがボラティリティだけであれば、価格とボラティリティは1対1の関係がある。市場でオプションの価格が観測できれば、すぐにそこで適用されているボラティリティ（これをインプライド・ボラティリティという）を逆算することができる。そして市場のボラティリティを参考に、自身のオプションのポジション管理をすることが可能になる。設定すべきパラメータが2つの場合は、1つの価格に対応するパラメータの組合せは無数にある。つまりオプション市場の観測価格だけではパラメータを逆算することはできないのである。こういった理由からブラック・ショールズ・モデルの理論的な合理性と使い勝手のよさが爆発的な普及につながった。

ブラック・ショールズ・モデルの限界

　しかしながらモデルが有名になり普及したからといって、現場のトレーダーたちがそのモデルを無条件に受け入れたわけではないことに注意する必要がある。特に連続的にヘッジ可能という仮定を真に受ける現場のオプション・トレーダーは皆無であり、株価のボラティリティや短期金利が一定という仮定に納得しなかった専門家も少なくないだろう。しかしながら、こうした具体的な不満が生まれるのはモデルの前提条件がきわめて明確であったからだともいえる。一方で、ヘッジ・ポジションとの無裁定性から価格を導くという、ブラックたちのオリジナルな発想の根幹部分はほぼ全面的に受け入

れられた。つまりブラック・ショールズ・モデルは必ずしも完全ではないことを、少なくとも現場のトレーダーたちは限界を承知のうえで受け入れたのである。これはほかにかわるべきモデルがなかったし、モデルの限界を承知していれば、ブラック・ショールズによる計算やリスク管理でも大きな問題はなかったからである。さらにいえばブラック・ショールズ・モデルは当時のコンピュータが性能的に取り扱える限界であり、それ以上に複雑で精緻なモデルは実務的には利用不可能であった。

1.6 オプション理論の純数学化（リスク中立測度とマルチンゲール理論）

　さて、ここまで1973年のブラック・ショールズ・モデルの出現によって、長年研究が続けられてきたオプション価格評価について基本的な原則が確立されたことを説明した。そして、ブラック・ショールズ・モデル出現の次の約10年間では、その原則を抽象的な数学的な枠組みとして整理し、一般化させる試みが行われた。抽象化、一般化に関する著しく重要な仕事をしたのは、スティーブン・ロス（Stephen Ross）、マイケル・ハリソン（Michael Harrison）、デイビッド・クレプス（David Kreps）、スタンレー・プリスカ（Stanley Pliska）の4人である。

リスク中立世界というアイデア

　このなかでロスの重要な業績の1つは、ブラック・ショールズの無リスク金利だけを使った評価原則からリスク中立評価法と呼ばれる、大変に画期的な手法を考案したことである。

　ロスはジョン・コックス（John Cox）とともに1976年に発表した論文で、ブラックとショールズがヘッジ戦略を使って導いた評価式が、短期金利（無リスク金利）だけに依存することに注目した。これは、1958年に発表されたMM理論の1つの重要な結果である、「企業の発行する負債はそれがどんなに複雑なものであるとしても総合的には普通株のリターンと同じになる」と

いう性質に通ずる原理である。

　実際の株価は、それぞれの期待収益率があるのに、ブラックとショールズの利用したヘッジ戦略の世界においては、それがどんなに複雑な商品であっても、ヘッジ戦略で複製できる限りは、合理的な価格は無リスク金利だけを使って計算することができた。コックスとロスは逆に、オプションの期待収益率が無リスク金利と一致するような世界で算出した価格が、ブラックとショールズのヘッジ戦略による価格と一致するのではないかと考えた。コックスとロスは、オプションの期待収益率が無リスク金利に一致するような架空の世界をリスク中立世界と呼んだ。このリスク中立世界の確率を使って評価する方法は、後にリスク中立評価法と呼ばれる。

さまざまな確率過程のもとでのオプション価格をリスク中立評価法で評価

　リスク中立評価法のメリットは、きわめて簡単かつ直接的にオプション価格が満たすべき期待値の計算式に到達できる点である。ブラックとショールズの論文では、オプション価格が満たす微分方程式を導くのに多くの方程式系を解く必要があったが、リスク中立評価法においてはその手間がまったく必要ない。リスク中立評価法はオプションや他のデリバティブの価格を算出する「公式」のようなものである。

　コックスとロスは、このリスク中立世界の評価方法のメリットを使って、ブラック・ショールズ・モデルで仮定された幾何ブラウン運動と違う確率過程、たとえば株価に不連続なジャンプが起こる可能性を織り込んだ確率過程などを仮定したオプション価格の評価を試みた。

ハリソン、クレプスによる数学的モデルと実確率の定義

　コックスとロスはリスク中立評価法を考案し、それを公式のようにして活用する方法を示したが、その評価方法に関する数学的に厳密な議論はしなかった。リスク中立評価法を厳密な数学的枠組みに当てはめ、さらにはリスク中立評価法が裁定機会のない価格になることをエレガントな定理によって証明したのが、1979年のハリソンとクレプスの論文である。この論文によっ

て数理ファイナンスに、当時の数学界の比較的新しい成果であるマルチンゲール過程を含む本格的な確率過程論が導入された。

ハリソンとクレプスの論文ではまず、現実の世界（実世界）の確率空間が定義された。コックスとロスは、株価が実際にどのような確率分布に従っているかは議論せずに、リスク中立世界の便利な解法を示したが、数学的に厳密なモデルでは、リスク中立世界と現実世界の関係を厳密に論じる必要がある。2人は実世界の確率空間を、近代的な確率論で使われる形式を使って (Ω, F, P) と表記し、その意味を次のように説明した。

〔実世界を示す確率空間の意味〕

標本空間 Ω：その要素 ω は世界の状態（state of the world）を示す

確率測度 P：異論なく（unanimously）受け入れられている、世界の状態についての確率

σ（シグマ）加法族 F：市場におけるイベント（または情報）Bの集合。それぞれのイベントBでは経済主体は世界の状態を知ることができる

数学に慣れない読者にはむずかしく感じるかもしれないが、(Ω, F, P) というセットは現代確率論における標準的な確率空間の設定である。ハリソンとクレプスは、実世界の確率（実確率）を「異論なく受け入れられている」という設定をしたが、これは形式的な設定であり、実際には反対で、株式などの本当の期待収益率が反映される実確率を推定することはむずかしい。つまり、この実確率の定義は、数学的な議論を進めるための便宜的な設定である。

抽象的な証券市場モデルの均衡と裁定機会（フリーランチ）

さて、このように想定した実確率とリスク中立確率がどのように関連するのか、という議論は後回しにして、ハリソンとクレプスは確率空間上で想定した証券市場モデルにおける均衡と裁定の関係を示した。ロバート・マートンはブラック・ショールズ・モデルの価格がポートフォリオが満足すべき裁定関係から導かれることを示したが、裁定機会（フリーランチ）が存在しないことは、オプションの価格づけの重要な原則である。

ハリソンとクレプスのアプローチの大きな特徴は、オプションなど条件付請求権の価格を、厳密な数学的な枠組みのうえに想定した証券市場モデルの価格として議論したことである。その証券モデルでは、各証券やオプションなどの条件付請求権は確率空間上の確率変数として、またそれらの証券の価格は確率変数から実数への線形関数として表現される。つまりハリソンとクレプスの証券市場モデルでは、オプション価格の性質は、確率変数から実数への線形関数の満たす数学的性質の分析という、純粋な数学的問題に置き換えられた。

　2人は市場が均衡している状態（彼らはこれを「バイアブル」と呼んだ）であれば、裁定機会が存在しないことを示した。市場が均衡しているとは、最適なトレードを発見して裁定行動しようとする経済主体（agent）が少なくとも1人存在するような状態のことである。

リスク中立評価法と無裁定性（資産価格付けの第1基本定理）

　ハリソンとクレプスはさらには、裁定機会が存在しないこととマルチンゲール測度の関係についての重要な定理を証明した。マルチンゲール測度とは、証券（を示す確率変数）の将来の期待値が、現在の証券価格と一致するような確率測度のことである。つまり証券の期待収益率がゼロになるような確率測度である。

　この定理は、後年「資産価格付けの第1基本定理」と呼ばれ、数理ファイナンスのきわめて重要な成果とみなされた。

〔資産価格付けの第1基本定理〕
　証券市場モデルにおいて、次の2つの命題は同値（必要十分条件である）
① 証券市場のフリーランチ（裁定機会）は存在しない。
② 確率測度Pには少なくとも1つの同値マルチンゲール測度（リスク中立測度）P^*が存在する（同値とは、PとP^*の確率ゼロになる集合が完全に一致していること）。

マルチンゲール測度とコックスとロスのリスク中立世界の確率測度は簡単に結びつけることができる。リスク中立世界ではすべての証券の期待収益率が無リスク金利に一致する。ここで証券モデルの各証券を無リスク金利による価値の増加分だけ割り引いた証券として置き換えると、この割引後の証券のリスク中立測度による期待収益率はゼロになる。つまり置き換えられた割引証券モデルでは、リスク中立測度はマルチンゲール測度になる。したがってリスク中立測度は、事実上マルチンゲール測度と同一視できるから、リスク中立測度を使って算出したオプション価格には裁定機会がないことという条件を満たしていることがわかる。

実世界とリスク中立世界の結びつき（ギルサノフの定理による測度変換）

資産価格付けの第1基本定理によって、リスク中立世界では裁定機会が存在しないことが示された。そうすると残された問題は、実世界の確率と、それに対応する（「同値」な[8]）リスク中立確率の関係を解明することである。もし、（その名前と裏腹に）形式的に想定された実世界において、たとえば証券価格の変動率がブラウン運動（ランダム・ウォーク）に従うとしたとき、実測度と同値なリスク中立測度が存在し、その測度のもとで証券価格がやはりブラウン運動に従うことを示すことができれば好都合である。なぜならば、証券価格が実世界とリスク中立世界で同じ確率過程に従うことが裏付けされれば[9]、リスク中立世界上でその確率過程に従うと仮定したことが正当化されるからである。

ハリソンとクレプスは、この問題を解決するのにすばらしく有効な定理を、確率過程論の成果から見つけてきた。それは「ギルサノフの定理」と呼ばれるロシアの数学者イーゴリ・ギルサノフ（Igor Girsanov）が証明した測度変換に関する定理である。ギルサノフの定理を使えば、たとえばブラウン運動に従う証券モデルの実測度をマルチンゲール測度に変換可能なだけでなく、各証券はそのマルチンゲール測度のもとでも同じ分散をもつブラウン運

---

8 3.3で説明する。
9 本当は、必ずしも同じ確率過程である必要はないのだが、ここでは話をわかりやすくするために、こう書いた。

動になることがわかる。つまり、たとえば株価の実測度のもとでの変動率がブラウン運動に従うと仮定すれば、そのマルチンゲール測度（割引後の証券モデルではリスク中立測度）もやはりブラウン運動になるのだ。

ギルサノフの定理によって、コックスとロスのリスク中立評価法が厳密な数学的な意味でも正しい手法であることが示された。

さらなる抽象化と一般化（ハリソンとプリスカ）

ハリソンとクレプスの厳密な数学的枠組みによる資産価格モデルをさらに一般化して、ブラウン運動以外のさまざまな確率過程を適用することができるよう発展・拡張させたのは、ハリソンとプリスカの1981年の論文である。この論文によって解明された重要な結果は2つある。その1つは、証券市場モデルのリスク中立測度がただ1つしかないのは、市場が完備である場合であることを示したことである。測度が唯一ということは価格が唯一、つまり一物一価の法則が成り立つことを意味する。もしそうでなければ、リスク中立となる価格に異なる2つ以上の価格体系が存在することになる。もう1つの重要な結果は、さらに高度で抽象的で当時最先端であった確率過程論の概念を導入して、証券市場モデルを一般化したことである。この一般化で、比較的扱いやすいブラウン運動だけでなく、広範囲の確率過程の適用が可能なモデルになった。

最先端の確率過程の概念とは、局所マルチンゲールやセミ・マルチンゲールによる確率積分などである。これらは、当時のファイナンス分野で一般的に利用されていた数学の水準を遥かに超えたものであり、ある意味でハリソンとプリスカの論文は金融理論を現代数学の最前線まで一気に導いたともいえる。

マルチンゲールの論文とこの論文において、ハリソン、クレプス、プリスカの3人は、厳密な数学的な枠組みのなかで導くために、さまざまな新しい概念を創造した。そうした概念のほんの一例を次の表に示す。

バイアブル（viable）な価格システム	市場が均衡していること。有限次元モデルではフリーランチが存在しないことと同じ。
セルフ・ファイナンシング戦略	追加的なコストなしにポートフォリオの入替えができる投資戦略
達成可能（attainable）	当初の価値ゼロのセルフ・ファイナンシングな投資戦略によって価格が決定される条件付請求権
完備	すべての条件付請求権が達成可能であること

資産価格付けの第2基本定理（一物一価の法則と完備性）

このような新しい概念を駆使してハリソンとプリスカが示した、一物一価の法則と完備性の関係に関する重要な定理を次に示す。この定理は、後年「資産価格付けの第2基本定理」と呼ばれるようになった。

〔資産価格付けの第2基本定理〕
　証券市場モデルにおいて、次の2つの命題は同値（必要十分条件である）
① 証券市場モデルが完備である。
② 確率測度Pにはただ1つの同値マルチンゲール測度P*（リスク中立測度）が存在する。

市場価格モデルにおける完備性の意味を大雑把にいうと、すべての条件付請求権が市場の証券のポートフォリオ戦略によって合成できるということである。完備性の前提条件が現実的であるかどうかは、おおいに議論のあるところであるが、ブラック・ショールズ・モデル以降の数理ファイナンスでは、なんらかの言い回しで完備性を前提にしてきた。ハリソンとプリスカは、その前提条件の数学的な定義をはっきりさせたといえる。

確率過程論の専門家のファイナンス理論への参入

ハリソン、クレプス、プリスカの3人の仕事は、数学的な業績は大変に優れたものであり、ファイナンス理論の研究者の（専門性の）人種に大きな変

化をもたらした。3人による2つの論文が、証券市場モデルを確率過程論の枠組みで整理されたことをきっかけにして、それまではファイナンスと縁もゆかりもなかった確率過程論の専門家たちが、ファイナンスの分野に参入し、オプションの理論を論じ教科書を書くようになったのだ。そういう意味では、この画期的でエレガントな2つの論文は、ファイナンス理論に現実の市場から乖離した数学オタクが増殖するようになる分岐点となったかもしれない。

確率過程論の枠組みによる証券市場モデルでは、MM理論やブラックとショールズの論文でなされてきた、直観的にわかりやすい前提条件の説明はもはやなされず、ハリソン−クレプス−プリスカ流の、確率空間や証券の確率過程などの前提条件が置かれるだけである。市場の均衡や完備性は、もはや当然の前提として、多くの場合は言及すらされなくなった。

そしてこのような証券市場モデルの前提条件は、実態的にはほとんど機械的にコピー&ペーストされるかたちで利用された。ブラック・ショールズのオリジナルの論文やMMモデルをよく知る世代は、モデルの前提条件に関する具体的なイメージが記憶に残っていたかもしれないが、数学や物理の分野から新たに金融に参入したクオンツ[10]たちの多くは、数学的な証券市場モデルしか知らない。彼らが現実の市場と数学的モデルを混同しても何の不思議もなかった。

1.7 エキゾチック・オプションが次々に登場（デリバティブの隆盛）

夢のルックバック・オプション

ブラック・ショールズ・モデルの後に、数理ファイナンスの研究者の興味の対象は、理論の数学的整理だけでなく、新しいタイプのオプションを生み出すことにも向けられた。新型オプションの歴史は、実はブラック・ショー

---

[10] 高度な数学的能力を使って、投資戦略や金融商品の考案・開発や市場の分析を数理的に行う専門家のこと。

ルズ・モデルとほぼ同じ時期に始まっており、1973年のロバート・マートンの論文の最後には「ダウン・アンド・アウト・コール」という、現在バリア・オプションと呼ばれるオプションの1つの価格式の算出が試みられていた。1979年、後にAIGファイナンシャル・プロダクツを立ち上げるハワード・ソーシン（Howard Sosin）など3人が「経路依存型オプション：安値で買って高値で売る」という論文を発表する。このオプションの名はルックバック・オプション、つまり、期間中の株価の安値（あるいは高値）を後から振り返って（ルックバック）行使することができるのだ。ソーシンたちは、安値で買って高値で売ることは投資家の夢であり、このオプションはその夢を自動的に実現するものであると記した。

エキゾチック・オプションのオタクたち

　ルックバック・オプション以外にも、多くの研究者が新型のオプション取引を考案した。こうした新型のオプションは1987年にバンカース・トラスト東京支店の職員が「アジア型オプション」と名づけたオプションを開発したことをきっかけに、エキゾチック・オプションと呼ばれるようになる。

　エキゾチック・オプションの分野には、特にその分野に熱中した新旧2人の人物がいる。その1人は、1992年に過去20年間に開発されたさまざまなエキゾチック・オプションを収集しワーキング・ペーパーとしてまとめたマーク・ルビンシュタイン（Mark Rubinstein）であり、もう1人はエキゾチック・オプションの評価方法をさらに徹底的に収集したエスペン・ハウグ（Espen Haug）である。

　1995年にハウグが出版した辞書のように分厚い本には、60以上に及ぶエキゾチック・オプションの評価式が掲載された。しかしながら、これらの新型オプションのほとんどは、現実の顧客の需要をベースにしたものではなく、ランダム・ウォークの確率過程に関する数学的可能性の追求、つまり数式を解く競争によって生まれたものである。

モンテカルロ・シミュレーションの利用でさらに複雑な商品も可能に

　ハウグがまとめたものは、エキゾチック・オプションの価格評価の数式

（解析解）であるが、評価の数式を得ることができない商品については、モンテカルロ・シミュレーションを利用する方法がある。モンテカルロ・シミュレーションは、大量に乱数を発生させて数値計算やシミュレーションを近似的に行う手法であり、コンピュータの性能の向上とともに、金融に限らずさまざまな分野で利用される機会が増え続けている。モンテカルロ・シミュレーションを使えば、多少の計算上の誤差の発生が避けられない一方で、商品設計の自由度は飛躍的に高まる。デリバティブ取引の先進的な技術を有する金融機関は、評価の数式が得られるエキゾチック・オプションの利用だけでなく、モンテカルロ・シミュレーションを使って、さらに複雑な商品を開発した。この傾向は、21世紀前後にコンピュータの能力が飛躍的に向上するとともに強くなった。

悪用されるエキゾチック・オプション

　しかしながら歴史を振り返ると、このようなかたちで生まれたエキゾチック・オプションやそれを組み込んだ商品は、実際には初期の研究者が期待したような顧客の利便性を高めるためでなく、金融機関が大きな利益を得る手段としてしばしば悪用された。複雑な仕組みを金融商品に組み込めば、顧客が正しくリスクや価値を認識できない形態で、顧客に過大なリスクや損失を負担させることが可能なのだ。こうした残念な現実を初めて広く世間にさらしたのが、1990年代半ばに起こったバンカース・トラストに対する2つの訴訟と、カリフォルニア州オレンジ郡の投資失敗の事件である。

　このうちの1つの事件において、バンカースはギフト用のラッピングなどの製造販売を営む会社である顧客との間で合計29件の奇妙な取引を実行し、顧客に大きな損失を負わせた。バンカースは、最初の取引を約定すると、その取引に関連する市場状況の変化などを材料に、次々に新しい取引や契約内容の変更を提案して約定させたのだ。そうした取引はバンカースに一方的に有利な条件であり、取引を重ねれば重ねるほど顧客は知らない間に大きな損失を被っていたことが、監督当局の調査で明らかにされた。顧客には取引の時価が伝えられていなかったのだ。これらの裁判では、いずれも損失の大半をバンカースが負担するかたちで和解決着したが、裁判の過程で証拠として

提出されたバンカースの社員同士の通話記録や、金融当局の調査結果によって、バンカースが顧客を手玉にとって不必要なリスクと時価損失を強いたことが暴露された。この事件とP&Gから訴えられたもうひとつの裁判をきっかけに、バンカースの社会的信用力は失墜し、1999年にドイツ銀行に買収されることになった。

　オレンジ郡の投資失敗も有名な事件である。これは、郡政府の財務収税官がメリルリンチのアドバイスに従って、次々にリスクの高い取引に手を出して巨額の損失を出して財政破綻したという事件である。この事件でも、メリルなどによって複雑なデリバティブ取引を組み込んだ仕組債が利用されている。オレンジ郡はメリルなど多数の投資銀行を相手に訴訟を起こし、メリルやモルガン・スタンレー、クレディ・スイス・ファースト・ボストン、野村などと次々に和解し、損失の多くを回収した。

1.8　事件の発生と前提条件への疑問（ブラック・マンデーの教訓）

マンデルブロは市場がランダム・ウォークではないと繰り返し主張した

　ブラック・ショールズ・モデルの普及によって、ランダム・ウォークが数理ファンナンスの標準的な手法となったが、ランダム・ウォークの限界を早い時期に発見して声をあげた研究者もいた。

　その代表的な存在が効率的市場仮説の形成に貢献したマンデルブロである。マンデルブロが「トレーダーが過去の動きのパターンを分析して利益を得ることはできない」と主張した論文のことは先に説明したとおりであるが、ここでマンデルブロは、市場がランダム・ウォークをすると主張したわけではないことに注意が必要である。マンデルブロは、この論文を出す少し前の1963年に、綿花価格の変動のデータが、ランダム・ウォークより裾の厚い分布になることを観察し論文として発表していた。ランダム・ウォークのかわりにマンデルブロが仮説を立てた分布は、レヴィ（Paul Lévy）が分析を進めた安定分布（安定パレート分布）である。安定分布とは、その分布に

従う確率変数の和がもとの分布と同じかたちになるという分布形の「安定性」をもつ確率分布であり、ランダム・ウォーク（正規分布）もその一種である。しかし分布の形状は正規分布を例外として、正規分布より遥かに裾が厚い分布形になる。

マンデルブロの仮説は破壊的であると非難された

　マンデルブロのこの仮説に対し、「主流派」の数理ファイナンスの研究者は冷淡であった。サミュエルソンの教え子のクートナーが、1964年にバシュリエの論文を含むさまざまなランダム・ウォークに関する研究論文を1冊の本にして発行したことは、先に説明したとおりある。この本は数理ファイナンスがランダム・ウォークを理論の中核に据えることに非常に大きな役割を果たした本であるが、クートナーはそこにマンデルブロの安定分布に関する論文も掲載した。

　ただしクートナーは、マンデルブロの標本分布が正規分布以外の安定分布に収束するという主張に対し、「もし彼が正しいのであれば、われわれの統計学的手法、つまり最小二乗法、スペクトル分析、最尤法などこれまでに確立されたすべての標本理論や解析的な分布関数は、すべて時代遅れということになる」と批判する自身の文章も、同時に論文集に掲載する。クートナーの立場からすれば、マンデルブロの主張は過去の統計分析の手法をすべて台無しにするものであり、そのような破壊的な主張はいかに興味深い学説であっても受け入れることはできないのだ。

　クートナーの主張には一理ある。正規分布は単に株価変動の標準的なモデルという役割だけでなく、中心極限定理などを通じて、現在の統計学の至るところで基礎になっている確率分布である。こうした成果抜きでは、現在の統計学はまったくの役立たずになってしまう。そういう意味では、ランダム・ウォークを標準的手法として採用したのは、ほかに代替する手段がないための便宜的な選択といえる。

ブラック・マンデーの暴落はランダム・ウォークではまったく説明がつかない

　1987年10月19日月曜日、アメリカの株価は大暴落し、この日は「ブラック・マンデー」と呼ばれるようになった。この日、ダウ平均はたった1日で22.6％も下落した。これは1日の下落率としては1929年の世界恐慌時に記録した数値の2倍近くという凄まじいものであった。

　この日の株価の下落幅を、仮にブラック・ショールズ・モデルを使って評価した場合、100年に一度どころか、1兆年、1京年、1垓年、……に一度といった既存の数字の単位ではとても表現できないほど小さい確率になる。つまりブラック・マンデーは、モデル上ではまったくありえない事態であり、バシュリエ以来の正規分布の世界では説明不可能な出来事であった。そしてこれは、「ランダム・ウォークより裾の厚い分布になる」というマンデルブロの主張を明確に裏付けるものでもあった。

　ブラック・マンデー後の原因調査によって、ポートフォリオ・インシュランスというリスク管理手法が、下落幅を拡大させたことが明らかになった。ポートフォリオ・インシュランスはブラック・ショールズ・モデルで計算されるオプションの性質を株式ポートフォリオのリスク管理に応用したものである。つまり市場は、物理学の世界で観測されるような自然現象と違って、人間の行動が相互に影響するより複雑なメカニズムをもっていることが確認された。

1.9　修正モデルの登場（ボラティリティのスマイル）

ボラティリティのスマイル

　ブラック・マンデーという強烈な経験があっても、クートナーの指摘どおり数理ファイナンスは正規分布を簡単に捨てるわけにはいかなかった。モデルは捨てられなかったが、現場のトレーダーたちの現実的な対応は素早かった。それはむずかしい理論のいらない臨機応変の対応である。ブラック・

ショールズ・モデルの使用はそのままにして、ブラック・マンデーでリスクが大きいことが判明した株のアウト・オブ・ザ・マネー（OTM）のプット・オプションの値段を値上げしたのである。オプション料の値上げは、現実的にはOTMのプットに適用するボラティリティを引き上げることによって実施された。つまり行使価格によって、適用するボラティリティを変えるという作戦に出たのである。このようなボラティリティのグラフのゆがみは「スマイル」と呼ばれる。

　市場のスマイルの存在は、トレーダーたちの考える株価の確率分布がブラック・ショールズ・モデルの仮定する対数正規分布とは違う分布、具体的には正規分布より裾の厚い分布になることを意味する。

ローカル・ボラティリティ・モデル

　ブラック・ショールズ・モデルにボラティリティのスマイルを導入するというトレーダーの簡便的な対処方法によって価格評価の問題はクリアしたが、そこにはさまざまな限界があった。たとえばリスク管理やエキゾチック・オプションの評価にはこの方法では十分な解決方法にはならなかったのである。

　こうした問題に対応して考案されたのがローカル・ボラティリティ（LV）モデルである。このモデルは、ボラティリティの水準を、時間と原資産価格の水準に依存して変化する関数として設定したモデルである。つまり、「ボラティリティは一定」というブラックとショールズの前提条件を変えて、ボラティリティ関数を導入したのである。LVモデルは、概念的にはむずかしいものではないが、単純なランダム・ウォークに比べてかなり複雑で裾の厚い確率分布を表現することができる。その一方で、コンピュータを使った商品価格やリスク計算の計算負荷は、シンプルなブラック・ショールズ・モデルに比べて大幅に増えた。

確率ボラティリィティ・モデル

　ランダム・ウォークより裾の厚い分布をモデルに改良する試みは、もうひとつの代表的な方法が生んだ。それはボラティリティを確率的に変動させ

る、確率ボラティリティ・モデルである。このタイプのモデルでは「ボラティリティのボラティリティ」というパラメータが導入される。そして、ボラティリティのボラティリティが大きくなるに従って、原資産の確率分布は中心が尖がった形状になり、裾が厚くなる。つまり、確率ボラティリティを導入すれば、マンデルブロが主張したような安定分布を持ち出さなくても、ある程度のファット・テールを表現できるのである。これは大変に重要な性質である。

確率ボラティリティ・モデルには、いくつかの異なるモデルが開発されたが、代表的なモデルとして、ヘストン・モデルやSABR（「セイバー」と読む）モデルの名があげられる。

正規分布依存の体質は変わらず

このように新しいモデルの導入によって、為替や株式のデリバティブなど一部の商品カテゴリーでは、ある程度裾が厚い確率分布による価格評価が可能になった。しかしながら、このような一部の商品に対するモデルの修正が、金融界全体の正規分布に依存する体質を劇的に変化させたわけではないし、数理ファイナンスのテキストが大幅に書き換えられたわけでもない。そして、1990年代から盛んになるクレジット・デリバティブや証券化商品のリスク分析においては、正規分布への依存をいっそう強めていくことになる。

1.10 証券化商品の発展と信用バブルの膨張

アメリカのモーゲージ証券の発展

資産を担保にした債券の発行の歴史は、18世紀にプロイセンのフリードリッヒ大王が、7年戦争による国土の荒廃から復興するための資金調達を容易にするために、不動産を担保にしたカバード・ボンドを発行したことに始まるとされる。ヨーロッパではカバード・ボンドの伝統がいまなお残る。一方アメリカでも、最初の証券化商品はモーゲージを担保にした証券であった

が、初めて発行されたのはヨーロッパからはかなり遅れた1970年のことである。最初のモーゲージ担保証券（MBS）を発行したのは、ジニー・メイというアメリカ政府が全額出資する政府支援機関（GSE：エージェンシー）であった。

イノベーションと規制緩和

　1970年代から80年代のアメリカにおける金融界のイノベーションに満ちた気運は、オプションなどデリバティブ取引だけでなく証券化商品の分野でも発揮された。MBSの最初の発行形態は、担保に組み入れたモーゲージが生み出すキャッシュフローをそのまま支払うパス・スルーという形態であったが、まもなくMBSの担保資産プールから生じるキャッシュフローをそのまま支払うのではなく、キャッシュフローを加工して支払うさまざまな手法が開発された。キャッシュフローを加工した最初のタイプは、1983年に最初の発行が行われたCMO（Collateralized Mortgaze Obligation）である。CMOの特徴は、資産担保をいくつかのクラスに切り分け、償還される時期をある程度コントロールしたことである。このような資産担保のクラス分けはトランシェ分けといわれ、切り分けられた各クラスはトランシェと呼ばれる。トランシェ分けは証券化商品のきわめて重要な技術になる。

　証券化商品のビジネスは当時のレーガン政権の規制緩和にも後押しされた。1986年、CMOの発行を促進するために、特別目的ビークル（SPV）に担保資産を移転して発行する証券に対しては、税法上債券として扱われるようになる法改正が行われた。この税制改革によってアメリカのMBSの発行量は急激に増加していく。

信用リスクでトランシェ分けされたMBS

　この税制改革による新しい発行形態は新たなMBSのイノベーションも生み出した。CMOではタイミングを調整するためにトランシェ分けがされたが、今度は信用リスクに重点を置いたトランシェ分けがされたMBSが現れたのである。

　信用リスクによるトランシェ分けは、ウォーター・フォールという支払の

優先順位に関するルールを導入することによって実現する。ウォーター・フォールはしばしば非常に複雑なものとなり、キャッシュフローをそのまま支払うパス・スルー証券とは比較にならないほど複雑な証券とすることも可能である。このタイプのMBSでは、信用リスクの低い順にシニア・トランシェ、メザニン・トランシェ、エクイティ・トランシェなどと呼ばれた。

このような信用リスクによるトランシェ分けの技術は、その後の金融界に大きな影響を与えることになった。なぜならば、この技術を使えば高いリスク（つまり低格付）の資産を集めた担保資産からリスクの低い（つまり高格付）の証券をつくるという、手品のような芸当が可能になったからである。

ABSとCDO

一方、モーゲージ以外の証券化商品は1985年に誕生する。アメリカのあるリース会社が、コンピュータ備品を証券化した資産担保証券（ABS）を発行したのである。これまで利用されていなかった自社のバランスシート上にある資産を使って資金調達をする手法は、無闇に借入れを増やしたくない（あるいはできない）企業にとって、画期的な資金調達方法であった。ABSによる資金調達は急激に広まり、証券化の対象とする資産は自動車ローン、クレジット・カード・ローン、学生ローンから映画などの著作権収入までもが対象になった。

そして1987年には、当時ジャンク債の帝王といわれたマイケル・ミルケンが率いるドレクセル・バーナム・ランバートのチームが、ジャンク債を担保資産に入れて、信用リスクの異なるトランシェに分けられた新しいタイプの証券化商品を開発する。それは債券を担保に組み入れた証券化商品であり、企業の債務（Debt）を証券化したものであるからCDO（Collateralized Debt Obligations）と呼ばれるようになる。最初のCDOは、ジャンク債投資を活発に行っていたある貯蓄金融機関（S＆L）が、保有するジャンク債の一部を使って資金調達をするために発行された。

ドレクセルが開発した新たなスキームはウォール街のライバルたちを魅了した。多くの投資家は高格付債券への投資を好むため、ジャンク債などリスクが高いローンや債券の販売は簡単ではない。しかしCDOの出現によって、

ハイリスクの債券やローン資産をかき集めて高格付の資産をつくりあげるという、投資銀行にとっては夢のような方法が可能になったのだ。

クレジット・デリバティブとCDO

1990年代に入ると信用リスクをデリバティブによって移転する技術が開発された。クレジット・デリバティブ（クレデリ）の登場である。クレデリの先駆者となったのは、当時のデリバティブ業務のパイオニア的な存在であったバンカース・トラストである。しかし、バンカースではこの新しいビジネスの拡大に失敗し、かわりにクレデリを推進したのはJPモルガンであった。1994年、JPモルガンは有名な取引の締結によってクレデリ・ビジネスのアドバルーンをあげた。JPモルガンが保有するエクソン社へのローンの信用リスクを欧州復興開発銀行（EBRD）とクレジット・デフォルト・スワップ（CDS）の契約をすることによってヘッジしたのである。つまり、エクソン社の信用リスクをEBRDに移転したのだ。この超有名な3社が関連した取引によってクレデリの知名度は一気に上昇する。

その後JPモルガンは、クレデリの販路拡大を腐心して流通市場の拡大策などを試みるが、思ったように取引は伸びなかった。そこで思いついたのが、クレデリをまとめてCDOに仕立ててしまうことだ。1997年、ビストロ（BISTRO）と名づけられたスキームの最初の取引が行われた。それはJPモルガンが保有する企業向けのローンや社債の信用リスクをCDS取引でSPVに移転し、SPVはCDSから得られる保険料を使って2つの異なる信用リスクをもつ債券を発行し投資家に販売するというものであった。

このようにCDSを使って信用リスクを移転、または担保にCDSを組み入れるCDOは、シンセティックCDOと呼ばれる。ビストロCDOによって、JPモルガンはCDSとCDOのビジネスを合体させる手法を生みだしたのだ。シンセティックCDOの登場によって、CDO組成の自由度は大幅に上昇し、その後はクレデリと証券化商品の間には強い相互関係が生まれた。

スーパー・シニア

JPモルガンのビストロCDOでは、もうひとつのきわめて重要な商品が生

み出された。それはCDOの「スーパー・シニア」と呼ばれる部分である。JPモルガンとってビストロCDO組成のねらいは、バーゼル銀行監督委員会（バーゼル委員会）の自己資本比率規制（BIS規制）に関連するリスク資産圧縮であった。しかし、投資家に販売したCDOは総額7億ドルに満たなかったにもかかわらず、JPモルガンがリスク・ヘッジするCDSの想定元本は97億ドルに及んだ。JPモルガンがヘッジしたローンのクオリティが高いことが確かであっても、本当に7億ドルを超える損失が出ないのか。ビストロの組成時には、このスキームによって当局がJPモルガンの規制上のリスク削減効果を認定するかどうかはっきりしなかった。JPモルガンは、AAAを超える部分のリスクを「スーパー・シニア」と名づけた。この名前は、通常のシニア・トランシェより上位（低リスク）という意味でつけられたものである。

　結果的には、バーゼル規制（バーゼルⅡ）ではスーパー・シニアの部分については、20%の掛け目をかけたリスクが残ると定められため、以降のシンセティックCDOではスーパー・シニア部分のリスクをCDSによってヘッジするスキームが一般的になった。ちなみに、最初のビストロCDO取引のスーパー・シニア部分のCDSのリスクの引受け手は、アメリカの大手保険会社AIGであったことが後年明らかになる。

1.11　サブプライム・モーゲージとABS CDO

SIVとABCPコンデュイット

　1980年代後半に急激に発行量を増やした証券化商品の発行を支えたのは、新しいタイプの投資家層であった。その1つは、当時厳しくなり始めていた銀行の資本規制の隙間を縫って設立されたシャドー・バンキングのSIV（Structured Investment Vehicle）である。最初のSIVは、1988年にシティ銀行ロンドンの2人の行員が設立した「アルファ・ファイナンス」である。アルファ・ファイナンスは短期の調達資金を使って中長期の債券を購入し、調

達と運用の利回り差で利益をあげるというビジネス・モデルを確立した。SIVは資金調達を自身の資産を担保に組み入れたABCPというタイプのコマーシャル・ペーパー（CP）と中期社債（MTN）の発行によって行い、運用はABSやMBSなど証券化商品の高格付のトランシェや金融債を中心に行った。SIVがシャドー・バンキングと呼ばれるのは、銀行が資本の全部を直接的に出資するわけではなく、銀行の連結対象外となるからである。銀行はビークル運営のアドバイス手数料を受け取ることなどによって収益を得る。

　証券化商品の買い手になったシャドー・バンキングの別の形態に、ABCPコンデュイットがある。ABCPコンデュイットはSIVと同様にSPVが保有する資産を担保してABCPを発行するという仕組みである。1980年代に現れたABCPコンデュイットは、当初は銀行や企業が資金調達をする1つのチャンネルとして利用されたが、21世紀になると、CDOなどの証券化商品のレバレッジ投資をする道具としても使われるようになった。

ブッシュ政権の「オーナーシップ社会構想」とサブプライム・モーゲージ

　このようなシャドー・バンキングなどの旺盛な投資需要を満たすのに利用されたのが、サブプライム・ローンなど、それまでは証券化にあまり使われていなかった資産を組み入れた証券化商品である。サブプライム・ローンとは、アメリカやカナダ特有のローンの分類方法であり、通常の借り手よりも貸倒れリスクが高い借り手に対するローンを意味する。これに対し、通常（優良）の借り手に対するローンはプライム・ローンという。サブプライムのカテゴリー向けの貸出は、もともとはファニー・メイなど政府支援機関（GSE）の買取りの対象になっておらず、あまり活発なビジネスはされていなかった。こうした状況に大きな変化をもたらしたのは、ブッシュ政権が2003年から打ち出した「オーナーシップ社会構想」の柱の1つであるマイノリティや低所得者層に対する住宅取得支援策である。当時、民間業者によるシェア圧迫に悩んでいたGSEは、モーゲージ買取りの基準を、一定の要件を満たしたサブプライム・カテゴリーや、Alt（オルト）-Aと呼ばれるサブプ

ライムと通常のローンの中間的な信用力のローンなどにまで緩和した。さらにはGSEはビジネスにおける中所得者以下の層の占める割合を目標として掲げる政策もとったので、サブプライムとAlt-Aのローンは急激に増加する。

サブプライム・ローンは変則的な条件ばかりだった

　こうして2004年頃から急増したサブプライムとAlt-Aのローンは、その大部分が証券化に回った。そしてサブプライムとAlt-Aのローンを実行する金融機関は、最初からローンを自身で保有するのではなく、証券化される前提でローンの実行をしたのである。

　この構図に大きな問題があった。サブプライムの貸し手はローンの実行で手数料を得ていて、証券化されてしまえば貸倒れが起きても損失がない。したがって借り手は返済能力がないことを承知で強引な融資を進める誘惑があるのだ。このような誘惑によって、借り手がローンを組みやすいようにさまざまな変則的なローンが横行した。たとえば当初の支払が金利部分だけの「IO（Interest Only）」、あるいは当初の金利さえもカバーしてない「ネガティブ・アモチ」である。このようなローンはエキゾチック・ローンと呼ばれるが、恐ろしいことに2005年頃からは、サブプライムやAlt-Aのローンの大部分がこのようなエキゾチック・ローンであった。こうした貸し手側の荒廃した融資姿勢によってニンジャ（NINJA：No Income、No Job and no Assets）・ローン、つまり収入も仕事も資産もない借り手に対するローンが大量に発生した。

　しかしながら、劣悪なローンの横行は、単に貸し手だけの問題でない。証券化商品のアレンジャーや格付会社が、手数料欲しさに担保資産の品質を適切に調査・分析（デューディリジェンス）する義務を怠るなど、証券化されるまでのさまざまなステージでさまざまなかたちのモラル・ハザードが起こっていたのである。

売れ残りの証券化商品を再証券化（ABS CDO）

　トランシェ分けされた証券化商品によって、シニア、メザニン、エクイティなどのリスクの大きさが異なる証券が生まれることは先ほど説明した。

こうした複数のトランシェについて、それぞれ同じような需要があれば証券化商品のアレンジャーにとっては好都合であるが、実際にはトランシェごとに需要はまちまちである。証券化商品のなかで比較的投資家を見つけやすいのは、AAAなどの高格付があって、同時にある程度の投資リターンが期待できるスーパー・シニア以外のシニア部分であった。

　サブプライム・ローンなどリスクが高い資産を担保資産に組み入れたMBSでは、比較的リスクが高いメザニン部分のトランシェの分量が増えるが、この部分についての十分な投資家を見つけるのは容易でない。そうした状況で、ウォール街の金融機関の間で名案が生まれた。売れ残りのメザニン部分を再びCDOに仕立てあげて、その金額の大分部をAAA格など高格付の証券に再加工することである。アメリカでは1999年の時点で多数のABS（資産担保証券）を資産プールに組み入れたCDOが発行された事例があった。つまり二重の資産担保証券をつくる技術はすでに確立されていたのである。このように、証券化商品を再び証券化したCDOはABS CDOと呼ばれる。特にメザニン部分ばかりを集めて再証券化したCDOは、メザニンABS CDOと呼ばれる。

ガウシアン・コピュラと格付会社がABS CDOの発行を後押し

　ウォール街が売れ残りのメザニンを再証券化することが可能だったのは、メザニンABS CDOに格付会社がAAAなど高い格付を与えたからである。CDOに対する格付会社の評価が高かったことには2つの主要な理由がある。その1つは、CDOのリスクの評価にガウシアン・コピュラを利用したことである。もうひとつは、格付会社が適用していた相関が不適切に低かったことである。特にABS CDOの評価に適用した相関には大きな問題があった。

　コピュラ関数はいくつかの別の分布を接合する関数であり、接合によってそれぞれの分布の相関関係を反映させることができる。コピュラ関数は数学界で1950年代に考案されていたが、ファイナンスの世界には中国出身のクオンツであるデイビッド・リー（David Li）が2000年に発表した論文によって知られるようになった。リーがコピュラを持ち込むまでは、CDOの評価において、多数の銘柄の相関関係を直接的に反映させるのが困難であり、代替

的な手法で相関関係の及ぼす効果を反映させるしかなかった。しかしながら、コピュラ関数を使えば各銘柄の相関関係を直接的に数式として取り入れることが可能になった。

最も簡単で最も甘い信用リスク評価方法

　コピュラの導入は画期的なアイデアだったが、実はコピュラ関数にはさまざまな種類があり、どのコピュラ関数を選択するかによって担保資産の（同時）分布の形状は大きく変わる。ガウシアン・コピュラは、そうした選択肢の1つであるが、簡単で取り扱いやすい関数である一方で、担保資産の同時分布のテールが薄くなるという特徴があった。テールが薄くなれば、シニア・トランシェの信用リスクは低く評価されるので、格付会社が利用すれば高い格付が得やすくなる。コピュラ関数にはほかにもテールを厚くする関数がいくつもあったのだが、格付会社を含めた金融界が選んだのはガウシアン・コピュラであった。そして多くのクオンツたちは、ガウシアン・コピュラをさらに単一のパラメータに集約した、便利であるがいっそう甘いリスク評価となる、1ファクター・ガウシアン・コピュラと呼ばれる手法を利用した。

　このようなモデルの選択の問題に加え、格付会社はそのモデルに不適切に低い相関をインプットして利用した。その結果、CDOの格付は一段とインフレされたものになった。特に問題が大きかったのはABS CDOである。本来、ABS CDOのプールの資産間の相互関係はきわめて複雑で、ストレスに耐えうる相関の推定はほとんど不可能に近かった。しかし、格付会社は通常のCDOとほとんど変わらない簡単な方法でABS CDOの相関を与えたという。このような甘い格付が得られたため、ウォール街の金融機関は多くの案件を持ち込んで大量のABS CDOが生産された。これらのABS CDO、特にサブプライムのリスクをなんらかのかたちで含むABS CDOは、2007年からの金融危機によって悲惨なパフォーマンスをすることになる。

1.12 リーマン・ショック

前兆は不動産価格の頭打ちに現れた

　2007年までに、収入も仕事も資産もない借り手に対するニンジャ・ローンなどが大量に実行され、次のステップとしてそのローンがMBSに証券化され、さらにその次のステップでABS CDOへと二重の証券化がされたことはこれまで説明したとおりである。このような無謀な貸出と証券化も、不動産価格の上昇が続いている限り問題は起きない。これは日本のバブルの経験でも同様であった。しかしいったん不動産価格が上昇しなくなってしまえば、歯車は一挙に逆回転する。

　2007年の初めのアメリカがまさにこのような状況であり、1990年代からほぼ一本調子の上昇を続けてきた住宅価格は、2006年の半ばをピークにその上昇がストップする。住宅価格の停滞とともに徐々にサブプライム・ローン市場に変調が現れる。ローンの支払延滞や差押えの割合が少しずつ増加し始めたのだ。この傾向はまず、カリフォルニア州など特定の地域で顕著になった。2007年4月には、カリフォルニア州で積極的にサブプライムのビジネスを推進していた住宅ローン会社のニュー・センチュリーが破綻する。

2007年8月、パリバ・ショック（短期金融市場の混乱）

　2007年前半の世界経済を取り巻く環境は一見良好にみえたが、実際にはサブプライム・ローンの状況の悪化が水面下で着実に進み続けた。2007年7月には2大格付会社のムーディーズとS&Pが大量のサブプライムMBSなどを格下げの方向で見直すと発表した。この発表によって、CDOなどを担保に組み込むABCPの発行が困難になる。その影響が大手金融機関の運営するファンドにまで及んだのがパリバ・ショックである。2007年8月9日、BNPパリバは同行傘下の3つのミューチュアル・ファンドの解約を凍結すると発表する。この発表によって銀行間の資金取引市場は突然パニック状態に陥り、銀行間の貸出利回りが急騰し、多くのABCPプログラムは発行が不

能になった。

　パリバ・ショックの特徴は、サブプラムに直接関係ない銀行間の資金取引や企業のコマーシャル・ペーパーの発行にまで突然甚大な影響が及んだことである。つまりこの日をもってサブプライム・ローン市場の変調が、世界中の銀行間の資金取引市場にまで波及した。

ハイリスクのSIVが破綻し、モノライン保険会社にも不安が広がる

　2007年の秋から冬にかけて金融危機は次のステージに移行する。短期金融市場のパニックは資金調達をABCPに頼っているSIVやABCPコンデュイットに深刻な影響を与え、10月にはサブプライム関連のCDOなどに運用を傾けすぎていたいくつかのSIVが破綻した。さらに、SIVビジネスの元祖でありSIV業界の最大のスポンサーだったシティ・グループも傘下のSIVの救済を余儀なくされた。

　不穏な空気は着実に広がり続け、10月後半にはモノライン（Monoline）保険会社の株価急落が始まる。モノライン保険会社とは、伝統的に地方公共団体の発行する債券に対する信用保証を行ってきた債務保証会社である。モノラインは自身が格付会社から最上級（AAA）の格付を得て、その信用力を生かして保証ビジネスを手がけてきたのだが、危機以前の数年間は金融機関の保有するCDOなどの保証を積極的に行ってきたのだ。モノラインに信用不安が広まれば、それは保証を受けている金融機関の信用力に直結する。

ベア・スターンズの崩壊

　ウォール街の金融機関は、軒並みサブプライム関連証券のアレンジャーであるだけでなく、自分自身も大量のサブプライム関連証券を抱えていた。特にその量が多かったのは、シティと危機前の数年間に最もCDOビジネスに傾倒していたメリルリンチであった。2007年の年末にかけて、シティやメリルをはじめとするウォール街の主要金融機関は中東やアジアの資本調達に奔走し一定の成果を得ていた。

　こうしたなかで2008年3月、ベア・スターンズが危機を迎える。ベア・スターンズの抱えていた問題は、モーゲージ関連証券などで自己資本の30倍以

上にふくらませた総額400億ドルの資産を維持するための資金繰りであった。証券会社であるベア・スターンズは、銀行のように預金による安定した資金調達ができず、大量に保有する有価証券を使ったレポ取引に依存していたのだ。その時点まで何とか自転車操業でしのいできた資金繰りが、とうとうお手上げ状態になりつつあった。3月16日、ベア・スターンズはニューヨーク連銀総裁のティモシー・ガイトナーの仲介で、JPモルガンに買収されることが決まった。

ファニー・メイとフレディ・マックの株価急落と国有化

しかし、ベア・スターンズの救済は危機の連鎖の歯止めにはならず、その後もウォール街は続々と追加損失計上の発表に追われた。そして2008年夏に事態はさらに切迫する。6月にはモノラインの最大手2社が格下げされ、GSEのファニー・メイとフレディ・マックの株価が暴落したのだ。ブッシュ政権の低所得者層に対する住宅取得支援策によって、大量のサブプライムとAlt-Aのローンのリスクを抱えていたファニーとフレディは実質的に破綻状態に陥っていた。しかし、両者が発行する大量のMBSや社債は政府系金融機関の発行債券として米国債に次ぐ信用力を有すると長い間世界中の投資家に信じられていたため、そうした債券のデフォルトを許すことは金融市場に対する悪影響があまりに大きい。結局ポールソン財務長官は政府による救済に動き、「われわれがバズーカ砲をもっている。そのことを人々が知っていればバズーカ砲を実際に使わなくてすむかもしれない」と説明した。

一方、シティなど大手金融機関の損失の拡大は底なしの状態で、この時点で監督当局の次の心配は、リーマン・ブラザーズ、メリルリンチ、AIGの3社であった。リーマンはモーゲージ・ビジネスに積極的であった一方で、ウォール街の証券のなかでは経営基盤や会社としての力量に関する信頼感が劣り、ベア・スターンズの次はリーマン、というのがウォール街の一般的な認識であった。さらには、それまでのサブプライムによる損失の処理もまったく進んでいなかった。

AIGは、その子会社のAIGファイナンシャル・プロダクツ（AIGFP）が2001年にCEOに就任したジョゼフ・カッサーノのもとで、天文学的な規模

のスーパー・シニアCDSのリスクを引き受けていた。

リーマンの破綻、メリルの身売り、AIGの救済（トゥー・ビッグ・トゥ・フェール）

　2008年9月8日（月）から14日（日）にかけて、事態は一刻の猶予もない状態に陥りポールソン財務長官とガイトナーは主要銀行とともにリーマン、メリル、AIGの問題の対処に奔走した。このなかで最も切迫したリーマンについては、最後の救済策としてバンク・オブ・アメリカ（バンカメ）とイギリスのバークレーズによる買収が検討された。しかし14日にバンカメはメリルの買収に走り、バークレーズの買収はイギリスの金融当局から株主議決なしに買収することができないと連絡を受けた。ここにリーマンの破綻が確定する。

　9月15日（月）にリーマン破綻が報道されるとAIGの株価は急落した。AIGは総額4,000億ドルのCDSやその他大量のエキゾチック・デリバティブの取引を抱えていた。もしAIGが破綻した場合、取引相手に与える混乱は計り知れないと判断したバーナンキFRB議長、ポールソン、ガイトナーの3人は、モラル・ハザードの懸念を押し切って政府による救済を決断する。トゥー・ビッグ・トゥ・フェイル（大きすぎて潰せない）である。9月16日（火）、米政府は最大850億ドルの資金供給をして救済する対価として政府が最大79.9％の株を保有するという救済策を発表する。

金融システム維持のための銀行国有化策、GM、クライスラーは破綻

　AIGを救済しても市場の動揺はまったく終息しなかった。こうした事態にポールソン財務長官は9月19日、これ以上の連鎖的な金融機関の破綻を防ぐために、7,000億ドルという前代未聞の金額の税金を投入して金融システム全体を救済する案（TARP）を発表する。TARPの議会承認はもめにもめ、下院では一度否決されるが最終的には10月3日にオバマ大統領の承認を得て成立する。その後アメリカ政府は主要な金融機関のすべてに公的資本を注入し、特にシティとバンカメは数度にわたって資金を注入されシティは実質国有化された。

BNPパリバ危機は金融界という産業の内部の出来事であったが、リーマン・ショックは世界経済全体に深刻な影響を及ぼした。危機を伝播させたのは株価の急落であり、2008年10月6～10日の1週間は世界の株式市場で大きく株価が下落、たとえば日経平均株価はこの1週間で25％近くも下落した。こうした経済環境に世界経済は激しく縮小し、アメリカの大手自動車メーカーであるクライスラーとGMは2009年の4月と6月に相次いで破綻する。

1.13 数理ファイナンスは物理学ではない

危機の元凶はCDSとCDO

　破綻の直接的な原因となったサブプライムのリスクを組み込んだCDOやAIGを崩壊させたCDSを生み出した金融技術（金融工学）は、メディアや各方面から強い批判を浴びた。高名な投資家ウォーレン・バフェットは2002年の段階で「デリバティブは金融版の大量破壊兵器」と指摘していたが、危機後にはバフェットの先見の明が称賛され「大量破壊兵器」という単語が多くの記事や論文で使用された。また数理ファイナンスの歴史に名を刻んだサミュエルソンでさえも「「悪魔的でフランケンシュタイン的怪物のような金融工学」が危機を深刻化させた」と語った。さらにはCDOの評価に用いられたガウシアン・コピュラは「ウォール街を殺した数式」として非難された。一方ウォール街の関係者などからは危機と金融技術自体は無関係だという主張もなされた。

金融モデルは物理のモデルではない（ウィルモットとダーマン）

　そうしたなかできわめて的確かつ厳しい批判をしたのが、金融工学のカリスマ的存在であり、長年クオンツ養成に尽力してきたポール・ウィルモット（Paul Wilmott）と、スーパー・クオンツのエマニュエル・ダーマン（Emanuel Derman）であった。2人は「フィナンシャル・モデラー宣言」という文章でそれを発表した。

宣言では、金融界のクオンツたちに対する警告として「物理学は、物質が現在の状態から将来どのように振る舞うかを驚くほど正確に予想することができたため、ほとんどの金融モデルの設計者を触発した」「しかしながら金融や経済では、貨幣価値に対する心理的要素が関係するため話が違ってくる」「本当のところは、金融には基本法則は存在しないのだ」と指摘する。

具体的な商品に関して、特に2人が問題視したのがCDOの評価についてであり、本来CDOに組み込まれた「多数のモーゲージの相互関係はきわめて複雑かもしれない」のに、クオンツたちは「まだ知られていないすべてのダイナミクスを無視して」「すべての不確実性を（デフォルト相関という）単一のパラメータに集約した」として強く非難した。

1.14　明らかになった実態（ウォール街、格付会社、監督当局）

2007年からの金融危機に関しては多くの本が出版され、金融機関や格付会社の強欲さやずさんさ、それに金融当局の無能さなどを伝えている。しかしながら危機の実態に関する最も大がかりで体系的、かつ信頼性のあるレポートをつくったのは、アメリカの上院と下院の調査委員会である。このうち下院の調査はアメリカ政府公式の調査結果という位置づけでFCICレポートと呼ばれる。一方上院のレポートは調査にあたった議員の名をとって、「レビン－コバーン・レポート」と呼ばれる。2つのレポートは、危機に関連したいくつかの具体的な会社と個人を対象に徹底的に調査したことに特徴があり、これらは今後も大変貴重な資料であり続けるだろう。

2つのレポートでやり玉にあがっているのは、主にAIG、シティ、メリルリンチ、リーマン、ゴールドマン、ドイツ銀行などの主要な金融機関やカントリー・ワイドやワシントン・ミューチュアルなどの住宅ローンの貸し手、格付会社および監督当局である。

格付会社の責任

　格付会社が危機に果たした役割は、どちらのレポートでもきわめて大きなものがあったとしている。たとえばFCICレポートでは、格付会社の失敗はすべての金融崩壊に関して必要不可欠な歯車だったと結論づけている。レビン−コバーン・レポートでは、このような失敗によって、ムーディーズとS&Pの2社が2004年から2007年にかけて膨大な数のRMBSやCDOにインフレされた格付を与えたとしている。

　格付会社の本質的な問題は、ウォール街から格付手数料を得ているというビジネス・モデルから生じる投資家との利益相反の構図にある。さらには格付会社同士の競争（シェア）への執着によって、満足に人材がいない状況できわめて甘い評価方法に基づいて時にはバグを抱えたままの評価用のコンピュータ・モデルを使って、大量のAAA格付が乱発された。結局のところ危機前の格付会社は、CDOなどについてほぼウォール街の期待するどおりの格付を与えていたというのが実情であった。危機後にオーストラリアで提訴された損失賠償に関するある裁判では、格付会社が投資銀行からいわれるがままに大幅にインフレした格付を行ったことが明らかになり、格付会社が全面的に敗訴した。

監督当局の責任

　金融危機を招いたという点で監督当局の責任も当然重大である。特に問題が大きかったのは、ウォール街のロビー活動などを受け入れて規制緩和を推し進め、CDSやCDOが破壊的な威力をもつようになることを放置したことである。FCICレポートでは、下院などに支えられた過去30年間の規制緩和と、グリーンスパン前FRB議長を筆頭に金融機関の自己規制の過度の信頼によって、至るところで重要なセーフ・ガードが取り外され、大惨事を阻止することができなかったとしている。

　さらには監督当局は日々の金融機関の監視という観点でも失敗した。レビン−コバーン・レポートでは、2007年9月に破綻したワシントン・ミューチュアルの監督を担当した貯蓄金融機関監督局（OTS）が、同行の不適切な貸出慣行、リスク管理、資産の質、承認慣行などの、重大な問題点を発見し

第1章　数理ファイナンスの歴史　55

ながらその是正に失敗したことを報告している。

ウォール街などの金融機関

　ウォール街の実態については、さまざまなメディアで報道された。そうした報道に共通する単語は「強欲」であり、リーマンのファルドCEOが下院の公聴会でみせたふてぶてしい態度や、バンカメとの実質的な救済合併直前のメリルが経営陣に巨額のボーナスを支払った「ゴールデン・パラシュート」などが世間の憎悪を増幅させた。金融危機発生の責任は格付会社や監督当局なども責任を共有するが、特にウォール街に対する風当たりが強いのは、ウォール街の経営者や従業員が長年の問題あるビジネスによって得ていた報酬が桁違いに大きいからである。こうした市民感情は、2011年の「ウォール街を占拠せよ」運動にもつながった。

　FCICレポートではこのような金融機関の実態を、倫理観の欠如や向こう見ずさと表現している。具体的には主要な金融機関は、不十分なサンプリングしかしていないローンや基準に合致しないようなローンを購入し、証券化して投資家に売却するという、説明責任や倫理の欠如があったこと、また証券化商品の製造工程にはだれも責任を負わないというモラルの荒廃があったこと、さらにはシステム上重要な金融機関があまりにも向こう見ずに大量のサブプライム・モーゲージのリスクをとったことなどを指摘している。

　一方レビン－コバーン・レポートは、特にゴールドマン・サックスに矛先を向けている。レポートはゴールドマンは自身がアレンジしたCDOの組成にあたって、顧客に低品質資産のリスクを大量に押し付けることによって、自身が顧客と正反対のネット・ポジションを構築し利益を得た事実を問題視している。多数の資産を担保として組み入れる複雑なCDOの場合、担保の質に関してアレンジする金融機関と顧客の間に著しい情報の非対称性がある。こうした行為は重大な利益相反だというのだ。

1.15 新たな規制と数理ファイナンスの関係

ボルカー元FRB議長による規制強化の推進

　世界経済全体に深刻な影響を及ぼした金融界に対しては、当然のことながら厳しい規制強化策を求める声があがったが、同時にそれに抵抗する勢力も現れた。前者の代表が、元FRB議長のポール・ボルカー（Paul Volcker）やイングランド銀行（英中銀）総裁のマーヴィン・キング（Mervyn King）である。

　2008年7月、かねてからアメリカの金融システムと規制の改革を訴えていたボルカーは、官民トップの経済人からなる30人委員会（G30）の金融改革を検討するワーキング・グループの座長に就任する。2009年1月、G30のグループは検討結果をレポートにまとめて、AIGのような保険会社を含めたすべての形態の金融機関が適切に監督されること、規制の国際的な協力の枠組みを大幅に改善すること、さらには金融市場や金融商品の改革の必要性などが提言された。

ドッド・フランク法とボルカー・ルール

　こうした提言を受けたオバマ政権は、2009年6月に新しい金融規制を導入する意向と、議会で具体的な検討に入ることを発表する。新しい金融規制案は、上院と下院の委員長の名をとってドッド・フランク・ウォール街改革・消費者保護法と名づけられた。これはアメリカの金融規制を抜本的に変える重要な法案で、デリバティブ取引の規制、消費者保護など広範な項目に及ぶ。

　しかしながらボルカーとキング総裁は、こうした対策だけでは満足せず、大きすぎて潰せない銀行に対してはさらに厳しい規制を課すことを強く主張した。2人の言い分は「銀行は公共にサービスを提供するために存在する」のであり、「銀行はその使命に集中すべきであり、リスクの高い自己勘定取引などは厳しく制限すべきである」というものである。

ボルカーの提案はウォール街のビジネスのあり方を大きく変えるものであったので、ウォール街からの強い反発があったことはもちろん、バーナンキFRB議長、ガイトナー財務長官、サマーズ国家経済会議（NSC）委員長などはむしろウォール街の擁護者であるかのように振る舞った。こうした状況で、ボルカーの提案はそのまま葬られてしまうかと思われたが、2010年1月、オバマ大統領は突如、自ら「ボルカー・ルール」と呼ぶ銀行規制案を提案した。

　ボルカー・ルールを組み込んだドッド・フランク・ウォール街改革・消費者保護法（以下、「ドッド・フランク法」）は、激しい議論の末に2010年7月にオバマ大統領の署名によって成立する。ドッド・フランク法は16の編と539の条文数をもつ膨大な法律であり、ボルカー・ルールはその第6編の一部として、銀行の自己勘定取引の原則禁止とヘッジ・ファンドなどへの投資を制限している。ドッド・フランク法は2011年7月に施行されたが、多くの条文は細目に関する規則の制定というステップが必要とされ、実際の施行はそれより大幅に遅れた。ボルカー・ルールの自己勘定取引の原則禁止は2015年7月にようやく発効し、ヘッジ・ファンド等への投資規制の順守期限は2017年が予定されている。

G20の主導により、バーゼル委員会や各国で導入される新規制

　一方金融規制の国際的な協調は、フランスのサルコジ大統領やイギリスのブラウン首相などから促されて開かれるようになったG20の首脳会議によって推進されることになった。最初のG20のサミットは2008年11月にワシントンで開かれ、そこでG20とバーゼル委員会など従前からの規制設定機関や各国当局との間で規制制定をコーディネートする組織として、金融安定理事会（FSB）の設置が決められた。

　具体的な規制の内容は、翌2009年9月のピッツバーグで開催されたG20のサミットで最初の提案がなされ、以降に開かれたG20に追加的な規制が順次盛り込まれた。危機後に導入された新しい規制の主な内容は表1.15.1のとおりである。

　これらの規制は段階的に導入されたので、規制体系は複雑かつ常に変化し

表1.15.1　危機後に導入された主な金融規制

バーゼル銀行規制	バーゼル2.5（証券化商品の規制強化など）、バーゼルⅢ（自己資本の質の強化、流動性規制など）
「大きすぎて潰せない」金融機関の問題	システム上重要な金融機関に対する資本増強、ボルカー・ルールの導入（アメリカ）
店頭デリバティブ改革規制	中央清算機関（CCP）を通じた清算集中、取引の報告義務等
シャドー・バンキング問題への対応	MMFや証券化商品に対する規制

ている状況になっている。

金融危機は数理ファイナンスの原点を見直す機会になった

　一連の新しい規制のなかで特に重要な規制は、店頭デリバティブの透明性や公平性を確保するものである。中央清算機関（CCP）を通じた清算集中、取引の報告を義務づけることなどがその中心的な規制である。こうした規制は、数理ファイナンスのもともとの前提条件、たとえば「すべての市場参加者は市場の価格や株式に関連するすべての情報を無料で平等に保有している」（MM理論の「完全市場」の前提条件の1つ）や「取引に関する費用はいっさいなく、株式とオプションは自由に売買できる」（BSモデルの前提条件の1つ）ことなどが仮定された状態に現実の市場を近づける効果があると考えることもできる。

1.16 数理ファイナンスの現在位置

ブラック・ショールズ・モデルで止まってしまった原理の追求

　さてここまで、1900年のルイ・バシュリエ以来の数理ファイナンスの歴史を概観してきた。数理ファイナンス理論の基礎的な前提条件と価格理論の

基本的な原理は、1950年代から70年代に確立され、1973年のブラック・ショールズ・モデルでその基本的な考え方は完成したとみなされた。その後、ファイナンスはその前提条件と考え方を抽象的な数学の枠組みに落とし込むと同時に、基本的な原理をさまざまなかたちで応用してきた。

基本的な原理とはリスク中立評価法による価格評価と、正規分布に依存した確率モデルである。このうち正規分布以外の確率モデルの適用の試みは、散発的な研究が続けられてきたが、結局のところは正規分布への依存をかえって高めてきてしまったことはこれまで説明したとおりである。

大量破壊兵器を生み出した金融工学

やがて大量のリスクを一度に移転することができるCDSやCDOといった商品を生み出した金融界は未曾有の金融危機を発生させ、前述のとおりサミュエルソンは「「悪魔的でフランケンシュタイン的怪物のような金融工学」が危機を深刻化させた」とまで難じた。

サミュエルソンの発言を大げさと感じる読者もいるかもしれないが、CDSやCDOという商品がなければ、サブプライム・モーゲージのバブルが破局的なまでの肥大化をすることがなかったことは紛れもない事実である。収入も仕事も資産もない借り手に対するニンジャ・ローンのほとんどは、それをAAA格の証券に組み込んで世界中の投資家に販売するベルトコンベアーがなければ、そもそも最初から実行されることはなかっただろう。つまり詐欺的な条件のサブプライム・モーゲージのバブルが形成されるには、正規分布に過度の依存をした数理ファイナンスの原理と技術は不可欠の要素であった。

もちろん金融危機は数理ファイナンスの原理や技術だけが引き起こしたのではないが、原理や技術は、証券化をアレンジした金融機関や格付会社によって金の卵を生むガチョウとして利用（悪用）されたのである。

原点回帰のよい機会

1973年のブラック・ショールズ・モデルでできあがったと思われた基本的な原則はあくまでも当時の暫定的な原則であり、さほど期間が長くない通常

の株式のオプションなど、当時想定されていた商品に適用可能と考えられていたにすぎない。

　数理ファイナンスの失敗は、その暫定的な原則を見直し改善する努力を怠って、暫定的な原則をあたかも普遍的な公理であるようにみなしたことにある。あるいは普遍的な公理でないことは十分に承知のうえで、短期的な利益のために問題点に目隠しをしたことである。

　金融市場の振る舞いは物理の法則のようなものに従う側面と、人間の心理や人間の行動からのフィードバックを受ける側面が混在する大変複雑なメカニズムをもっている。そうであるから金融市場の振る舞いは、物理と人間の心理のどちらか一方では説明がつかない。これは大変に興味深い研究対象であり、1960年代のマンデルブロの研究や1980年代のブラック・マンデーの経験によって、相場変動は多くの未解決な問題を有する研究分野であることが明らかになっていた。

　金融危機を経験しても、株式、為替、金利、商品などの市場は、世界の経済活動に不可欠なものであり、今後もますますその重要性は高まっていくだろう。そういう意味で、2007年からの金融危機は、数理ファイナンスが金融市場の振る舞いを真摯に研究するという歴史の原点に回帰するよい機会であるように思える。

金融とテクノロジーの新たな時代

　さて、最後に話題を変えて、数理ファイナンスの新しい方向性について簡単に触れる。リーマン・ショック以降、特に2010年頃から、ファイナンスの世界におけるテクノロジーの果たす役割が急激に高まりつつあることを予感させる出来事が相次いでいる。その1つは、2010年5月にアメリカの株式市場で起こったフラッシュ・クラッシュである。これは、わずか30分ちょっとというごく短い時間に、株価が10％近く急落して急回復をするという異常な出来事である。フラッシュ・クラッシュによって超高速取引（HFT）という取引手法の存在がクローズアップされた。HFTは取引所のシステムが高速化したことで出現したコンピュータのアルゴリズムによる取引の一種である。アルゴリズム取引の歴史は新しいものではないが、近年は機械学習によ

るビッグデータの活用などの人工知能（AI）の技術進歩によって、資産運用業界におけるアルゴリズム取引への関心はかつてない水準に高まっている。

　テクノロジーに関する別の出来事は、テクノロジーを利用した金融サービスを行うベンチャー企業に対する社会的関心が、「フィンテック（FinTech）」という造語の流行とともに高まったことである。このブームは、アメリカやイギリスの政治にも後押しされたものであるが、フィンテック企業のビジネス・モデルのなかには、金融界の景色を一変させる可能性を感じさせるものもある。いずれにしても、今後はコンピュータやAIの技術が数学的モデルとともにファイナンスの主役になることが予感される。したがって、数理ファイナンスの新たな課題は、過去の失敗の経験を生かしつつ、理論とテクノロジーのバランスをとっていくことにあるのかもしれない。そのためには、時として歴史を見直す作業は不可欠であろう。

第 2 章

ルイ・バシュリエから
ブラック・ショールズまで

年	出来事	章.節
1602	アムステルダム証券取引所の設立。世界最古の証券取引所	
1688	アムステルダム証券取引所で株式オプション取引の記録	
1733	フランスの数学者アブラーム・ド・モアブル、正規分布を導入	
1809	カール・フリードリヒ・ガウス、『天体運行論』を出版。このなかで正規分布、最小二乗法、最尤法などが説明される	
1827	ロバート・ブラウン、花粉のブラウン運動を発見	
1900	**ルイ・バシュリエ**、論文「投機の理論―株の市場価格のランダム性」を提出。ランダム・ウォークによる株のオプション価格評価	2.1
1908	**ヴィンチェンツ・ブロンズィン**、ドイツ語のオプション価格理論の本『プレミアム契約の理論』を出版	2.1
1911	ウドニー・ユール、『統計理論入門』を出版	2.3
1923	ノーバート・ウィーナー、ブラウン運動の厳密な数学的モデル化	2.1
1932	アルフレッド・コウルズ、コウルズ財団を設立。「科学とは計測なり」	2.3
1933	**アンドレイ・コルモゴロフ**、『確率の基礎概念』を出版。現代確率論を確立	2.1
1941	**角谷静夫**、自己写像の不動点定理に関する論文を発表	2.2
1942	**伊藤清**、「伊藤の補題」を示した論文を日本語で発表	2.1
1944	ジョン・フォン・ノイマンとオスカー・モルゲンシュテルン、『ゲームの理論と経済行動』を出版。効用関数を使ったゲームの理論	
1946	ランド研究所の設立。アメリカ空軍が、軍の戦略立案と研究を目的。オペレーションズ・リサーチやゲームの理論のメッカに	
1951	**ケネス・アローとジェラール・ドブリュー**がそれぞれ独立に厚生経済の第1定理を証明。完全な競争均衡がパレート最適になることを示す	2.2
1952	**ハリー・マーコウィッツ**、論文「ポートフォリオ選択論」を発表。分散共分散を使った現代ポートフォリオ理論の確立	2.6

年	出来事	章.節
1953	**モーリス・ケンドール**、論文「経済時系列分析―パート1：価格」を発表。金融市場の時系列データを解析し、ランダムな動きであることを示す	2.3
	アロー、後に「アロー・ドブリュー証券」と呼ばれる証券に関する論文をフランス語で発表	2.2
1954	**アロー**と**ドブリュー**、論文「競争経済における均衡の存在」を発表。市場の一般均衡の存在を証明	2.2
	ジミー・サヴェジ、バシュリエの論文を偶然発見し、仲間の経済学者たちに知らせる	2.1
1958	**ジェームズ・トービン**、無リスク資産とリスク資産の「分離定理」に関する論文を発表	2.6
	フランコ・モディリアーニと**マートン・ミラー**、MM理論に関する論文を発表	2.4
1959	**モーリー・オズボーン**、論文「株式市場のブラウン運動」を発表。株価の分布が対数正規分布に従うことを発見	2.2
1961	**ケース・スプレンクル**、ブラック・ショールズ・モデルに類似のオプション評価式を導出した論文を発表	2.5
1963	**ブロワ・マンデルブロ**、綿花の価格がランダム・ウォークより裾が厚い安定パレート分布に従うことに関する論文を発表	2.9
1964	ポール・クートナー、『株式の市場価格のランダム性』を出版。バシュリエの論文を含むランダム・ウォーク説の論文集	2.3
	ウィリアム・シャープ、論文「資本資産価格」を発表。CAPM理論	2.6
	ジェームズ・ボネス、論文「株式オプションの価格理論の原理」を発表。ブラック・ショールズ・モデルと外見上は同じ評価式	2.5
1965	**ポール・サミュエルソン**、論文「正しく予想された価格がランダムに変動することの証明」を発表	2.7

年	出来事	章.節
1966	**エドワード・ソープとシーン・カッスーフ**、『市場をやっつけろ』を出版。オプションの空売りを株式の買いでヘッジした投資戦略を紹介	2.8
	マンデルブロ、論文「将来の価格の予想、不偏な市場と「マルチンゲール」モデル」を発表。市場がマルチンゲールであることを示す	2.9
1967	**サミュエルソン**、上院の銀行委員会で「ダーツ」を使った運用戦略がプロの銘柄選択に勝ると証言	2.9
1968	マイケル・ジャンセン、CAPMにアルファを導入してミューチュアル・ファンドのパフォーマンスを計測した論文を発表	2.6
1969	ノーベル経済学賞創設	
1970	**ユージン・ファーマ**、論文「効率的資本市場:理論と実証」を発表。効率的市場仮説の理論の整理	2.9
1971	ニクソン・アメリカ大統領、ドルと金の交換停止を発表(ニクソン・ショック)。為替取引は変動相場制の時代へ	
1973	シカゴ・オプション取引所(CBOE)で上場オプションの取引が始まる	
	フィッシャー・ブラックとマイロン・ショールズ、論文「オプションと企業の負債の価格決定」を発表。ブラック・ショールズ・モデルの登場	2.10
	ロバート・C・マートン、論文「合理的オプション価格の理論」を発表	2.11

2.1 ルイ・バシュリエ（19世紀のランダム・ウォークによるオプション価格理論）

　フランスの数学者ルイ・バシュリエが博士論文として1900年に書いた「投機の理論」は、多くの点で時代を大きく先取りする研究であった。まったく孤立した状態で書かれたこの論文では、アインシュタインに先駆けたブラウン運動[1]の定式化だけでなく、「市場を出し抜くことはできない」という現在の数理ファイナンスにおける資産価格理論の基本原則が洞察されたのだ。あまりにも時代を先取りしすぎた論文は長年忘れられていたが、1954年にアメリカのファイナンス理論の研究者たちに再発見されるとたちまち大きな影響力を及ぼした。バシュリエの先見性は1950年代から60年代のファイナンス理論の時代をさらに飛び越えていて、やがて数理ファイナンスがたどり着く価格理論の骨格はほとんどバシュリエのアプローチと変わらないものとなった。時代がバシュリエに追いついたのだ。バシュリエについては近年さらなる研究が進みつつある。一方で、バシュリエの数学的な業績はファイナンス学者の知らないところで、ウィーナー[2]、コルモゴルフ、伊藤清などの数学者に受け継がれ、確率過程論として着実に発展を続けた。

　近年の研究では、オプション価格に関する重要な歴史的な研究がバシュリエ以外にも存在したが明らかになりつつある。なかでも特筆すべきものはイタリア人数学者ヴィンチェンツ・ブロンズィン（Vinzenz Bronzin）が1908年に出版したドイツ語の本『プレミアム契約の理論』である。これは、ブラック・ショールズ・モデルとそっくりなオプションの評価式が導かれており、2000年にその存在が伝えられると、専門家たちに驚きをもって迎えられた。この発見は、今日一般に理解されているより遥かに以前の時代から、オプショ

---

[1] ブラウン運動は、水面上に浮かぶ花粉の不規則な動きを発見したスコットランドの植物学者ロバート・ブラウン（Robert Brown、1773～1858）が1827年に発見し詳細に記録したことからこの名がつけられた。
[2] ノーバート・ウィーナー（Norbert Wiener、1894～1964）はアメリカの数学者。1923年に初めてブラウン運動の厳密な数学的モデル化をした。ブラウン運動はウィーナー過程とも呼ばれる。

ンが活発に取引されその数理的な性質の研究も進んでいたことを意味する。ここで、疑問として残るのは、どうしてこのようなオプションの先駆的な研究が伝承されず、歴史から一時的に消えてしまったのかということである。

〔ルイ・バシュリエ（Louis Bachelier）〕（1870～1946）

　フランスの数学者でブラウン運動を最初にモデル化した人物。ル・アーブルのワイン商人の家に生まれ、パリ大学（ソルボンヌ）で学び、当時のフランス数学界の重鎮ポアンカレが彼の大学院の指導教授であった。1900年にアインシュタインが分子の熱運動をブラウン運動で説明した論文を発表する5年前に、ブラウン運動を使って株式オプションの価格づけを試みる論文を書いた。ポアンカレ自身は彼の論文の独創性を評価していたが、当時の数学界ではまったく非正統的な研究テーマであったことなどから、パリ大学の無給（free）教授の地位に甘んじることになる。そして、第一次世界大戦に従軍し無事に生き延びた後は一時教鞭をとっていたディジョン（Dijon）大学における地位獲得を目指すが失敗し、地方の大学で定年までの時間を過ごした。確率論の専門家以外にはほぼ無名のまま生涯を終えたのである。ディジョン大学の地位獲得に失敗したのは、レヴィ過程[3]で有名になるポール・レヴィ[4]が誤解に基づいてバシュリエの能力について否定的なコメントをしたためであり、レヴィは後年自分の誤りに気がついてバシュリエに謝罪した。こうした不幸な出来事が重なり社会的地位には恵まれなかったが、バシュリエの仕事は確率論の専門家たちの小さなサークルでは引き継がれ、「伊藤の補題」で有名な伊藤清の仕事にも影響を与えた。

【紹介する論文】Bachelier（1900）博士論文
「投機の理論―株の市場価格のランダム性」（"Théorie de la spéculation." Annales de l'Ecole Normale Supérieure, 英訳名"Theory of Speculation." In

---

[3]　ブラウン運動（ウィーナー過程）はレヴィ過程の一種である。レヴィ過程は数学的には右連続な定常独立増分確率過程と表現される。

[4]　ポール・レヴィ（Paul Lévy、1886～1971）はフランスの数学者で、コルモゴロフとともに現代的な確率論の開拓者であり、確率過程論の基礎を築いた。パリのエコール・ポリテクニークの教授を長く務めた。レヴィが研究した安定分布については4.1を参照。

> The Random Character of Stock Market Prices）以下、1964年の英訳版で分析する。

1900年のバシュリエの先見性の最も重要な部分は次の3つである。
① アインシュタインはノーベル賞受賞対象となった「光量子仮説」を"奇跡の年"といわれる1905年に発表しているが、同じ年に「ブラウン運動の理論」も発表している。この5年前にバシュリエはブラウン運動の数学的原理を発見していた。
② 金融市場の（オプションなど）条件付請求権に関してランダム・ウォーク[5]を適用した最初の数学的モデルである。
③ 「投機家の期待値がゼロ」という独創的な仮定をしており、これは驚くことに、マルチンゲール測度[6]による評価原理と同等のアプローチである。

フェアな賭け

バシュリエが研究の対象にしたオプション取引は、パリ証券取引所で取引されるヨーロピアン[7]・タイプのオプションで、株の先物取引（Future）に関するオプションであった。バシュリエは将来の金融商品価格の確率について大変に興味深い洞察をしており、確率には次の2種類があるとしている。

> 〔2種類の確率〕
> ① 数学的な確率。これは推測的（priori）に決定され、運が左右するゲーム（game of chance）において研究される。
> ② 将来起こる事象に依存する確率、したがって数学的に予測（predict）することはできない。

---

[5] ランダム・ウォークは離散的な確率過程であり、それを連続的にしたものがブラウン運動。バシュリエはランダム・ウォークの極限としてブラウン運動を発見していた。
[6] 3.3を参照。
[7] 行使できるのが満期だけのオプションで、ヨーロッパの取引所で取引されるオプションはこのタイプ。これに対して、アメリカの取引所で取引されるオプションは満期前に行使することができ、このタイプはアメリカン・オプションと呼ばれる。

後者の確率は、たとえば相場に関するある材料が実際の上げ下げのどちらの方向にどの程度の影響を及ぼすかという予測であり、これは各投資家の個人的な見方にすぎないとする。そしてバシュリエは、市場の効率性についても次のような先見的な洞察を示す。

> 「投機家の集合体である市場は、上昇するとも下落するとも信じていないと考えることができる。なぜならば、市場の価格には買い手と売り手が同じだけいるからである。」

　バシュリエのこのような考え方は、カジノや競馬などの賭け事についての洞察に基づいている。もしカジノなどが「フェア」な賭けであれば、投機家の優位と不利は見合っているはずだ。バシュリエはオプション取引を賭けの一種としてとらえていたのである。この考え方から「投機家の数学的な期待値がゼロ」という前提条件が自然に導かれる。バシュリエの「市場を出し抜くことができない」という考え方は、後の効率的市場仮説や資産価格評価方法の土台となる原理である。

ランダム・ウォーク

　さて次はこのような原理を満足する数学的なモデルを考える必要がある。ここでバシュリエは、最初から特定の分布を想定するのでなく、フェアな賭けを表現する数学的なモデルが満足すべき制約条件をあげて、そうした条件を満足する分布を演繹的に導く方法をとった。バシュリエがあげた制約条件は、価格の変動幅がマイナス無限大[8]からプラス無限大の間をとること、また将来の価格が上がるか下がるかはその時点の価格と独立であるべきだから、その分布が左右対称（symmetrical）なものでなければならないというものだった。さらには、株価がある時点から時間 t_1 経過後にXだけ変動する瞬間的確率を $P_{X, t_1} dx$、さらに t_2 という時間が経過したときにXからZという値に変動する瞬間的確率を $P_{Z-X, t_2} dz$ とした場合に、ある時点から時間 t_1+t_2 後にZだけ変動する瞬間的確率が次の式のような積のかたちで表せることが要求されるとした。

---

[8] この前提条件では株価がマイナスの値をとる可能性も排除されないことを、後年サミュエルソンから欠点として指摘される。

$$\int_{-\infty}^{\infty} P_{x,t_1} P_{z-x,t_2} dx dz \qquad (2.1.1)$$

　この性質は、その後チャップマン＝コルモゴロフ方程式[9]として知られるようになるマルコフ連鎖[10]の遷移確率密度が満足する関係である。バシュリエは、もし確率Pが次のような形式で与えられれば、性質（2.1.1）に近づくとした。

$$P = A \cdot \exp(-\pi A^2 X^2) \qquad (2.1.2)$$

　この形式の分布が（2.1.1）を満足するには、分散が時間の大きさに比例（あるいは標準偏差が時間の平方根に比例）する必要がある。こうした条件を満たす確率として、バシュリエは次の正規分布の密度関数を導入する。つまりランダム・ウォークである。

$$P = \frac{1}{\sqrt{2\pi t a}} \cdot \exp\left(-\frac{x^2}{2ta^2}\right) \qquad (2.1.3)$$

　ここまでは、離散的な時間間隔の株価の変動の分布についての考察であったが、バシュリエはその極限をとっても、この式と同じ形式になることを示した。つまり離散時間のランダム・ウォークの概念から、連続時間の確率過程であるブラウン運動の概念に到達した（これは、5年後にアインシュタインが発表した手法よりエレガントであると評価されている）。そして彼はさらにブラウン運動に関する考察を進め、これが物理の放射に類似していることに気がついて、次の関係式を導き、これがフーリエ[11]の拡散方程式[12]（Fourier's equation）であると指摘している[13]（ℙは分布関数として）。

---

[9] チャップマン＝コルモゴロフ方程式（Chapman-Kolmogorov equation）は、複数回の試行の繰り返しによって、状態の推移がそれぞれの試行の積和で表すことができるというマルコフ連鎖の性質を示した方程式。1928年にイギリスの物理学者チャップマンとロシアの数学者コルモゴロフによって、一般的なかたちで定式化された。

[10] 将来の確率変動が、過去にたどった経路に無関係で、いまどこにいるのかという情報だけに依存する確率過程。ランダム・ウォークはマルコフ連鎖の典型的な例の1つである。これはロシアの数学者アンドレイ・アンドレエヴィチ・マルコフ（Andreyevich Markov、1856～1922）の研究成果である。

$$\frac{d\mathbb{P}}{dt} = \frac{1}{c^2}\frac{d^2\mathbb{P}}{dx^2} \tag{2.1.4}$$

上記のような確率的な解析のアプローチは、今日の数理ファイナンスでも、ほぼそのままのかたちで使われている。

オプションの評価式

　オプションの価格に話を戻すと、バシュリエは（2.1.3）式で得た形式の密度関数についての期待値の技術的な計算を行い、コール・オプションの満期における価値（期待値）を次の式のように算出した。

$$c = (F-K) \cdot N(d_1) + a\sqrt{T}\, n(d_1) \tag{2.1.5}$$

$$d_1 = \frac{F-K}{a\sqrt{T}}$$

ただし、

　F：現在の先物株価

　K：行使価格

　T：満期までの時間

　a：株価の標準偏差

　$N(x)$：標準正規分布の累積分布関数

　$n(x)$：標準正規分布の密度関数（つまりNの微分）

　これは、株価の対数をとるか否か（および評価時点が満期）という点を除けば、ブラック・ショールズ式と同じかたちの式である。株価の変動がマルチンゲール性を満足するという前提条件のもとで、オプションの満期におけ

11　ジョゼフ・フーリエ（Joseph Fourier、1768〜1830）はフランスの数学・物理学者。フーリエ解析で有名。
12　熱伝導方程式は、1807年にフーリエによって導かれている。
13　1964年の論文の英訳版の脚注では、ウィーナー過程がフーリエの拡散方程式を満足することについて、バシュリエの論文が確認できる最初のものであり、1905年にアインシュタインが同じ結論を得たと記している。

る期待値の計算をするという手法が数理ファイナンスで確立されるのは、ブラック・ショールズ・モデルからさらに数年後の1980年近くになってからである。つまり、バシュリエは時代を80年近く先行していたともいえよう。

再発見

バシュリエのこの論文が、経済やファイナンス理論の学者の間で知られるようになるのは、1954年にシカゴ大学の数理統計学者ジミー・サヴェジ（Jimmy Savage）がたまたまバシュリエの別の論文を目にしたことがきっかけである。ほとんど聞いたこともないような著者が投機の確率について論じていることに驚いたサヴェジは、知合いの学者たちに問合せのハガキを送った。その1通が経済学者サミュエルソン[14]のもとに届き、興味をもったサミュエルソンがマサチューセッツ工科大学（MIT）の図書館で1900年のバシュリエのこの論文を発見する。論文の内容に驚き興奮したサミュエルソンは、その内容をMITやエール大学で熱心に講義した。こうしてバシュリエの先駆的な仕事は、アメリカの若手学者たちの研究テーマとして、50数年ぶりに引き継がれた。

確率論学者としてのバシュリエ

バシュリエについて、1つ付け加えておくと、彼は経済学者の間ではまったく無名であったが、確率論の専門家の間では知られていた。コルモゴロフ、ウィーナー、レヴィ、伊藤清などの確率論の大物たちの論文にはバシュリエの論文が参照されていて、特に伊藤清は大きな影響を受けたという[15]。バシュリエに関しては彼が長い間世間からまったく忘れ去られたという記述もしばしば見受けるが、それは間違いである。バシュリエは確率論の一部の分野で先駆的な仕事をしたが、それらを近代的な確率論として体系化したのはコルモゴロフであり、その後、日本の伊藤清がランダム・ウォークの研究

---

[14] 2.7を参照。
[15] 伊藤清は、第二次世界大戦中に潜水艦によって運ばれたバシュリエの論文に傾倒し、ブラウン運動に関する研究を進めたという。また伊藤は1994年にロバート・マートンと初めて会い、その際に「私が影響を受けたのはノーバート・ウィーナーよりもむしろルイ・バシュリエだった」と語ったという（相田洋、茂田喜郎（1999））。

をさらに前進させた。

コルモゴロフと伊藤清

〔アンドレイ・コルモゴロフ（Andrey Kolmogorov）〕（1903〜1987）
　ロシアの数学者で、測度論に基づく現代確率論を確立した。ロシアのタンボフで生まれ、モスクワ大学で学位をとり、そのままモスクワ大学の教授になった。1933年に出版された『確率の基礎概念』で初めて公理的確率論のアプローチがなされた。これは、古典的な確率論と違って、「確率」が満たすべき性質（公理）をいくつか規定して、その性質から導くことのできる定理を突き詰めていく確率論である。コルモゴロフによって、測度論、ルベーク積分などが確率論に取り込まれた。伊藤清は名著『確率論』（1953）の冒頭で次のように記している。

　　　確率論の問題は極めて多岐に亙っていて、問題の種類に応じて夫々直感的に認められる原理を立て、それから演繹的に推論するという状態がずっと続いてきたし、又現在でも尚この傾向は多分に残っている。しかしこの様な状態では確率論はいくつかの分科の集合にすぎないといわざるを得ない。確率論がまとまった一つの体系と見なされる為には、問題の種類別に立てた原理の更に基礎となる根本原理ともいうべきものを打ち立て、これから確率全般の問題を解明する必要がある。このような原理は、A Kolmogorovの名著Grundbegriffe der Wahrsch in-lichkeitsrechnung（1933, Ergeb.d.Math., Berlin）に於いて初めて与えられた。これが所謂Kolmogorovの公理である。彼は同書で確率論の基礎部分—大数の法則迄—をこの公理から鮮やかに導いて、数学としての確率論のあり方を示した。

〔伊藤　清（Kiyoshi Ito）〕（1915〜2008）
　日本の数学者。三重県桑名に生まれ旧制八高（名古屋）から東京大学理学部数学科に進み、内閣統計局（現統計数理研究所）の技官を経て1952年から京都大学教授を務めた。伊藤はフランスの物理学者ポール・

ランジュヴァン（Paul Langevin）が導入した確率微分方程式に関する数学的な基礎を与え、確率微分方程式を解く一般理論である確率積分という分野を開拓した。有名な「伊藤の補題」に関する論文は、統計局に在籍していた第二次世界大戦中の1942年に日本語のガリ版印刷で発表された。京都大学数理解析研究所のホームページでは、米国科学アカデミー（NAS）の記事を引用した次の文を掲載して、伊藤の業績をたたえている。「ピタゴラスの定理は別格として、「伊藤の補題」（Ito's Lemma）以上に世界中に知れ渡り応用されている数学の成果は思い浮かばない。この成果は、古典解析におけるニュートンの微分積分学の基本定理と同様の役割を、確率解析において果すものであり、「必要不可欠なもの」（sine qua non）である」

伊藤清のバシュリエ評

伊藤清は1974年にアメリカの数学者と共同で『拡散過程とそのサンプル経路[16]』という本[17]を出版しているが、この本の序文ではバシュリエの1900年の論文について1ページ半ほど紙面を割いて説明をしていて、バシュリエが1次元のブラウン運動の法則性を見つけ、ブラウン運動の経路のマルコフ性についても説明されていると記している。そして最後に次のような一文を記している。

> バシュリエはブラウン運動に関するclear pictureを得ることができず、そのアイデアは当時あまり興味をもたれなかった。しかしながらこれは驚くに値しない。なぜならば、ブラウン運動に関する明確な定義には経路空間（path space）の測度の概念が含まれること、そしてそれは1909年にボレル[18]のベルヌーイ試行[19]に関する古典的な論文を待たなければならなかったからである。しかし、このボレル、ルベーグ[20]、ダニエルのアイデアによって、ブラウン運動に厳密な数学的基

---

16 Diffusion Processes and their Sample Paths
17 Ito and McKean（1974）
18 エミール・ボレル（Émile Borel、1871〜1956）は、フランスの数学者。アンリ・ルベーグとともに測度論の先駆者となった

礎をおくことは直ちに可能になり、それは1923年にウィーナーによって達せられた。

ブロンズィンのオプション理論（1908年）

最後に、近年発見された1908年のイタリア人数学者ヴィンチェンツ・ブロンズィン（Vinzenz Bronzin）[21]のオプション理論について簡単に触れる。

> 〔ブロンズィンのオプション理論〕
> 　イタリア北東部の港町トリエステは長らくオーストリア・ハンガリー帝国の重要な都市であり、イタリア領に編入されるのは第一次世界大戦後である。トリエステは自由港としての繁栄を謳歌し、20世紀初頭には世界の保険ビジネスの中心地の１つであったという。1908年に出版されたブロンズィンの小さなドイツ語の本は2000年になって、ハフナー（Hafner）とツィンマーマン（Zimmerman）という２人のスイスの研究者によって再発見されて世に紹介された。この本では「オプション」という用語は使われておらず「プレミアム契約」という古いタイプのヨーロピアン・オプションについて分析したものである。ブロンズィンのオプション理論はバシュリエのアプローチと違い、ずっと実用的なアプローチであり、ヘッジ、複製、裁定関係からオプション価格を導いている。ハフナーたちはこれを一種の「リスク中立評価法」であり、論理も結果もブラック・ショールズ・モデルにそっくりであると主張している。ブロンズィンが用いた確率分布は「誤差関数」という位置づけの分布で、これはほぼ正規分布に等しい分布である。

19　「表と裏のどちらかしか起こらない」「勝つか負けるかどちらかしか起こらない」といった二項モデル型の事象のこと。スイスの数学者ヤコブ・ベルヌーイ（Jakob Bernoulli、1654〜1705）が考案した。

20　アンリ・ルベーグ（Henri Lebesgue、1875〜1941）は、フランスの数学者。積分の概念を拡張させたルベーグ積分を確立し、これは物理学、現代確率論や工学方面で不可欠な理論になっている。

21　ヴィンチェンツ・ブロンズィン（1872〜1970）イタリアの数学者。トリエステのAccademia di Commercio e Nauticaの教授を務めた。

2.2 アローとドブリュー（一般均衡の存在）

　フランスの数学者だったドブリューは、フランスの経済学者レオン・ワルラス（Léon Walras）の一般均衡理論に興味をもって経済学に転じて、海を渡ったアメリカでケネス・アロー（Kenneth Arrow）とともに1954年に「競争経済における均衡の存在」という論文を書いた。ワルラスは消費者の需要と生産者の供給が市場で均衡する関係式を提示したものの、その方程式の解の議論には立ち入らなかったのだ。アローとドブリューの論文は、競争的な経済における均衡式の解の存在を位相数学[22]（トポロジー）の概念を導入して証明[23]したものである。これは競争均衡の存在定理などと呼ばれ、数理経済学における大きな成果である。競争均衡の存在については、アローとドブリューに続いて、1956年に日本の二階堂副包（Fukukane Nikaido）[24]が別の前提条件のもとで証明している。

　均衡が解をもつためにアローとドブリューが設定した必要条件の1つが数

---

[22] 集合の要素同士のつながりや関数とのつながりに関する法則性を定式化した数学の分野で、数学のなかでも特に抽象性が高く、定性的な分析に利用される。開集合、閉集合、距離、完備性、コンパクト性、近傍、連続関数などのつながりに関連する重要な性質である。多くの概念は20世紀になってから開拓された新しい数学分野であり、ドイツの数学者フェリックス・ハウスドルフ（Felix Hausdorff、1869～1942）などが大きな業績を残した。位相数学という名称はやや漠然としており、一般には狭義には位相幾何学、広義には位相空間論（トポロジー空間）という名称が使われることが多い。

[23] 均衡解の存在を初めて証明したのは、第二次世界大戦前にウィーンで活躍したトランシルバニア出身の数学者エイブラハム・ワルド（Abraham Wald、1902～1950）であり、アローとドブリュー論文の冒頭でワルドの名前があげられ、論文がワルドの業績をさらに発展させたものであることが説明されている。一般均衡論の基礎はワルドをはじめジョン・フォン・ノイマンなど中欧出身の研究者が大きな役割を果たした。

[24] 二階堂副包（1923～2001）は日本の経済学者。東京理科大学や東北大学を経て東京大学理学部数学科を卒業。その後、経済学に転じ、一橋大学とアメリカにおいて長く教鞭をとった。1956年の二階堂の証明は競争均衡の存在の問題の本質が市場の超過需要関数の性質に帰することを示したものである。ほぼ同時期にアメリカの数学者・経済学者デイヴィッド・ゲールも同じ問題の証明をしたので、この証明は「ゲール・二階堂の補題」と呼ばれる。著書『現代経済学の数学的方法—位相数学による分析入門』（1960）はドブリューの『価値の理論』とともに一般均衡論に関する名著といわれる。

理ファイナンスの重要な概念の1つである市場の完備性[25]である。完備市場では均衡によって価格は安定的な状況になる。

　この論文の少し前に、アローは1953年に「リスク負担の最適配分における証券の役割」という金融市場のモデルに関する先駆的な短い論文をフランス語で書いている。この論文は、将来の市場の変動という不確実性が伴う状況における均衡を考察したものであり、完備な条件付財市場という概念と、後にアロー・ドブリュー証券として知られる、将来発生する状態に応じてペイオフが変わる証券の考案がなされている。

　アローとドブリューのアプローチの特徴は、市場の経済に関する概念を抽象的な位相数学の概念に置き換え、演繹的に議論を行っていることである。このアプローチは数学的な厳密さをもつ一方で、抽象数学の概念に不慣れな人間には相当に難解であるという一面がある。アローとドブリューの一般均衡に関する研究の成果は、市場経済分析の土台というべきものであるが、そのアプローチがあまりに抽象的で難解であったため、しばらくの間は数理ファイナンスとの直接的な関係は希薄であった。しかし、1970年代後半になって、アローの弟子のスティーブン・ロス[26]によってオプション理論とアローとドブリューの均衡理論を結びつける試みが始まり、1990年代には、一般均衡理論と数理ファイナンスを統一した枠組みで説明するテキストも現れるようになった。今日では、アロー・ドブリュー証券を使った簡単なツリーによる実例が、完備市場におけるリスク中立評価法を使ったデリバティブの価格理論の説明の手段として、数理ファイナンスのテキストにしばしば登場する。

---

[25] 完備というのは数学の用語で集合の完全性に関する重要な概念でつまり集合に隙間がないということ。次第に距離が短くなり最後は距離ゼロになるような数列（コーシー列）の収束先がその集合自体に含まれるという条件によって定義される。市場の完備は、これと同じ概念を資産の空間に適用したもので、状態ごとに定まる（そのモデルで想定する）資産の世界に隙間がなく、ある任意の市場の資産の価値を他の資産のポートフォリオ（数列）で複製できることをいう。完備については3.4で詳しく説明する。

[26] 3.1および3.2を参照。

〔ケネス・アロー（Kenneth Arrow）〕（1921〜）

　アメリカの経済学者で20世紀を代表する経済学者の1人といわれる。アローの家系はルーマニアのユダヤ人に起源があるとされる。ニューヨークに生まれ、1940年にニューヨーク市立大学シティカレッジを卒業しコロンビア大学の大学院に入るが第二次大戦中は空軍の気象士官となる。大戦後はコロンビア大学に戻るとともにシカゴのコウルズ委員会[27]のメンバーになる。1948年にカリフォルニア州サンタモニカにあるランド研究所[28]の一員となりランド研究所にはその後長く所属する。ランド研究所はゲームの理論[29]のメッカであり、この理論に触れたことがその後のアローの研究に大きな影響を与える。1949年にはスタンフォード大学のポジションを得て、1968年にはハーバード大学の教授となった。1972年に史上最年少でノーベル経済学賞を受賞、受賞理由は「一般均衡理論および福祉理論に対する先駆的な貢献」。経済学の理論的基礎から応用分野まで幅広い分野で活躍し、一般均衡論の完成のみならずゲームの理論を応用した社会選択理論[30]の創設で有名な業績を残している。アローは一般均衡論を完成させる一方で、現実には情報の非対称性などが存在し市場の均衡が保証されないこと、つまり一般均衡論の限界も示した。これは情報の経済学と呼ばれる分野で、後にジョセフ・スティグリッツらによる研究が進む。このように、アローは、1人で経済をきわ

---

[27] 2.3のコウルズの記述を参照。
[28] 1946年にアメリカ空軍が、対ソ連の軍事戦略を研究するために設立した研究所であり、研究所の設立には第二次世界大戦中に東京大空襲をはじめとする日本への絨毯爆撃を推進したルメイ空軍将軍が深く関与した。ランド研究所はゲームの理論の研究のメッカでありフォン・ノイマンがコンサルタントを務めた。またランド研究所は、線形計画法、システム解析などの研究で知られる。ランド研究所に関連する重要人物には、マーコウィッツ、シャープ、ヘンリー・キッシンジャー、フランシス・フクヤマ、ドナルド・ラムズフェルドなど多数。
[29] 合理的・戦略的な意思決定者間の紛争と協力を分析する数理モデル。アローはアメリカ空軍と関係の深いカリフォルニア州にあるランド研究所に長く所属したが、ランド研究所はゲームの理論の研究のメッカであった。
[30] 個人の多様な選好をもとに社会という集団の選好を分析する理論。この分野でアローは「アローの不可能性定理」という有名な定理によって、多数決の結果が必ずしも集団としての合理的な選択につながらないことを示した。

めて多面的にとらえ多くの問題の解決や重要なヒントを残し、さらには将来への数々の問題提起をするという驚異的な業績を残した。

〔ジェラール・ドブリュー（Gérard Debreu）〕（1921～2004）

　フランス出身のアメリカの経済学者、数学者。フランスのカレーに生まれ数学を学んだが、1944年6月のノルマンディー上陸作戦後は学業を一次中断して連合軍への志願をしてドイツ軍と戦った。戦後は、フランスの有名な数学者集団ブルバキ[31]の著者の1人となったが、ワルラスの一般均衡理論に興味をもったことがきっかけで経済学に転じる。1950年にアメリカに渡り、シカゴ大学に在籍する期間にコウルズ委員会の一員になり、そしてアローとともに「競争経済における均衡の存在」を書いた。1955年にエール大学の助教授、そして1962年にカリフォルニア大学バークレーの教授となり、その後30年にわたってバークレーで教鞭をとった。1983年に「一般均衡理論の徹底的な改良と経済理論の新たな分析手法」でノーベル経済学賞受賞。アローと違って一般均衡論以外の分野には手を染めなかった。アローとドブリューはそれぞれ別に、厚生経済学の基本定理[32]と呼ばれる競争経済に関するミクロ経済の重要な定理を証明している。1959年に出版された『価値の理論（Theory of Value）』は一般均衡理論とその証明に必要な位相数学について簡潔かつエレガントに記された書として高く評価されている。

【紹介する論文】

①　Arrow and Debreu（1954）

---

[31]　ニコラ・ブルバキ（Nicolas Bourbaki）といい、1930年代にフランスで活動が始まったとされる公理に基づいて数学を構成するという「構造主義」の数学者集団のペンネーム。主要な著書である「数学原論」はさまざまな領域をカバーした大著で現代数学に大きな影響を与えた。

[32]　厚生経済学の基本定理はアダム・スミスの「神の見えざる手」に関する分析ともいわれる定理で、完全な競争均衡とパレート効率の関係を示すものである。パレート均衡とはワルラスの均衡理論を発展させたイタリアの経済学者ヴィルフレド・パレート（Vilfredo Pareto、1848～1923）が提唱した概念で資源の生産および消費における効率的（最適）の状態のことである。厚生経済の基本定理は次の2つ。「失敗のない完全な競争均衡はパレート効率（最適）となる配分を実現する」（厚生経済学の基本第1定理）および「適切な所得の再分配によって任意の競争均衡はパレート効率（最適）となる配分を実現する」（厚生経済学の基本第2定理）。

「競争経済における均衡の存在」(Existence of an Equilibrium for a Competitive Economy)
② Arrow (1953)
「リスク負担の最適配分における証券の役割」(The Role of Securities in the Optimal Allocation of Risk-bearing)、1964年英訳版

競争均衡の存在定理

「競争経済における均衡の存在」は、「任意の（完備な）競争経済 (competitive economy) においては、競争均衡 (competitive equilibrium)、つまりワルラス均衡が成立する」という命題を証明した論文である。これと1951年にアローとドブリューがそれぞれ別に示した完全な競争均衡状態がパレート効率的になるという厚生経済の基本定理と総合すれば、任意の完備な競争経済はパレート効率的であると語っている。

1954年の論文では競争均衡を2つの異なる競争経済の定義のもとで証明している。数理ファイナンスの観点で重要なことは、市場の均衡が得られる必要条件として完備性を前提にしたことである。しかしながら、この論文自体には「完備」という言葉自体は使われておらず、他の条件設定のなかで完備性を織り込ませている。つまり、この論文自体は完備性という概念を強く意識していたわけではない。

第1定理のセッティング

さて、アローとドブリューが示した2つの定理のうち第1定理について簡単に説明するが、一般均衡理論の各用語や概念については適当な専門テキストを参照してほしい。また、この証明は位相数学を多用しており、競争経済

図2.2.1　一般均衡理論の発展

の定義自体が経済学の定義というより抽象数学の定義に近い。したがって、そうした概念に慣れていない読者は、この定理の証明をスキップしてお読みいただきたい。

モデルのセッティング（個々の消費者、生産者、財などを次の記号で表す）

　　i：個々の消費者（individual）、消費者の数は全部でm（有限個）

　　j：個々の生産者（production unit）、生産者の数はn（有限個）

　　h：個々の財（commodity）、財の数は全部でℓ個（有限個）、財はサービスも含む

　　X_i：消費ベクトル（$i=1,\cdots,m$）、x_iはその各要素で消費者iの消費

　　Y_j：生産ベクトル（$j=1,\cdots,n$）、y_jはその各要素で生産者jの生産プラン

　　R^ℓ：ℓ次元のユークリッド空間[33]。財のベクトルの全体集合

　　Ω：$\Omega=\{x \mid x \in R^\ell, x \geq 0\}$

　　p：価格ベクトルでℓ個の財のそれぞれの価格をコンポーネントとしてもつ

[第1定理の競争経済の定義]

Ⅰ．生産（Y）に関する条件、$Y=\sum_{j=1}^{n} Y_j$

　　Ⅰ．a：Y_jはR^ℓの部分集合で閉集合[34]かつ凸集合[35]

　　Ⅰ．b：$Y \cap \Omega = 0$（なんらかの財を投入しないとアウトプットはない[36]）

　　Ⅰ．c：$Y \cap (-Y) = 0$（同じ生産ベクトルはお互いをキャンセル）

Ⅱ．消費ベクトルX_i（R^ℓの部分集合）は閉集合かつ凸集合で下に有界[37]

Ⅲ．効用関数$u_i(x_i)$に関する条件（u_iの選好関係を$\geqslant$で表現する）

　　Ⅲ．a：$u_i(x_i)$はX_iの連続関数

---

[33] ユークリッド空間とは、一般的な距離が定義される空間。中学・高校の幾何の問題で扱われるのが2次元、または3次元のユークリッド空間。ユークリッド空間は完備である。

[34] 閉集合とは境界がその集合に含まれるような集合（⇔開集合）。

[35] 凸集合とはへこんだところがない集合のことである。集合Xが凸集合とは、0と1の間の任意の実数λ、および任意の要素（ベクトル）$x_1, x_2 \in X$に対して（$\lambda x_1+(1-\lambda)x_2$）$\in X$になること。ミクロ経済の数学モデルにおいて凸集合は非常に重要な性質である。

[36] なんらかの要素の負のインプット（財の投入）がなければアウトプットはない。

[37] 下限のベクトルが存在すること。

Ⅲ.b：X_iの任意の要素x_iについて、$u_i(x_i') > u_i(x_i)$となるx_i'が存在する

（ある個iについては、他のすべてより効用の高い消費点は存在しない）

Ⅲ.c：$u_i(x_i)$は凹関数[38]である

Ⅳ．初期保有財ベクトルζ_i（R^ℓの要素）、j番目の生産者のi番目の消費者に対する配分（share）α_{ij}について

Ⅳ.a：任意のζ_iについて、ある$x_i \in R^\ell$が存在し、$x_i < \zeta_i$

（各消費者が初期保有としてすべての財をある1つの消費点より多くもつ[39]）

Ⅳ.b：すべてのiとjについて$\alpha_{ij} \geq 0$、またすべてのjについて$\sum_i^m \alpha_{ij} = 1$

このセッティングにおいて、X_iとY_jはどちらもユークリッド空間R^ℓの閉集合と設定されているが、ユークリッド空間の閉（部分）集合は完備であるという位相数学の基本的な性質[40]がある。したがって、この定義においてはX_iとY_jは完備な集合であることを前提にしていることがわかる。

[競争均衡（ワルラス均衡）の定義]

1. 企業の最適化行動。均衡生産ベクトルy_j^*は、p^*を均衡価格として売上げ$p^* \cdot y_j$を最大化する。
2. 消費者の最適化行動。均衡消費ベクトルx_i^*は$p^* \cdot x_i \leq p^* \cdot \zeta_i + \sum_i^m \alpha_{ij} \cdot p^* \cdot y_j^*$という条件下で、効用$u_i(x_i)$を最大化する。
3. 均衡価格。均衡価格p^*は$p \geq 0$、$\sum_{h=1}^n p_h = 1$、を満足する[41]。
4. 均衡需給。zを各財の（需要−供給）とした場合に、均衡需給z^*は$z^* \leq 0$、かつ$p^* \cdot z^* = 0$。

第1定理の証明と角谷の不動点定理

以上のセッティングのもとで、競争経済のもとでは1から4の各均衡経済

---

[38] グラフが上に凸集合となるような関数。効用関数が凹関数であることは、きわめて需要な条件であり、消費者がリスク回避的で、限界効用が逓減することを意味する。

[39] 論文では、この仮定は明らかに非現実的であるが、均衡の存在にはこの仮定または別の仮定が必要であるとしている。

[40] 完備な距離空間上の閉集合は完備である。

[41] 各財の価格の和はなんらかの定数であればよいが、1と設定しても一般性を失わない。

が存在することを証明したのが第1定理である。その証明において、きわめて重要な役割を果たしたのが位相数学の重要な成果である不動点定理である。不動点定理は関数の定義域と値域が同じ自己写像で不動の点（つまり$f(x)=x$となるxの性質に関する定理であり、日本の数学者である角谷静夫[42]（Shizuo Kakutani、1911〜2004）が重要な業績を残している。アローとドブリューはゲームの理論のナッシュ均衡[43]を一般化した補題（レンマ）を示し、その補題を使って第1定理を証明した。ナッシュ均衡は角谷の不動点定理をゲームの理論の均衡点を見つけるために応用したものである。したがって、アローとドブリューは間接的に角谷の成果を用いたことになる。

さて、証明の話を続けよう。ナッシュ均衡の補題を上記の消費X_iと生産Y_jに適用するには、X_iとY_jが完備な凸集合であるより少し強い性質であるコンパクトな凸集合であることが求められる。コンパクト性は完備性とともに位相数学で非常に重要な概念であり、完備でかつ有界閉集合であればコンパクト集合になる。アローとドブリューはX_iとY_jから有界（すなわちコンパクト）な部分集合$\hat{X}_i$と$\hat{Y}_j$をうまい具合につくって、まずその集合上で競争均衡（p^*, x_i^*, y_j^*, z^*）を求めて、この均衡点がもとの集合であるX_iとY_jの均衡点でもあることを示した。完備性は、均衡点の存在の必要条件である。

〔角谷の不動点定理（1941）〕

$K \subset R^n$がコンパクトかつ凸集合で、$\gamma : K \to K$が閉対応または上半連続（upper hemi-continuous）対応（value）ならばγは不動点をもつ。

---

[42] 大阪生まれで東北大学理学部卒の数学者。1940年に渡米し1941年に不動点定理を発表。1942年に帰国するが、1948年にプリンストン大学の招きで渡米。不動点定理はゲームの理論や一般均衡論で非常に重要な役割を果たし、角谷は経済学の世界では最も有名な日本人の1人。関数論、関数解析、確率論、エルゴード理論など業績は広い範囲にわたる。

[43] ナッシュ（John F. Nash、1928〜2015）はアメリカの数学者。専門分野は微分幾何でありリーマン多様体とそれを応用したゲームの理論で大きな業績を残した。ナッシュ均衡は、ゲーム理論における非協力ゲームの解（均衡）であり、ゲームの各参加者の予想と行動が一致した状態のこと。ナッシュ均衡は必ずしもパレート効率的ではなく、その一例である囚人のジレンマが有名。ドブリューは1952年に、競争経済においてナッシュ均衡が存在することを示している。

アロー・ドブリュー証券の考案

　次に後にアロー・ドブリュー証券と呼ばれるようになる証券を考案した論文Arrow（1953）について簡単に説明する。この論文は、フランス語で書かれた、たった6ページしかない短い論文であるが、市場の変動という不確実性が存在する状況おける証券市場の財の均衡価格について考察したものとして大変に重要な研究である。

　ワルラス均衡では、将来の不確定要素が含まれていないが、アローは証券市場モデルで均衡の概念を拡大したのである。論文では、ある財 c（財は1からCまで）の生産が（将来の）特定の状態 s（状態は1からSまで）に対応して x_{sc} という量行われるという経済（モデル）が考案された。つまり、生産が状態 s に依存するという不確実性を伴う経済である。このような経済は現実世界ではやや想定しにくいかもしれないが、たとえばある状態になった場合にデフォルトすることもある株や債券などに適用すればわかりやすいとアローは説明している。このような経済における均衡状態を示すために、考案され導入されたのがアロー・ドブリュー証券である。これは証券の種類は状態の数と同じS個で、状態 s が発生した場合に1単位のペイオフが発生するが、他の状態ではペイオフがゼロという特殊な証券である。アロー・ドブリュー証券は、いわばこの有限個の状態の単位ベクトルというべきものであり、この証券を使えば、有限個の状態しかない世界のすべてのペイオフが、この証券のベクトルのスカラー倍として表すことができる。さらには、一つひとつの証券の特性も容易に分析できるという利点もある。

　アローが考案した証券を使えば、有限個の状態の世界におけるどんなに複雑な仕組みの金融商品のペイオフであってもこの証券のポートフォリオとして表現できる。この証券は、後に、アローの弟子のスティーブン・ロスなどによってデリバティブ商品の価格づけにおおいに活用されることになる。そして、アローとドブリューの名前は、この証券のおかげで現在も数理ファイナンスの論文でしばしば登場する。おそらくアローは、この短い論文の内容がこれほど有名になるとは思わなかったであろう。アローの考案した新しい市場の均衡（アロー・ドブリュー均衡といわれる）については、3.7で再び説明する。

2.3 市場のランダム性の研究（ケンドールとオズボーン）

　1900年にバシュリエによって提唱された市場とランダム・ウォークの関連性は、当時世の関心をもたれることはなく、しばらくの間、この研究に進展はなかった。バシュリエの後の目ぼしい研究成果は、1933年にアメリカの経済学者・統計学者アルフレッド・コウルズ[44]が発表した「株式市場の予測者は予測ができるのか？」という題名の論文[45]の発表を待たなければならない。コウルズはコウルズ財団[46]を設立し計量経済学の基礎を築いたことで有名な学者であるが、彼のこの論文の結論は「NO」であった。その後の注目すべき研究は1953年にイギリスの統計学者ケンドールによるものである。ケンドールは、たまたま統計データが入手しやすい株価と商品のデータを使って価格の動向に関し規則的（systematic）な価格変動特性を発見しようと分析した。その結果は、予想に反して実際の分析結果が市場の一連の動きがまったく過去の情報の影響を受けていないかのような挙動（ランダム・ウォーク）を示したのだ。

　続く1959年にはアメリカのオズボーン（Maury Osborne）というユニークな物理学者が、まったく別の視点から株価の挙動についての研究を発表した。それは、株価が、音響の物理特性と同じように、その対数がランダム・ウォークをすることの発見である。ケンドールやオズボーンの分析の特徴は、金融に関してほとんど知識がない統計や物理の専門家が、市場で観測される数値だけを頼りに統計的な分析や推論をしたことである。結果は、市場

---

[44] アルフレッド・コウルズ（Alfred Cowles、1891〜1984）は、アメリカの経済学者、統計学者、ビジネスマン。

[45] Cowles, A. (1933).

[46] コウルズ財団（Cowles Foundation）はアメリカのコネチカット州にある経済学の研究機関。モットーは「科学とは計測なり」というもので、経済理論を数学や統計と結びつける研究に専念している。特に一般均衡理論と計量経済学の発展に深くかかわり、多くのノーベル経済学賞の受賞者を輩出した。アローとドブリューはコウルズ委員会で重要な役割を果たし、トービン、モディリアーニ、マーコウィッツらもコウルズ財団に在籍した。

のランダム性を示すものであった。

統計学者ケンドールの発見

〔モーリス・ケンドール（Maurice Kendall）[47]〕（1907〜1983）
　イギリスの統計学者。イングランド中部のノーサンプトンシャー州に生まれケンブリッジ大学で数学を学ぶとともにクリケットとチェスに興じる。イギリスの農業省に職を得て統計的な研究に没頭するようになり、1935年にスコットランドの統計学者ウドニー・ユール[48]に出会う。ユールは自身が1911年に出版した『統計理論入門（Introduction to the Theory of Statistics）』をケンドールと共同で改訂する話をもちかけ、それは1937年と1950年の2回実現し、これは長年にわたって数理統計学の標準的な教科書になった。ケンドールは、時系列分析[49]、順位相関[50]（rank correlation）などの分野で卓越した業績を残し、時系列における真の規則性とノイズの分離に成功する。順位相関については「ケンドールの順位相関」（ケンドールのタウ）として知られる。ケンドールは1953年に金融市場の統計データの解析を行うが、これは金融市場に興味をもったからではなく、単にデータの取得が可能であったからである。
【紹介する論文】Kendall（1953）
「経済時系列分析—パート1：価格」（The Analysis of Economic Time-Series—Part 1 : Prices）

---

[47] ケンドールの人物については、主に"The Math.info"のウェブサイトの英語版の情報（2014年12月8日参照）などを参考にした。
[48] ウドニー・ユール（Udny Yule、1871〜1951）はスコットランドの統計学者。相関、回帰分析、時系列分析などの分野を開拓する。
[49] 時系列とは、ある対象の時間の推移に伴う継続的なデータ列のこと。たとえば株価の推移、気温の推移など。時系列分析とはそのデータ列の規則性・周期性などを、統計的・確率的に分析すること。
[50] 順位相関とは、いくつかの対象について2種類の順位づけが存在する場合の、その2つの順位の連動性の関係のこと。たとえば、何本かのワインについて2人の専門家が順位づけをした場合に2人の評価が似たような評価であるかどうかという関係性を順位相関によって数値化することができる。順位相関の関係の計測方法としてはケンドールの順位相関係数のほかにスピアマンの順位相関係数がよく知られている。

ケンドールは、シカゴの商品市場の小麦とニューヨークの商品取引所の綿花、それにロンドン証券取引所の19種類の株式の業種別指数[51]のあわせて22種類の週次データを最長2,387週分にわたる時系列データを使って統計分析を行った。当初は、商品や株の動きから、規則性を発見する目的であったが、分析の結果は当初のねらいに反して、ランダムな挙動であることがわかった。ケンドールは分析の結論として次の5つをあげている。

〈結論〉

① 　分析した短い時間間隔の時系列データの変動では、規則的な動きは埋没（swamp）していて、ほとんどランダムな動き（wandering series）であった。

② 　したがって、統計的な手法では、純粋なランダムさと区別することがむずかしい。一方で、規則的な要因は希薄であった。

③ 　分析したデータについてトレンドがあるという仮説を採用するのはきわめて危険である。なぜならば、仮にある事前の規則性に従うという仮説を採用することが可能であったとしても、同時にまったく別の仮説も採用可能だからである。

④ 　株式指数の挙動は経験的にも理論的にも、個別株より規則的に変動すると信じられている。しかしながらこれは、系列の集合によって偽の時間相関（spurious time correlation）によって起こっている可能性があり、さらなる研究が必要である。

⑤ 　株価の変動において系列内の小さい系列相関（serial correlation）と系列間の小さいラグ相関（lag correlation）しか確認されなかった。

「偶然の達人」

　系列相関は一般的には自己相関といわれ、ある時系列上の異なる点の間の相関のことである。ケンドールは、ある週の株価の変動が、何週間か前（この時間の差をラグという）の変動とどれだけ連動しているかということを分析した。自己相関の分析においてはどのラグを適用するか非常に重要なの

51　株の業種別指数とは、取引所で取引される個別の株をいくつかの業種別にまとめて指数化したもの。ケンドールが行った分析に現れる業種は、たとえば、銀行、保険、建築資材、石炭、綿花、ガス、鉄鋼、海運、石油、小売、賃貸など。

で、ケンドールは 1 週間から29週まで29種類の異なるラグを使って相関関係を分析した。その結果、業種によってある程度の差はあるものの、全体的には自己相関はきわめて希薄であるという結果を得た。系列間の相関も同様であり、異なる業種の株式指数をいくつか異なるラグを使って相関係数を計算しても、相関関係は希薄であった。ケンドールはこのような市場の振る舞いを「あたかも、偶然の達人（Demon of chance）がランダムに数を選んで、現在の価格にそれを足して次の週の価格を決めているかのようだ」と表現している。

経済学者の反発

ケンドールがこの研究をした当時、ケンドール自身の前記④の指摘にも現れているように、株価や商品の価格変動にはなんらかの規則性があると広く信じられていたようだ。彼らにとって、それらがランダムに動くという結果は思いも寄らぬことであった。ケンドールの論文は当時の経済学者たちに衝撃を与え、サミュエルソンの回想によれば、同僚の経済学者ヘンドリック・ハウタッカー[52]までも、経済学界のよそ者である統計学者が「経済学者の芝に侵入してきた」と発言したという[53]。実はハウタッカーは、後にランダム・ウォーク仮説の旗振り役の 1 人に転じるような学者なのだが、当時は、経済学は物事を予測するのが仕事であると考えられていたのである。一方サミュエルソン自身はケンドールの説に対するこのような同僚たちの否定的な反応には懐疑的であったという。サミュエルソンは市場のランダム性について考えをあたため、1965年になってランダム性に関する論文[54]を発表する。この論文については2.7で詳しく説明するが、ケンドールの発見については「証明しすぎ」であるという有名なフレーズを残している。これは、否定的な意味ではなく、（市場がランダムなのは）「当たり前のことだからそこまで証明する必要はなかった」という意味である。

---

[52] ヘンドリック・ハウタッカー（Hendrik Houthakker、1924～2008）はオランダ生まれのユダヤ系の経済学者。ケンドールの論文に対して最初は否定的な考え方であったが、後にコウルズ委員会のメンバーになって合理的市場仮説の旗振り役の 1 人となる。
[53] MacKenzie（2008）
[54] Samuelson（1965a）

風変わりな物理学者オズボーンの発見

〔モーリー・オズボーン（M.F. Maury Osborne）〕（1916～2003）
　アメリカの物理学者。曽祖父のマシュー・フォンテーン・モーリー（Matthew Fontaine Maury、1806～1873）はアメリカの有名な海軍士官、海洋学者、海洋気象学者。オズボーンは大学卒業後、UCバークレー校で天文物理学の研究をしていたが、第二次世界大戦が始まると海軍研究試験所（NRL）に入所して、オペレーションズ・リサーチ（OR）[55]に従事し、対潜水艦の作戦や、音響の研究などを行う。NRLには以後30年間にわたって在籍し、その間さまざまなジャンルの研究を行い、たとえば1952年にメリーランド大学で鮭の泳ぎの効率についての論文で博士号を得ている。1956年頃から株式市場に関心を示し、まったくユニークな視点の論文「株式市場のブラウン運動」を書く。
【紹介する論文】Osborne（1959）
「株式市場のブラウン運動」（Brownian Motion in the Stock Market）

ウェーバー＝フェヒナーの法則

　天文学や音響の研究をした後に、鮭の泳ぎの効率性の研究で博士号を取得したオズボーンが株式市場に興味をもったのは1956年頃であるという。そうして1959年に発表されたオズボーンの論文は、株価の変動がウェーバー・フェヒナーの法則（Weber-Fechner law）に従うことを示すという、金融市場の分析としてはいささか変わったアプローチであった。ウェーバー＝フェヒナーの法則とはドイツの2人の学者の名前からきている。まず、生理学者・解剖学者であるエルンスト・ウェーバー[56]は「ウェーバーの法則」を発

---

[55] 数学・統計・アルゴリズムなどを使って、さまざまな計画を効率的に行う技法。第二次世界大戦時のイギリスとアメリカの両国で対独、対日の対潜水艦作戦や日本の神風特攻隊への対応を数理的に効率化する研究に用いられたことで発展した。大戦後は民需の分析にも転用された。
[56] エルンスト・ウェーバー（Ernst Weber、1795～1878）はドイツのヴィッテンベルグに生まれ、ライプチヒ大学の教授を長く務めた。

見し、その後、ウェーバーの弟子の物理学者グスタフ・フェヒナー[57]が発見した「フェヒナーの法則」をあわせて、2人の名を冠した法則になった。

　ウェーバーは当初は解剖学を研究し鯉の聴覚などを研究していたが、さらに人間の知覚に関する研究を行うようになり「知覚できるか否かの最小の刺激変化量は、その刺激の大きさに比例する」という刺激強度と知覚の増分の関係を発見した。これが「ウェーバーの法則」である。つまり刺激の大きさをR、知覚できるか否かの最小の刺激の変化量をΔRとした場合に$\Delta R/R=k$が一定（定数）というのがウェーバーの法則である。たとえば、人間が手にしたレンガの重さが違うと知覚するためには、その重さの比率（たとえば3％の違い）が大事であって絶対的な重さの違いが問題ではないというのが、この定理の教えるところである。弟子のフェヒナーはこのウェーバーの法則の式を発展させ、刺激Iと知覚Sの間には$S=k \cdot \ln(I)$という対数の関係があるという法則を導いた。これがフェヒナーの法則である。ちなみにウェーバー・フェヒナーの法則はオズボーンが研究していた音響の世界でも確認される法則である。

株価のヒストグラム

　オズボーンは株式市場がウェーバー・フェヒナーの法則に従うというアイデアにどうしてたどり着いたのかを次のように説明している。「たとえば、ここに1人の統計学者がいると想像しよう。彼は、ことによると天文学の勉強をしたかもしれないが、金融についてはまったく知識がない[58]。そんな彼がある日のウォール・ストリート・ジャーナル紙のニューヨーク市場の株価のページを手渡され、約1,000種類の株価を母集団としてその集合の個々のデータの関連性を調べてくれといわれた」。

　このような依頼をされた彼が、まず、真っ先にやることは株価のヒストグラムをつくることである（図2.3.1：データは1956年6月31日のニューヨーク市場の株価）。オズボーンはこのグラフを眺めて、これは明らかに正規分布のかたちではないけれど、対数正規分布には近いような気がすると思った。

---

[57] グスタフ・フェヒナー（Gustav Fechner、1801〜1887）。
[58] つまり、これはオズボーン自身のこと。

それでは、横軸を対数表示にしたらどうなるか。このような試行錯誤の末に、データのなかから普通株だけを抽出して、その対数をグラフ化したものが図2.3.2である。

このグラフをつくってオズボーンはしてやったりである。これは正規分布のグラフによく似ている。オズボーンはこの調子でいくつかの追加的な分析を行って、分析をすればするほど株価の分布は対数正規分布に従うと考えるのが妥当であるように思えた。

オズボーンの実験と推論は技術的には特に目新しいものはなかったが、着眼点は斬新であった。何よりも、頭でっかちな理屈をこねるのではなく、人

図2.3.1　オズボーンの株価ヒストグラム

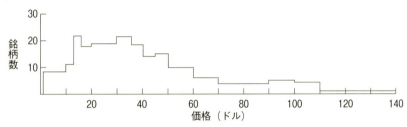

（出所）　Osborne（1959）より

図2.3.2　オズボーンの株価ヒストグラム（対数表示）

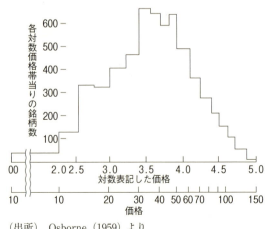

（出所）　Osborne（1959）より

間の直感から出発して、それを純粋なデータの分析によって検証する姿勢には新鮮な説得力がある。

1959年にこの論文が公表されると多くの学者が関心を寄せた。そして、株価の変動はバシュリエの示したシンプルなランダム・ウォーク（算術的ブラウン運動）ではなく、株価の対数がランダム・ウォーク（幾何ブラウン運動）であると認識されるようになった。オズボーンの論文は、サミュエルソンの教え子のMITのクートナー[59]が1964年に出版したランダム・ウォークに関する論文集『株式の市場価格のランダム性』という有名な本に掲載される。

2.4 MM理論（ファイナンス理論のパラダイム・シフト）

イタリア出身のケインズ派のマクロ経済学者フランコ・モディリアーニと、ボストン出身のファイナンス理論の研究者で後にシカゴ学派の主要人物となるマートン・ミラーは経済学界の派閥としてはかなりの変わった組合せである。1958年、その2人が「企業の投資判断の判断基準」というファイナンス理論における当時の懸案問題に取り組んで1本の論文を書き上げる。この論文に示された3つの命題（定理）はその後モディリアーニ・ミラー理論（MM理論）と呼ばれ、ファイナンス理論に大きな影響を及ぼした。2人は1961年にも論文を発表し、企業が配当による利益の還元をしてもしなくても企業価値は変わらないことを示した。この2つの論文の出現はファイナンス理論をパラダイム・シフトさせた。

MM理論の中心となる考え方は「市場が完全であるならば資本構成や配当政策を変えても企業価値や調達コストは変わらない」、つまり、負債を増やすか株式発行を増やすか、という判断は企業価値や調達コストとまったく関係ないというのである。これは、当時のファイナンス理論があれこれ悩んでいた問題について、「そんなことは気にしても無駄」と一蹴したようなもの

---

[59]　2.7を参照。

である。当時とすれば大変に大胆で過激な主張であり、現在でも一部のビジネス・スクールでは他の授業と矛盾する可能性のあるMM理論をあまり教えたがらないという。

　MM理論は、完全な市場における裁定取引（アービトラージ）が及ぼす均衡状態の意味を説明したものであるから、これは一般均衡理論を個別の商品に適用[60]したものともいえるが、その数学的なアプローチは大きく異なる。アローとドブリューの一般均衡理論は高度に抽象的な位相数学の手法で演繹されたのに対し、MM理論では具体的な資産や負債について四則演算程度で間に合う数学により演繹される。そのため、多くの市場経済の学習者にとって、MM理論のほうが遥かにわかりやすく直感的イメージももちやすい。MM理論はファイナンス理論における演繹的な論理構成方法の手本となった。

　しかしながら、一方でアローとドブリューの洗練された数学的記述と比べると説明がやや冗長で不明瞭な部分が残るともいえる。MM理論は具体的な資産、負債の均衡に関する考察であるという意味では、この後説明するCAPMやオプションの評価にきわめて親和性が高い理論である。実際、MM理論の結果や証明に現れる市場による裁定の力は、後に1970年代半ばに、スティーブン・ロス（Stephen Ross）によって資産価格の理論やリスク中立評価法に組み込まれる。

〔**フランコ・モディリアーニ（Franco Modigliani）**〕（1918～2003）
　イタリア生まれのユダヤ系アメリカ人。ケインズ主義的傾向の強いマクロ経済学者。ローマで生まれローマ大学で学ぶが、1939年にファシスト党政権下のイタリアを離れフランス経由でアメリカに渡る。1944年にニューヨークのニュースクール大学で社会科学の博士号を取得。イリノイ大学の教職を経て1952年カーネギー工科大学（GSIA、1967年よりカーネギー・メロン大学と改称）の教授となり、1954年にケインズ経済学の消費の理論を発展させた「ライフサイクル仮説[61]」を提唱するとともに、

60　MM理論と一般均衡論の関係は、アメリカの有名なミクロ経済学者ジョセフ・スティグリッツ（Joseph Stiglitz、1943～）が、1969年に発表した"A. Re-Examination of the Modigliani-. Miller. Theoremn.（MM理論の再考）"という論文で示している。

労働市場をマクロ経済モデルに組み込んだ。また1958年からマートン・ミラーとの一連の共同論文の発表は、ファイナンス理論の最も重要な研究の1つとなった。1962年からMITの教授になり、1985年には「貯蓄と金融市場の先駆的な分析」に対しノーベル経済学賞を受賞。モディリアーニは1970年代以降のマネタリスト隆盛のなかでも伝統的なケインズ学派の立場を堅持した。

〔マートン・ミラー（**Merton Miller**）〕（1923～2000）

アメリカの経済学者。ボストン生まれ、ハーバード大学で学び、第二次世界大戦中は財務省で税制調査の仕事をした後、1952年ジョンズ・ホプキンス大学で経済学の博士号を取得。1952年にカーネギー工科大学で教職を得て1961年からシカゴ大学ビジネス・スクール教授。主にファイナンス理論の分野での業績を残し、ビジネス・スクールの世界では大きな影響力をもった。ユージン・ファーマ（Eugene Fama）、マイロン・ショールズ（Myron Scholes）、マイケル・ジェンセン（Michael Jensen）、リチャード・ロール（Richard Roll）もその教え子であり、彼らは効率的市場仮説の強力な推進者となる。また、1998年に破綻したヘッジ・ファンドLTCMの創始者であるジョン・メリーウェザー（John Meriwether）もミラーの教え子の1人である。ミラーは1990年に「資産形成の安全性を高めるための一般理論」、つまりMM理論に対しノーベル経済学賞を受賞。ミルトン・フリードマン[62]、ジョージ・スティグラー[63]、ファーマとともに市場原理主義を信奉するシカゴ学派[64]の代表的存在の1人。ミラーは、1983年以来、シカゴ商品取引所（CME）の理

---

[61] 個人の消費行動をライフサイクル（生涯全体）でとらえた理論。ケインズの消費関数は変数が現在の可処分所得だけに依存したが、モディリアーニは一生の間の可処分所得を考慮した将来の所得予想が消費を規定するというものである。同じ時期にフリードマンが恒常所得仮説として類似の理論を提唱している。

[62] ミルトン・フリードマン（Milton Friedman、1912～2006）は、アメリカのマクロ経済学者。貨幣の供給量を重視するマネタリズムを提唱し、ケインズ的な総需要管理政策を批判した。市場原理主義を徹底して提唱するのみならず、政治においても自由主義を提唱し南米などの政治と経済に介入した。

[63] ジョージ・スティグラー（George Stigler、1911～1991）は、アメリカの経済学者。「産業構造や市場の役割・規制の原因と影響についての独創的な研究」について1982年にノーベル経済学賞受賞。

事を務め、自由市場原理を実務的にも支えた。

【紹介する論文】

① Modigliani and Miller (1958)

「資本のコスト、コーポレート・ファイナンスと投資の理論」(The Cost of Capital, Corporation Finance and the Theory of Investment)

② Modigliani and Miller (1961)

「株式の配当政策、成長およびバリュエーション」(Dividend Policy, Growth and the Valuation of Shares)

モディリアーニがMM理論の仮説を思いついたのは、当時のファイナンス理論の企業の自己資本比率に関する一般的な考え方に疑問をもったからだという。当時の一般的な考え方では、企業の資本コストは単純に借入コストに連動すると考えられていて、企業の負債が増加すると貸倒れリスクが上昇し社債の借入コスト（調達コスト）が跳ね上がるため、この社債のコスト増が単純に企業の資本コストの上昇に反映されると理解されていた。モディリアーニはこの考えに対する疑問を授業で示したところ、ミラーがその考えを即座に理解したことから、共同研究が開始されたという。

こうしてできあがった1958年のMM理論は株式と債券の2つのタイプの証券に関する完全な市場において、資本市場におけるリターンがまったく同じクラス（k）の企業クラスについての考察であり、そうしたクラスの企業についてはある固有で適切な割引率 ρ_k が存在することを前提に理論が展開されている。そこで示された結論の3つの命題は次のとおりである（『 』内の言い回しはオリジナルの論文の記述をそのまま訳して記載している）。

---

64 シカゴ大学を中心とした新古典派の経済学者たちのこと。1920年代に「ナイトの不確実性」で有名なフランク・ナイト（Frank Knight）がシカゴ大学の教授に就任しシカゴ学派の創成とされる。1970年代まではケインズ経済を否定したマネタリストの性格が強かったが、その後は効率的市場仮説などに裏付けされた新古典主義派に転じた。代表的な人物はフランク・ナイト、ミルトン・フリードマン、ユージン・ファーマ、ジョージ・スティグラー、ロバート・ルーカス（Robert Lucas）など。

MM理論の3つの命題

〔3つの命題〕

第1命題:「企業価値は資本構成と無関係である」

『企業の資本構成と企業価値は無関係(独立)であり、企業価値は将来の期待営業利益をその企業が属するクラス(k)固有の適切な割引率ρ_k(市場のキャピタリゼーション・レート[65])で割り引くことにより求められる』

第2命題:「企業の自己資本利益率(ROE)は負債比率に連動して増加する」

『企業(j)の自己資本利益率(ROE)の期待値i_jは、その企業のクラス(k)固有のキャピタリゼーション・レートρ_kに、ρ_kのリスク・プレミアム(ρ_k-r)を負債比率($D_j \div S_j$)倍したものを加えたレートに等しい。つまり、次の式が成り立つ。

$$i_j = \rho_k + (\rho_k - r) \cdot D_j / S_j$$』

第3命題:「資本コストは資金調達の方法と無関係である」

『もしクラスkの企業が株主の利益を最大にするような意思決定をするならば、その企業は投資利益率ρ^*がρ_kに等しいか、それより大きい場合に限って投資を行うであろう。つまり、企業の投資の切捨率(cut off point)は常にρ_kであり、これは投資資金を調達するために用いられる証券の種類にまったく影響されない』

第1命題の意味するところについて、ミラーは企業の収益力をピザに例えて「1枚のピザを4つに切っても、8つに切っても、ピザ全体の価値は変わらない」と説明したことが有名である。また、第2命題は、企業は負債比率(つまり財務レバレッジ)を高めれば高めるほどROEが向上するというもの

---

[65] この論文では割引率(各企業のそれぞれの調達コスト)をキャピタリゼーション・レート(Capitalization Rate)と呼んでいるが、現在では通常は資本コスト(Cost of Capital)という言葉が使われる。

で、もしROEだけに着目すればレバレッジを高めることを奨励しているようにも受け取れる命題である。しかしながら、第1命題と総合的に考えれば、負債比率増加でROEが上昇しても企業価値自体は増えていないことに気がつくだろう。つまり負債が増加するリスクによって、ROE上昇による期待収益の高まりによる効果はオフセットされていることになる。この関係は重要であり、後に金融工学に出現するリスク中立確率の議論にも関連するものである。

前提条件

上記の命題が成立するためには次のような前提条件を設定する必要がある。
・法人税はない[66]。
・営業利益はすべて配当として株主に支払われる。
・取引費用はなく、企業も個人も同じ金利で借入れ・貸出ができる。
・市場は株も債券も完全であり、同じクオリティの商品は同じ価格で取引できる。

無裁定性を使った証明

MM理論の証明においてきわめて重要な役割を果たしているのが投資家の裁定取引である。たとえば第1命題の証明を大雑把に説明すると次のとおりである。もし第1命題が成り立たないような状況が発生し、企業の資本構成の違いによって企業価値(つまり株価)が変化するとすれば、投資家がその企業の株や社債の売買と、同じクラスの別の会社の株や社債の売買を組み合わせる戦略をとることによって裁定取引が可能になる。しかし、市場が完全であるとすればこのような裁定の機会はないはずであるから、結果として第1命題は真であるという結論に帰着する。

---

[66] 法人税がないという仮定は、あまりに非現実的であるので、モディリアーニとミラーは1963年に発表した論文Modigliani and Miller (1963)「法人所得税と資本のコスト(Corporate Income Taxes and the Cost of Capital)」で、法人所得税を加味したかたちにMM理論を修正している(修正MM理論)。

この議論をもう少し具体的にステップごとにスケッチすると次のとおり。

〈前提〉

同じクラスに属し期待収益率がまったく同じで、資本構成（資金調達方法）のみが異なる2つの企業を想定する。それぞれの資本構成は次のとおりであると仮定する。

企業1：資金の調達をすべて株の発行で調達

企業2：株だけでなく負債（社債）の発行も併用（財務レバレッジが高い企業）

〈$V_2 > V_1$と仮定した場合〉

それぞれの企業価値をV_1およびV_2として、財務レバレッジを高くした企業のほうが企業価値が高い、つまり$V_2 > V_1$と仮定する。

〈ポートフォリオのリターンの比較〉

2つの企業の株式の期待収益率が同じという前提で、市場の投資家が保有する2つの企業の株と負債をあわせたポートフォリオのリターン（企業1のそれをY_1、企業2のそれをY_2とする）を比較すると、簡単な計算から、企業価値が低い企業のリターンのほうが大きくなることがわかる。つまり、$V_2 > V_1$であるときは$Y_2 < Y_1$という関係が成り立つ。

〈裁定機能による調整〉

$Y_2 < Y_1$、つまり企業価値の高い企業2のポートフォリオのリターンのほうが低いということは、企業2の株価が割高であることを意味する。しかし市場が完全で裁定機能が働けば、同じ投資リターンとなる$Y_2 = Y_1$になるまで、企業2の株価を引き下げるはずである。したがって、$V_2 > V_1$という仮定が間違っていたことになる。

〈第1命題の成立〉

同じように$V_2 < V_1$と仮定した場合も、市場の裁定の議論を繰り返せば、矛盾が発生し、結局は、$V_2 > V_1$と$V_2 < V_1$の両方が否定されて、$V_2 = V_1$が成り立つことがわかる。これで、第1命題は証明された。

完全市場の無裁定性から結論を導く方法は、後のブラックとショールズの1973年論文のロジックとよく似ている。そして、1970年代半ばには、スティーブン・ロスが市場に働く裁定の力をさらに明確に意識した手法でCAPMの拡張やオプション価格評価理論の再構築を行うことになり、結果

としてモディリアーニとミラーのアプローチは資産価格理論に大きな影響を与える。これについては第3章で詳しく説明する。

完全市場

　市場に無裁定性が働く前提条件が完全市場であるが、実は1958年の最初の論文では完全市場の定義は、単に「原始的競争（atomistic competision）」が機能する、というややあいまいな表現であった。しかしながら、1961年に発表された配当政策に関する論文では正確な定義が示された。そこでは、前提条件として「完全市場（Perfect market）」「合理的行動（Rational behavior）」、および「完全確実性（Perfect certainty）」の3つがあげられている。これらの前提条件は非常に重要なので次に記す。この完全市場に関する前提条件は、のちのブラックとショールズのオプション価格に関する論文にほぼそのまま引き継がれることになる。

〔完全資本市場の定義〕
① 完全市場
・市場には価格を支配するほど大きな買い手や売り手がいない。
・すべての市場参加者は市場の価格や株式に関連するすべての情報を無料で平等に保有している。
・仲介手数料や税金などの取引コストはゼロであり、利益を分配するか否か、また利益を配当で得るかキャピタル・ゲインとして得るかによる税金の差もない。
② 合理的な行動
・投資家は常に少しでも多くの富を得ようとし、また、富を現金で得るのか市場価値の評価として得るのか区別はしない。
③ 完全確実性
・すべての投資家は将来にわたって投資を続け利益を追求するという行動について完全な保証がある

　ちなみに、1961年の配当に関する論文も、ファイナンス理論の重大な論文

の1つである。そこで示されたことは、企業の将来の投資を一定と仮定して、配当をせずに内部留保した場合と、配当を実施する一方で新規に株式発行をして資金調達を行った場合を比較すると、市場が完全であれば両者の効果は変わらないという理論である。この考え方は1958年の論文でも紹介されているが、1961年の論文では、その理論をより丁寧に証明された。

配当政策も含めたMM理論は、企業の株価や債券の意味や効果を考察する頭の体操としては大変に興味深い問題提起であり、アローとドブリューの抽象的な理論に比べると遥かに具体的なイメージをもちやすい。金融工学との関連性という意味においても、MM理論とブラックとショールズのオプション価格導出のアプローチは類似の考え方に基づくものであり、それは後にスティーブン・ロスが明らかにすることになる[67]。

2.5 ブラック・ショールズ・モデルの原型の完成（スプレンクルとボネス）

1954年にファイナンス理論の学者たちに発見されたバシェリエの論文は、サミュエルソンによって熱心な啓蒙活動がなされ、それに刺激された多くの若い研究者らによって次々に理論の研究が進んだ。たとえば、サミュエルソンのMITの教え子であったクライゼンガ（R. Kruizenga）は1956年に「プット・コール・パリティ[68]」の再発見[69]をしている。こうした一連の研究の最初の大きな成果がここで紹介するスプレンクルの博士論文による幾何ブラウン運動を用いたオプション価格の評価式である。この論文は市場のランダム・ウォーク説に大きな影響を与えた1964年のポール・クートナー[70]編集の

67　3.2を参照。
68　プットとコールの価格と原資産価格の関係式。配当のない株式における関係式を具体的に書けば、（コール・オプションの価格−プット・オプションの価格＝（原資産の先物価格−権利行使価）の現在価値）。
69　プットとコールの価格と原資産価格の関係は17世紀末にアムステルダムの証券取引所で取引が始まった時代にすでに認識されており、20世紀初頭にも類似の研究が行われている。

論文集に掲載される。幾何ブラウン運動（対数正規分布）による評価式の研究は、数年後のボネスの博士論文によって、ブラック・ショールズ・モデルとまったく同じかたちの評価式に到達する。これは、ブラックとショールズの論文が発表される10年近く前のことである。ジェームズ・ボネス（A. James Boness）のモデルとブラック・ショールズ・モデルの違いは、適用するパラメータを株価の期待収益率という外生的に推定するファクターとみなすか否かの違いでしかなかった。しかしながら、スプレンクルとボネスの名前はいまではめったに目にすることがなく、世界中にその名を知られたブラックならびにショールズとの差はあまりにも大きい。

> 〔ケース・スプレンクル（Case M. Sprenkle）〕
> 　金融経済学、マクロ経済学の学者。1950年代にエール大学の大学院生であったスプレンクルは、サミュエルソンの講義を聞いてオプション理論に興味をもち博士論文を書いた。その後イリノイ大学アーバナ・シャンペーン校で教職に就く。
> 【紹介する論文】Sprenkle（1961）博士論文
> 「期待と選好の指標としてのワラント価格」（Warrant prices as indicators of expectations and Preferences）

スプレンクルの論文は株のワラントの理論価格を導いた論文である。ワラントとは、定められた期間内に、会社の株式を一定の価格で購入する権利のことであり株式のコール・オプションである。スプレンクルのポイントは2つある。1つはバシュリエの使った通常の正規分布に基づく算術的（arithmetic）ブラウン運動のかわりに、株価の変動が対数正規分布に従うという幾何ブラウン運動を採用したこと。もうひとつは、論文の題名にも反映

70　ポール・クートナー（Paul Cootner、1930〜1978）はアメリカの経済学者。MITでファイナンス理論を教えていたクートナーは1964年に『株式の市場価格のランダム性（The Random Character of Stock Market Prices）』というさまざまな研究者の論文を集めて1冊にまとめあげた本を出版した。この本で最初に紹介されたのが1900年のバシュリエの論文の英訳版であり、その他、ケンドール、オズボーンなど本書で紹介した論文が多数掲載されている。この本は市場効率仮説に大きな影響を与えた。

されているように投資家の期待収益率をモデルに盛り込むことである。

対数正規分布の導入（変動率のランダム・ウォーク）

まず、正規分布と対数正規分布の違いであるが、スプレンクルは投資家が株価の変動幅が上下同じと考えれば正規分布が合理的であり、変動の比率（パーセント）が上下同じと考える場合は対数正規分布が合理的であるとしたうえで、正規分布を仮定した場合は株価がマイナスになる可能性があるので、対数正規分布がより適切であると結論づけた。変動の比率が同じであるという考察はすでにオズボーンが1958年に発表しているものであり、スプレンクルもその事実を注記しているものの、先行研究との関連性については多くを語らず、単に自分の考察と整合的であるとするにとどまっている。

投資家のリスク選好に応じた価格

次に株価の期待収益率についてであるが、この問題についてスプレンクルは議論をやや複雑化する。バシュリエは、ごく自然に「投資家の期待値はゼロ」という仮定を置いたが、スプレンクルはこの状態は「リスク中立」であり、投資家の態度は必ずしもリスク中立だけでなく、「リスク選好」(risk lover) や「リスク回避」(risk averter) という態度もありうると考えた。たとえば「リスク回避」の投資家はオプションのようなリスクの高い取引にはより高いリターンを求めるというのである。スプレンクルはこのような投資家の期待を反映するパラメータP_eを導入して、ワラント[71]（コール・オプション）の満期における期待値Vが次のような式[72]になるとした。

$$V = S \cdot \exp(kt) \cdot N(d_1) - (1-P_e) K \cdot N(d_2) \qquad (2.5.1)$$

---

[71] アメリカにおける株式に対するコール・オプションのこと。アメリカのワラントは一般的に満期以前に行使することができるが、スプレンクルは満期まで保有した場合の期待値の計算をしている。

[72] オリジナルの論文では株価の期待収益率は年率換算されていないが、ここでは現在の標準的な表記にあわせて連続複利の表記に変えている。

$$d_1 = \frac{ln(S/K) + (k+\sigma^2 T)}{\sigma\sqrt{T}}$$

$$d_2 = d_1 - \sigma\sqrt{T}$$

ただし、
 k：株価の期待上昇率
 P_e：投資家のリスク選好の度合いを示す係数、$P_e=0$の場合にリスク中立

　スプレンクルの評価式の特徴はP_eという係数で、これがゼロの場合はリスク中立、プラスの場合はリスク選好、マイナスの場合がリスク回避という態度を示す。スプレンクルは、k、σ、P_eという3つのパラメータをすべて過去の株式市場のデータから推定しようとした。過去のデータから推定する方法の実務的な欠点は、推定に用いるデータ期間の選択によって、推定結果が変わる点である。

〔ジェームズ・ボネス（A. James Boness）〕
　1950年代後半にシカゴ大学の博士課程の学生であった。その後ピッツバーグ大学の教職に就く。
【紹介する論文】Boness（1964）博士論文
「株式オプションの価格理論の原理」（Elements of a Theory of Stock Option Value）

シンプルなアプローチ

　ボネスの論文はニューヨーク証券取引所の個別株式の価格を分析したものである。ボネスはバシュリエの論文に強い影響を受け、自分の論文がバシュリエと似たアプローチをとっていると説明している。実際に、ボネスのアプローチは、外見的には、後年金融工学の一般的な算出方法となるリスク中立評価法に似たものである。また、正規分布でなく対数正規分布を適用する理由について、オズボーンの1958年の研究に強く影響されたとしている。ボネ

スのアプローチの概要は次のとおりである。
　A：オプションが有利な状態になった場合の株価の期待値
　B：オプションが有利な状態になる確率
　C：オプションの行使価格

とした場合に、オプションを行使することによって得られる期待値はAB－BCの現在価値であるから、これがオプションの価値である。ボネスは株価の期待収益率についてもスプレンクルと比較して遥かに単純な議論をして、「同じリスク・クラスのすべての株式は、市場の均衡価格に織り込まれた同じ期待収益率をもつ」と仮定している。

ブラック・ショールズ・モデルとまったく同じかたちの評価式

こうした前提条件のもとで、ボネスはコールの価格 c として次の評価式を導いた。

$$c = S \cdot N(d_1) - \exp(-rt) K \cdot N(d_2) \tag{2.5.2}$$

$$d_1 = \frac{\ln(S/K) + (r + \sigma^2 T)}{\sigma \sqrt{T}}$$

$$d_2 = d_1 - \sigma \sqrt{T}$$

ただし、
　r：市場の割引率、または株価の期待上昇率

(2.5.2)式は、後で説明するブラック・ショールズ・モデルとまったく同じ評価式[73]である。唯一の違いは、r というパラメータの意味であり、ボネスの論文では「市場の割引率、または株価の期待上昇率[74]」と記されており、ブラック・ショールズ・モデルで入力する「無リスク金利」とは異なる。残念なことに、ボネスは r の値を、ニューヨーク証券取引場の1958年2

---

[73] (2.5.2)の式は、現在の標準的な表記にあわせるために筆者が式の変形をしたものであり、当初の論文の表記方法がブラック・ショールズ・モデルとまったく同じだったわけではない。

月〜1960年8月の2年半のデータを基に推定し、当時の株の上昇を反映して約22%という大変に高い水準を得ていた。これは当時の金利水準を遥かに超えるものであった。したがって、この数値をそのまま適用した場合は、評価式はまったく同じであっても金利を入力するブラック・ショールズ・モデルとは大きく異なる計算結果になる。つまり、ボネスは正しい評価式に到達していたが、入力すべきパラメータについて正しい理解をしていなかった。

ブラック・ショールズ・モデルがブレークした理由は、その評価式にあったのでなく、正しい評価原理を示したことにあった。

2.6　CAPMの登場（ポートフォリオの理論からのアプローチ）

　株式市場の本格的な投資理論は、1938年にジョン・バー・ウィリアムズ[75]の「投資価値理論」という論文に始まるといわれ、そこでは株式の価値を将来の配当の割引価値として評価する手法が初めて紹介された。ウィリアムズの論文を読んだシカゴ大学のハリー・マーコウィッツは、ウィリアムズの投資理論に効用関数の考えを導入し、投資家の期待価値の最大化を研究した「ポートフォリオ選択論」という論文を発表する。マーコウィッツのアプローチは、ポートフォリオのリスクとリターンを各銘柄の平均（期待値）と分散（共分散）によって計測し、ポートフォリの分散効果を勘案するという、自然で合理的なアプローチであったが、当時のコンピュータの処理能力で均衡解を得るには大変な時間がかかった。

　その問題を解決しポートフォリオ理論を飛躍させたのが、マーコウィッツの教え子のウィリアム・シャープのCAPM（Capital Asset Pricing Model：資

---

[74]　"the market rate of discount, or rate of expected appreciation of stock price, per unit time"

[75]　ジョン・バー・ウィリアムズ（John Burr Williams、1900〜1989）はアメリカの経済学者。1938年に博士論文として発表した「投資価値理論（The Theory of Investment Value）」は、初めて割引配当モデルを論じた論文であり、この論文によって投資理論という学問分野が確立されたといわれる。

本資産価格モデル）である。CAPMは銘柄固有のベータ（β）というパラメータで、銘柄固有のリスクとリターンを算出できる画期的な手法であった。実は、CAPM理論は、シャープにやや先行して、ボストンのコンサルタントであるジャック・トレイナー[76]がモディリアーニとの交流のなかで開発していた。トレイナーの論文は数十年間公表されることはなかったが、トレイナーは後にフィッシャー・ブラックに貴重なアドバイスをすることによって金融工学にその名をとどめることになる。この時期には、ほかにも2名、それぞれ別々にCAPMとほぼ同様の理論に到達していた。

CAPMは効率的市場仮説と相まって、株式インデックスにリンクしたパッシブ運用の大きな流れをつくった。その一方で、登場以来その有効性などについて多くの議論と研究を生み、議論は現在も継続している。こうした議論の延長上には、CAPMを改良や拡張した理論も現れ、その代表的なものはスティーブン・ロスの裁定価格理論（APT）やユージン・ファーマとケネス・フレンチによる3ファクター・モデルなどであるが、これらについては後の章で説明する。

CAPMには、一般均衡理論では扱われなかったリスクとリターンの具体的な関係と、MM理論では与えられなかった資本コストの計算方法の両方について、1つの解を与えているという側面もある。CAPMのリスクとリターンの関係は、後にブラックのオプション価格理論の研究に大きなヒントを与えることになる。

---

[76] ジャック・トレイナー（Jack Treynor、1930～）は、シャープとは別にCAPM理論を開拓した人物。ハーバード大学で数学を学び、1956年からフィッシャー・ブラックが勤務するボストンのコンサルタント会社アーサー・D・リトルに勤務。トレイナーはモディリアーニとミラーの1958年の論文を目にしたことをきっかけに、資本コストの計算方法を独自に考えるようになった。1962年にモディリアーニがMITに移ってたまたまランチをした際にモディリアーニからMITで経済を学ぶことを勧められ、トレイナーは仕事を1年休んで"Toward a Theory of the Market Value of Risky Assets"というCAPM理論の論文を書き上げたが、この論文は（1999年まで）公表されなかった。シャープがCAPMの論文を公表したことを知ったモディリアーニは、シャープと論文の交換をすることを勧めたという（以上、主に英文wikipediaの記述を参考にした。参照日2014年12月16日）。

> 〔ハリー・マーコウィッツ（Harry Markowitz）〕（1927～）
> 　アメリカの経済学者。シカゴで生まれシカゴ大学に入学、大学院では「不確実性の経済」、特にノイマンとモルゲンシュタインの効用関数に興味をもった。そして、効用関数をさらに発展[77]させたミルトン・フリードマンやジミー・サヴェジ（Jimmie Savage）のもとで学ぶ機会を得た。また、1939年シカゴに本拠地を移していたコウルズ委員会の学生研究員にもなった。マーコウィッツはウィリアムズの「投資価値理論」を読んで、投資理論に関するアイデアを得て、1952年に「ポートフォリオ選択論」という論文を発表する。同じ1952年にマーコウィッツはシカゴ大学を離れ、カリフォルニア州サンタモニカのランド研究所[78]に入社して、情報工学の専門家ジョージ・ダンツィグ[79]のもとで最適化の理論を学ぶ。1990年に「資産形成の安全性を高めるための一般理論形成」に関して、ミラー、シャープとともにノーベル経済学賞受賞。
> 【紹介する論文】Markowitz（1952）
> 「ポートフォリオ選択論（Portfolio Selection）」

　マーコウィッツの1952年の論文は株の期待収益率の平均と共分散から証券ポートフォリオのリスクとリターンを分析したものである。具体的には、X_iをポートフォリオに含まれる銘柄（全部でN銘柄）の保有比率（$\sum X_i = 1$）、μ_iを各銘柄の期待リターン、σ_{ij}をi番目とj番目の銘柄の共分散とした場合に、ポートフォリオ全体の期待リターンE（平均）とその分散Vは次の式で計算される。

---

[77] フリードマンとサヴェジ（バシュリエの論文を発見した学者）は、1948年に、個人の効用関数はリスク選好とリスク回避が両方混在する、つまり凹関数と凸関数を両方含んだ凹凸凹（concave-convex-concave）のかたちであると指摘した。これはフリードマン・サヴェジの効用関数と呼ばれ、投資理論の重要な概念である。
[78] 2.2を参照。
[79] ジョージ・ダンツィグ（George Dantzig、1914～2005）はアメリカの科学者で、OR、コンピュータ科学、経済学、統計学などで重要な業績を残した。特に線形計画法を解くシンプレックス法の開発で名高い。

$$E = \sum_{i=1}^{N} X_i \cdot \mu_i \tag{2.6.1}$$

$$V = \sum_{i=1}^{N} \sum_{j=1}^{N} \sigma_{ij} X_i \cdot X_j \tag{2.6.2}$$

分散・共分散による分析自体は、この分析手法に見慣れた現在の目からすると初歩的なやり方にみえるかもしれない。

効率的ポートフォリオという概念

しかし、マーコウィッツの業績はそれにとどまらない。マーコウィッツは、リスクとリターンの関係が効率的になる効率的ポートフォリオ[80]（efficient portfolio）という概念を導入した。これは、ポートフォリオのなかで、リスクの量を一定にした場合にリターンが最大になる集合である。たと

図2.6.1[81]　効率的ポートフォリオ

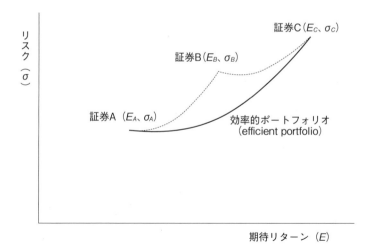

---

[80] 現在は効率的フロンティア（effective frontier）と呼ばれることが多く、リントナーの市場機会曲線（market opportunity curve）などとも呼ばれる。

[81] 現在の投資理論のテキストでは、リスクを横軸、リターンを縦軸に表示する場合が多いが、マーコウィッツやシャープの論文では、リスクを縦軸にしているので本書でもその方式に従った。

えば、3種類の証券からなるポートフォリオの場合は図2．6．1の3つの点で囲まれた領域が3種の証券の組合せで得られるリスクとリターンの組合せであり、太い線の部分が効率的ポートフォリオである。これは一般均衡理論のパレート効率の状態である。

　マーコウィッツは（パレート）効率的ポートフォリオの集合を求める問題を解く方法として、ORでよく使われる二次計画問題[82]という手法を利用して定式化した。効率的ポーフォリオの解は、先ほどの図のように3つの証券からなるポートフォリオの場合であっても、数値解析の方法で漸近的に求める必要があるのだ。このアプローチにマーコウィッツの本当の革新性がある。共分散による効率的ポートフォリオの概念を導入した経緯について、マーコウィッツ自身がノーベル賞受賞者の自伝サイト[83]のなかで次のように説明している。

　　　ウィリアムズは株価は将来の配当の現在価値に等しくなるはずだと指摘したが、将来の配当は不確定であるから、私はウィリアムズが株式を将来の配当の期待によって評価すべきといっているのだと解釈した。しかし、もし投資家が株の期待価値にのみ関心があるとすれば、その投資家は株のポートフォリオの価値にのみ関心があるはずであり、ポートフォリオの期待価値を最大化するためには（期待価値が最大の）1つの銘柄だけに投資する必要がある。しかしながら、これは投資家が実際にとる行動ではない。投資家はリターンだけでなくリスクも同様に気にしているから分散投資をするのである。リスクの尺度としては分散（variance）が思い浮かぶ。そして、ポートフォリオの分散が株の共分散（covariance）によって決まるという事実は、このアプローチがもっともらしく思わせる。投資にはリスクとリターンという2つの基準があるのだから、投資家がリスクとリターンがパレート効率になるような組合せを選択すると想定するのは自然であ

---

[82] 線形な等式や不等式で与えられる制約条件のもとでの二次関数の最小値または最大値を求めるオペレーションズ・リサーチ（OR）の手法。
[83] http://www.nobelprize.org/nobel_prizes/economic-sciences/laureates/1990/markowitz-bio.html（参照2014年12月15日）。

る。

　つまり、マーコウィッツはそれまで投資家が自然に行っていた分散投資、つまり「同じ篭に全部の卵を盛るな」という英知に理論的な根拠を与えるとともに、その算出方法を示したのである。

コンピュータの処理能力の限界

　効率的ポートフォリオを二次計画問題で解くというアイデアは、画期的で理にかなった方法であったが、この当時は非常に大きな障害があった。それはコンピュータの処理能力である。ポートフォリオに多数の銘柄が含まれている場合、その銘柄の組合せは膨大な数になり、たとえば300銘柄からつくれるペアは約9万組（$=300\times299\div2$）である。当時は現在とは比較にならないほど貧弱なコンピュータでこれだけの数の銘柄ペアの共分散を算出するだけでも大仕事であったが、さらに300個の変数の二次計画問題を解くことはまったく論外の計算量であった。つまり、マーコウィッツの理論は合理的な考えではあるが、実務への応用はむずかしかったのだ。こうした問題点を計算のパラメータを簡略化することによって解決し、ポートフォリオとしてリスク分析の手法を格段に進歩させたのが、彼の教え子であるシャープやトレイナーが考案したCAPMである。

トービンの分離定理

　CAPMを説明する前に、ポートフォリオ理論でもうひとつ重要な進展であるジェームズ・トービン[84]の分離定理[85]（1958）について説明する。トービンの投資理論における大きな業績は、投資家の選好にフォン・ノイマン＝オ

---

[84] ジェームズ・トービン（James Tobin、1918～2002）は、アメリカの経済学者でエール大学の教授を長く務めた。モディリアーニとともにケインズ派の経済学者の中心的存在の1人でありフリードマンなどマネタリストとしばしば論争をしている。市場で評価された株式の価値（市場の時価総額と負債の価値の和）と資本の再取得価格（現在の資本をもう一度調達した場合のコスト）の比率を示すトービンのqで有名。

[85] この定理はTobin（1958）「リスクへの態度としての流動性選好（Liquidity Preference as Behavior towards Risk）」のなかで披露された。なお、この論文の最初のバージョンが発表されたのは1957年。

スカー・モルゲンシュテルン効用関数[86]を導入したことである。トービンの分離定理は次のとおりである。

〔トービンの分離定理[87]（1958）〕
　リスク回避的な投資家は、リスク資産と無リスク資産の配分によって、ポートフォリオのリスクをコントロールすることが可能なので、各リスク資産への最適配分比率の問題と無リスク資産とリスク資産の最適配分比率の問題は（分離して）別々に考えることができる。

　リスク回避的というのは、投資家の選好を効用関数で表現した場合の凹関数のことで、そのグラフは上に凸の曲線になる。効用関数の凹性はきわめて重要な概念であり、これはリスクの対価であるリスク・プレムアムが常に正の値になることに対応する。投資家の効用を最大にする曲線は無差別曲線[88]（indifference curve）と呼ばれる。トービンは、リスク回避的な投資家の無差別曲線には（無リスク資産の金利をゼロと仮定した場合は）原点からの接線が引けることを示した。そして、その接線と無差別曲線の接点が投資家にとって最適なリスク（分散）とリターン（期待値）の組合せであるとした。
　一方のポートフォリオのリスクとリターンの関係について、トービンは複数のリスク資産だけからなるポートフォリオの各リスク資産への最適な配分比率[89]はただ1つに決まる[90]こと示した。そしてリスク資産の最適ポートフォリオに無リスク資産を配分すれば、たとえば最大のリスク量が決まって

---

[86] ジョン・フォン・ノイマンとオスカー・モルゲンシュテルンは1944年に『ゲームの理論と経済行動（Theory of Games and Economic Behavior)』という本を出版した。この本でノイマンは効用の客観的尺度に関する理論（規範的効用理論、cardinal utility theory）を打ち出して、効用関数が満たすべき条件を定式化した。ゲームの理論の均衡は、2.2で説明した一般均衡理論の均衡とも深く関連する。
[87] Tobin（1958）を参照。トービンはこの論文で分離定理を「定理」として記述しているわけではない。
[88] 投資家の選好が同等に好ましいという意味で「無差別」。
[89] リスク（分散）に対するリターン（期待値）の比率が最大になることをもって最適とする。
[90] 図2.6.1を例にとれば、（無リスク資産の金利をゼロと仮定した場合は）原点から引いた効率的ポートフォリオ曲線の接線の接点。

いる投資家にとって最適なポートフォリオ、あるいはリターンの目標が決まっている投資家にとって最適なポーフォリオを構築することができる。トービンの定理から導かれる重要な結果は、リスク資産だけからなる最適ポートフォリオの各リスク資産への配分比率は常に一定[91]であり、無リスク資産とリスク資産の配分比率には依存しないということだ。

CAPM

> 〔ウィリアム・シャープ（William Sharpe）〕（1934～）
> 　アメリカの経済学者。ボストンに生まれて、第二次世界大戦中カリフォルニアに移り住む。大学の専攻は最初が薬学、次は経営学とさまよった後にUCLAで経済学を学ぶことになる。そこでアシスタントとして仕えた教授からマーコウィッツの業績を紹介されたことが、ファイナンス理論を研究するきっかけになった。1956年には、マーコウィッツの所属するランド研究所のエコノミストとなり、コンピュータ・サイエンスやゲームの理論などの研究に従事する。ランド在籍中の1961年のUCLAから「移転価格」に関する研究で学位を取得、その年にワシントン大学でファイナンス理論の教職を得る。そこで発表したのが、CAPMに関する論文である。シャープは1980年マートン・ミラーの後任としてアメリカ・ファイナンス学会の会長に就任。1990年に「資産形成の安全性を高めるための一般理論形成」に関して、ミラー、マーコウィッツと同時にノーベル経済学賞受賞。
> 【紹介する論文】Sharpe（1964）
> 「資本資産価格：リスク条件下の市場均衡の理論」（Capital Asset Prices: A Theory of Market Equilibrium under Conditions of Risk）

　シャープがCAPM論文のなかで目指したものは、マーコウィッツの理論を効率よく計算する手順の開発であった。1964年の論文におけるシャープの

---

[91] ただし、無リスク資産の期待利回りには依存する。

重要な主張は2つある。その1つは、投資家のリスク選好は資本市場線（capital market line）という1本の直線上で考えればよいことで、もうひとつは個別株のリスクとリターンの大きさを市場ポートフォリオとの比較による1つのパラメータ（ベータ）によって相対的に表現できることである。

　まずは、資本市場線とその特性について説明する。シャープは市場で得られるリターンには「時間の価格（price of time）」と「リスクの価格[92]（price of risk）」という2種類の価格があるとした。時間の価格とは純粋な金利（無リスク金利）のことで投資した時間に対する対価である。一方、リスクの価格とは単位リスク当りに得られる（市場における最大の）対価である。シャープはリスクの大きさと無リスク金利に上乗せされる追加的な期待リターンであるリスク・プレミアムが比例（その比率がリスクの価格）する[93]という、当時のファイナンス理論で標準的[94]になっていた考えを採用したのだ。このリスクとリターンの関係をグラフ化したものが資本市場線である（図2.6.2

図2.6.2　資本市場線（リスクと期待リターンの関係）

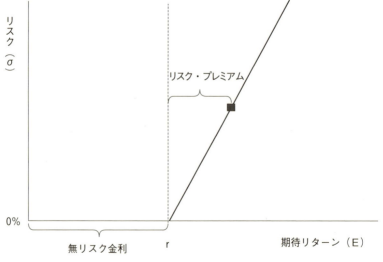

92　現在では「リスクの市場価格」という名称が一般的である。
93　つまりリスクの価格が一定。

参照)。

　シャープはこのようなリスクとリターンの関係をベースに、市場の均衡と投資家の選好（効用関数）についての分析を行う。市場の均衡については、図２.６.１で示したマーコウィッツの分析のとおり、効率的ポートフォリオの集合は右肩上がりの曲線になる。そして、効率的ポートフォリオの曲線はリスクの量を一定にした場合にリターンが最大になるポートフォリオの集合であるからから、資本市場線と接するはずであり、その接点が最適ポートフォリオである。一方、投資家の選好に関して、シャープはトービンと同様にリスク回避的な無差別曲線として想定した。効率的ポートフォリオと無差別曲線のイメージは図２.６.３に示すような形状になる。

　ここで無差別曲線は少なくとも資本市場線に接しない限り、その投資家の選好に合致するポートフォリオは得られない。したがって、投資家は投資を実行するには価格（選好）の見直しをする必要がある。そしてシャープは、

図２.６.３　効率的ポートフォリオと無差別曲線

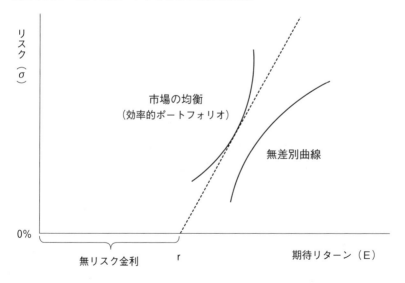

94　シャープは、リスクとリターンの関係が非線形であるという説も存在することも論文の脚注で触れている。

図2.6.4 無差別曲線と無リスク資産の配分

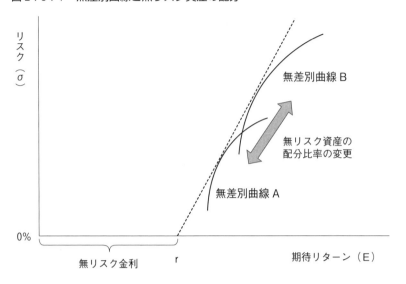

無差別曲線が資本市場線に接する位置は、投資家の無リスク資産の配分比率によって移動することを示した。図2.6.4の無差別曲線Aと無差別曲線Bの違いはAのほうが、より無リスク資産の配分比率が多く、Bは無リスク資産の割合がより小さい（あるいは無リスク金利よる借入れをした）場合である。

一方、市場ポートフォリオは、トービンの示した分離定理によってリスク資産の最適ポートフォリオと無リスク資産の配分を変えることによって、資本市場線上の好きな場所で接するように移動することができる。つまり、投資家にとって実現可能な最適（効率的）な投資機会（リスクとリターンの関係）は資本市場線上の任意の場所にある。そうであるとすれば、市場と投資家の選好の均衡は曲線同士の複雑な計算をする必要がなく、資本市場線上だけで考察することができる。これがシャープが到達した重要な結論の1つである。

ところで、最適なリスクとリターンの位置が資本市場線上にあることがわかったとしても、個別の株式のリスクの評価手法は確立されていなかった。そこで、シャープが導入したのがβという指標であり、これは現在はベータ

（β）と呼ばれる。ベータは個々の株のシステマティック・リスクの大きさを市場の最適ポートフォリオ（g）のリスクとの相対的な大きさとして示す指標である。システマティック・リスクとは個別株のリスクのなかで市場の効率的ポートフォリオと連動する部分であり、それ以外の個別株特有のリスクは残差[95]として取り扱われる。ある証券iのβは次のように表せる。

$$\beta_i = \frac{r_{ig} \cdot \sigma_{Ri}}{\sigma_{Rg}} \tag{2.6.3}$$

ここでr_{ig}は市場の最適ポートフォリオと個別株iの相関係数、σ_{Rg}は市場のリスク（標準偏差）、σ_{Ri}は個別株iのリスクである。つまり、ベータは個別株と市場の最適ポートフォリオのリスクの比率に相関係数を乗じた数値[96]であり、相関係数r_{ig}は回帰分析[97]によって推定される。また個別株iのシステマティック・リスクは$\beta_i \sigma_{Rg}$として計算される。資本市場線と個別株のベータの関係を示したのが図2.6.5である。

CAPMは、摩擦のない市場ですべての投資家の市場のリスクやリターンに対する見方（具体的には、期待値、分散・共分散の認識）が一致しているなど強い仮定条件の上に成り立っている。また、実際の株価を回帰分析をすると、個別の株価にはシステマティック・リスクと残差以外に、均衡収益率との差（回帰分析の切片）が発生する。これがアルファ（α）と呼ばれる指標で、これは1968年にマイケル・ジェンセン[98]がミューチュアル・ファンドのパフォーマンス測定に導入した。アルファは株価の割安・割高を判断するための判断材料として利用される。アルファは、もし市場がCAPMの仮定するように投資家のリスクとリターンの見方が完全に一致しているのであれば

---

[95] 現在は「非システマティック・リスク（unsystematic risk）」または「個別リスク」と呼ばれる。
[96] 現在ではベータは、$\beta_i = cov(R_g, R_i) \div (\sigma_{Rg})^2$というかたちで共分散を使ってベータを定義することが多い。
[97] Lintner（1965）やMossin（1966）などは、効率的ポートフォリオが市場平均ポートフォリオと無リスク資産の組合せで構成されることを示した。現在ではTOPIX指数などの株価指数を代替的（proxy）効率的ポートフォリオとみなすこともある。CAPMのベータの観測の有効性については、長く議論があるところで、それについては3.1で再び論じる。

図2.6.5　個別株の期待リターンとベータ

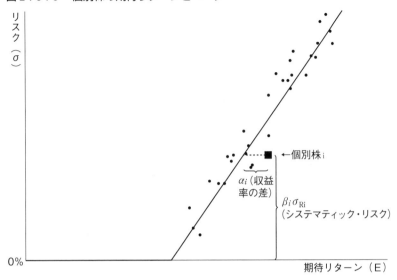

本来はゼロになるはずの指標である。

実務での活用可能なモデル

　シャープのCAPMのエッセンスは、個別株のリスクを資本市場線上の議論に集約したことである。そして、他のリスクは残差（非システマティック・リスク）として分析の対象外[99]という扱いになる。この大幅な情報の削減によって、計算の負荷は遥かに軽くなり、実務での活用が可能なモデルとなった。CAPMはこの後で説明する効率的市場仮説と相まってパッシブ運用の理論的な根拠となった。しかしながら、CAPMが一般均衡理論やMM理論と

---

[98] マイケル・ジェンセン（Michael Jensen、1939〜）はアメリカの経済学者。修士号（1964年）と博士号（1968年）をシカゴ大学で取得し、ロチェスター大学とハーバード大学ビジネス・スクールの教授を務めた。1968年の論文でCAPMにアルファを導入してミューチュアル・ファンドのパフォーマンスを計測。その後は効率的市場仮説の熱心な伝道者になった。ジェンセンはビジネス・スクールで企業買収を強く推奨しアメリカの企業買収の理論的支柱となったことでもよく知られる。

[99] ただし、そもそも多数銘柄に投資する分散投資家にとっては、分散効果はわざわざ測定しなくても満足しているはずだ、というのがパッシブ投資家の理論である。

同様に強い仮定条件の上に成り立っていることや、市場のポートフォリオに連動しないリスクはすっかり削ぎ落とされてしまっている事実などの限界があることに留意する必要がある。

シャープとほぼ同じ理論をジャック・トレイナーが得ていたことは説明したとおりであるが、シャープ自身も未発表のトレイナーの論文をみたことを脚注で言及している。さらに、1965年にはハーバードのジョン・リントナー[100]が独自のCAPM理論に関する論文を発表、1966年にはノルウェー・ベルゲン大学のヤン・モッシン[101]が洗練されたアプローチでCAPMの理論を導き出した。

2.7 サミュエルソンが果たした役割

バシュリエの業績を世に広めた最大の功績者は、当時すでに経済学の世界の巨人であったサミュエルソンである。サミュエルソンは1954年にバシュリエの論文が経済学者に「再発見」されると、MITやエール大学などでその内容についてのレクチャーを行い、それがきっかけで前述のスプレンクル、ボネスなどいくつもの研究に結びついた。サミュエルソン自身も、持ち前の博識さと卓越した理解力でバシュリエの論文を分析し、「オプション投資の期待値はゼロである」という仮定が数学的にはマルチンゲール過程[102]を意味することを見抜いた。サミュエルソンはランダム・ウォーク仮説に傾倒し、その考え方をあちこちで説いて回るだけでなく、自分自身も市場のランダム・ウォーク性を数学的モデルで証明した論文を発表する。この論文は、マンデルブロの論文とともに効率的市場仮説の原型となった。

サミュエルソンは自身でもオプションの価格評価モデルを開発し発表した

---

[100] ジョン・リントナー（John Lintner、1916～1983）はハーバード・ビジネス・スクールの教授を務めた。現在CAPMは、シャープ・リントナー・モデルとして取り扱われることが多い。
[101] ヤン・モッシン（Jan Mossin、1936～1987）はノルウェーの経済学者。
[102] 「フェアなゲーム」を表す確率過程。3.3を参照。

が、そのモデルには大きな問題があった。非常に長い数式展開の後でサミュエルソンがたどり着いた評価式は、オプションの期待収益率を原資産の期待収益率とは別に設定するという、大変複雑なものだったのだ。つまり、サミュエルソンはブラック・ショールズ・モデルで確立されることになる無リスク金利を使った評価原則には到達できなかったのである。後にブラック・ショールズ・モデルの開発を理論面で支えることになるロバート・マートンはサミュエルソンの一番弟子であったが、サミュエルソンはマートンにオプション理論の研究を託したとされる。このように、サミュエルソンは数理ファイナンスについて、直接的な遺産というかたちでは多くを残すことはなかったが、その啓蒙活動や知的な論文は同時代の研究者たちをおおいに刺激した。さらには、経済学の巨人がオプション理論の研究や効率的市場仮説[103]の積極的な旗振り役になったことで、こうした分野の認知拡大に計り知れない影響を与えた。

　経済学者としてのサミュエルソンは、数学を使った定式化によって経済学に自然科学に類似した分析手法を持ち込み、経済学の科学的なアプローチを試みたことに大きな特徴がある。このようなアプローチは、反証可能性によって科学と非科学の線引きをしたウィーン出身の哲学者カール・ポパー[104]の反証主義[105]の影響もあるという。サミュエルソンのこの試みは20世紀の経済学に大きな影響を与えたが、その功罪については、現在でも議論の分かれるところであろう。

---

[103] 2.7を参照。
[104] カール・ポパー（Karl Popper、1902～1994）はオーストリア出身の哲学者。第二次世界大戦後にイギリスに渡りロンドン・スクール・オブ・エコノミクス（LSE）の教授を長く務め、「サー」の称号を得ている。20世紀前半のウィーンの哲学界は、科学について実験に基づいた証拠が絶対必要だとする厳しい立場である論理実証主義の考え方が支配していたが、ポパーはそれを批判し、かわりに反証可能性の基準を使うべきだと主張した。
[105] ある仮説が科学か非科学であるかの判断基準として、反証可能性をもつ仮説のみが科学的な仮説であり、かつ、厳しい反証テストを耐え抜いた仮説ほど信頼性（強度）が高いとみなす考え方。

〔**ポール・サミュエルソン（Paul A. Samuelson）**〕（1915～2009）

　アメリカを代表する経済学者。インディアナ州の裕福なユダヤ人移民の家庭に生まれ1932年にシカゴ大学に入学しフランク・ナイト[106]らの新古典派経済学[107]に魅了される。ハーバード大学大学院では数学と物理学も学び、特に物理には強い関心があったという。サミュエルソンは経済学を物理のような数学的演繹で論じるスタイルを確立する。サミュエルソンの尋常ならざる能力はこの頃から遺憾なく発揮されていたようで1941年のハーバードの博士試験後に、試験官であるレオンチェフ（Wassily Leontief）とシュンペーター（Joseph Schumpeter）が「われわれが彼から合格点をもらえただろうか」と語ったという逸話は有名である。

　サミュエルソンは1944年に数理的なアプローチへの理解の高いMITでポジションを得て、以来長年にわたってMITの教授を務めた。1948年に発行された「経済学」というテキストは長年のベストセラーになった。サミュエルソンのアプローチの特徴は、ミクロ経済学（新古典派経済学）にケインズ流のマクロ経済学を融合させたこと、さらに数学を使った定式化によって経済学に自然科学に類似した分析手法を持ち込んだことである。1970年に「静学的・動学的経済理論の発展に対する業績、経済学における分析水準の向上」を理由にノーベル経済学賞を受賞した。分析水準の向上とは経済学に数学を導入したことであり、1969年に創設されたノーベル経済学賞はサミュエルソンのためにつくられたと

---

[106] フランク・ナイト（Frank Knight、1885～1972）はアメリカの経済学者でシカゴ学派の創設者の1人。イギリスの新古典派経済学者マーシャルを継承し、ケンブリッジ学派の伝統である道徳哲学に裏付けられた自由主義を唱えた。初期のシカゴ学派にはナイトの道徳哲学（倫理的規範）を維持していたが、フリードマンやスティグラーの時代になって、そうした側面が失われたという。ナイトは不確実性を3つに分け、先験的確率や統計的確率で計測できない第3の「ナイトの不確実性」を指摘したことでも有名。

[107] 新古典派経済学（Neoclassical economics）は経済を経済主体の最適化行動と需給均衡の枠組みでとらえるアプローチで、フランス人のワルラス（1834～1910）に始まるローザンヌ学派、イギリス人のマーシャル（Alfred Marshall、1842～1924）に始まるケンブリッジ学派、イタリア人のパレート（Vilfredo Pareto、1848～1923）などがその代表的な人物（学派）。

までいわれた。サミュエルソンが関与した経済学の領域は膨大であり、サミュエルソンのこのオプションの論文は、サミュエルソンの仕事のごく一部にすぎない。

【紹介する論文】
① Samuelson (1965a)
「ワラント価格決定の合理的理論」(Rational Theory of Warrant Pricing)
② Samuelson (1965b)
「正しく予想された価格がランダムに変動することの証明」(Proof That Properly Anticipated Prices Fluctuate Randomly)

ランダム・ウォーク仮説の流布

　バシュリエの論文の1つを発見して、同僚の経済学者たちにそれを知らせたのはシカゴ大学の経済学者サヴェジであるが、MITの図書館の蔵書のなかからランダム・ウォークでオプション価格の算出式を導いたバシュリエの1900年の論文を発見したのはサミュエルソンである。以来、サミュエルソンはランダム・ウォークの熱心な伝道者になり、MITやエール大学などでその説を説き始めた。そうした影響もあって、MITなどサミュエルソンの周辺はランダム・ウォーク説の研究のメッカとなった。それはサミュエルソンの教え子でMITの教職にあったクートナー[108]が1964年に出版したランダム・ウォークに関する論文集『株式の市場価格のランダム性』というかたちで大きな実を結ぶ。この論文集は、バシュリエやケンドール、スプレンクル、オズボーンなど本書で紹介した学者らの論文が掲載され、ランダム・ウォーク説の流布に大きく貢献した。

市場のマルチンゲール[109]性の証明

　サミュエルソン自身は1965年に同じ学術誌にランダム・ウォークとオプ

---

[108] 2.5を参照。

ション(ワラント)に関する2つの論文を発表して、彼自身のこの分野での直接的な関与の集大成とする。学術誌に掲載された2つ目の論文Samuelson (1965b) は、翌年に発表されたマンデルブロの論文Mandelbrot (1966) とともに効率的市場仮説の土台となった。この論文の趣旨は、「競争的な市場(competitive market)においては、もしだれもが株価が上がることを知ることができれば、それはすでに株価に織り込まれているはずだ」というものである。つまりだれも市場を出し抜くことができないという「ランダム・ウォーク論者」たちの主張を数式によって検証し確認したのである。

具体的には、サミュエルソンは(株などの)市場で取引される商品は、先物取引[110]の将来の価格の期待値が現在の先物価格に一致するようなフェアなゲーム(あるいはマルチンゲール)であることを、数学的な定理として証明した。これはバシュリエの洞察やケンドールとオズボーンの統計や物理の視点からの研究結果と符合する。ただし、サミュエルソンは市場にそうした性質があるからといって、過剰な期待をしてはいけないと釘をさしている(このあたりがサミュエルソンらしいともいえる)。論文の最後では次のように警告(あるいは弁解を)している。

> 確立された定理を過大に評価してはいけない。これは市場が実際にうまく機能することを証明したものではない。この定理は投機がよいものであるとも、価格の変動のランダム性がよいものであるともいっていない。この定理は投機で儲ける者が儲けるという事実自体から(ipso facto) その利益に相応しいとか、彼が社会に対してなんらかの利益を与えているとか、自分自身に対する利益を追求しているなどということを証明しているのではない。これらは、すべて正しいかもしれないし、すべてが間違っているかもしれないので、別の研究が必要である。

この論文の後、サミュエルソンはこの分野の研究を行っていない。一方で

---

[109] 確率過程のマルチンゲール性の研究は、レヴィによって始まり、アメリカの数学者ドゥーブ(Joseph Doob、1910~2004)によって研究が大きく前進した。その成果は1953年に出版された『確率過程(Stochastic Processes)』という本によって発表された。
[110] 先物の価格同士を比較するのは、スポット価格と将来のスポット価格の比較では「割引率」が問題になるからである。

自身の論文では「これは市場が実際にうまく機能することを証明したものではない」という忠告を加えたにもかかわらず、効率的市場仮説の旗振りの役回りを続けた。結果として彼の論文は経済学界の巨人による「合理的期待仮説」にお墨付きを与えたと理解され、大きな影響を与えることになる。

ワラントの評価

次にオプション（ワラント）価格に関する論文ついて説明する。この論文は、バシュリエの業績の経済学界における真の発見者として、バシュリエの業績に対する言及から始まる。そこではバシュリエがアインシュタインの5年前にブラウン運動を発見したこと、分散の大きさが時間の平方根に比例することを見抜いていたことなどを指摘し、そのオプションの評価方法がよい近似であると称賛する。またバシュリエの仮定したことがフェアな賭けを意味するマルチンゲール性を前提にしていると指摘し、自身も2つ目の論文と同様の考え方であることにも触れている。一方で、バシュリエの方法が算術的ブラウン運動を仮定しているので株価がマイナスになるという欠点があるという指摘も忘れない。さらには、バシュリエのモデルを改良したスプレンクルとボネスなどの若手の研究結果について、いくつかの欠点があるとしている。それらをまとめると次の2点である。

① ワラントの収益率が原資産である普通株の期待収益率を超えない仮定をしているが、ワラントと普通株の期待収益率は異なる可能性がある。
② ワラントが満期前に行使される[111]場合の影響を考慮していない（つまりワラントがアメリカン・オプションであることを考慮していない）。

ワラントの期待収益率と原株式の期待収益率

つまり、サミュエルソンはワラントの期待収益率が原株式の期待収益率を上回る可能性があると考えていた。普通株には配当の支払があるので、それ

---

111 アメリカのワラントは一般に満期以前の時点で行使することができる。満期にだけ行使できるタイプのオプションはヨーロピアン・オプション、満期以前のいつでも行使できるタイプのオプションはアメリカン・オプションと呼ばれるので、このようなタイプのワラントはアメリカン・オプションである。

によって投資家は（途中の配当払いのない）ワラントにより高い期待収益率を求める可能性があるという考え方のようだ。期待収益率に差があるという考え方に基づいて、サミュエルソンは、株式の期待収益μとワラント（オプション）自体の期待収益率ωを使ってワラントが満期で行使される価値（つまりヨーロピアン・オプションの価値）が次の式になることを導き直した。これは、ボネスのシンプルなアプローチによって得た結果を、より複雑化したものである。

$$c = S \cdot \exp((\mu-\omega)T)N(d_1) - \exp(-\omega T)K \cdot N(d_2) \tag{2.7.1}$$

$$d_1 = \frac{ln(S/K) + (\mu + \sigma^2 T)}{\sigma\sqrt{T}}$$

$$d_2 = d_1 - \sigma\sqrt{T}$$

μ：株価の期待上昇率
ω：ワラントの期待収益率

期待収益率から抜け出せなかったサミュエルソン

このサミュエルソンのアプローチで興味深いのは、それぞれの商品の価格変動がフェアなマルチンゲール過程に従うと強く認識していた人物が、普通株とワラントを異なる期待収益率を用いて別の物差しで測ろうとしたことである。この当時のアメリカでは、株の銘柄ごとにリスク・プレミアムが異なるというのが常識であり、サミュエルソンもその考え方から離れることができなかったわけである。後にブラックとショールズは、原資産のヘッジによってオプション取引と同じ経済価値を再生できる（つまり市場が完備である）という前提を打ち立てるが、ここがサミュエルソンのアプローチとの決定的な違いである。サミュエルソンが残した課題は、彼の弟子であるマートンがブラックなどとともに解決することになる。

余談になるが、サミュエルソンの論文には、彼の恐るべき博識ぶりがあふれている。たとえば、彼はバシュリエの業績を「チャップマン＝コルモゴロ

フ方程式」「レヴィ−ヒンチン（Levy-Khintchine）族」「レヴィ−パレート（Levy-Pareto）分布」などといった、当時はさほど浸透していたとは思えない数学的な専門用語をふんだんにちりばめながら論じているからだ。これはたとえばボネスの素朴な論文とは大きな違いがある。こうした知性は、肯定的にとらえることもできる一方で、難解な専門用語をたくさん並べても、必ずしも効率的に正しい結論に近づけるとは限らないという教訓としてとらえることもできよう。ちなみに、ワラント価格の論文の末尾には、付属書として、MITの同僚である数学者であるマッキーン[112]（McKean）が考案（計算）したアメリカン・オプションの価格導出の複雑な試みが、延々と続く数式を伴って紹介されている。実はこのマッキーンは伊藤清と共同研究をして、1974年には共同で確率過程の本を出版している人物である。2.1で紹介した伊藤清のバシュリエ評はこの本から紹介したものである。どうやら、世界は意外に狭く、思わぬところに思わぬ人的つながりが発見される。

2.8 ギャンブルの理論からのアプローチ（ソープとカッスーフ）

1960年代のアメリカでは、サミュエルソンやその弟子たちなどの学者とまったく別の視点でオプション価格の研究がなされていた。それは、実際に市場で稼ぐための理論である。クオンツの元祖と呼ばれるエドワード・ソープは大学の数学の先生としてキャリアをスタートするが、すぐに自身の数学的才能をギャンブルで稼ぐことに向けるようになった。ソープの型破りな研究は、世界的な頭脳の1人であり情報理論の父といわれるクロード・シャノン[113]の好奇心までをも刺激して、ともにルーレットの必勝法を研究する関係になる。カジノの世界に身の危険を感じたソープは、株式市場に目を向けて、オプションの理論と実践の両方に関心をもつ経済学者カッスーフとともに『市場をやっつけろ（Beat the Market）』という本を出版する。この本は、

---

[112] ヘンリー・マッキーン（Henry McKean、1930〜）はアメリカの数学者。

ワラント（株のコール・オプション）の空売りと普通株を使ったヘッジ取引を組み合わせた戦略などを説明したものであり、後のブラック・ショールズのオプション価格導出の考え方に大きな影響を与える。

　ソープとカッスーフの本にはカッスーフが考案したオプションの評価方法も記載されており、これは、スプレンクルやボネスなどの先行研究と異なる経験的な分析に基づくアプローチであり、彼らのモデルは市場のオプションのミス・プライスを発見するための道具であった。オプションの評価方法が確立していなかった当時の市場には、大幅に割安なものもあれば、大幅に割高なものもあったのである。ソープとカッスーフによるオプション価格の実験は、オプションの価格理論の現場における厳しい実証テストであった点で大きな意味をもつものである。

〔エドワード・ソープ[114]（Edward Thorp）〕（1932〜）
　シカゴ生まれのアメリカの数学者、ヘッジ・ファンド・マネジャー。父親は第一次世界大戦を戦った陸軍将校だったが、大恐慌のさなかに退役した結果、銀行の警備員の仕事しか見つからずに生活は厳しかった。そんな状況で、ソープは自分の数学的な才能を金儲けに向けるようになったという。UCLAで物理学を学び、1958年に数学で博士号を取得、その年の暮れに初めてラスベガスを訪れる。翌1959年から1961年にはMITで数学を教える職を得るが、MITのコンピュータを使ってブラッ

---

[113] クロード・シャノン（Claude Shannon、1916〜2001）はアメリカを代表する数学者、電子技術者であり情報理論の父といわれる。ミシガン州に生まれ、ミシガン大学を卒業後、MITの大学院に入学。1937年の修士論文「継電器及び開閉回路の記号的解析」において、電子計算機の電子回路がブール代数（ジョージ・ブールが19世紀中頃に考案した代数系の1つ）の論理演算に対応することを示した。この理論はコンピュータの開発の大きなステップとなるものであり、論文は史上最も重要な修士論文といわれる。1941年にベル研究所に入所し第二次世界大戦中は、イギリスのアラン・チューリングらとともに枢軸国側の暗号解読の合同チーム「プロジェクトX」に加わった。1948年には、論文「通信の数学的理論」を発表し、この論文は情報を数学的に扱ったもので情報理論の古典となった。1956年にはMITに移ったが、シャノンは風変わりで好奇心あふれる性格で束縛を嫌い非常勤のポジションに就き指導する学生もほとんどとらなかったという。

[114] ソープの生涯については、主にPoundstone（2005）およびWeatherall（2013）を参照した。

クジャック[115]で勝つ確率の計算に没頭する。MITでは20世紀の最も偉大な科学者の1人で情報理論の父といわれるクロード・シャノンと出会い、ともにルーレットでの必勝法を研究して、実際にルーレット計算機をつくってラスベガスで実験まで実施する。1961年、ソープは「ブラックジャックの有利な戦略（A Favorable Strategy for Twenty-One)」という論文を発表、その論文をみて連絡してきたプロのギャンブラーであるエマニュエル・キンメル[116]らとともに実際にリノ[117]やラスベガスなどで理論を実践し、イカサマや身の危険に遭遇するが好成績を残す。1962年にはカジノの必勝法をまとめた『ディーラーをやっつけろ（Beat the Dealer)』という本を出版、この本は70万部を超えるベスト・セラーとなった。

　本の出版と前後して、ソープの関心は、物理的な危険が伴うカジノから株式市場に移った。そしてMITのクートナーのランダム・ウォークに関する論文集Cootner (1964) にも興味をもつようになる。ソープの目には株式市場は大きなカジノのように映ったようだ。ソープはニューメキシコ州立大学のポジションを経由して、1965年にカリフォルニア大学アーバイン校の職を得る。ここで出会ったのが、ワラントの理論価格の研究をしていたカッスーフであり、彼と共同で『市場をやっつけろ』を出版する。ソープはこの本を読んで共同でヘッジ・ファンドの設立をもちかけてきたブローカーのジェイ・リーガン（Jay Regan) と共同でカリフォルニア州ニューポート・ビーチに「コンヴァーティブル・ヘッジ・アソシエイツ[118]」というヘッジ・ファンドを立ち上げる。1974年に「プリンストン・ニューポート・パートナーズ[119]」と改名。ソープのヘッ

---

[115]　トランプ・ゲームの一種で、ポーカーやバカラとともにカジノで人気のゲーム。カードの合計点数が21点を超えないように、プレイヤーがディーラーより高い点数を得ることを目指す。

[116]　エマニュエル・キンメル（Emmanuel Kimmel）は1930年代から60年代にかけてアメリカの暗黒界で有名だった人物。ソープの本『ディーラーをやっつけろ』ではミスターXとして実名を伏せて登場する。

[117]　アメリカのネバタ州の都市で、ラスベガスとともにカジノで有名。

[118]　Convertible Hedge Associates

[119]　Princeton／Newport Partners

ジ・ファンドは平均で19%というすばらしい運用成績をあげ続けたが、1987年にジャンク債の帝王と呼ばれたマイケル・ミルケン[120]が関連する脱税事件に巻き込まれて評判を落として破綻する。この事件後しばらくしてソープは新たなヘッジ・ファンド「エドワード・O・ソープ・アンド・アソシエーテッド」を立ち上げた。ソープは「クオンツの元祖」、「伝説の投資家」などと呼ばれる。

〔シーン・カッスーフ（Sheen Kassouf）〕（1929～2004）

　アメリカの経済学者でファイナンス数学が専門。コロンビア大学で数学を学び、博士論文[121]はワラントの理論価格に関するものであった。この論文は、カッスーフ自身が1961年にワラントと普通株を使った投資を始めた際に、ある銘柄のワラントの価格が説明できないほど割高であったことをきっかけとして始めた研究の成果である。大学院修了後、カリフォルニア大学アーバイン校のポジションを得て、そこで知り合ったソープとともに1967年に『市場をやっつけろ』を出版する。ソープと共同でファンドを立ち上げる案も浮上したが、実現しなかった。

【紹介する論文】Thorp and Kassouf (1967)
「市場をやっつけろ：科学的な株式市場システム」（Beat the Market: A Scientific Stock Market System）

5年間、平均25%のリターン

　ソープとカッスーフの本の特徴は、どうやって稼ぐかということにフォーカスし、オプションの価格評価方法の分析や取引戦略はその目的から議論されている点であり、そこが学者たちのオプション価格の論文とはまったく趣を異にする。その前書きの冒頭には、「われわれはこの方法に従って5年間にわたって平均25%のリターンを実現した。しかもその間に株式市場では2度の急落があった」と記されている。さらに「われわれは、ワラントや転換社債などの転換証券と普通株の価格の関係を分析した。これによって将来の

120　5.5を参照。
121　Kassouf (1965)

価格の関係を予想し利益をあげることができる。勝つためには、個別の株価の予想をする必要がないのである」と続ける。つまり、ソープとカッスーフの投資方法では個別の株価の予想ではなく、ワラントと普通株の相対的な価格の関係が大事なのである。

説明がつかないほど割高なオプション銘柄

『市場をやっつけろ』では、まずカッスーフの投資手法について説明される。相場を予想する代表的な手法はチャート分析（あるいはテクニカル分析）であるが、カッスーフは「チャート分析は一見科学的にみえるが実際はそうではない」という。その根拠の1つとして、有名なチャートの戦略である「ダウ理論[122]（Dow Theory）」はランダムな売買戦略との比較でも必ずしもよい結果を残せないと指摘する。カッスーフはある個別の株を買うことを検討したことをきっかけに、いろいろなワラントと普通株の価格の関係を分析したところ、モリブデン（Molybdenum）社のワラントが説明がつかないほど割高であることを発見した。異様に割高なワラントに対しては空売りしたくなる誘惑に駆られるが、単にワラントを売るのでは株が大きく上昇した場合に損失を被る危険がある。その晩、カッスーフはモリブデン社のワラントと普通株の関係を考えて株価が上がっても下がっても儲かる[123]すばらしいアイデアがひらめいたという。それがワラントの空売りと同時にいくばくかの普通株を買って株価の上昇に伴うワラント価格上昇のリスクをヘッジする手法である。彼らとっては「空売り」という戦略がきわめて重要であり、その説明に大きな紙幅が割かれている。

株の「空売り」によるヘッジ戦略

カッスーフが1961年に実際に行った戦略は、行使価格28.83ドルのワラントを18ドルで400枚売り7,200ドル（＝400×18）のプレミアムを受け取り、普

---

[122] チャールズ・ダウ（Richard Durant、1851～1902）が考案したチャート。チャールズ・ダウはアメリカで初めて体系的なチャート分析理論を構築したとされ、「ウォール・ストリート・ジャーナル」を創刊した。

[123] これはやや大げさな表現で、図2.8.1に示すように、たしかに利益が出る株価のレンジは非常に広かったが、株価が大幅に上昇すれば損失が発生する戦略であった。

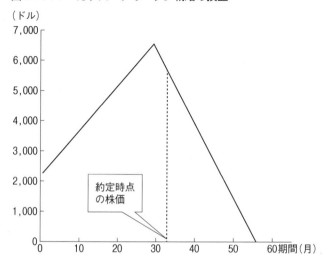

図2.8.1 カッスーフのヘッジ戦略の損益

通株を33ドルで150枚買うというものである。ワラントの期間は22カ月であったが、最終的な普通株の価格とカッスーフの戦略の損益を表したのが図2.8.1である。

この戦略をとった場合、仮に株価がゼロになっても2,250ドルの利益を得ることができる一方で、約定時点で33ドルだった普通株が満期までに50ドル半ばまで上昇しない限り[124]損失を被ることがない。普通株によるヘッジの割合を変えれば、株価下落時の利益を減らして株価の上昇時のリスクにより強い戦略に変更することができる。こうした戦略がカッスーフには非常に魅力的に映ったようであり、実際にカッスーフは最終的に6,000ドルを超える利益を手にしたとしている。

回帰分析によるオプション価格

この戦略が成り立つのは、モリブデン社のワラントが異様に割高だからであるが、1961年当時はワラント価格の一般的な評価式は知られていなかっ

---

[124] カッスーフはモリブデン社の株がどちらかというと下落する可能性が高いと考えて、下落時に強いヘッジ割合を選んだと考えられる。

た。カッスーフはモリブデン社のワラント価格の分析をするためにオプション価格の研究を始めて、1965年にそれを博士論文として発表した。『市場をやっつけろ』においてもその評価式が紹介[125]されている。カッスーフのワラント価格の評価方法は経験的・統計的な手法によるユニークなものである。彼は、普通株の価格とワラント価格の関係を分析するなかで、普通株とワラント価格の対数をグラフ化したところ、それが直線上に並ぶことを発見した。この直線を、ワラントの残存月数や株価の高値と安値の平均や配当などを使って、回帰分析によって推定した結果、ワラント価格について次のような評価式を得る。

$$y = (x^2+1)^{1/z} - 1 \tag{2.8.1}$$

ここで、

y：ワラントの価格÷ワラントの行使価格

$$z = 1.307 + 5.355/T + 14.257R + 0.298D + 1.015\ln(X/\bar{X}) + 0.405x$$

X：普通株の価格
$\bar{X}$：過去11カ月の株価の高値と安値の平均値
x：普通株の価格／ワラントの行使価格
T：ワラントの満期までの残存月数
R：配当利回り
D：すべてのワラントが行使された後の新株数／残存株式数

カッスーフの評価式では、残存月数Tの係数は固定されているが、これは株価の変動の大きさ（つまりボラティリティに相当するファクター）を固定していることを意味する。カッスーフは統計的な分析に基づいて市場変動の要素をこのような形式で導入したのである。カッスーフのアプローチのもうひとつの特徴は、過去11カ月の株価の高値と安値の平均値と現時点の株価の乖離を1つの要素（トレンドに相当するもの）として取り入れたことである。

---

[125] ソープもカッスーフとは別にオプション価格を研究していた。研究の結果得られた評価式は、ブラック・ショールズ・モデルに近いものであったが、そのモデルは公表されることはなかったという。

このように、カッスーフのオプション価格の分析のアプローチは、バシュリエから始まる株価のランダム・ウォーク性から価格を導くアプローチとは大きく異なる。ソープがこの評価方法を使って実際のワラントを分析したところ、株価が過去11カ月の平均値より高い場合にはワラントの価格が割安になり、逆に株価が過去11カ月の平均値より低い場合はワラントが割高になることを発見し、この傾向を用いて具体的に利益を得たことが説明されている。ちなみにソープ自身は、この本の出版後に非公表で自分自身のオプション評価モデルをつくり、後年ブラック・ショールズ・モデルが現れた際に、オプションの価格を比較したところ、両者の違いは大きくなかったという。

このようなソープとカッスーフの試みは、現場のトレーダー自身がより多くの収益を求めるために、数学的能力をフル活用したところに大きな意味がある。オプションの評価モデルは現場の厳しい実証テストを受けたことになる。本の出版後、ソープとカッスーフは共同で投資会社を設立することを検討したが、カッスーフが自分の弟にも関与させたがったことや、投資の基本的な考え方の差[126]などからそれは実現しなかった。ソープは『市場をやっつけろ』を読んで一緒にヘッジ・ファンドをつくろうと提案してきたブローカーのジェイ・リーガン（Jay Regan）とともにカリフォルニア州ニューポート・ビーチにヘッジ・ファンドを立ち上げた。このファンドは大きな成功を収め、ソープの成功をきっかけに、数理的な能力を駆使して市場から稼ぎをあげようとするクオンツが次々と現れた。そうした運用スタイルのクオンツ・ヘッジ・ファンドが数多く生まれ、またソープ自身も伝説の投資家になった。ソープは自分の名を残した数理モデルは残さなかったけれど、パイオニアとしての生きざまは多くの書物で取り上げられた。

---

[126] Poundstone（2005）によれば、カッスーフはある株が上がるか下がるかある程度予想できると考えたのに対し、ソープはだれも市場を予想することができないと考えていたという。

2.9 効率的市場仮説（マンデルブロ、サミュエルソン、ファーマ）

　バシュリエに始まる市場のランダム・ウォーク説は、ケンドール、オズボーンの統計的な実証研究を経て、やがて効率的市場仮説という、現在に至るまで賛否両論を巻き起こし続ける仮説に到達する。この仮説の形成に至る段階で、市場がマルチンゲールであることを示したサミュエルソンとともに、意外な人物がこの仮説を後押ししていた。それはフラクタルやファット・テールで有名になるフランス育ちのユダヤ人数学・統計学者ブロワ・マンデルブロである。1966年にマンデルブロが書いた論文は、市場の動きがランダム・ウォークそのものであるとしたわけではないが、投資家は市場の規則性から利益をあげることはできないことを示した点で、効率的市場仮説の理論を勢いづけることになった。

　こうした機運のなか、サミュエルソンは、1967年の上院銀行委員会において「ダーツ」で銘柄選びしたほうが、プロのファンド・マネジャーの選択より成績がよかったという有名な証言を行う。

　サミュエルソンやマンデルブロなどの研究から、効率的市場仮説という1つの仮説を立てて整理したのがユージン・ファーマである。ファーマは、市場に関する多くの研究結果をまとめて、市場が織り込む情報を3つの段階に分類した。ファーマの効率的市場仮説で重要な点は、マンデルブロの研究を発展させてランダム・ウォークと「フェアなゲーム」を意味するマルチンゲール性を明確に区別していることである。つまり、効率的市場仮説は、市場を出し抜いて利益をあげることができないといっているだけであり、その場合に株式などの市場は必ずしもランダムに動くことまでは前提にしていない。

　効率的市場仮説は大きな反響を呼んだが、やがて、少なくとも一時的には世の中の主流の考え方になった。しかしながら、反対意見も根強くその論争は現在に至るまで続いている。そして、2013年のノーベル経済学賞は、効率的市場仮説の提唱者であるファーマと、市場が非合理であってしばしば経済

全体に大きな厄災をもたらすと主張するロバート・シラー（Robert Shiller）が同時に受賞した。シラーについては4.9で説明する。

市場は不偏であるというマンデルブロの主張

〔ブロワ・マンデルブロ（Benoit Mandelbrot）〕（1924〜2010）
　ポーランドの首都ワルシャワのユダヤ人の家庭に生まれ、第二次世界大戦前に一家はフランスに移住しナチスの目を逃れながら青年時代を過ごす。こうした不安定な生活のなかで物事を視覚的にとらえる習慣がついたという。戦後、マンデルブロは理工系のエリート教育機関であるエコール・ポリテックでポール・レヴィ（Paul Levy）などに数学を学び、1952年にパリ大学（ソルボンヌ）で数学の博士号を取得した。その間、2年間カリフォルニアで航空工学の勉強もした後、フォン・ノイマンの招きでプリンストン高等研究所に在籍した。1958年アメリカに移住しニューヨーク州にあるIBMのトーマス・J・ワトソン研究所に研究員として就職し、そこで30年以上にわたって勤務し、経済データの分析などの仕事に従事する。

　マンデルブロはアウトサイダーの気質が強く、当時の人気のテーマには関心を示さずに自分が興味をもつさまざまな研究に没頭した。その領域は確率論などの数学からファイナンス理論、流体力学や情報理論まで多岐にわたり、1982年にはフラクタルという概念を提唱して有名になり、「カオス」理論の偶像的な存在になる。フラクタルはたまたま読んだ「ジップの法則」[127]で有名なハーバードの言語学者ジップ[128]の本からヒントを得たという。

【紹介する論文】Mandelbrot（1966）

---

[127] ジップが発見した法則で、単語の出現頻度の高い順に順位をつけた場合、第2位の単語は1位の単語のおよそ2分の1の頻度で出現し、第n位の単語は1位のおよそn分の1の頻度であるというもの。これは単語だけでなく個人所得や都市の人口などさまざまな順位に適用できる。

[128] ジョージ・ジップ（George Zipf、1902〜1950）は、アメリカ合衆国の言語学者、哲学者。

> 「将来の価格の予想、不偏な市場と「マルチンゲール」モデル」
> (Forecasts of Future Prices, Unbiased Markets, and 'Martingale' Models)

　マンデルブロは1966年のこの論文を書く数年前には、綿花の価格がランダム・ウォークより裾が厚く（つまりファット・テール）変動リスクの高い安定パレート分布[129]（安定分布、あるいはレヴィ分布ともいわれる）というべき分布[130]の一種に従うことを発見し論文を書いているが、これについては4.1で詳しく説明する。1966年の「将来の価格の予想、不偏な市場と「マルチンゲール」モデル」と題する論文では、まずバシュリエのランダム・ウォーク説の説明から始まる。しかし、マンデルブロは、市場価格の変動はランダム・ウォークに従うのではなく、実際には「自己相似性[131]（self-similarity）」が存在すると指摘し、安定パレート分布にはその性質があることも説明する。マンデルブロは、仮に市場の動きに自己相似性という「パターン」が存在しても、それはトレーダーによって何の利益ももたらさない可能性があるという。この論文の本題はこの仮説の検証であり、トレーダーが過去の動きの「パターン」を分析して利益を得ることができるかどうか、つまり市場の分布が過去の価格と独立（あるいはマルチンゲール）であるかを検証することである。

　マンデルブロは、穀物市場の値動[132]きを考察し、市場にはリスク愛好的な投資家とリスク回避的な投資家（risk avoiding traders）の2種類がいると想定して、もし市場でリスク愛好的な投資家の影響力が強ければ、期待の変化が事前に市場に織り込まれるから、市場の変動はマルチンゲールになると結論づける。この証明のアプローチは、後のスティーブン・ロスの裁定理論

---

[129]　安定パレート分布については4.1を参照。
[130]　べき乗則に従いスケール不変性（フラクタル性）をもつ分布関数。どのスケール（尺度）で拡大／縮小してみても、同じような分布の形状を維持し、極端な値をとる可能性が正規分布より高いということでテール部分が正規分布より厚くなる分布。
[131]　図形においては、ある図形の小さな断片を拡大して観察した場合、その断片の拡大図がもとの図形の全体の形状と相似であること。スケール不変性ともいう。マンデルブロは1970年代になって、自己相似性の研究を発展させフラクタルという概念を考案した。
[132]　穀物市場では、投資家のタイプによっては過去の天候の実績が将来の投資行動に影響するかもしれないと考えて、穀物市場を想定した考察をした。

とそっくりである。

サミュエルソンの「ダーツ」による例え

　1965年に市場のマルチンゲール性を数学的に証明してみせたサミュエルソンは、1967年に次のような有名な発言をした。

> 〔サミュエルソンの「ダーツ」による例え〕
> 　1967年、サミュエルソンは上院の銀行委員会において、ランダムに選んだ20銘柄の株のパフォーマンスがミューチュアル・ファンドを上回る成績を残したとするある博士論文への質問をされた際に次のよう[133]に答えている。
>
> 　　委員長:「ランダムな20銘柄とは、あなたが目を閉じて、手を伸ばして触れたものを取り出したという意味ですか？」
> 　　サミュエルソン:「そのとおりです」
> 　　委員長:「あるいは、だれかあなたのような専門家が選んだのではないですか？」
> 　　サミュエルソン:「違います。ランダムです。私が「ランダム」というのは、たとえばサイコロとか、乱数とか、ダーツと考えてください」
>
> 　このサミュエルソンのダーツを用いた例えは、1990年に発行されてベストセラーになった『ウォール街のランダム・ウォーク[134]』のなかで、著者のマルキール[135]が「目隠しをしたサルがダーツ投げ（blindfolded monkey throwing darts）」をしてウォール・ストリート・ジャーナル紙の株のページで銘柄選びをしても、専門家が注意深く選択したポートフォリオとほとんど差はないと表現したことによってさらに有名になる。

---

[133]　Fox（2009）原文の121ページ。
[134]　Malkiel（1990），"A Random Walk Down Wall Street."
[135]　バートン・マルキール（Burton Malkiel, 1932〜）。

サミュエルソンとともに「市場を出し抜くことはできない」という説の積極的な伝道者となったのは、マンデルブロの影響を強く受けたユージン・ファーマである。ファーマは1970年に、バシュリエからマンデルブロに至る市場価格の振る舞いの研究を総括して「効率的市場仮説」という論文を発表した。

効率的市場仮説の確立

〔ユージン・ファーマ（Eugene Fama）〕（1939～）
　アメリカの経済学者。ボストン生まれで大学卒業後にシカゴ大学のビジネス・スクールに入学、指導教官はマートン・ミラーとハリー・ロバーツ[136]（Harry Roberts）であり、さらにマンデルブロの教えに接する機会にも恵まれる。こうした影響などから、ファーマの関心は市場のランダム性など経済に関連した統計問題に向かい、1970年には効率的市場仮説を世に広める論文を発表する。ファーマはそのままシカゴ大学に教職を得て、1993年にはケネス・フレンチとともに、CAPMを修正した3ファクター・モデル[137]を発表し、このモデルは実務界から大きな支持を得た。2013年には「資産価格の実証分析に関する功績」でノーベル経済学賞を受賞、この受賞は効率的市場仮説について論争を演じてきたロバート・シラーと同時であったことで注目を集めた。
【紹介する論文】Fama（1970）
「効率的資本市場：理論と実証」（Efficient Capital Markets: A Review of Theory and Empirical Work）

　ファーマの1970年の論文は、サミュエルソンが「市場を出し抜くことはできない」と語った市場の効率性を3つの段階に整理して、それぞれを「ウィーク型（week form）」「セミ・ストロング型（semi-strong form）」「スト

---

[136] ファーマの論文の効率的市場仮説の3段階の分類のアイデアはハリー・ロバーツによるものだと、ファーマは論文の脚注に記している。
[137] 4.4で詳しく説明する。

ロング型（strong form）」と名づけたことで有名である。ファーマの効率的市場の定義は「価格が利用可能（available）な情報を常に完全に反映（fully reflected）している市場」というものである。つまりファーマのいう効率性は情報の反映速度に関するものであり、それ以上でもそれ以下でもないことを理解することが重要である。ここで「完全に反映」という意味はややあいまいであり、ファーマは1つの考え方として、シャープやリントナーのCAPMの理論における均衡状態とすることもできるが、現実的には「期待リターンが予想できる」という意味としてとらえる方法があるとしている[138]。

ファーマの3つの分類は具体的には株式市場を念頭に置いた次のものである。そして、それぞれの分類は「利用可能な情報」をどのように設定するかに違いがある。

---

① ウィーク型（week form）
　利用可能な情報を過去の価格推移だけに設定
② セミ・ストロング型（semi-strong form）
　公示情報（たとえば、公表された企業収益や株価分割の情報）
③ ストロング型（strong form）
　投資家やその集団が独占的（monopolistic）に保有する株価形成の見直しと関係するあらゆる情報

ウィーク型の効率的市場が意味するものは、過去の価格の推移を知っていてそれをどのように分析しても相場に勝つことはできない、つまり株価のチャートをみて将来の株価を予想するのは無駄であるということである。サミュエルソンが1965年に証明してみせた市場のマルチンゲール性はウィーク型に関連する特性である。セミ・ストロング型の効率的市場では、公開情報は瞬時に相場に反映されるので、その情報を使って相場に勝つことはできな

138　これはマルチンゲール性をもって効率性を定義することに関連するが、ファーマはこのような数学的なコンセプトだけで効率性の意味を示すことはできないとも指摘している。

いことを意味する。そして、ストロング型では独占的に保有されるインサイダー情報を使っても勝つことができない。ファーマの分類はあくまでも論点整理のためのものであり、ファーマ自身も市場が常にストロング型の効率性をもっていると考えているわけではない。

ウィーク型およびセミ・ストロング型を支持する証拠

　ファーマは、ウィーク型の効率仮説を支持する証拠として、市場のランダム・ウォーク性については実証的な研究がたくさんあることを指摘する。たとえば、1900年のバシュリエの論文から始まって、Kendall（1953）、Osborne（1959）やCootner（1964）などの研究などである。しかしながら、ファーマはランダム・ウォークと効率的市場仮説を明確に区別して、ウィーク型の市場効率性は「フェアなゲーム」（あるいはマルチンゲール）である必要があるが、それは必ずしも正規分布の確率過程であるランダム・ウォークである必要性[139]はないとする。そして、「フェアなゲーム」が効率的市場の理論で果たす役割と、「フェアなゲーム」とランダム・ウォーク理論の関係を初めて明らかにしたのはSamuelson（1965b）とMandelbrot（1966）であると指摘している。ファーマ自身もマンデルブロと同様に、市場がランダム・ウォークそのものであるという立場はとっていない。

　ファーマ自身はマイケル・ジェンセンやリチャード・ロールとともに、セミ・ストロング型の効率的市場仮説についての実証研究を行い、その結果この仮説が支持されるとしている。1969年に発表されたその論文は4人の研究者の頭文字をとってFFJR[140]と通称される。FFJRの論文はニューヨーク証券市場の1927～1959年の株式分割の事例について分析し、株式分割のアナウンスメントの後でその銘柄の株を買っても利益が得られないことを実証したものである。ファーマはセミ・ストロング型に関する他の実証研究もいくつか紹介しているが、興味深いのは、マイロン・ショールズの1969年の学位論

---

[139] つまり、ランダム・ウォークはフェアなゲームより強い条件であって、市場がランダム・ウォークであればフェアなゲームであるが、逆にフェアなゲームであるからといって必ずしもランダム・ウォークであるとは限らない。

[140] Fama, E. F., L. Fisher, M. C. Jensen, and R. Roll. (1969), "The Adjustment of Stock Prices to New Information." International Economic Review 10 : pp. 1-21

文[141]もその1つであることだ。ショールズの論文は株式の追加公開(secondary offering)後の株価の動きを研究したものである。ショールズは、追加公開後の株価の下落は、一般に考えられているような「売り圧力」によるものでなく、大口の売りが出るという情報が原因であり、さらにその悪い情報の影響は公開後6日間で消えるという。ちなみに、ファーマ、ジェンセン、ショールズ、ロールの4人はいずれもMM理論の片割れであるマートン・ミラーの教え子である。

効率的市場仮説に対する賛否

効率的市場仮説は大きな反響を引き起こした。ケインズは「市場は必ずしも完全合理性を伴わない」と考えていた[142]と理解されており、その流れを汲む一派からは特に強い反発があった。さらに、サミュエルソンのダーツ投げの例えで職業的な存在意義の危機に直面したファンド・マネジャーや、過去の相場の動きからチャート分析をするアナリストなどの反発は当然であろう。しかし、こうした反発があったにもかかわらず、効率的市場仮説はやがて主流の考え方となり、CAPMとの強力なコンビネーションは「パッシブ(passive)運用」という新しい運用方法を生み出し資産運用業界に大きな影響を及ぼした。パッシブ運用とは、ファンド・マネジャーに投資銘柄の選択を任せる従来の投資方法(アクティブ運用)と違って、人間による銘柄選別を廃して市場そのもの(市場ポートフォリオ)に投資するという運用スタイルである。通常はS&P500やラッセル3000などの株式指数を擬似的に市場ポートフォリオとみなす。パッシブ運用のファンドは1960年代まではほとんどなかったが、1970年代以降に急速に広まった。

このように効率的市場仮説は概して受け入れられたが、それに対する反論も根強く生き続けている。そうした反論の代表的なものの1つが、2002年に

141　Scholes (1969)
142　ジョン・メイナード・ケインズ(John Maynard Keynes、1883~1946)は1936年に出版した『雇用・利子および貨幣の一般理論』のなかで、株式市場の価格形成の問題を「美人投票」に例え、投資家集団の好みを考慮すべきであると指摘した。この考え方は人間心理市場仮説といわれる。ケインズのこのような人間心理のいい加減さに関する洞察は、自身の株式投資の経験も影響している。

ノーベル経済学賞を受賞した心理学者ダニエル・カーニマン[143]とエイモス・トベルスキー[144]が確立した「行動ファイナンス[145]」であり、「人間の判断にはある特定の方向にそろってズレる傾向（認知バイアス）があり、経済学者が主張するほど合理的には行動しない」というものである。行動ファイナンスの観点から効率的市場仮説を攻撃した代表的な人物は、ローレンス・サマーズ[146]やロバート・シラーであり、彼らは人間の群衆行動などの心理的な要因がパニックやバブルを引き起こすと考えた。行動ファイナンスの考え方は、2008年のリーマン・ショックによって、大きな注目を集めることになる。

2.10 ブラックとショールズのアプローチ（発想の転換）

1950年代半ばにバシュリエの論文が経済学界に発掘されてから10年ほどの間に、オプション価格の評価式はほとんど完成していた。それらは、基本的にはバシュリエの試みを対数正規分布に置き換えたものであった。最後に残った問題は、その評価式にどんな数字をインプットすべきかという問題であり、サミュエルソンを含めて多くの研究者たちはそこで躓いた。この問題

---

[143] ダニエル・カーネマン（Daniel Kahneman、1934～）はユダヤ系アメリカ人の心理学者。経済学と認知科学を統合した行動ファイナンス理論およびプロスペクト理論で有名。2002年に「行動経済学と実験経済学という新研究分野の開拓への貢献」によってノーベル経済学賞を受賞。

[144] エイモス・トベルスキー（Amos Tversky、1937～1996）はイスラエル出身の心理学者。カーネマンとともに行動ファイナンス理論を発展させた。

[145] 人間の心理的影響を考慮した経済モデルを研究する学問。人間の心理と経済の関係については、古くはアダム・スミスの道徳感情論の「人間は他者の視線を意識し、他者に共感を感じたり、他者から共感を得られるように行動する」という考えや、ケインズの「美人投票」の例えに表れる。この分野の研究を進めて新しい学問分野としたのがカーニマンとトベルスキーである。

[146] ローレンス・サマーズ（Lawrence Summers、1954～）はアメリカの経済学者、政治家でポール・サミュエルソンとケネス・アローの両方の甥である。クリントン政権後半期に財務長官を務め、財務長官退任後はハーバード大学学長を務めていたが、2005年に女性蔑視の発言によって学長を辞任した。

の解決に必要なのは、膨大な数式の展開ではなく、発想の転換であった。

その発想の転換に成功したのが、ブラックとショールズであった。発想の転換のヒントはブラックの職場の先輩であるジョン・リントナーから影響されたCAPMの理論と、数学者でありギャンブラーでもあるエドワード・ソープたちの空売り戦略を活用したヘッジ・ポートフォリオという考え方である。こうしたヒントを得て、ブラックとショールズは、市場で観測されるパラメータだけからオプション価格を評価する方法に到達する。彼らの研究を数学的な能力で支えたのが、サミュエルソンの弟子であるロバート・マートンである。ショールズとマートンはたまたまともにMITの助教授として同僚となり、ブラックはMITの近くのコンサルタント会社に勤務していたという偶然の事情で金融工学の道は開けた。

彼らの出現は時代のタイミングともマッチしていた。論文が発表されたのはシカゴ・オプション取引所（CBOE）が上場オプションの取引を開始した1カ月後であった。ブラック・ショールズ・モデルの出現によって、市場のオプション価格はモデルに整合的な水準に急速に修正された。CBOEの取引は爆発的に伸びて、ブラックとショールズは一躍有名人になった。ブラック・ショールズ（・マートン）モデルは、オプション評価の完全なモデルでも唯一のモデルでもないものの、開発後40年以上経過した現在でもベーシックなオプション評価方法として広く使用され続けている。また、ブラック・ショールズ・モデルの後に発表された金融工学上のほとんどすべてのモデルは、多くの前提条件をブラック・ショールズ・モデルと共有している。

〔フィッシャー・ブラック（Fischer Black）〕（1938～1995）
　アメリカの数学者、経済学者。ワシントンDCに生まれ、ハーバード大学で最初物理学を学び、一時期大学を離れてコンピュータ関連のコンサルタント職[147]の経験を経て、1964年にハーバードで物理から転向した応用数学（コンピュータ・サイエンス）で博士号を取得。その後、ボストン近郊のケンブリッジにあるコンサルタント会社アーサー・D・リト

---

[147] Bolt, Beranek and Newman（BBN）というコンサルタント会社の仕事。

ル[148]に入社した。そこでCAPMの創始者の１人である、ジャック・トレイナー[149]に出会ってファイナンス分野に目覚め方向転換をする。アーサー・D・リトルで５年ほど過ごすが、1968年にはMITの教職を得たマイロン・ショールズにコンタクトしてCAPMやオプション理論の研究仲間になる。1969年３月には独立して自分のコンサルタント会社を設立、その頃からCAPMを使ったオプションの理論について考え始め、翌年1970年の夏には現在のブラック・ショールズ・モデルの数式ができあがり、セミナーでその内容を公開する。同じ頃、MITでショールズの同僚であったロバート・マートンとも知り合って、３人は連携して研究に取り組む。

　1971年、ブラックはシカゴ大学の教授になる。オプションに関する有名な論文は、1970年11月以来さまざまな雑誌に申し込むが断られ、1973年になってようやく発表される。ブラックは1975年にMITに招かれてケンブリッジに戻り、CAPMを一般化した一般均衡論などの研究を行った。1983年には大学を離れ投資銀行ゴールドマン・サックスのクオンツ戦略部門を統括するポジションに就く。ゴールドマンでは、同僚たちと金利のブラック・ダーマン・トイ・モデル[150] (Black-Derman-Toy model、BDT、1990) やそれを一般化したブラック・カラシンスキー・モデル[151] (Black-Karasinski model、1991) などを発表した。しかしブラックは1995年にガンに倒れる。その２年後にショールズとマートンがノー

---

[148] アーサー・D・リトル（Arthur D. Little）はアメリカのボストンに本拠地をもつ、国際的経営戦略コンサルティング会社。1886年、MITの科学者で、酢酸塩の発見者でもあるアーサー・リトルによって設立された。経営戦略、オペレーションズ・リサーチ（OR）の研究やワード・プロセッサーの開発などで名高い。

[149] ジャック・トレイナー（Jack Treynor、1930～）については2.6を参照。1956年からアーサー・D・リトルに勤務し、ウィリアム・シャープとは独立後にCAPMを創始した。

[150] ゴールドマン・サックス社に在籍していたブラックとエマニュエル・ダーマン（Emanuel Derman）、ビル・トイ（Bill Toy）によって開発された、金利の対数がバシチェック（Vasicek）型の短期金利モデルに従うモデル。

[151] ブラックとピョートル・カラシンスキー（Piotr Karasinski）によって開発された金利モデル。ブラック・ダーマン・トイ・モデルを一般化したもので、ハル・ホワイト・モデルの対数正規分布版という性質をもつポピュラーなモデル。

ベル経済学賞を受賞した際に、ノーベル賞委員会はブラックの貢献について異例の言及をした。

〔マイロン・ショールズ（**Myron Scholes**）〕（1941〜）

　カナダ出身のアメリカの経済学者。カナダ・オンタリオ州に生まれ地元の大学で法律を専攻した後、1964年にシカゴ大学のビジネス・スクールで修士号を得る。シカゴ大学の博士課程では、ユージン・ファーマやマートン・ミラーに学び、効率的市場仮説に影響を受け、1969年には株式の競争的な市場に関する研究[152]でシカゴ大学の博士号を得る。この時代にショールズはミラーの研究のためのコンピュータ・プログラマーとしても働いたという。博士号取得前の1968年にはMITで助教授の職を得た。MITではアーサー・D・リトル社のブラックと知り合い、さらにMITでサミュエルソンの助手をしていたマートンが研究室が隣同士という同僚になった。3人は共同でオプション価格理論の研究をして、1973年の論文に到達する。

　ショールズは1972年にシカゴ大学に戻り、資産価格に対する税金が与える影響の研究などを行う。1981年には西海岸にスタンフォード大学の教授として移り、ウィリアム・シャープやマーク・ウォルフソン（Mark Wolfson）などの同僚となった。スタンフォードでは、税金や経営戦略などの研究を行い1992年にはウォルフソンと共同で『税金と経営戦略（Taxes & Business Strategy）』という本を出版している。スタンフォードには1996年までとどまったが、その間の1993年にはジョン・メリウェザー[153]の率いるレラティブ・バリュー戦略[154]をとる代表的なヘッジ・ファンド「ロング・ターム・キャピタル・マネジメント[155]（LTCM）」の共同創業者の1人になり、LTCMは当初は好調な運用成績を残す。しかし、1998年のロシア危機後の市場の混乱で巨額の損失を出して破綻し中

---

[152] 論文名は"A Test of the Competitive Market Hypothesis: The Market for New Issues and Secondary Offerings."（2.9を参照）。
[153] 4.8を参照。
[154] 4.8を参照。
[155] 4.8を参照。

央銀行がその救済に乗り出す事態にまで発展する。LTCMの破綻でショールズはともに共同創業者の1人になっていたマートンとともに強い批判を浴び、金融工学の第一人者でさえとんでもない間違いを起こすことが世界に認識された。2人はノーベル経済学賞を受賞したばかりだったので、ノーベル経済学賞自体の廃止の声さえあがった。LTCMの破綻後の1999年、ショールズはLTCMの元社員4人と共同で、レラティブ・バリュー戦略をとるプラチナム・グローブを立ち上げ再起を図った。しかし、このファンドが運用する最大のファンドが2008年に再び破綻し、オプション理論で獲得したショールズの名声をさらに深く傷つける結果になった。

【紹介する論文】Black and Scholes（1973）
「オプションと企業の負債の価格決定（The pricing of options and corporate liabilities）」

ブラックとショールズの論文の序文は次の文章で始まる。

　もしオプションの価格が市場で正しくプライシングされているとすれば、オプションや原資産である株をロングやショートのポジションにするポートフォリオをつくって確実に利益を得ることはできない。この原則に従ってオプションの理論価格の評価式は導かれる。

　ポートフォリオという言葉がキーワードであり、これがブラック・ショールズ・モデルがそれ以前のモデルと劇的に異なる部分である。株式をオプションでヘッジしそれをポートフォリオとして評価するという手法の導入によって、彼らの計算式は世界中で広く使われるようになった。
　ポートフォリオで考えるという発想は、ブラックの職場の先輩のジャック・トレイナーからCAPMの理論を学んだことに始まる。トレイナーは、ウィリアム・シャープとは別に独自の手法で一足早くCAPMの理論を導いた人物である。ブラックはCAPMを使ってオプション評価の残された問題を解決することを思いついた。CAPMでは、個々の株の期待収益率とリス

クはベータという指標で表される市場ポートフォリオとの相対的な関係に織り込まれる。そうであるとすれば、オプションの価格の算出にも、サミュエルソンたちのように株の期待収益率をインプットする必要はないかもしれない。こうしてブラックは鍵となる微分方程式まではかなり早い時期にたどり着いていた。しかし、当時のブラックにはそれを解く数学的な知識がなかったという。

その後、ショールズと知り合って共同で研究をするようになったブラックは、CAPMとは別の方法で微分方程式を得る方法を思いつく。それは、ソープとカッスーフの『市場をやっつけろ』[156]という本で説明されたヘッジ比率を使って、オプション価格のテイラー展開[157]によって算出するアプローチである。オプション評価式の偏微分をヘッジ比率とするのはソープたちが示したアイデアである。こうした試行錯誤[158]を経て1970年頃には、ブラックとショールズのオプション評価式はほとんどできあがった。しかし、現在目にすることができる最終的な論文は、テイラー展開の手法とも違うものなった。最後の修正に大きな影響を与えたのがロバート・マートンである。当時のマートンはサミュエルソンとの共同研究の経験から、伊藤の確率解析の理論をはじめオプション価格評価に必要な数学的知識を得ていた。マートンとの議論を経て、ブラックとショールズはヘッジ比率と確率微分を使ってオプション価格を導く方法を論文のメインのロジックとし、CAPMを使う方法は補足的に併記されるかたちになった。

1973年の歴史的論文

ブラックとショールズの論文の議論を追ってみよう。論文ではまず、Sprenkle（1961）、Boness（1964）、Samuelson（1965）、その他2、3の先行研究の名前をあげて、オプション（ワラント）価格についてほぼ同じ評価式に到達していることを指摘している。そして、「しかしながら彼らの評価式

---

[156] Thorp and Kassouf（1967）
[157] テイラー展開（Taylor expansion）とは、無限回微分可能な関数$f(x)$を、fの微分を用いた級数の和として表す手法。工学や物理など非常に幅広い分野で利用される。
[158] ブラックとショールズのモデル開発の過程の試行錯誤については主にMacKenzie（2008）を参考にした。

は完全ではない。なぜならば、そのすべてに1つかそれ以上の任意（arbitrary）のパラメータが含まれている」として、その実例としてスプレンクルの評価式を紹介している。スプレンクルの評価式は（2.5.1）に示したが、評価式には株価の期待収益率kと投資家のリスク選好の度合いを示す係数Peが含まれる。これらの係数が、ブラックとショールズのいう「任意のパラメータ」であり、これは市場価格から観測されるのではなく、評価者自身が任意に設定する必要がある。1965年のサミュエルソンの評価式や、さらにそれを発展させたサミュエルソンとマートンの1969年の評価式でもこうした任意のパラメータ設定という手法から逃れられなかった。唯一の例外が1967年のソープとカッスーフの本で紹介された方法であり、ここでは、市場で観測されるデータのみから経験的に割り出すアプローチがとられている。ブラックとショールズは「われわれはこのコンセプトを採用して理論を構築する」とする。

前提条件

このような基本的な考え方を示したうえで、ブラックとショールズは次のようなモデルの前提条件をあげる。

① 短期金利の水準は一定であり、それは周知されている。
② 株価の変動率は連続時間のランダム・ウォークに従う。つまり、ある有限期間の期日では株価の分布は対数正規分布に従う。そして、その分散は一定とする（つまり、ボラティリティも一定）。
③ 株式には配当その他の支払はない。
④ オプションはヨーロピアンであり満期にのみ行使できる。
⑤ 取引に関する費用はいっさいなく、株式とオプションは自由に売買できる。
⑥ 株式はどんな小額であっても、短期金利を借入コストとして自由に借り入れ、または保有することができる。
⑦ 空売りにペナルティはない。

ヘッジによるオプション価格の導出

　オプションの価格が市場で観測されるデータのみで決定され、株価の変動率や金利が一定であるとすれば、オプションの価格は株価 S と時間 t のみの関数 $w(S,t)$ で表すことができる。そして、そうであれば株価のロング（買い）ポジションをオプションのショート（売り）でヘッジできる。つまり、オプション価格 w を株価 S で偏微分した値（つまりデルタ）を w_1 で表記すれば、株価1のロング（買い）に対応するオプションのショートは $1/w_1$ である。その場合のポートフォリオの価値は次のとおりである。

$$S - w/w_1 \tag{2.10.1}$$

また、このポートフォリオの微小時間Δt経過した場合の価値の変化は、

$$\Delta S - \Delta w/w_1 \tag{2.10.2}$$

ここで、ブラックとショールズは、「確率微分」を使って次のように表せることを示している。

$$\Delta w = w_1 \Delta S + \frac{1}{2} w_{11} \sigma^2 S^2 \Delta t + w_2 \Delta t \tag{2.10.3}$$

ただし、σ^2 は株価の分散（したがって σ はボラティリティ）、w_2 は w の時間 t に関する偏微分、w_{11} は S に関する2階偏微分である。(2.10.3) 式はオプション価格導出の鍵となる重要な式で伊藤の補題から得られる結果であるが、ブラックとショールズの論文では単にMcKean[159] (1969) の本から得た結果であると記されているだけである。これが伊藤の補題を使ったものであることを明確に示したのはロバート・マートンの論文であり、これについては次節で説明する。さて、(2.10.2) 式に (2.10.3) 式を代入すると、ポートフォリオの微小時間Δt を経過した場合の価値の変化は次のように書き換えられる。

---

[159] Henry McKean（1930～）はアメリカの数学者で1965年に伊藤清と共同で確率過程の本を出版している。

$$-\left(\frac{1}{2}w_{11}\sigma^2 S^2 + w_2\right)\Delta t/w_1 \tag{2.10.4}$$

もしΔtが十分に小さく、ヘッジ比率の変化が無視できるとすれば、(2.10.4)式は短期金利rに等しいから次の等式が成り立つ。

$$-\left(\frac{1}{2}w_{11}\sigma^2 S^2 + w_2\right)\Delta t/w_1 = (S-w/w_1)r\Delta t \tag{2.10.5}$$

この式を整理すると次の微分方程式を得る。

$$w_2 = rw - rSw_1 - \frac{1}{2}w_{11}\sigma^2 S^2 \tag{2.10.6}$$

微分方程式の初期条件はオプション満期Tのペイオフで次のとおりである。

$$w(S, T) = \text{Max}[0, S-K] \tag{2.10.7}$$

微分方程式の解

(2.10.6)式はフォッカー・プランク方程式[160]と呼ばれる統計力学にしばしば登場する確率微分方程式の形式であり、その解は現在ではよく知られている。しかし、当時のブラックにはその手法に関する知識はなく、独自の工夫で微分方程式をより簡単で一般的なかたちに変形することであった。ブラックのアイデアは、株価と時間の関数y(S, t)を、時間に関する偏微分y_2と株価に関する2階偏微分y_{11}がそれぞれ(2.10.6)式の左辺と右辺に一致

---

[160] オランダのアドリアン・フォッカー（Adriaan Fokker、1887〜1972）と、ドイツのマックス・プランク（Max Planck、1868〜1947）が考案したランダム・ウォークする微粒子の位置と速度の確率分布関数が満たすべき方程式。1931年にコルモゴロフがこの方程式を一般化したので「前進型コルモゴロフ方程式」ともいわれる。この方程式の一般的な解は存在しない。しかしながら、一定の条件のもとでは伊藤の補題を用いて解を得られる。また、より一般的な条件のもとでは、アメリカの物理学者リチャード・ファインマン（Richard Feynman）とアメリカの数学者マーク・カッツ（Mark Kac）によって1949年に導かれた「ファインマン・カッツの公式」を適用して解く方法が知られている。

するような関数を導入することである。この変換によって微分方程式が次のような、より簡単で当時でも一般的によく知られた熱伝導方程式[161]の形式に置き換えることができる。

$$y_2 = y_{11} \tag{2.10.8}$$

この偏微分方程式は熱伝導方程式（またはフーリエの拡散方程式）と呼ばれる、物理や工学で19世紀からよく知られた方程式[162]であり、それを解いて得たのが次のブラック・ショールズ・モデルである。

〔ブラック・ショールズ・モデル〕

$$w(S, T) = SN(d_1) - \exp(-rT)KN(d_2)$$

ただし、

$$d_1 = \frac{\ln(S/K) + \left(r + \frac{1}{2}\sigma^2\right)T}{\sigma\sqrt{T}}$$

$$d_2 = d_1 - \sigma\sqrt{T}$$

CAPMから導く方法

ブラックはCAPMを使う当初のアイデアに相当のこだわりがあったようであり、論文にはCAPMからオプション価格を導く手法についても記載さ

---

[161] 熱が高温から低温へ伝わる性質があり、熱伝導方程式は、熱容量と温度伝導率を使って熱伝道を記述する方程式。数直線$x \in [a,b]$における比熱を$C(x)$、その物質の密度を$\rho(x)$、温度を$T(x,t)$、温度勾配（温度の変化率）を$K(x)$とした場合、熱伝導方程式は次のとおり。

$$\rho C \frac{\partial T}{\partial t} = K \frac{\partial^2 T}{\partial x^2}$$

[162] 脚注12にも記したように、熱伝導方程式の解は、19世紀初頭にフランスの数学者・物理学者フーリエによって導かれている。熱伝導方程式は、フォッカー・プランク方程式のなかで最も簡単な形式の1つであり、フーリエの時代にすでに解が得られていた。

れている。それも簡単に紹介しよう。まず、オプションと株のそれぞれのベータを β_w, β_s とした場合には、オプション価格の株価に関する偏微分 w_1 を使えば次の関係式が成り立つ。

$$\beta_w = (Sw_1/w)\beta_s \tag{2.10.9}$$

一方で、株とオプションそれぞれの期待収益率は市場の期待収益率を α とすると次のとおりである。

$$E(\Delta S/S) = r\Delta t + \alpha \beta_s \Delta t \tag{2.10.10}$$

$$E(\Delta w/w) = r\Delta t + \alpha \beta_w \Delta t \tag{2.10.11}$$

（2.10.9）を（2.10.11）に代入し w を乗じれば次の式を得る。

$$E(\Delta w) = rw\Delta t + \alpha Sw_1 \beta_s \Delta t \tag{2.10.12}$$

確率微分の公式を適用する。

$$\Delta w = w_1 \Delta S + \frac{1}{2} w_{11} \sigma^2 S^2 \Delta t + w_2 \Delta t \tag{2.10.13}$$

（2.10.13）式の期待値をとり、（2.10.10）式から株価の期待値を代入し整理すると

$$E(\Delta w) = rSw_1 \Delta t + \alpha Sw_1 \beta_s \Delta t + \frac{1}{2} w_{11} \sigma^2 S^2 \Delta t + w_2 \Delta t \tag{2.10.14}$$

（2.10.11）式を使って（2.10.14）式から α と β_s を消去して整理すると次の関係式を得る。

$$w_2 = rw - rSw_1 - \frac{1}{2} w_{11} \sigma^2 S^2 \tag{2.10.15}$$

これは、（2.10.6）式の微分方程式とまったく同じものである。

市場の共通尺度の誕生

　以上が、ブラックとショールズの歴史的な論文の概要である。ブラック・

ショールズ・モデルの登場によって、オプションの価格は実質的にボラティリティさえ決めれば後は市場から取得できる株価と短期金利で自動的に計算できるようになった。ブラックのコンサルタント先の顧客はこの評価モデルによって市場の価格ミスに付け込んで大きな収益をあげていたという。しかし、論文発表後は市場の価格は急激に適正価格に鞘寄せされ、こうした儲けのチャンスは消滅した[163]。市場は適正なオプション価格の評価方法を手に入れて、流動性は爆発的に増加した。

先物オプションへの拡張（ブラック76モデル）

〔ブラック・モデル（ブラック76モデル）について〕
　ブラック・ショールズ・モデルは株式オプションの評価モデルあるが、ブラックは1976年にこれを商品先物に応用できるように微修正したモデルを発表した。これは、対象となる資産の現在の価格でなく先物やフォワード価格をインプットして計算するものであり、このモデルによって、ブラック・ショールズ・モデルは商品や為替の先物への適用が可能になった。実質的にはブラック・ショールズ・モデルとほとんど変わりのないモデルであるが、このモデルは「ブラック・モデル」あるいは「ブラック76モデル」と呼ばれることもある。

2.11 ロバート・マートンの役割（理論の整理と伊藤の補題の活用）

　数学で修士号を取得した後、MITでサミュエルソンの弟子となったロバート・マートンはサミュエルソンにオプション価格理論の研究の道に引き込まれた。しかしながら、サミュエルソンとの共同研究においては、Samuelson

---

[163] Fox（2009）より。

(1965a)と同様に普通株とそのオプションの価格以外の資産を考慮しておらず個別株の期待収益率という考えから脱却できなかった[164]。そんなときにマートンが知り合ったのがブラックとショールズの2人であり、3人は次第に共同でオプション理論の研究をするようになる。個別株の期待収益率を使用するという欠点は、ブラックとショールズによるヘッジ・ポートフォリオの考え方から無リスク金利のみを使うアプローチによって見事に解決された。一方で、マートンはオプション価格導出の理論を非常に合理的な方法で整理した。さらにサミュエルソンと共同の研究で身につけた確率過程の知識をフルに使い、確率微分方程式に関する伊藤の補題を持ち込み、オプション価格理論を連続時間の枠組みに発展させた。伊藤の補題はマートンの論文によって一躍ファイナンス理論で最も有名な数学の公式の1つになり、ブラックとショールズの最終版の論文はマートンの手法を取り入れたかたちに修正された。

マートンは1997年にショールズとともにオプション理論に対してノーベル経済学賞を受賞し、それからは、ブラック・ショールズ・モデルは、しばしば、ブラック・ショールズ・マートン・モデルと呼ばれるようになる。しかしながら、ショールズとともに共同創業者の1人として関与したヘッジ・ファンドLTCMの破綻は、マートンのキャリアにおいて拭い去れない汚点となった。

マートンはオプション評価の理論を発展させ、株式ポートフォリオにオプションのデルタ・ヘッジのようなヘッジ取引を行うことによって値下りを防ぐポートフォリオ・インシュランスの理論や、信用リスクの評価モデルの確立にも関与する。これらの話題については後で説明する。

〔ロバート・C・マートン（**Robert C. Merton**）〕（1944〜）
　アメリカの経済学者。有名な社会学者ロバート・K・マートンの息子としてニューヨークで生まれる。コロンビア大学で数学を学び、カリフォルニア工科大学の大学院で数学の修士号を取得。株式市場に興味を

---

[164]　2人は1969年に共同で "A Complete Model of Warrant Pricing That Maximizes Utility." という論文を発表している。

もったマートンはMITの博士課程で経済学に転じサミュエルソンの数理経済学のコースに編入する。サミュエルソンはマートンを助手にするとともにオプションの価格決定理論に取り組むように促した。MITでは同じ研究をしているショールズとブラックと知り合い、3人はお互いに意見を交換しながらオプション価格決定理論を導く。オプション理論に関するマートンの役割は、ブラックたちの理論をさまざまな角度で精緻化したことであるが、特に伊藤の補題を用いて確率微分方程式の解を得たことが有名である。マートンはオプションの理論を企業のデフォルト確率算出に応用するなどの業績を残して1988年までMITで教鞭をとった後、ハーバードの教授となった。1993年にはハーバードの職にとどまったまま、ショールズとともにヘッジ・ファンドLTCMの共同創業者の1人になった。マートンは1997年にショールズとともに「デリバティブ価格決定の新手法」に対してノーベル経済学賞を受賞する。しかし、その直後の1998年にLTCMが破綻しマートンはショールズとともに大きな批判を浴びた。マートンは1998年にハーバード大学ビジネス・スクール（Natty McArthur University）教授になり2010年に引退した。

【紹介する論文】Merton（1973）
「合理的オプション価格の理論」（Theory of rational option pricing）

合理的な思考法

　1973年のマートンの論文は、ブラックとショールズの論文発表のすぐ後の別の研究誌で公表されたが、2つの論文はお互いの論文を参考文献にあげている。これが3人の研究の関係をよく示しているし、そうであるからこそ、ショールズと同時にノーベル賞を受賞し、ブラック・ショールズ・モデルにはしばしばマートンの名も加えられる。しかしながら、彼らが2つの別の論文というかたちで発表してくれたおかげで、マートンの果たした役割を読み解くことができる。マートンの手法の特徴は、オプション価格を株価と無リスク債券の両方の関数とした設定から出発して、CAPMが前提にする均衡状態において3つの資産からなるポートフォリオが満足すべき裁定関係の演

繹によってオプション価格を導いていることである。裁定関係に関する論法は、モジリアーニとミラーがMM理論を導いた論法にそっくりである。マートンのアプローチのもうひとつの特徴は、充実した確率理論の知識を背景に伊藤の補題など高度に専門的な手法を駆使して、エレガントに解を導いている点である。ブラックとショールズの論文に比べて、よく整理された合理的な思考が積み重ねられており論理の飛躍がない。

マートンの論文

マートンは論文の前書き部分で「オプション評価式に関して「投資家はより多くの利益を求める」という仮定から導かれる制約条件を導くことから始める。このような制約条件は評価式が評価理論の合理性と整合的であるために必要なものである」として、さらに「このような制約条件だけでは、オプションの評価式を一意的に導くには不十分であり、追加的な条件の導入を検討し、それによって有望な (seminal) ブラック・ショールズのオプション評価理論が導かれる」とする。マートンが展開した論理はオプション価格形成に関する演繹は興味深いものなので、以下に順を追ってその流れを簡単に説明する。少々長い数学的な論理の展開になるので、数式に興味のない読者はスキップされたい。

(表記)

S：現在の普通株の株価

$S(t)$：t時点の普通株のフォワード価格

K：行使価格

T：満期までの期間（年）

$F(S,T,K)$：アメリカン・コール・オプション（ワラント）の価格

$f(S,T,K)$：ヨーロピアン・コール・オプション（ワラント）の価格

$P(T)$：期間T、額面1のゼロ・クーポン債（またはローン）の価格

合理的オプション価格の制約条件

[定義]

将来のある既知の時点において、証券ポートフォリオAがポートフォリオ

BよりリターンがAが高くなる状態が発生する可能性があるならば、「AはBを優越する（dominant）」という。

補足：取引コストと売買の制約のない完全市場（perfect market）においては、dominantの存在は裁定と同値である。ただし、dominantは不完全市場において裁定がなくても存在することがある。

[前提条件1]

$T_1 \geq T_2$であれば、$F(S, T_1, K) \geq F(S, T_2, K)$

つまり、アメリカン・コール・オプションは他の条件が同一であれば残存期間が長いほうが価格が高い。

[定理1]

もし、株に配当がないならば、$f(S, T, K) \geq Max[0, S - K \cdot P(T)]$

つまりヨーロピアン・オプションの価値は、その本源的価値（不等式の右辺）より大きい。

[定理2]

もし、株に配当がないならば、アメリカン・コール・オプションは満期前に行使されない（定理1から導かれる結果）。

[定理3]

もし、株に配当がないならば、永久ワラント（$T = \infty$）の価格は普通株に等しい。

[定理4]

もし、アメリカン・コール・オプションの価格Fが合理的な価格であれば、Fは行使価格Kに関して凸関数である。つまり、$0 \leq \lambda \leq 1$を満たす任意のλ、$K_3 = \lambda K_1 + (1-\lambda) K_2$について、$F(S, T, K_3) \leq \lambda F(S, T, K_1) + (1-\lambda) F(S, T, K_2)$が成立する。

[定理5]

もし、行使価格$K_1 < K_2$であれば、$-P(T)(K_2 - K_1) \leq f(S, T, K_2) - f(S, T, K_1) \leq 0$

さらに、これらの関数の微分について、$-P(t) \leq \partial f(S, T, K)/\partial K \leq 0$が成り立つ。

$Q(t)$をある株のt時点の価格、そのアメリカン・コール・オプションの

価格を、$F_Q(Q,T,K_Q)$ と表記する。

[定理6]

　もし、株に配当がなく、k を正の定数として、$Q(t)=kS(t)$ かつ $K_Q=kK$ であれば、$F_Q(Q,T,K_Q) \equiv k \cdot F(S,T,K)$ であり、これはすべての S, K, T, k について恒等的に成り立つ（k は比例定数と解される）。

[前提条件2]

　もし、$S_i=S_j=S$、$T_i=T_j=T$、$K_i=K_j=K$ で、2つの株価の確率分布が同一であれば、$F_i(S,T,K)=F_j(S,T,K)$ が成り立つ。

　つまり、オプションの価格の性質に違いを生むのは株価の分布だけである。

[定理7]

　企業 i の t 時点の株価を $S_i(t)$、$Z_i(t)$ をその株の t 時点まで1期間のリターンの累計を示す確率変数とする。

　もし、$S_i=S_j=S$, $i,j=1\cdots n$（つまり現時点の価格がすべて同じ）として、$Z_{n+1}(T) \equiv \sum_1^n \lambda_i Z_i(T)$、$\lambda_i$ は正で $\sum_1^n \lambda_i = 1$（つまり、λ_i はポートフォリオのウェイト）とすると、$F_{n+1}(S, T, K) \leq \sum_1^n \lambda_i F_i(S, T, K)$ が成り立つ。

　つまり、ポートフォリオに対するオプションはオプションのポートフォリオより価値が低い。

[定理8]

　合理的に決定されたコール・オプション（ワラント）の価格は、無リスク債券価格と普通株価格に関して非減少関数である。

[定理9]

　もし、株価の1ドル当りの投資リターンの分布が株価の水準と独立であるならば、アメリカン・オプションの価格 $F(S,T,K)$ は1株当りの株価と行使価格に関する1次の斉次（homogeneous）関数[165]である。つまり、2つの株のオプション価格の関数 F_1 と F_2 について、$F_2(kS_1,T,kK)=kF_1(S_1,T,K)$ が成り立つ。

　定理9と定理6は似ているが、定理9は株価とリターンの分布が独立とい

---

[165] 整数 k について、$f(aX)=a^k f(X)$ が成り立つ場合に関数 f は k 次の斉次関数であるという。

う弱い条件下で成立することを示している。したがって、定理6は定理9から導くことができる。

[定理10]

もし、株価の1ドル当りの投資リターンの分布が株価の水準と独立であるならば、$F(S,T,K)$ は株価Sに関して凸関数である（定理4は行使価格Kに関して凸関数であることを示したことに注意）。

論文ではさらに、企業の投資方針とオプションの満期の支払（payout）の関係や、配当の影響に関する［定理11］、およびいくつかの系が示されているが、その紹介は省略する。

[定理12]

ヨーロピアン・プットの価格を $g(S,T,K)$ と書くと、$g(S,T,K)=f(S,T,K)-S+K\cdot P(T)$ が成り立つ。

これはプット・コール・パリティを示した定理。

[定理13]

もし、$T_1<T$ であれば、正の確率で、$f(S,T_1,K)<K[1-P(T_1)]$ となりうる。

この定理を定理12に代入すれば、プット・オプションはもし満期前に行使できれば、オプション価値より高くなる可能性を示している。つまり、アメリカン・プット・オプションはヨーロピアン・プットより必ず価値が高い。

ブラックとショールズのアイデアへの評価

マートンは、ここまでオプション価格に関する性質（制約条件）を示した後、ブラック・ショールズ・モデルの理論と、サミュエルソンとマートンの研究についての説明に移る。まず、ブラック・ショールズ・モデルの前提条件は次の3つであるという。

① シャープ＝リントナーのCAPMモデルが連続時間で成り立っている。
② 市場金利 r が一定であり、それは周知されている。
③ 配当がなく、行使価格は途中で変化しない。

サミュエルソンとマートンによる1969年のオプション価格理論の研究では、フォッカー・プランク方程式など株価の変動のモデル化に必要な確率微

分方程式が活用された。しかし一方で、その株式固有の（リスク選好や総供給に依存した）期待収益率から離れることができなかった。しかし、ブラックとショールズのアプローチでは、市場の無リスク金利とボラティリティのみのインプットが必要なだけであり、そこではCAPMのβ（つまりその株式固有の期待収益率）の入力は必要とされていない。マートンはこの点によってブラック・ショールズ・モデルは「完璧な一般均衡理論」の形式をもった方法であり、成功（ブレーク）する可能性があると指摘している。

ブラックとショールズの論文では微小時間Δtという離散的な時間の枠組みの演繹によってオプション価格を導出したが、マートンは連続時間の確率過程の枠組みで導出する理論を示している。

[株価のダイナミクス]

$$dS/S = \alpha dt + \sigma dz \tag{2.11.1}$$

α：株価の期待リターン
z：標準ウィーナー過程

[無リスク債券のダイナミクス]

$$dP/P = \mu(T)dt + \delta(T)dq(t, T) \tag{2.11.2}$$

$q(t,T)$：満期Tの標準ウィーナー過程

伊藤の補題の適用

[オプション価格のダイナミクス]

オプションの価格を株価Sと行使価格Kに加えて無リスク債券Pを変数にもつ関数$H(S,P,T,K)$と記して、また、HのS, P, Tによる偏微分をH_1, H_2, H_3, H_{11}…と表記して、Hに伊藤の補題[166]を適用すると次の式を得る。

$$dH = H_1 dS + H_2 dP + H_3 dT + \frac{1}{2}[H_{11}(dS)^2 + H_{12}(dSdP) + H_{22}(dP)^2] \tag{2.11.3}$$

さらに $(dS)^2 = \sigma^2 S^2 dt$、$(dP)^2 = \delta^2 P^2 dt$、$dT = -dt$、$(dSdP) = \rho\sigma\delta SP dt$（$\rho$は$S$と$P$の相関係数）というそれぞれの関係と（2.11.1）、（2.11.2）式を代

入すると（2.11.3）式は次のようなかたちに整理することができる。

$$dH = \beta H_1 dt + \gamma H_2 dz + \eta H_3 dq \tag{2.11.4}$$

株式、オプション、無リスク債券からなるポートフォリオ

　マートンが次に行ったことは、株式、オプション、無リスク債券の3種類の資産をそれぞれ W_1, W_2, W_3 という金額投資して、全体の投資額ゼロ（つまり、$W_1+W_2+W_3=0$）とするポートフォリオ Y を想定し、その挙動を分析することである。ポートフォリオ Y の微小変化は次の関係式のとおりである。

$$dY = W_1 \frac{dS}{S} + W_2 \frac{dH}{H} + W_3 \frac{dP}{P} \tag{2.11.5}$$

（2.11.1）～（2.11.4）式の関係式から、（2.11.5）式の dY は dt, dz, dq の関数として書き換えることができるが、もし dt, dz, dq の項のそれぞれの係数がゼロであれば、ポートフォリオ Y が時間とともに変化せず、かつ確率変動もしない一定値（ゼロ）になる。そして、（2.11.1）～（2.11.4）式で現れた係数が次の関係式を満足すれば、その条件を満足する。

166　伊藤清（2.1参照）が戦時中の1942年に発表した論文で示した確率微分に関する補題（補助定理）。伊藤清の「確率論」（1953）においては、次のように説明されている。
　連続関数 $F(t, x) \equiv F(t, x_1, \cdots, x_m)$ が2回偏微分可能で、

　　$F_0 \equiv \partial F / \partial t$

　　$F_i \equiv \partial F / \partial x_i$

　　$F_{ij} \equiv \partial^2 F / \partial x_i \partial x_j$

　これらがすべて連続であるとする。
　また、確率過程 $X_i(t)$ と $Y(t)$ が次の条件を満たすとする。
　① $dX_i(t) = a_i(t)dt + b_i(t)W_i(t)$、ただし W_i はウィーナー過程（$i=1\cdots m$）
　② $Y(t) = F(t, X) \equiv F(t, X_1, \cdots, X_m)$
　とすれば、次の方程式が成り立つ。

$$dY(t) = \left\{ F_0(t, X(t)) + \sum_i F_i(t, X(t))a_i(t) + \frac{1}{2}\sum_{i,j} F_{ij}(t, X(t)) \right\} dt \quad , \quad (\ )$$
$$+ \left\{ \sum_i F_i(t, X(t))b_i(t) \right\} dW(t)$$

$$\frac{\beta-\mu}{\alpha-\mu} = \frac{\gamma}{\sigma} = \frac{\delta-\eta}{\delta} \tag{2.11.6}$$

(2.11.6) 式の関係式はきわめて重要で、これらは「リスクの市場価格[167]」と呼ばれる数値である。この関係式を (2.11.3) 式に適用し整理するとオプション価格Hについて次の関係式を得ることができる。

$$\frac{1}{2}[\sigma^2 S^2 H_{11} + 2\rho\sigma\delta SP H_{12} + \delta^2 P^2 H_{22}] - H_3 = 0 \tag{2.11.7}$$

微分方程式の解

オプション価格は (2.11.7) 式の解として得られるが、境界条件は次のとおりである。

$$H(0, P, T, K) = 0 \qquad \text{(境界条件 a)}$$

$$H(S, P, 0, K) = \text{Max}[0, S-K] \qquad \text{(境界条件 b)}$$

ここで、変数 x を $x \equiv S/K \cdot P(T)$ として、これに伊藤の補題を適用しさらに (2.11.1) 式と (2.11.2) 式の関係式を使って整理すると次の式が得られる。

$$dx/x = [\alpha - \mu + \delta^2 + \rho\sigma\delta]dt + \sigma dz - \delta dq \tag{2.11.8}$$

ここで、x の分散 $V^2(T)$ は $(\sigma^2 + \delta^2 - 2\rho\sigma\delta)T$ であり、これは時間だけに依存した関数である。

したがって、無リスク債券価格を調整した株価 x を使ってオプション価格を計算すれば、その価格は債券価格 P に依存しない関数になる。つまり x と T と K を使ったオプション価格 h は次のように定義できる。$h(x,T,K) \equiv H(S,P,T,K)/K \cdot P$ と定義して (2.11.7) 式に代入すれば、P による偏微分の項はゼロになるから次の式が導かれる。

---

[167] 2.6を参照。2.6では「リスクの価格」という言葉を使ったが同じ概念である。

$$\frac{1}{2}V^2 x^2 h_{11} - h_2 = 0 \qquad (2.11.9)$$

また、境界条件は次のように書き直すことができる。

$$h(0, T, K) = 0 \qquad (境界条件a')$$

$$h(x, 0, K) = Max[0, x-1] \qquad (境界条件b')$$

(2.11.9)式はブラックとショールズの論文で使われた熱伝導方程式（フーリエの拡散方程式）のかたちである。こうしてマートンは、ブラック・ショールズ式と同じ結果を得ている。

　以上が、マートンの示したオプション価格導出のロジックである。マートンは論文の残りの部分で、オプションやその他の資産・負債が有する性質を一つひとつ積み上げていくエレガントなアプローチをしていてその点を評価する向きも少なくない。また、マートンの論文に表れたさまざまな概念は、スティーブン・ロス、ハリソン＝クレプス、ハリソン＝プリスカと続く資産価格理論の大きな流れにつながっていく。マートンは後に共著でファイナンス理論の教科書[168]を書いているが、そのなかで師匠のサミュエルソンが「マートン教授は現在ファイナンス理論のアイザック・ニュートンなのである」という推薦文を付している。この推薦文は少々大げさではあるものの、マートンのアプローチの特質とマートンの果たした役割の性格を物語っている。

---

[168] Zvi, B., and R. C. Merton (1997), "Finance" Prentice Hall（大前恵一朗訳『現代ファイナンス論―意思決定のための理論と実践―』ピアソン・エデュケーション、1999年）

第 3 章

ファイナンス理論から
抽象数学へ
（マルチンゲールとエキゾチック・オプション）

年	出来事	章.節
1958	MM理論に関する論文が発表される	3.2
1964	CAPMに関する論文が発表される	3.1
1973	ブラック・ショールズ・モデルの論文が発表される	3.2
1976	**スティーブン・ロス**、論文「資本資産の裁定価格理論」を発表。裁定価格理論（APT）の登場	3.1
1976	**ロス**と**ジョン・コックス**、「リスク中立世界」のアイデアを使ったオプション価格に関する論文を発表	3.2
1977	**リチャード・ロール**、CAPMを批判する論文を発表	3.1
1979	**ロス、コックス**と**マーク・ルビンシュタイン**が二項モデル（CRRモデル）に関する論文を発表	3.2
1979	**マイケル・ハリソン**と**デイヴィッド・クレプス**、論文「多期間の証券市場におけるマルチンゲールと裁定」を発表。無裁定性とマルチンゲールの関係を明らかにする	3.3
1981	**ハリソン**と**スタンレー・プリスカ**、論文「連続取引におけるマルチンゲールと確率積分」を発表。完備性と一物一価の法則の関係を明らかにする	3.4
1992	**デイビッド・ヒース、ロバート・ジャロー**と**アンドリュー・モートン**、金利のHJMモデルに関する論文を発表。一般的なリスク中立なマルチ・ファクター・モデルの枠組み	3.5
1992	**ルビンシュタイン**、論文集「エキゾチック・オプション」を発表	3.6
1992	**ダレル・ダフィー**、「動学的資産価格理論」を出版。一般均衡理論とデリバティブの評価理論を体系化	3.7
1997	**エスペン・ハウグ**、「オプション価格評価式の完全ガイド」を出版。エキゾチック・オプションの辞書的な本	3.6

3.1 裁定価格理論——CAPMの拡張（ロスとロール）

　CAPMやブラック・ショールズ・モデルによって確立された資産価格評価の手法をさらに強力に洗練・発展させたのが、ハーバード大でケネス・アローの教え子であったスティーブン・ロスである。ロスの最初の有名な仕事はCAPMの理論を、リスクとリターンという関係から切り離し、より前提条件の少ない一般化された方法に再構築したことである。リスクとリターンのかわりに取り入れた考え方は、市場の裁定機能である。ロスは市場に裁定機能が働き均衡が達成されることによって、CAPMと同様の結果が、さらに一般的な枠組みで成り立つこと示したのである。ロスはこの手法を裁定価格理論（APT：Asset Pricing Theory）と命名した。

　APTの実用面での特徴は、市場ポートフォリオという概念に束縛されない枠組みであることだ。CAPMにおいては、各銘柄のリスクとリターンは市場ポートフォリオという固定されたファクターに対するベータによって示された。ロスが考案したAPTにおいては、各銘柄の価格を特に固定されていない複数のファクターとの関連によって示すことができる。つまりAPTはマルチ・ファクター・モデルであり、各銘柄とそれぞれのファクターとの関係は裁定関係によって導かれる。APTに適用するファクターは通常はマクロ経済に関連するものと解されるが、ロス自身がなんらかの制約を加えているわけではない。つまり、APTは、資本市場価格をモデル化する一般的な枠組みを提供したものであり、具体的なファクターの設定はモデルの利用者に任されている。もしAPTのファクターとして市場ポートフォリオを単独で設定すれば、CAPMと同値なモデルとなる。その意味で、APTはCAPMの拡張版と解すこともできる。

　ロスの新しいアプローチの熱心な旗振り役になったのが、マートン・ミラーとユージン・ファーマの両方の弟子であるリチャード・ロール（Richard Roll）である。ロールはCAPMに対する批判を行い、かわりにAPTの宣伝をした。ロールは論文において、「CAPMは検証不能」「真の市場ポートフォ

リオは観測不能」という指摘を行ったが、これらはCAPMに対する有名な批判として知られるものである。ロールはロスと2人で投資顧問会社「ロス＆ロール・アセット・マネジメント」を設立し、APTを使った投資の実践を推進した。

〔**スティーブン・ロス**（Stephen Ross）〕（1944～）

　アメリカの経済学者、資産運用コンサルタント。カリフォルニア工科大学で物理を学び、ハーバード大では経済学に転じてアローの教え子となった。1970年に博士号を取得。その後、ペンシルベニア大、エール大の教職を経てMITのビジネス・スクールで「フランコ・モディリアーニ」の名を冠した初代の教授になった。1970年代には、CAMPの理論を裁定関係から再構成した裁定価格理論（APT）を考案したが、ペンシルベニア大の時代にブラックの開いたセミナーでオプション理論に熱中するようになる。ロスは大変生産的な仕事をしてデリバティブ（派生商品）というネーミングを行うとともに、多くのオプション評価方法の開発に関与した。たとえば、1976年にはジョン・コックスと共同でリスク中立の考え方を使ってブラック・ショールズ・モデルを再導出した。さらに、1979年にはオプション価格算出の二項モデルであるCRR（Cox-Ross-Rubinstein）モデル、1985年には金利のタームストラクチャー・モデルCIRモデルを開発している。ロスの研究意欲は近年になっても衰えず、2011年には、「リカバリー理論[1]」に関する論文を発表し注目を集めた。

【紹介する論文】Ross（1976）
「資本資産の裁定価格理論」（The Arbitrage Theory of Capital Asset Pricing）

　ロスは、CAPMには強い前提条件が必要であるという問題点を指摘して、CAPMと同様の結果がより市場の裁定の力を活用して制約条件が少ない現

---

[1]　6.10を参照。

実的な前提によって導くことができることを示した。これが、APTである。APTの利点は前提条件の少なさだけでなく、ファクター数を好きなだけ増やすことができる点にある。ロスの論文では、まず、CAPMの前提条件に対する批判と、それにAPTの考え方の比較を行っている。まず、これらの点について簡単に説明する。

CAPMの前提条件に対する批判

CAPMのエッセンスは、次のとおりである。

> 〔CAPMのエッセンス〕
> ポートフォリオの銘柄iのリターンE_i（期待値）は、システマティック・リスクの大きさを示すベータb_iを使って、次の（資本市場線上の）線形的な関係として表現できる。
>
> $$E_i = r + \lambda b_i \tag{3.1.1}$$
>
> ここで、rは無リスク金利、λは市場ポートフォリオのリスク・プレミアムである。また、リスクの大きさを示すベータb_iは分散・共分散を使って表すことができる（$b_i \equiv \sigma_{im}^2 / \sigma_m^2$）。

このCAPMの理論については、すぐに、さまざまな前提条件が非現実的であるという批判が湧き上がった。たとえば、CAPMは平均・分散に関する経済主体全員の見解の一致が必要である。さらに、ロスは、平均と分散を使って効率的ポートフォリオを構築する議論が有効なのは、次の2つの条件のどちらかが成立している場合のみである[2]と指摘する。
① 投資家の効用関数が2次関数である
② リターンの確率分布が正規分布に従っている

しかし、ロスはこの条件を正当化するのは論理的にむずかしいうえに、平均・分散のアプローチの実証的な視点からの問題点も多いとする。

---

[2] この①か②の条件が成立している場合にのみ、投資家の効用関数が平均と分散だけに依存する関数になる。

株式のリターンをファクター・モデル（確率変数）と考える

ロスは議論を平均と分散（共分散）の関係から始める (3.1.1) 式のアプローチのかわりに、銘柄 i のリターンをいくつかのファクターに依存する確率変数 $\tilde{x}_i$ と設定して議論を進めることを提案する。シンプルな1ファクターとした場合は次のような形式になる。

$$\tilde{x}_i = E_i + \beta_i \tilde{\delta} + \tilde{\varepsilon}_i \tag{3.1.2}$$

ここで β_i はある定数、$\tilde{\delta}$ は平均ゼロの共通ファクター（確率変数）、$\tilde{\varepsilon}_i$ は平均ゼロの銘柄 i 特有の残差（ノイズ、確率変数）であり、それぞれの銘柄の $\tilde{\varepsilon}_i$ は大数の法則が適用できる程度に独立性を有する。

ファクター・モデルがCAPMと同値になること（APTのエッセンス）

ロスは、(3.1.2) 式で示した1ファクター・モデルの形式のリターンは、もし次の5つのステップの議論が成立すれば、CAPMと同値になることを示した。つまり、2つのモデルの同値性はこれらのステップの議論が成立することであり、それが、APTの理論面のエッセンスである。

（ステップ1）

トータルの投資額がゼロになるようなポートフォリオを構成する。つまり、ポートフォリオ・ベクトルを η、ここで、すべての要素が1のベクトルを e とした場合に $\eta e = 0$ が成り立つ。

（ステップ2）

ポートフォリオの銘柄 n が十分に大きい場合は、大数の法則を適用すれば、ポートフォリオのリターンの誤差項はゼロに近づく。

$$\eta \tilde{x} = \eta E + (\eta \beta) \tilde{\delta} + \eta \tilde{\varepsilon}$$

$$\approx \eta E + (\eta \beta) \tilde{\delta} \tag{3.1.3}$$

（ステップ3）

無裁定ポートフォリオにおいては、平均ゼロの共通ファクターと連動するシステマティック・リスク[3]の合計がゼロになるように選択できる。つまり

$\eta\beta = 0$ であると仮定できる。これを (3.1.3) 式に適用すれば次の関係を得る。

$$\eta\tilde{x} \approx \eta E \qquad (3.1.4)$$

(ステップ4)

ステップ1でポートフォリオの投資額はゼロであると仮定したが、もし裁定ができない（つまり、ゼロの投資からプラスのリターンの期待値は発生しない）とすれば、$\eta E = 0$ が成り立つはずである。この関係は $\eta e = \eta \beta = 0$ となるようなすべての η について成り立つから、期待値のベクトル E は e と β によって張られ（生成され）、次の関係式が成り立つ。

$$E_i = \rho + \mu \beta_i \qquad (3.1.5)$$

ここで、ρ と μ はなんらかの定数である。

(ステップ5)

ポートフォリオのリスク β がゼロになるように設定した場合、そのポートフォリオの期待値は ρ になるが、これは無リスク短期金利 r と一致するはずである。同じように μ は市場ポートフォリオのリスク・プレミアム λ と一致する。したがって (3.1.5) 式は市場ポートフォリオの期待値 E_m を使って、次のように現すことができる。

$$E_i = r + (E_m - r)\beta_i \qquad (3.1.6)$$

この関係式はCAPMの (3.1.1) と同値であり、定数 β_i はCAPMのベータに近似的に等しい。つまり1から5のステップの演繹が成り立てば、シンプルな1ファクターの形式がCAPMと同値になることがわかった。ステップ3では裁定関係を用いていることに注意してほしい。ロスはこの関係を「裁定理論による同値」といっている。

---

3 分散投資によっては消去しえない、リスク・ファクターの影響を受けるリスク部分のこと。

裁定機能が働くための条件

さて、APTの裁定関係が成立するためには、1～5のステップの演繹が成り立てばよいが、ロスはその難関はステップ2にあるとする。つまり、ステップ2の大数の法則がどのような条件下で成り立つかを示す必要があるが、一般には、資産の総数nが増加するに従って、リスク選好も同時に増えてしまう可能性がある。

そこでロスが、(3.1.6) 式の関係を成立させるために導入したのは、リスク回避度があまり強すぎない経済主体（agent）、つまりある程度のリスクをとる経済主体の存在である。ロスはこうした経済主体のことを「タイプB」と呼んでいる。タイプBの経済主体の定義はその効用関数Uが次の条件を満たすことである。

$$\sup_x \{-(U''(x)x/U'(x))\} \leq R < \infty \tag{3.1.7}$$

(3.1.7) 式の{ }のなかの式は相対的リスク回避度係数[4]として知られるリスク回避の大きさを判断する係数である。(3.1.7) 式はその係数が一様有界（つまりすべてのxについて係数がある実数R以下）であるという条件である。つまりタイプBの経済主体のリスク回避度は、常にリスク回避的な経済主体よりリスク回避の度合いが低いことを意味する。

マルチ・ファクターの枠組みとAPTの前提条件

先ほどの例では、1ファクター・モデルがCAPMと同値になることを示したが、より一般的な形式は、次のような複数の共通ファクターを許容するマルチ・ファクター・モデルである。共通ファクターは一般的にはなんらかのマクロ経済ファクターと解される。

$$\tilde{x}_i = E_i + \beta_{i1}\tilde{\delta}_1 + \beta_{i2}\tilde{\delta}_2 + \cdots + \beta_{ik}\tilde{\delta}_k + \tilde{\varepsilon}_i \tag{3.1.8}$$

ただし、残差$\tilde{\varepsilon}_i$は互いに相関関係がないと仮定する。

タイプBの経済主体の存在は市場にゆがみがある場合は裁定取引を保証す

---

[4] coefficient of relative risk aversion

る役割を果たすのだが、ロスはその証明は後回しにして、APTの前提条件は次のとおりに設定した。

(1) 市場には経済主体の損失率に上限がある資産が少なくとも1つ存在する。
(2) 少なくとも1人のタイプBの経済主体が存在する。
(3) すべての経済主体は同じ期待リターンをもち、かつリスク回避的である。
(4) ある特定の資産の需要の合計は非負である。
(5) 資産の期待値 E_i は一様有界である。

裁定機能に関する定理

そしてロスは、後回しにした裁定機能が働くことの証明を、次の定理として示してみせた。

(定理)

前提条件(1)から(5)が成立するならば、ある定数 ρ と正の実数のベクトル γ が存在し、

$$\sum_{i=1}^{\infty}\{E_i-\rho-\beta_i\gamma\}<\infty \tag{3.1.9}$$

さらに、(3.1.9)式の結果に簡単な分析を進めれば、ρ は無リスク金利 r と特定でき、さらに E^k を共通ファクター k の期待リターンとすれば、次の関係式が得られる。

$$E_i-r\approx\beta_{i1}(E^1-r)+\cdots+\beta_{ik}(E^k-r) \tag{3.1.10}$$

証明の説明は省略するが、この定理の前提条件にはCAPMと違い平均・分散に関する経済主体全員の見解の一致という条件は含まれていない。つまり、見解の一致がなくてもAPTは成り立つのである。

CAPMはAPTを1ファクターに限定した場合の1つのバージョンと考えることができるから、APTはCAPMの（非現実的な）前提条件を緩和しても成立することを示した理論であるといえる。

リチャード・ロール

　ロスのAPTの強力な旗振り役となったのが、シカゴ大学でファーマなどとともに効率的市場仮説を推進した1人であるリチャード・ロールである。ロールはCAPMの批判をするばかりでなく、APTの利用方法の研究と、その実践を行った。

〔**リチャード・ロール（Richard Roll）**〕（1939〜）

　アメリカの経済学者、資金運用コンサルタント。1961年にアラバマ州のオーバーン大学で航空工学の学士号、1963年にボーイング社での勤務の傍らワシントン大学でMBA、シカゴ大学ビジネス・スクールでマートン・ミラーとユージン・ファーマの弟子となり、1968年に経済、ファイナンスと統計の博士号をそれぞれ取得。博士論文は「金利の振る舞い：米国債市場への効率的市場モデルの応用」というものであった。効率的市場仮説の有力な推進者の1人であり、ファーマ、ジェンセンなどと共同研究を行った。1968年にカーネギー・メロン大学、1973年にはUCLAの教職を得る。ロールはCAPMを批判しAPTの旗振り役となり、1986年にロスとロールは共同で「ロス&ロール・アセット・マネジメント（Roll and Ross Asset Management）」という投資顧問会社を始めた。

【**紹介する論文**】Roll（1977）
「資産価格理論のテストへの批評パートⅠ：理論の過去と将来のテスト容易性（A critique of the asset pricing theory's tests Part I: On Past and Potential Testability of the Theory）」

CAPMに対する有名な批判

　ロールの論文はCAPMの実用に関する重大な問題点を指摘したことで大変に有名であり、証券投資論のテキストに頻繁に登場する。ロールの論文に現れる重要なキーワードは「平均・分散効率的」（MVE：Mean Variance Efficiency）である。ロールはCAPMにおけるベータとリターンの線形的な関係において、市場ポートフォリオが効率的であるための必要十分条件は、

それが平均・(共) 分散の視点で効率的 (=MVE) であると指摘する。つまりCAPMが成立するのと、市場が平均・分散効率的であることは同値である。こうしたセッティングでロールが指摘するCAPMの問題点は次の2点に集約される。

① 「平均・分散効率的 (MVE)」は論理的循環していて検証不能である

MVEであることは、CAPMが成立する必要十分条件であるから、これはCAPMの仮定条件ではない。仮に代用 (proxy) 市場ポートフォリオを想定するにしても、CAPMの成立を検証するには、その代用市場ポートフォリオ自体がMVEであると想定せざるをえない。これは論理的循環であり、CAPMの成立は検証不能である。

② 真の市場ポートフォリオは観測不能

市場のすべての商品を考慮することは現実的にはむずかしいので、ある一定量の銘柄を代用市場ポートフォリオと想定する以外にない。その代用市場ポートフォリオは、それがまあまあの効率性をもっているように思えるかもしれないが、実際にはさほど効率的でもないかもしれない。ロールはこの2点以外にも、ベータの推定が現実的にはきわめてむずかしいことをあげている。

ロス&ロール・アセット・マネジメント

こうして、CAPMを批判したロールはロスともう1人の研究者と共同でAPTの実践方法に関する論文[5]を発表する。論文で紹介されたAPTに適用するファクターは、インフレ率、短期金利、長期金利、鉱工業生産、株価、低格付の社債金利、原油価格などである。さらにロスとロールは、その論理を実践するために、1986年に、共同で投資顧問会社「ロス&ロール・アセット・マネジメント」を設立した。

こうしてAPTは、CAPM、さらには4.4で紹介するファーマ・フレンチの3ファクター・モデルやバーラ (BARRA) モデル[6]などとともに資産運用モデルの代表的な存在となった。マクロ経済ファクターを盛り込むことができ

---

[5] Chen, N., R. Roll, and S. A. Ross (1986), "Economic Forces and the Stock Market," *Journal of Business* 59, pp.383–404.

るAPTは、そうした視点を重視するタイプの投資家にとっては現在でも重要なモデルである。

3.2 リスク中立評価法とジャンプ拡散・二項過程（コックスとロス）

　スティーブン・ロスは、オプション理論においても数々の重要な仕事を残している。ロスの仕事の特徴は斬新なアイデアにあり、そのアイデアは多くの研究者にさまざまなインスピレーションを与えた。そのなかで、特に数理ファイナンスの理論形成に大きな影響を与えた2つの仕事がある。1つは、ジョン・コックスと共同で、オプションの価格導出理論をリスク中立世界という新しい概念を導入して再構築したことであり、もうひとつはコックスとマーク・ルビンシュタインの3人と共同でオプションを二項モデル（CRRモデル）で評価する手法を確立したことである。

　リスク中立に関するコックスとロスの手法は、株価の収益率がランダム・ウォークすると前提するのではなく、不連続なジャンプが起こる可能性も織り込んだ確率過程を適用するアイデア[7]を定式化する論文に現れたものである。2人が研究した確率過程はジャンプ拡散（diffusion）過程と呼ばれるものであり、ランダム・ウォークの弱点を補うモデルとして知られる。しかしながら、コックスとロスの論文は本来の目的自体でなく、その目的のために導入した新しい概念と手法によって数理ファイナンスの発展に大きなインパクトを与えた。その新しい手法が、リスク中立世界で評価する手法（リスク中立評価法）である。

6　バーラ（BARRA）モデルは1970年代半ばに、バー・ローゼンバーグ（Barr Rosenberg）が開発した、企業の各種財務指標などを取り入れたマルチ・ファクター・モデル。ローゼンバーグはバーラ社という会社を設立して、バーラ・モデルによる分析サービスを始めた。

7　このアイデアは、コックスとロスが1975年に発表した論文Cox and Ross（1975）で最初に示された。ロバート・マートンはこのアイデアを発展させた論文Merton（1976）を発表しており、ジャンプ拡散過程の説明については、マートンの論文が紹介されることが多い。

リスク中立評価法によって数理ファイナンスの景色は大きく変化する。この方法のメリットは、きわめて便利で簡単に、オプションなどの価格が満たすべき期待値の計算式に到達できる点である。ブラックとショールズの論文では、オプション価格が満たす微分方程式を導くのに、多くの方程式系を解く必要があった。リスク中立評価法においては、その手間がまったく必要ない。その意味で、コックスとロスの導入した手法は、オプションや他のデリバティブの価格を算出する「公式」のようなものである。コックスとロスは、実際にその公式を適用した具体例をいくつか示し、ジャンプ拡散過程のほかにも、いくつか重要な確率過程を使ったオプション価格評価式を導いている。

　数年後の1979年、コックスとロスにマーク・ルビンシュタインを加えた3人は、この論文で現れた二項モデルを使ったアイデアを、さらに詳しい分析を加えて定式化した。この二項モデルは、オプション価格理論の直感的な理解のための説明手段として、多くのテキストで説明され、さらに複雑なデリバティブの価格導出の方法としても利用されることになる。

〔**ジョン・コックス**（**John Cox**）〕（1943〜　）
　アメリカのファイナンス理論学者。ルイジアナ州立大学で学位、1975年にペンシルベニア大学ウォートン・スクールでビジネスの博士号をそれぞれ取得。その後、MITのビジネス・スクールで教職を得る。ロスとはたびたび共同研究をしており、ここで紹介する論文以外にも、インガーソルを加えた3人で1985年に共同で開発した金利のタームストラクチャー・モデルであるCIRモデルも有名である。また、ルビンシュタインと執筆した「オプション・マーケット[8]」は1980年代後半から10年ほどの間、オプション理論の定番テキストであった。

【紹介する論文】
① Cox and Ross（1976）
　「代替的な確率過程によるオプション価格評価」（The Valuation of

---

[8] Cox and Ross（1985）

> Options for Alternative Stochastic Processes）
> ② Cox, Ross and Rubinstein（1979）
> 「オプション価格形成：単純化したアプローチ」（Option Pricing : A Simplified Approach）

BSモデルとMM（モディリアーニ・ミラー）理論の関係

　1976年の論文で、コックスとロスは、まず、ブラック・ショールズ・モデルとMM理論[9]の間の興味深い関係について説明している。MM理論は、企業の債務（claim）のリターンの総額はその債務の種類とは関係ない（独立である）ことを示した。一方、ブラックとショールズは、オプションの価格が市場で観測可能な変数だけで評価することができることを示した。コックスとロスは、ブラック・ショールズ・モデルはMM理論の異時点間（intertemporal）な類似理論とみなすことができるといっている。もう少しわかりやすく説明しよう。MM理論は、企業の発行する負債は、それがどんなに複雑なものであるとしても、総合的には普通株のリターンと同じになる、というものである。一方、ブラック・ショールズ・モデルは、このような関係を（現時点と将来という）異時点間で観察したものであり、ある株に関するあらゆるオプションのリターンは、微小時間先においては、その株を無リスク金利で借入れ（または貸出）するリターンと完全に相関するというものである。

　そうであるならば、オプション価格の評価は、なんらかの確率過程に従う株価を無リスク金利によって割り引いた（新たな）確率過程についての期待値計算によって可能になるはずである。ブラック・ショールズ・モデルは株価の確率過程が幾何ブラウン運動に従うと仮定したが、コックスとロスは、この考え方を使って、ブラウン運動のかわりに次のジャンプ過程に従うオプションの価値の算出を試みた。

---

[9] 2.4を参照。

連続時間のジャンプ過程（ポアソン過程）

ブラック・ショールズ・モデルで示された確率過程は次のとおりである。

$$dS/S = \mu dt + \sigma dz \tag{3.2.1}$$

ここで、μ はドリフト、z は標準ウィーナー過程（ブラウン運動）である。

コックスとロスは、ポアソン過程を導入してジャンプを次のように表現した。ポアソン過程は離散的な事象[10]の発生件数が時間の経過とともにどう変化するのかをモデル化する際にしばしば利用される確率過程である。

$$dS/S = \mu dt + (k-1)d\pi \tag{3.2.2}$$

ここで、π は連続時間のポアソン過程[11]、$(k-1)$ はジャンプの大きさ（幅）を示す。ポアソン過程 π は、dt という微小時間にジャンプが1回起きるか否か[12]の二通りの可能性を規定する。つまり、確率過程 π は、ジャンプが起きた場合1、起きなかった場合は0という値を返す。そして、ポアソン過程においては一定期間内の事象の発生頻度は λ というパラメータ（強度）によって規定される。具体的には、(3.2.2) 式のジャンプとその微小時間内にジャンプが起こるか否かは次のように示すことができる。

$$\begin{cases} (k-1) \text{ という大きさのジャンプが起こる確率：} \lambda dt \\ \text{ジャンプが起こらない可能性：} 1-\lambda dt \end{cases}$$

ジャンプの大きさを $(k-1)$ と表現したことにむずかしい意味はなく、一回のジャンプの大きさは適当に定めることができることを示したにすぎない。k を大きくとれば、大きなジャンプがまれに起こるようなモデルになるし、k を小さくとれば、小さなジャンプが頻繁に起こるようなモデルにすることができる。ここでは、詳しい説明は省略するが、(3.2.2) 式のポアソン過程の時間を固定した場合の平均と分散は、k を与件としてトレンド μ とパラメータ λ によって好きなように調整することができる。そうであるから、

---

[10] たとえば、一定時間にある店に来店する顧客の数、一定時間に受信されるメールの数、ある交差点を一定時間中に通過する車の数など。
[11] 複合ポアソン過程（compound poisson process）ともいわれる。
[12] 一般にポアソン過程においては、一定時間に複数回の事象が起こりうるが、十分に小さな時間であれば2回以上のジャンプは起こらないと想定してさしつかえない。

ブラウン運動のかわりに、ポアソン過程を使って株価の確率変動をモデル化することができる。

出生死滅過程

さて、(3.2.2) 式のポアソン過程は、ジャンプが起こるか否かの2種類の事象の確率を示したが、この場合はジャンプの方向がプラスであれば、トレンド μ をマイナスに設定して、確率過程の変動の平均を調整する必要がある。つまり、t を固定した場合の確率過程の変動幅の平均値とトレンド μ は一致しない。コックスとロスは実際の平均とトレンドが一致するように、ポアソン過程を出生死滅過程（birth and death process）に修正することを考案する。出生死滅過程では、プラス（出生）の方向にジャンプするばかりでなく、マイナス（死滅）の方向にジャンプすることも許容する確率過程である。詳しい説明は省略するが、この出生死滅過程を使えば、確率過程の変動幅の平均とトレンドを一致させることができる。

以上のように、出生死滅過程を説明したうえで、コックスとロスは株価 S を次のように設定した。

$$dS = \mu_s S dt + \sigma_s dx_s \tag{3.2.3}$$

ここで、μ_s と σ_s は現実世界における、株価のトレンド（期待収益率）と標準偏差であり、dx_s は単位ポアソン過程（ジャンプの大きさが1の出生死滅過程）である。

ヘッジ・ポートフォリオによるオプション価格の分析

オプション価格を株価 S と時間 t の関数 $P(S, t)$ として表記すれば、P は S の変動を示す単位ポアソン過程 x_s によって次のように表記することができる。

$$dP = \mu_p dt + \sigma_p dx_s \tag{3.2.4}$$

現実世界におけるオプションの期待収益率 μ_p と標準偏差 σ_p は必ずしも株価のそれに一致しないことに注意。ここで株価とオプションによるヘッジ・

ポートフォリオを考え、それぞれのウェイトを α_s、α_p とする。株価のジャンプに対してリスクがヘッジされているとすれば、次の式が成り立つはずである。

$$\alpha_s \sigma_s (dx_s/S) + \alpha_p \sigma_p (dx_s/P) = 0 \tag{3.2.5}$$

これを、dx_s で除すと、

$$\alpha_s (\sigma_s/S) + \alpha_p (\sigma_p/P) = 0 \tag{3.2.6}$$

また、リスクがヘッジされたポートフォリオ全体のリターンは、無リスク金利のリターン r に一致するはずであるから、次の式が成り立つ。

$$\alpha_s (\mu_s/S) + \alpha_p (\mu_p/P) = (\alpha_s + \alpha_p) r \tag{3.2.7}$$

(3.2.6) 式と (3.2.7) 式から次のオプション価格に関する基本的な関係式を導くことができる。

$$(\mu_p - rP)/\sigma_p = (\mu_s - rS)/\sigma_s \tag{3.2.8}$$

これは、株価とオプションの「リスクの市場価格」(単位リスク(標準偏差)当りのリスク・プレミアム)が一致するという、第2章で説明した重要な関係である。

リスク中立世界の導入（期待効用に関係ない価格）

　ブラックとショールズが示したオプション理論は (3.2.8) 式から確率微分方程式を導くことによって得たが、コックスとロスは独自の手法を導入する。そのアイデアの源は、最終的なオプション価格が、株価やオプション個別の期待収益率に関係なく無リスク金利の収益率だけに関連することにある。見方を変えれば、オプション価格は投資家がどんな期待効用をもつかに関係なく決まるといえる。こうして、コックスとロスがたどり着いたのが、株価の期待収益について次のような関係が成り立つ「リスク中立世界」である。

$$E\left\{\frac{S_T}{S_t}\bigg|S_t\right\} = e^{r(T-t)} \tag{3.2.9}$$

現実世界では、株式にはその株式独自の期待収益率があるが、このリスク中立世界では無リスク金利rが収益率となることが重要である。リスク中立世界ではオプションの収益率も、無リスク金利rに一致する。

ここで、オプションの満期における価値を次のようにhで表す。

$$h(S) = P(S, T) \tag{3.2.10}$$

このhを使えば、リスク中立世界におけるt時点のオプションの価格Pは次の関係式を満たす。

$$E\left\{\frac{P(S_T, T)}{P}\bigg|S_t\right\} = \frac{1}{P}E\{h(S) \mid S_t\} = e^{r(T-t)} \tag{3.2.11}$$

式を変形し積分すれば、オプション価格は次の式で示すことができる。

$$P(S, t) = e^{-r(T-t)}\int h(S_T)dF(S_T, T \mid S_t, t) \tag{3.2.12}$$

ここで、$F(S_T, T|S_t, t)$は、t時点の株価S_tを与件としたT時点における株価の分布関数である。

これがリスク中立による評価方法である。実際のオプションの価格は(3.2.12)式の確率積分を計算する必要があるが、コックスとロスは、$F(S_T, T|S_t, t)$の確率積分が、フォッカー・プランク方程式[13]または後進型コルモゴロフ方程式[14]の解によって得られることを指摘している。そして、もし、Fをブラウン運動とした場合には、その計算結果はブラック・ショールズ・モデルと一致する。つまり、リスク中立世界のオプション価格計算によっ

---

[13] 2.11を参照。Merton（1973）はオプション価格の微分方程式が物理に現れるフォッカー・プランク方程式であることを示した。

[14] 第2章の脚注160で説明したように、フォッカー・プランク方程式は前進型コルモゴロフ方程式ともいわれる。後進型コルモゴロフ方程式は前進方程式を同じ関係を逆向きの時間関係から示したものであり、その解は前進方程式と同じである。

て、ブラック・ショールズ・モデルの評価式が導き出せることが示された。コックスとロスが考案したリスク中立世界の評価方法は、その後、リスク中立評価法と呼ばれるようになる。

リスク中立評価法の公式

ここまでは、株価の確率分布がジャンプ過程に従うことを前提に説明してきたが、仮に株価がブラウン運動とは別の確率過程に従うと仮定した場合においても、オプション価格が（3.2.12）式によって得られることに変わりがない。つまり、（3.2.12）式はオプション価格導出の公式のようなものであり、フォッカー・プランク方程式の解が得られるような確率過程であれば、何でも適用できることになる。つまり、オプション価格理論は、リスク中立の公式に適用して確率微分方程式を解く問題に置き換えられたのである。これは非常に重要なアイデアであり、数理ファイナンスは画期的な手法を手に入れたことになる。

5つの具体例

コックスとロスは、5種類の具体的な株価の確率過程を公式に当てはめてオプション価格の計算例を示している。詳しい説明は省略するが、たとえば（3.2.4）式のジャンプ過程（生存死滅過程）を用いたケースでは、被積分関数は変形ベッセル関数[15]という複雑で特殊な関数を含む形式になり、オプション価格の評価式自体は得られるが、それはガンマ分布の項を含む式の無限級数（無限個の和）の形式となる。したがって、この確率過程によるオプション価格の数値計算は容易ではない。

その他の確率過程を使った例としては、二項過程や物理のオルンシュタイン・ウーレンベック過程[16]（Ornstein-Uhlenbeck process）を用いたものも示されている。オルンシュタイン・ウーレンベック過程は、平均回帰性（時間の経過とともに振幅が小さくなる）をもったウィーナー過程であり、後に金利

---

[15] フリードリヒ・ベッセル（Friedrich Bessel、1784～1846）はドイツの数学者、天文学者。ベッセル関数は、惑星軌道の時間変化に関する方程式を、ベッセルが解析的に解いた際に導入された。

デリバティブのモデルに広く応用される重要な確率過程である。このようなコックスとロスのアイデアは、他の研究者に大きな刺激を与えた。

コックス・ロス・ルビンシュタインの二項モデル（CRRモデル）

二項過程を使ったアイデアを、さらに詳細な分析を加えて発展させたのが、1979年に発表された論文「オプション価格形成：単純化したアプローチ」[17]である。この論文ではコックスとロスのコンビに、のちにエキゾチック・オプションの取りまとめで有名になるマーク・ルビンシュタイン[18]も加わっている。そのため二項モデルは彼らの頭文字をとって（CRRモデル）ともいわれる。

二項モデルは、株価の変動を離散時間で考え、それぞれのピリオドにおいて株価は一定の比率で上昇、または下落するという2種類の変動しかしないと想定する。つまり次のような変動である。

$$\begin{cases} uS に上昇：確率 p \\ dS に下落：確率 (1-p) \end{cases}$$

各ピリオドに株価の状態（価格）の数は1つずつ増加し、そのようすをグラフ化するとツリーのような形状になる。こうした枠組みにリスク中立世界による評価手法を導入して、コール・オプション価格を評価すると、次のような評価式になる。

〔二項モデルによるコール・オプション価格〕

$$C = S\Phi[a; n, p'] - Fr^{-n}\Phi[a; n, p]$$

$$p \equiv (r-d)/(u-d), \quad p' \equiv (u/r)p$$

a は $ln(K/Sd^n)/ln(u/d)$ より大きい最小の非負整数

16　オランダの物理学者レナード・オルンシュタイン（Leonard Ornstein、1880～1941）とオランダ生まれアメリカの物理学者ジョージ・ウーレンベック（George Uhlenbeck、1900～1988）の名にちなんだ確率過程である。
17　Cox, Ross and Rubinstein（1979）
18　3.6を参照。

> $\Phi[a; n. p]$ は二項分布の分布関数

二項モデルの収束

　二項モデルの論文の重要な点は、二項過程を使ったオプション価格のステップ数 n（離散時間の分割数）を無限に近づけると、ブラック・ショールズ・モデルに収束することを示したことである。これは中心極限定理[19]によって二項分布が正規分布に分布収束[20]（法則収束）する性質を利用したものである。この収束関係はきわめて重要であり、これによって二項モデルによるオプション価格の計算がブラック・ショールズ・モデルの近似であることにお墨付きを得たことになる。

二項モデルとアロー・ドブリュー証券のコンビネーション

　二項モデルは、非常に単純で、オプション価格決定のメカニズムが直感的にもわかりやすい。それゆえ多くのオプション理論のテキストにおいて、オプション価格理論の説明に活用されている。そうした試みで最初に有名になった本が、コックスとルビンシュタインの2人が書いた『オプション・マーケット』（1985）である。このテキストは、1980年中盤から90年代前半にかけてオプション理論の世界的な標準テキストとなったが、オプション価格導出理論の説明は二項モデル中心になされている。

　二項モデルがさらに威力を増すのが、1953年にアローが考案したアロー・ドブリュー証券[21]と二項モデルのコンビネーションである。二項モデルのツリーの各状態のみで1単位の支払が起こるアロー・ドブリュー証券を想定す

---

[19] 統計に現れる多くの確率分布において、サンプル数を大きくすると正規分布に近づく（分布収束する）という定理。より正確には「独立で同一の確率分布に従う確率変数の分散が有限な場合、確率変数の和の確率分布は変数の数が多くなるに従い正規分布に分布収束する」というもの。分散が発散するような分布（正規分布以外の安定分布など）はこの法則に従わない。

[20] 確率変数の収束にはいくつかの異なる概念（段階）がある。それらは弱い順にいうと分布収束（弱収束）、確率収束、概収束（強収束）の3つである。このうち応用上最も頻繁に現れるのが分布収束であり、中心極限定理は分布収束の確立を示した定理、また大数の弱法則は確率収束の確立を示した定理である。

れば、その証券のポートフォリオ（集合）によって複雑なペイオフの金融商品の評価が可能になるからである。

3.3 マルチンゲール測度による評価（ハリソンとクレプス）

さて、いよいよ数理ファイナンスの理論面におけるピークであるマルチンゲール測度の導入の話題に入る。ここで登場するマイケル・ハリソンとデイヴィッド・クレプスの２人は、どちらもファイナンス理論の専門家ではない。２人はスタンフォード大学でオペレーションズ・リサーチ（OR）の博士号を取得した同僚であったが、ORは学問のジャンルとしては一般的には応用数学などに分類される。ハリソンはそのままORの専門家となり、クレプスはミクロ経済の分野のゲームの理論で有名な業績を残すことになる。２人が一時期ファイナンス理論の研究を行ったのは、1970年代半ばのある日、「ブラック・ショールズ定理は存在するのか？」という質問を自分たちに問いかけたことがきっかけだという[22]。その答えが「NO」であることを知って、２人は「定理」の研究に取りかかる。

ハリソンとクレプスの行った仕事の成果は、コックスとロスによって考案されたリスク中立評価法を、より厳密な数学的モデルとして定式化したことである。コックスとロスは便利な解法を示したが、リスク中立世界と現実世界の関係について厳密な議論をしなかった。ハリソンとクレプスの論文では、２つの世界は「確率測度変換」（ギルサノフの定理）によって結びつけられる。それは抽象数学をファイナンス理論に見事に応用したという点で、一般均衡理論におけるアロー・ドブリューの仕事と同様に、大変にエレガントかつ画期的な仕事といえる。この論文の主要な結果は、後に「資産価格付けの第１基本定理[23]」と呼ばれるようになった[24]。これは、1900年にバシュリ

21　2.2を参照。
22　MacKenzie（2008）のChapter 5より。
23　The First Fundamental Theorem of Asset Pricing

エが考案したオプション価格評価の原則に関するアイデアを厳密な数学的定理として確立したといえる。

さて、この論文とそこで示された数理的な論法は、その後の数理ファイナンスに対して、単なる定理以上の大きな影響を与えた。この論文以降は、現実の金融市場がしばしば確率空間 (Ω, F, P) として扱われるようになったことである。数理ファイナンスでは、実際には現実の金融市場が具体的にどのようなものであるかを考慮することなく、抽象的な確率空間上のリスク中立評価法によって金融商品の価格づけが可能になった。MM理論やブラック・ショールズ・モデルが出現した時代においては、市場に関するかなり具体的な条件が前提条件として付されていたが、このハリソンとクレプスの論文の出現からは市場に関する前提条件は確率空間 (Ω, F, P) が与えられていること、そして次節で説明する完備性として置き換えられることになる。つまり、ブラック・ショールズの時代には数学的な厳密さに欠けるが直感的にわかりやすい前提条件がなされたのが、この論文からは抽象的な数学的条件だけで議論することが可能になった。

〔マイケル・ハリソン（**Michael Harrison**）〕（1944〜）
　アメリカの数学者。ペンシルベニア州のリーハイ大学で産業工学の学士を得て、1970年にスタンフォード大学でオペレーションズ・リサーチ（OR）の博士号を取得。そのままスタンフォード大学で教職を得て、1978年に教授となる。ハリソンはクレプスおよび次節で説明するスタンレー・プリスカと数理ファイナンス史においてきわめて重要な2本の論文を発表し、リスク中立なマルチンゲール測度による資産評価の「定理」を確立した。こうした、一連の仕事を終えた後にハリソンの関心はファイナンスから別の分野に移り、確率過程やORをさまざまなビジネスや経済のコントロールに活用する仕事をしている。具体的には、ネットワーク理論（モデル）の物流への応用や、コール・センターの最適化

24　この名称は、1987年に出版された"The New Palgrave Dictionary of Economics"（Dybvig and Ross (1987)）という辞典でスティーブン・ロスとフィリップ・ディヴィッグ（Philip Dybvig）が使用したのが最初とされる。

モデル、動的価格設定（dynamic pricing）や収益管理（revenue management）などがあげられる。

〔**デイヴィッド・クレプス（David Kreps）**〕（1950～）

　アメリカの経済学者。ニューハンプシャー州のダートマス大学で学位。1975年にスタンフォード大学でオペレーションズ・リサーチ（OR）の博士号を取得。卒業後は同大学のビジネス・スクールで教職を得て、ゲームの理論の分野で国際的な業績を残す。ゲームの理論におけるよく知られる業績は、1980年代にロバート・ウィルソン（Robert Wilson）とともに展開型ゲームのナッシュ均衡の精緻化した逐次均衡[25]に関する研究である。また、ゲームにおける評判（reputation）効果や直観的基準（intuitive criterion）などを導入する試みもしている。クレプスは決定理論[26]（decision theory）においても、いくつかの先駆的な論文を発表している。このように、クレプスはゲームの理論などのミクロ経済学の領域で多くの研究を残すだけでなく、それらの教科書の執筆でも知られている。

【紹介する論文】Harrison and Kreps（1979）
「多期間の証券市場におけるマルチンゲールと裁定」（Martingales and arbitrage in multiperiod securities markets）

現実世界の確率空間（Ω, F, P）

　ハリソンとクレプスは、コックスとロスがつくりだしたリスク中立世界がどんな世界なのかを厳密に定義した。リスク中立世界を正確に定義するには、その対比となる現実世界の設定が必要である。ハリソンとクレプスは、もし確率空間（Ω, F, P）が与えられているとすれば、と切り出し、その確率空間について次のように説明する。

---

[25]　「逐次均衡（Sequential equilibrium）」はゲームの理論において、各プレーヤーの戦略だけでなく、信念を取り入れた均衡。
[26]　意思決定理論ともいう。意思決定の価値や不確実性を数理統計的に解析する領域で、ゲームの理論とも深い関連がある。

〔実世界を示す確率空間の意味〕
標本空間 Ω：その要素 ω は世界の状態（state of the world）を示す。
確率測度 P：異論なく（unanimously）受け入れられている、世界の状態についての確率[27]。
σ（シグマ）加法族 F：市場におけるイベント（または情報）Bの集合。それぞれのイベントBでは経済主体は世界の状態を知ることができる。

　現代確率論では、確率空間は可測空間 (Ω, F) に確率測度 P を加えたものとして定義される。確率測度 P の直感的な意味は、測度という言葉を除いて単に「確率」と理解すればよい。可測空間は標本空間 Ω（全体集合）と、その σ 加法族（または完全加法族）F からなる。σ 加法族とは測度（確率）を定義することに十分な一定の性質を満たす集合の集まり（集合族）であり、それぞれ集合は確率変数の値に対応する「情報」を有する。F については次節で詳しく説明する。20世紀前半にコルモゴロフが確立した現代確率論においては、確率がきちんと計測可能であることを担保するために、測度と可測空間をセットとして扱うことが必須になったのだ（これが、現代確率論を難解にしている原因でもある。古典的な確率の思考をする場合は、可測空間をあまり意識する必要はない）。

　ハリソンとクレプスは、実世界の確率（実確率）を「異論なく受け入れられている」という設定をしたが、これは形式的な設定であり、実際には反対で、株式などの本当の期待収益率が反映される実確率を推定することはむずかしい。つまり、この実確率の定義は、数学的な議論を進めるための便宜的な設定である。

---

[27] 原文では「unanimously held subjective probability assessments concerning the state of the world」という表現。unanimously held（異論なく受け入れられている）subjective probability（主観的確率）という意味は、客観的（objective）な確率と解される。「実確率」は「客観的確率」ともいわれる。

資産価格付けの第1基本定理

さて、ハリソンとクレプスの論文では、このように設定された現実世界の確率に対応する同値マルチンゲール測度[28] P^*による資産価格の評価の定理が導かれる。同値マルチンゲール測度はコックスとロスが考案したリスク中立世界の確率に対応するものである。

この論文で示された演繹は2.2で紹介したアローとドブリューの理論と同様に、高度に抽象的な数学的議論でなされている。抽象数学の表現に慣れない読者には、苦痛を伴う可能性があるので、証明のエッセンスは後回しにして、ここで定理の結論とこの論文に現れた重要な概念だけ先に説明する。

〔資産価格付けの第1基本定理〕
証券市場モデルにおいて、次の2つの命題は同値(必要十分条件である)
① 証券市場のフリーランチ(裁定機会)は存在しない
② 確率測度 P には少なくとも1つの同値マルチンゲール測度(リスク中立測度)P^*が存在する

コックスとロスがリスク中立世界と表現したのは、この定理に現れる同値マルチンゲール測度 P^* で評価する確率や期待値の世界である。したがって、同値マルチンゲール測度はリスク中立測度ともいわれる。

論文に現れた重要な概念

概念	説明
同値(測度)	確率測度 P と P^* が同値であるというのは、確率ゼロになる集合が完全に一致していること。つまり $P(B) = 0 \Leftrightarrow P^*(B)$。
マルチンゲール測度	ある時点 t における証券価格の確率変数 Z_t の将来時点 u における確率 P^* による条件付期待値が、Z_t に等しいこと。つまり、$E^*(Z_u \mid F_t) = Z_t$。

---

[28] equivalent martingale measure

バイアブル (viable) な価格システム	均衡に関する概念。最適なトレードを発見する経済主体 (agent) が少なくとも1人存在すること。有限次元の証券市場モデルにおいては、フリーランチが存在しないことと同値。
線形価格関数 (π)	証券価格の性質を線形関数と設定することによって、さまざまな数学的な分析が可能になる。線形写像は次の性質を満たす。 加法性：任意の x, y について $\pi(x+y) = \pi(x) + \pi(y)$ 斉次性：実数 a について $\pi(ax) = a \cdot \pi(x)$
フリーランチ	ゼロ以下の投資からプラスのリターンをあげること。裁定機会。
裁定価格	バイアブルな価格システムと整合的な価格がただ1つしかない場合の価格のこと。
条件付請求権 (contingent claim)	ある時点の市場の状態によって行使される請求権（権利）。オプションまたはそれに類する取引と考えればよい。
ギルサノフ[29]の定理	確率過程における測度変換に関する定理。ハリソンとクレプスは、実世界の測度 P から、同値マルチンゲール測度 P^* に変換する際にこの定理を用いた。

　こうした概念のなかで特に重要なのが、バイアブル (viable) な価格システムである。ハリソンとクレプスは、市場が均衡しバイアブルな価格システムが存在するならば、無裁定性が満足されることをまず示している。そして、次のステップとして、証券市場モデルにおけるバイアブルな価格と同値マルチンゲール測度の関係を示した。バイアブルとともに重要な概念が、正の値の線形関数による価格算出（「正値線形価格ルール」）である。このアイデアは、スティーブン・ロスが1978年の論文[30]で示したものであり、ロスはその論文で、無裁定性と正値線形価格ルールが同値であることを示した[31]。ハリソンとクレプスはロスの議論をさらに発展させ、正値線形価格ルールとマルチンゲール測度の関係を示し、これらのすべてがリスク中立評価法と関連することを数学的に示したのである。以下、論文のエッセンスを簡単に紹

---

[29] イーゴリ・ギルサノフ (Igor Girsanov、1934～1967) はロシアの数学者。1965年にモスクワ大学の確率研究所の主席となるが、1967年に山岳事故で32歳の若さで他界。
[30] Ross (1978)

介する。抽象数学に関心がない読者はスキップしていただきたい。

論文のセッティング

[消費束（Consumption Bundle）]

消費束 (r, X)：$(r, X) \in R \times \mathbb{X}$　（ネット・トレード・ベクトル）

R：実数空間

$\mathbb{X}$：可測空間（Ω, F）上の確率変数の空間（space）

消費束 (r, M) の意味は、時点ゼロに r という消費（支出）をして、時間 T において M（確率変数）を消費する（リターンを得る）というものである。つまり、消費束 (r, M) は時点ゼロと時点 T の取引（トレード）によるネットの受払いと解釈することができる。

[価格システム]

価格システム $(\mathbb{M}, \pi)$：$\mathbb{M}$ は $\mathbb{X}$ の部分空間、π は $\mathbb{X}$ から R への線形関数（価格システムを確率変数全体 $\mathbb{X}$ の部分集合とするのは、価格の性質を規定しやすい部分集合でまず価格を定義し、次のステップで全体に拡張できるような建付けを意図したもの）。

[価格の拡張（extension）]

Ψ は $\mathbb{X}$ から R への連続かつ厳密に正の値の線形関数の全体とする（関数から実数への写像である点に注意）。

関数 ψ、($\psi \in \Psi$) が次の性質を満たすことを、$\mathbb{M}$ 上で定義された価格関数の確率変数全体 $\mathbb{X}$ への拡張という。

$$\Psi(X) = E^*(X), X \in \mathbb{X}$$

かつ $P^*(B) = \Psi(I_B), B \in F$

ここで、E^* は確率測度 P^* による期待値、また I_B は $\omega \in B$ の場合に 1 を返

---

31 「資産価格付けの基本定理」という言葉が初めて使われた Dybvig and Ross（1987）においては、次の3つが同値であるとされた。①裁定は存在しない、②すべての価格に正値線形関数ルールが存在する、③単調な選好をもつある経済主体に対し最適な需要（ポートフォリオ）が存在する（つまりバイアブルであること）。

す関数(事象Bの定義関数)である。
[経済主体の選好 (preference)]
　各経済主体 (agent) の選好は $\succsim$ は凸[32]かつ連続(これは2.2で示した一般均衡の存在定理と同じ条件である)。
[バイアブル性の定義]
　価格システム $(\mathbb{M}, \pi)$ がバイアブルとは、次のような選好 $\succsim$ を有する経済主体 (agent) と消費束 (r^*, M^*) が存在すること。
　$r + \pi(M) \leq 0$ となるすべての消費束 (r, M) について $(r^*, M^*) \succsim (r, M)$、かつ $r^* + \pi(M^*) \leq 0$ (つまり、すべてのゼロ以下のコストの消費束に関して、少なくとも1つの経済主体は、最適な消費束を発見することができる)。
[整合的な価格]
　バイアブルな価格システム $(\mathbb{M}, \pi)$ の拡張で評価した $x \in \mathbb{X}$ の価格を整合的な価格であるという。

バイアブル (Viable) と無裁定性の関係

　以上のような概念の設定のもとで、ハリソンとクレプスは価格システムのバイアブル性(均衡)と無裁定の関係を次のような一連の定理と補題によって示した(証明は省略する)。ここで示される性質は、特に証券市場に限定されない、一般的な市場の性質である。
[定理1]
　プライス・システム $(\mathbb{M}, \pi)$ がバイアブルである必要十分条件は、π の $\mathbb{X}$ への拡張 ψ が存在することである。
　この定理は、市場の均衡(バイアブル)と正値線形価格ルールの存在(拡張)とが同値であるという主張である。
[補題1]
　プライス・システム $(\mathbb{M}, \pi)$ がバイアブルであれば、すべての $\mathbb{X}$ に対して、$(\mathbb{M}, \pi)$ と整合的な価格が存在する。さらには、そのような価格システムは集合 $\{\psi(X) : \psi \in \Psi$ かつ $\psi | \mathbb{M} = \pi\}$ である。

---
[32] 選好の凸性は効用関数の準凹性と同じである。

定理1によって、プライス・システムがバイアブルであれば、拡張が存在することが示され、補題1によって、その価格が整合的な価格であることが示された。しかしながら、整合的な価格は1つだけとは限らない。もし、この補題を満足するような価格システムがたった1つしかない場合、その場合の価格を「裁定価格」という。次の補題によって、裁定価格であるための条件が示される。

[補題2]
プライス・システム $(\mathbb{M}, \pi)$ がバイアブルであるとき、$x \in \mathbb{X}$ の価格が裁定価格である必要十分条件は $\{\psi(X) : \psi \in \Psi$ かつ $\psi|\mathbb{M} = \pi\}$ が一元集合 (singleton) であることである。

有限次元の場合は、バイアブル＝裁定価格

ここまで、線形関数と裁定価格の一般的な関係を示したところで、ハリソンとクレプスは $\mathbb{X}$ が有限次元の（つまり、標本空間 Ω が有限個の要素からなる）証券市場の場合は、バイアブルな価格システムの価格が裁定価格になること、その結論はクレプスがこの論文に少し先駆けて発表した論文[33]で示したことを説明している。

有限次元の証券市場モデル

有限次元の証券モデルでは、ゼロ時点からT時点までの連続的な時間を $[0, T]$ という枠組みとして、証券価格は $(K+1)$ 種類（つまり有限個）の証券が存在し、それぞれが確率変数 $S_k(t)$, $(k=0, \cdots, K)$ に従うと仮定される。ここで $S_0(t)$ は0時点の価格を1とし利払いのない無リスク債券である。また証券市場モデルにおいては、確率変数 x は請求権[34] (claim) とみなし、$\mathbb{M}$ は市場で取引される請求権全体とし、その価格システムを $(\mathbb{M}, \pi)$ とする。もし証券市場モデルにおいてフリーランチが存在しなければ、その価格関数 π が正値線形関数となることは簡単に導ける。また、定理1からバイアブル性と正値線形価格ルールは同値であるから、有限個の証券市場モデルにおい

---

[33] Kreps (1979)
[34] 市場の証券やオプションなどと考えればよい。

ては、フリーランチが存在しないことと、価格システムがバイアブルであることは同値である。したがって、このモデルにおいては価格システムのバイアブル性は、フリーランチが存在しないこととして定義し直す。

[定理2]

　もし、証券価格モデルがフリーランチを許容しなければ、同値マルチンゲール測度P^*と$\psi|\mathbb{M}=\pi$を満たす（正値）線形関数$\psi\in\Psi$が次のような1対1の関係を満足する。

$$P^*(B)=\psi(I_B) \text{ かつ } \psi(X)=E^*(X) \tag{3.3.1}$$

　この定理によって、資産価格付けの第1基本定理の結論にかなり近づいた。この定理には次の2つのリマークが付され、定理のもつ意味が説明されている。

[リマーク1]

　もし、価格モデルがフリーランチを許容するならば、同値マルチンゲール測度は存在しえない。

　この命題は、「同値マルチンゲール測度が存在するならば、フリーランチはない」という命題の対偶である。つまり、資産価格付けの第1基本定理の半分（十分条件）が示された。

[リマーク2]

　定理2の（3.3.1）式で現れた条件は、次のような概念と対応する。
・線形関数ψが厳密に正であることとPとP^*が同値であることが対応
・ψが連続関数であることと$E(\rho^2)<\infty$であることが対応
・関数の拡張性$\psi|\mathbb{M}=\pi$とP^*のマルチンゲール性が対応

　ハリソンとクレプスはさらに次の3つの系を示した。

[系]

① 証券市場モデルがバイアブルであることと、少なくとも1つの同値マルチンゲール測度が存在することは同値である。

② 証券市場モデルがバイアブルであると仮定する。ここで$\mathbb{P}$を同値マルチンゲール測度全体の集合、$\mathbb{M}$をすべての条件付請求権が裁定価格となる価格関数のすべて、また$\pi(X)$はその裁定価格とする。

その時$X \in \dot{\mathbb{M}}$であることと、$E^*(X)$がすべての$P^* \in \mathbb{P}$について同じ値であることは同値である。また、その同じ値は$\hat{\pi}(X)$である。

③ 証券市場モデルがバイアブルかつすべての条件付請求権の価格が裁定価格[35]であることと、同値マルチンゲール測度がユニークである（1つだけ存在する）ことは同値である。

この証券市場モデルにおいては、バイアブルとフリーランチが存在しないことは同値であったので、系の①は資産価格付けの第1基本定理の命題そのものである。

有限次数・離散時間ではマルチンゲール測度がただ1つであること

ここでは詳しい説明は省略するが、ハリソンとクレプスは、標本空間Ωが有限（次数）かつ離散的なモデルにおいて同値マルチンゲール測度が存在する場合は、それがただ1つしかないことを、簡単な具体例として示している。つまり、有限次数・離散時間のケースでは、マルチンゲール測度で評価した価格が、自動的に裁定価格になるということであり、これはきわめて重要な性質である。この結果をさらに発展させたのが、次節で説明するハリソンとプリスカの業績であり、そこでは、マルチンゲール測度が唯一であることに関して、さらに一般的な定理が示される（これが資産価格付けの第2基本定理と呼ばれるものである）。

ブラウン運動に従う証券の同値マルチンゲール測度

最後は、この論文の核心部分である。証券の確率変動がブラウン運動に従う場合の、同値マルチンゲール測度の構成である。

[各種条件の設定]

確率空間を(Ω, F, P)、$W(t)$をk次のブラウン運動とし、σ加法族F_tはゼロ時点からt時点までのブラウン運動によって生成される[36]とする。つまり$F_t = F\{W(s); 0 \leq s \leq t\}$。

---

[35] すべての価格が裁定価格になることは、フリーランチが存在しないことより強い条件であることに注意。

また、証券の確率変動は次のような形式とする。

$$Y(t) = Y(0) + \int_0^t \sigma(Y(s), s) dW(s) + \int_0^t \mu(Y(s), s) ds \qquad (3.3.2)$$

ここで、σはボラティリティ、μはドリフトでこれらは連続関数であると仮定する。

さらに、次の式を満たす$Y^*(t)$がただ1つ存在することを仮定する[37]。

$$Y^*(t) = Y(0) + \int_0^t \sigma(Y^*(s), s) dW(s) \qquad (3.3.3)$$

また、関数αをσとμを使って次のように定義する。

$$\sigma(x,t) \cdot \alpha(x,t) + \mu(x,t) = 0 \qquad (3.3.4)$$

こうした設定のもとで次の命題と定理が成立する。

[命題]

σ加法族F_tは、ブラウン運動によって生成されるから、任意の条件付請求権xはある可測関数fによって$x=f(W)$という形式で記すことができる。

[定理3]

少なくとも1つの同値マルチンゲール測度P^*が存在することと、次の3つの条件すべてが成り立つことは同値である。

① $\int_0^T \alpha^2(Y(t), t) dt < \infty$, $(a.s.,)$ [38]

② $E(\rho^2) < \infty$、ここでρはラドン・ニコディブ微分[39]であり、次のかたち

---

[36] ブラウン運動の確率が可測になるような最小のσ加法族。つまり、ブラウン運動の確率に関する情報は有すが、それに必要のない情報は有しない情報の集まり。

[37] ハリソンとクレプスは、このような$Y^*(t)$がただ1つだけ存在することについて、σとμの連続性以外にもいくつか条件が必要であり、それがAnatoliy Skorokhodという数学者の「確率微分方程式」(1972)という本に記載されているとする。

[38] a.s.,はほとんど確実に（almost surely）という意味で、その事象が起こる確率が1であること。この場合は積分の期待値が有界（無限でない）としても同じ条件になる。

で与えられる。

$$\rho = \exp\left(\int_0^T \alpha(Y(t),\,t)\,dW(t) - \frac{1}{2}\int_0^T \alpha^2(Y(t),\,t)\,dt\right) \tag{3.3.5}$$

③　Y^*はマルチンゲール

ここで②の条件は、L^2という二乗可積分関数全体の空間[40]（集合）を表す記号を使って、$\rho \in L^2(\Omega, F, P)$と記すこともできる。$L^2$空間は$E(\rho^2) < \infty$を満たすような線形関数全体が成す空間であり、$L^2$空間はヒルベルト空間[41]となることが知られている。ヒルベルト空間は、物理や工学において各所に自然に現れる概念で、その位相的な性質についてはさまざまな研究が進んでいる。

[系]

証券市場モデルがバイブルであることと、定理3の①～③の条件の成立は同値である。

定理3は、①～③の条件が成立していれば、証券市場モデルにおいて同値マルチンゲール測度が存在することを教えてくれる。そして、実際にその測度を具体的にどのように導くかについて強力なツールとなるのが、次に示すギルサノフの定理である。

---

[39] オーストリアの数学者ヨハン・ラドン（Johann Radon、1887～1956）とポーランドの数学者オットー・ニコディム（Otto Nikodym、1887～1974）によってそれぞれ別に示された（1913年と1930年）、ラドン・ニコディムの定理に現れる関数のこと。ラドン・ニコディムの定理は、ある可測空間(X, Σ)上のあるσ-有限測度νが別の(X, Σ)上のσ-有限測度μに関して絶対連続であるなら、任意の可測部分集合$A \subset X$に対して$v(A) = \int_A f d\mu$となる可測函数$f: X \to [0, \infty)$が存在することを述べた定理である。このfがラドン・ニコディム微分である。

[40] このような関数の集合がかたちづくる空間を関数空間という。現代数学では、関数空間の性質の研究は大変重要な分野の1つである。

[41] ドイツの数学者ダフィット・ヒルベルト（David Hilbert、1862～1943）にちなんだ空間であり、これをジョン・フォン・ノイマンが「ヒルベルト空間」と名づけた。ヒルベルト空間は、線形空間の内積（ユークリッド空間における距離）について完備な空間として定義され、ユークリッド空間のもつ性質を無限次の関数空間に拡張したものととらえることができる。ヒルベルト空間は物理の量子力学を数学的に記述し裏付けたことでも知られる。

ギルサノフの定理による同値マルチンゲール測度の導出

証券モデルにおけるギルサノフの定理[42]は、次のとおりである。

[ギルサノフの定理]

$W(t)$ を確率空間 (Ω, F, P) 上のブラウン運動、$dP^* = \zeta dP$（ζ はラドン・ニコディム微分）とする。つまり、

$$\zeta(t) = \exp\left(\int_0^t \alpha(s) dW(s) - \frac{1}{2}\int_0^t \alpha^2(s) ds\right)$$

さらに、次の条件（ノビコフ条件）を満たすとする。

$$\int_0^t \alpha^2(s) ds < \infty, \ (a.s.,)$$

その時、次の確率変数 W^* は確率空間 (Ω, F, P^*) 上のブラウン運動である。

$$W^*(t) = W(t) - \int_0^t \alpha(s) ds \tag{3.3.6}$$

さらに、$Y(t)$ は次の等式を満たし、$Y(t)$ は P^* に関してマルチンゲールである。

$$Y(t) = Y(0) + \int_0^t \sigma(Y(s), s) dW^*(s) + \int_0^t \mu^*(s) ds \tag{3.3.7}$$

ただし、

$$\mu^*(t) = \mu(Y(t), t) + \sigma(Y(t), t)\alpha(t)$$

ところで、もし $Y(t)$ がマルチンゲールであれば $\mu^*(t)$ もマルチンゲールであり、それは $\mu^*(t) \equiv 0$ でなければ成立しない。

つまり、(3.3.7) 式は次のように簡略化できる。

---

[42] ギルサノフの定理はさらに一般的な表現もできるが、ここでは、証券モデルに適用した場合の結果を紹介する。

$$Y(t) = Y(0) + \int_0^t \sigma(Y(s), s)\,dW^*(s) \qquad (3.3.8)$$

以上の議論で、ブラウン運動に従う証券の同値マルチンゲール測度によるダイナミクスがギルサノフの定理を使って導くことができた。

ブラック・ショールズ・モデルの再構築

論文の最後においては、これまでの議論で得られた成果を活用して、ブラック・ショールズ・モデルが再構築されている。ここでは証券$S_1(t)$に関する行使価格Kのコールの価格を考察する。$S_1(t)$を無リスク債券$S_0(t)$で割り引いた確率過程$S_1'(t)$を次のように定義する。

$$S_1'(t) = S_1(t)/S_0(t) \qquad (3.3.9)$$

この確率過程に定理3を適用[43]すれば、同値マルチンゲール測度P^*の存在が保証される。

無リスク債券の価格を、無リスク金利によって$S_0(t) = e^{rt}$、と書き直し、また同値マルチンゲール測度の期待値オペレータをE^*とする。その時、コールの価格は、簡単な式の展開で次の式で求められることがわかる。

$$\text{コールの価格} = E^*(e^{-rT}(S_1(T) - K)^+) \qquad (3.3.10)$$

これは、ロスのリスク中立評価法によるブラック・ショールズ・モデルのオプション価格である。つまり、ハリソンとクレプスの定理によって、リスク中立評価法が数学的に厳密に導かれた。

3.4 完備性とマルチンゲール（ハリソンとプリスカ）

前節で紹介したハリソンとクレプスの証券市場モデルは、リスク中立世界

---

[43] 細かい議論をすれば、このケースの場合は定理3の②のかわりに$E(\{(dP^*/dP)S_0(T)\}^2) < \infty$を満たす必要があるとしている。

による評価方法を数学的に体系づけたものである。その仕事を引き継いで、証券市場モデルをさらに一般化し、さらに資産価格付けの第2基本定理を確立したのが、ハリソンがプリスカと組んで発表した論文である。この定理は、証券市場モデルにおいて同値マルチンゲール測度の一意になる、つまり一物一価の法則が成り立つのは、市場が完備である場合であることを示したものである。前節で説明した論文でも、離散時間モデルでは同値マルチンゲール測度がただ1つであることが、すでに考察されていたが、新しい論文では、完備性によるより一般的な枠組みとして確立された。資産価格付けの第2基本定理は「マルチンゲールの表現定理」という1970年代に得られ[44]た確率過程論の成果を応用したものである。

マルチンゲール測度がただ1つということは、その測度で計測される価格が均衡価格（裁定価格）であることを意味する。思い返せば、2.2で説明したアローとドブリューの一般均衡の存在定理は完備性を前提にしていた。資産価格付けの第2基本定理は、一般均衡理論における完備性という条件が果たしている役割を、より明確に示す定理であるといえる。資産価格付けに関する2つの定理が出揃ったことで、資産価格評価の数学的な枠組みがおおむね完成[45]した。

ハリソンとプリスカの新しい論文では、当時の最新の確率過程の研究成果[46]が存分に活用されている。そこでは、比較的扱いやすいブラウン運動だけでなく、広範囲の確率過程の適用を視野に入れて、局所マルチンゲールやセミ・マルチンゲールによる確率積分などが試みられている。こうした概念に関する厳密な数学議論は、大変に複雑で難解な概念を駆使する必要があり、当時のファイナンス分野で一般的に利用されていた数学の水準を遥かに超えたものであった。ある意味で、この論文は金融理論を現代数学の最前線まで一気に導いたともいえる。実際に、この論文が知られるようになると、

---

44 マルチンゲール表現定理はC. S. Chou and P. A. Meyerが1975年にフランス語で書いた論文で初めて示された。
45 細部の議論としては、本節の文末に記した課題などが残されている。
46 当時のこうした分野の研究には、フランス人の数学者ポール・メイヤー（Paul Meyer、1934〜2003）などとともに、伊藤清をはじめ、渡辺信三（Shinzo Watanabe）や國田寛（Hiroshi Kunita）など日本の数学者も大きな貢献をしていた。

多くの確率過程の専門家がファイナンスの分野に参入した。これは、日本の学界でも同様である。こうして、確率過程の応用の練習問題としてデリバティブの価格づけを持ち出すことが可能になり、確率過程の専門家がファイナンス向けの教科書を書けるようになったのである。

このように、ハリソンとプリスカの論文の出現は、ファイナンス理論と数学の関係を一変させた。生半可な数学力では、「ファイナンスのため」と称する数学の理解が困難になったのだ。しかしながら、実際のところは、マルチンゲール理論に関する数学的知識は金融市場のメカニズムを知るための十分条件には程遠いし、マルチンゲール理論は金融市場を知るための必要条件でさえない。このハリソンとクレプスおよびハリソンとプリスカの２つの画期的ですばらしい論文の出現は、ファイナンス理論に現実の市場から乖離した数学オタクが増殖するようになる分岐点であったかもしれない。

〔スタンレー・プリスカ（Stanley Pliska）〕（1944〜）
　アメリカのファイナンス学者。1965年MITで航空工学の学士号、1969年にスタンフォード大学で統計学の修士号、1972年スタンフォード大学のオペレーションズ・リサーチ（OR）の博士号をそれぞれ取得。1971年イリノイ州のノースウェスタン大学で教職を得る。1980年代前半にマイケル・ハリソンと共同で２本の論文を発表。1986年にイリノイ大学ファイナンス学部の教授となる。プリスカは、ハリソンやクレプスと違って、数理ファイナンス理論関係の仕事を続けた。離散モデルに焦点を当てたわかりやすい数理ファイナンスの教科書[47]も知られている。
【紹介する論文】Harrison and Pliska（1981）
「連続取引におけるマルチンゲールと確率積分」（Martingales and Stochastic integrals in the theory of continuous trading）

　ハリソンとプリスカの論文のサマリーの説明の前に、この論文で得られた資産価格付けの第２基本定理を説明する。この定理は、マルチンゲール測度

---

[47] "Introduction to Mathematical Finance: Discrete Time Models"（1997）

で得られるリスク中立価格がただ1つに定まる必要十分条件を示したものである。

資産価格付けの第2基本定理

〔資産価格付けの第2基本定理〕
証券市場モデルにおいて、次の2つの命題は同値（必要十分条件である）
① 証券市場モデルが完備である
② 確率測度Pにはただ1つの同値マルチンゲール測度P*（リスク中立測度）が存在する

次に、この論文に現れた重要な概念を示す。

概念	説明
フィルトレーション（増大情報系）$\mathbb{F}$	確率空間に確率変数の値の情報を与える σ 加法族の時間的な推移（系列）。フィルトレーションは、この情報が時間の推移によって維持または増大する状態。
セルフ・ファイナンシング戦略[48]	追加的なコストなしにポートフォリオの入替えができる投資戦略。
達成可能（attainable）	当初の価値ゼロのセルフ・ファイナンシングな投資戦略によって価格が決定される条件付請求権。ブラック・ショールズ・モデルは達成可能であることを前提に得た評価式である。
完備[49]	すべての条件付請求権が達成可能であること。達成可能は、ヘッジ可能（または複製可能）と考えることもできる。
セミ（半）・マルチンゲール	マルチンゲール確率過程の部分と有限な実数値をとる確率過程（VF過程）の部分の和として表せる確率過程。代表的な例はブラウン運動とポアソン過程[50]の和の確率過程。すべてのレヴィ過程[51]はセミ・マルチンゲールである。

---

[48] この概念は、前節のハリソンとクレプスの論文にも現れていたが、この論文でより重要な役割を果たす。

停止時間（stopping time）	（賭博などの）止め時を意味する確率過程の系列。止め時でなく発生時間と解釈してもよい。たとえば、何度も繰り返しで起こる事象の n 回目が起こる時間を示す確率過程 T_n は停止時間である。
局所（ローカル）マルチンゲール	必ずしもマルチンゲールではないが、ほとんど至るところでマルチンゲールであるような確率過程。ある確率過程 M が停止時間 T_n で停止する停止過程 $M(t \wedge T_n)$ がマルチンゲールとなる過程と定義される。
マルチンゲール表現定理	マルチンゲール過程がマルチンゲール過程による確率積分のかたちで表現できることを示した定理。数理ファイナンスの応用上は非常に重要な定理。

　この論文は、前節で説明したハリソンとクレプスの画期的な論文と重複する議論も多いので、まずは、この論文で新たに現れた重要な概念を先に説明する。それは確率空間のフィルトレーション（増大情報系）、完備性（completeness）、局所マルチンゲールとセミ・マルチンゲールである。

フィルトレーション（増大情報系）

　前節では、確率空間 (Ω, F, P) におけるシグマ加法族 F の各要素は確率変数の値として定まる「情報」を表すと説明した。ところで、確率過程は時間とともに変動する確率的現象を表す数学的概念であるから、シグマ加法族 F は時間の関数 F_t として扱う必要がある。もしシグマ加法族の系列 F_t が時間とともに減少しない場合は、F_t の集合 $\mathbb{F} = \{F_0, F_1, \cdots, F_T\}$[52]はフィルトレーション（または増大情報系）と呼ばれる。伊藤清は増大情報系という言葉を用いたが、この言葉がその概念をよく示している。

　フィルトレーションの情報が増大していくようすは、二項モデルの場合がわかりやすい。たとえば、非常に簡単な例として、$t = 0, 1, 2$ の3期間で、

49　完備の数学的な意味は第2章の脚注25で説明したとおりで、集合に隙間がないという概念。数学では通常は「距離空間のコーシー列が収束する」と定義される。
50　3.2を参照。ポアソン過程は離散的な事象に関する確率過程である。
51　ブラウン運動より一般的な確率過程であり、ブラウン運動はレヴィ過程の一種。4.1を参照。
52　これは離散時間モデルの場合で、連続時間の場合は、$\mathbb{F} = \{F_t; 0 \leq t \leq T\}$。

ある証券の状態が1つの状態が2つに枝分かれするようなモデルを考える。

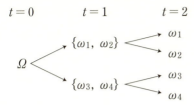

この時、$t=2$ は4つの状態 $\omega_1, \omega_2, \omega_3, \omega_4$ がとりうるので、F_2 はこれらの要素と空集合 $\emptyset$ の組合せによってつくられる。つまり、$F_2 = \{\emptyset, \omega_1, \omega_2, \omega_3, \omega_4, \{\omega_1, \omega_2\}, \{\omega_2, \omega_3\}, \cdots, \Omega\}$ である。ところが、$t=1$ の場合は、$\emptyset$ と Ω 以外の状態は、$\{\omega_1, \omega_2\}$、$\{\omega_3, \omega_4\}$ の2種類しかないので、$F_1 = \{\emptyset, \{\omega_1, \omega_2\}, \{\omega_2, \omega_3\}, \Omega\}$ である。さらにゼロ時点では要素は、$\emptyset$ と Ω しかない。つまり各時点における情報は次第に増大し、$F_0 \subseteq F_1 \subseteq F_2$ となる。こうしたことから、時間とともに拡散するよう確率モデルの情報は増大するのである。

完備性（completeness）

市場価格モデルにおける完備性は、すべての条件付請求権が達成可能であると定義される。達成可能という概念がわかりにくければ、ヘッジ可能または複製可能という言葉で置き換えればわかりやすくなるかもしれない。完備性の意味を大雑把にいうと、すべての条件付請求権が市場の証券のポートフォリオ戦略によって合成できるということである。ただしそのポートフォリオ戦略には、証券の売買に伴うトータルのコストがゼロになるような戦略であるという条件付きであり、そうした戦略はセルフ・ファイナンシング戦略と呼ばれる。ブラックとショールズは、ある株式のオプションを株式と無リスク債券のポートフォリオ戦略によって合成したが、すべての条件付請求権について、取引を代替するようなポートフォリオ戦略がある場合が完備である。

離散モデルの場合の完備性の条件

この論文のメインの主張は、市場が完備であれば同値マルチンゲールがただ1つに定まり、それが「裁定価格」になるというものである。この定理に

ついては後で説明するとして、どんな場合に市場が完備になるかを、具体例で考えてみる。たとえば、二項モデルのように、離散時間が進むたびに状態の数が2倍になっていくようなモデルは、もし証券の数が2つであれば完備である。なぜならば、無リスク債券S^0と、もうひとつの証券S^1のポートフォリオの組合せによって構成されるオプションの価値は、ある状態から次の期間の状態への枝分かれが2つであれば、そのポートフォリオ比率を、変数と方程式の数がともに2つであるような連立方程式の解として求めることができるからである。

ハリソンとクレプスは離散時間モデルにおける完備性について示した性質を説明する。

[有限・離散モデルのセッティング]
・確率過程S：確率過程Sは$K+1$個の互いに独立なコンポーネント（証券）$S^0, S^1, \cdots, S^K$で構成され、標本空間Ωは有限個の要素をもつとする。
・分割P_t：σ加法族F_tの標本空間をF_tの情報による分割[53]（たとえば、先ほどの二項モデルの例では、$t=1$の場合は、$P_1 = \{\{\omega_1, \omega_2\}, \{\omega_3, \omega_4\}\}$で、標本空間は2つのセルに分割される）。
・次の時期で分割されるセルの分割数$K_t(A)$：$A \in P_t$として、P_{t+1}でAを含むセルの数（先ほどの二項モデルでは、$K_t(A) = 2$）。
・非余剰的（non-redundant）：ある状態$A \in P_t$において、ある（価値がゼロでない）証券ベクトルと別の証券ベクトルが次の期間でまったく同じポジションになる（これを剰余的という）ことが起こらないこと。

[命題]
証券市場が非余剰的であるとき、次の2つは同値である。
① 証券市場モデルが完備である
② $K_t(A) = K+1$、$A \in P_t$

この命題は、離散モデルにおいては、証券市場の状態が次の時期で分割さ

---

[53] 証券市場の投資家が、現在の状態を特定できるが、それ以上の情報を含まないようなユニークな分割。ここでは、標本空間を有限個の要素からなると仮定しているので、このような分割が可能である。

れる数が、独立な証券の数（$K+1$）に一致する場合に市場が完備になると主張している。たとえば、二項モデルの場合は、状態は2つに分割されていくから、証券の数が2つであれば完備になる。したがって、コックス・ロス・ルビンシュタインが1979年に示した二項モデル（CRRモデル）は完備であり、CRRモデルで計算されるオプション価格は裁定価格（均衡価格）である。

連続時間モデル

論文では、連続モデルの場合に資産価格付けの第2基本定理が成立することが示されている。ここでは議論のアウトラインを示すが、高度に抽象的な議論であるので、適宜スキップして読まれたい。この論文では、証券の確率過程がブラウン運動のような連続なものだけでなく、右連続左極限[54]（RCLL：right continuous left limit）な確率過程として仮定している。論文には明記されていないが、ブラウン運動による変動の部分に加えて価格のジャンプも取り込んだレヴィ過程[55]を念頭に置いているからである。具体的にはブラウン運動の部分に加えてポアソン過程のジャンプの部分も加えた確率過程をイメージすればよい。こうしたセッティングによって、完備性の議論はブラウン運動のみを念頭に置いたものより複雑な議論が必要になっている。

[フィルトレーションの右連続性]

連続時間モデルのフィルトレーション$\mathbb{F}$は、有限・離散時間に比べて直感的にはわかりにくい。具体的には、次のように設定される。

・フィルトレーション$\mathbb{F}$：$\mathbb{F} = \{F_t ; 0 \leq t \leq T\}$、$F_0$は測度ゼロのすべての集合を含む。

フィルトレーション$\mathbb{F}$は次の意味で、右連続[56]である。

---

[54] 関数が右（時間の大きいほう）から連続で、左（時間の小さいほう）に極限をもつこと。証券価格の確率過程にジャンプがない場合は、左右どちらからも連続になるが、ジャンプがある場合はその点では左連続にならない。右連続の仮定を置くのは、そうでなければこの確率過程が可測にならない場合があるからである。

[55] 連続時間確率過程と独立かつ定常な増分をもつ確率過程の和として表せる確率過程。フランスの数学者レヴィに由来する。最も一般的な例は、ブラウン運動とポアソン過程の和のかたち。レヴィ過程は右連続左極限である。

[56] 時間が大きい側（グラフの右側）から近づいた場合に連続であること。

$$F_t = \bigcap_{s>t} F_s \qquad (3.4.1)$$

右連続であっても、左連続であるとは限らなのは、増大情報系における情報の増大について、時として不連続なジャンプをする場合も想定しているからである。もしこうしたジャンプがない場合、たとえば市場の証券価格がブラウン運動に従う場合の自然フィルトレーション[57]は、情報にジャンプはなく左右両方で連続となる[58]。逆に時として離散的なジャンプが発生するモデルの場合は、必ずしも左連続になるとは限らない。ちなみにフィルトレーションの右連続性は確率積分を可能にする[59]ための条件の1つである。

局所（ローカル）マルチンゲール過程／セミ・マルチンゲール

ブラウン運動の部分に加えて時々ジャンプが発生するような確率過程は単なるマルチンゲール過程ではなく、局所マルチンゲール過程[60]と呼ばれる確率過程である。たとえば、ポアソン過程によってモデル化するジャンプは、ポアソン分布に従う時間間隔で発生する。そして、ジャンプのような事象の発生時間を記述する確率過程は停止時間（stopping time）と呼ばれる。停止時間によってそれ以降の変動を停止するマルチンゲール過程が局所マルチンゲール過程である。また、ハリソンとクレプスは証券の確率変動を局所マルチンゲール過程の部分とトレンド部分を表す確率過程の部分の2つに分けたセミ（半）・マルチンゲールとして設定した。セミ・マルチンゲールはブラウン運動より遥かに一般性のある確率過程であり、すべてのレヴィ過程はセミ・マルチンゲールである。これらの概念の意味を簡単に説明すると次のと

---

[57] ブラウン運動が可測になり、かつ（3.4.1）式の形式を満たすフィルトレーションのなかで最小の要素のフィルトレーション。
[58] ただし、F_0時点における連続性を担保するために、F_0は測度ゼロのすべての集合を含むと設定する必要がある。ハリソンとプリスカもそのように定めた。
[59] 確率測度に関する積分（ルベーグ＝スティルチェス積分）は右連続な有界変動関数に対して定義される。
[60] マルチンゲール確率過程の部分と単調非減少で積分可能な確率過程（可積分増加過程）の部分の和として表せる確率過程。可積分増加過程は積分可能であるために右連続左極限（RCLL）かつ有界という条件が必要になる。ポアソン過程は可積分増加過程の一種であり、セミ・マルチンゲールの代表的な例はブラウン運動とポアソン過程の和である。

おりである。
- 停止時間$\{T_n\}$：$T_n < \infty$はn回目の事象の発生時間の確率過程、$(n=1,2,\cdots)$
- 局所マルチンゲール：それぞれのnに関する停止時間$\{T_n\}$について、ある確率過程Mを停止時間T_nで止めた確率過程$M(t \wedge T_n)$がマルチンゲールになる場合に、Mは局所マルチンゲールであるという。ここで$t \wedge T_n$はtとT_nの小さいほうであることを意味する。この時、$\{T_n\}$はMを還元（reduce）するという。
- セミ・マルチンゲール：局所マルチンゲールMと有限な実数値かつ右連続左極限（RCLL）な確率過程（これを独立増分またはVA過程という）Aの和として分解することができる確率過程。つまり次の形式で表せる確率過程。Aはトレンドを示す。

$$X = M + A \tag{3.4.2}$$

Mがマルチンゲールであれば、Mは局所マルチンゲールであるが、その逆は必ずしも成り立たない。

局所（またはセミ）マルチンゲールに関する積分

① 可予測な単純過程（simple predictable process）

$0 < t_1 < \cdots < t_n = T$として、確率過程$H_t$が、$t_i < t < t_{i+1}$ならば、$H_t = \xi_i$（$\xi_i$は有界で$F_{t_i}$可測な確率変数）とするとき、$H_t$を可予測な単純過程という。離散的$i$時点の情報だけに依存するのが単純過程であり、そこでは伊藤積分がシンプルなかたちで直接的に表現できる。また可測で左連続な過程を可予測過程[61]という。

② 可予測な単純過程の連続時間拡張

Xをセミ・マルチンゲールとした場合、次の式は、可予測な単純過程H_tの連続時間拡張という。

$$Z_t = \int_0^t H_s \, dX_s \tag{3.4.3}$$

---

[61] 左連続であれば、非常に近い将来のことは予測できるので、このようにいわれる。

[局所/セミ・マルチンゲールに関する積分の性質]

もし、Hが可予測過程で局所有界[62]、また、Mが局所（またはセミ）マルチンゲールであるとすれば、次の確率積分もやはり局所（またはセミ）マルチンゲールになる。

$$\int HdM \tag{3.4.4}$$

この関係はきわめて重要なものであり、この関係式はマルチンゲールについては必ずしも成り立たない。では、マルチンゲールの場合にはこの関係がどのような条件で成り立つのかという問題が非常に重要であり、その分析が資産価格付けの第2基本定理へとつながっている。

ハリソンとプリスカは、以上のような概念を活用して、マルチンゲールの場合は（3.4.4）式の表現がどのような場合に可能なのか、そしてこの表現が完備性とどのような関係があるかについての議論を進める。これらは、当時の確率過程論の最新の研究成果を活用したものであり、ハリソンとプリスカも頻繁に確率過程のテキストを引用しながら議論を展開している。本書の目的はこのような難解な確率過程の議論を不足なく説明することではないので、以下に証券市場モデルのセッティングと重要な結果だけを簡単にフォローする。

連続時間モデルの（当初）セッティング

- 証券の確率過程：$S = \{S_t;\ 0 \leq t \leq T\}$、$S$は$K+1$個の互いに独立なコンポーネント（証券）$S^0, S^1, ..., S^K$で構成される。$S^k$は$F_t$適合[63]なセミ・マルチンゲール過程であり右連続左極限（RCLL）。
- 無リスク債券：S_t^0は0時点の価格を1とし利払いのない無リスク債券。その無リスク金利はr、つまり、$S_t^0 = e^{rt}$
- 割引過程：$\beta_t = 1/S_t^0 = e^{-rt}$
- 割引価格過程：$Z_t^k = \beta_t S_t^k$
- 取引戦略：$\phi = \{\phi_t;\ 0 \leq t \leq T\}$、$\phi_t$には$K+1$個のコンポーネント$\phi^0, \phi^1,$

---

[62] Hが局所有界とは、$\sup_{0 \leq t \leq T} |H_t| < \infty$を満足すること。
[63] S_t^kがF_tで可測であること。

..., ϕ^K を有し、これらは局所可積分[64]で可予測。各コンポーネントは各証券の保有量のベクトルを表す。

- 収益 (gain) 過程：$G_t(\phi) = \int_0^t \phi_i dS_u = \sum_{k=0}^K \int_0^t \phi_t^k dS_t^k, G_0(\phi) = 0$

  （取引戦略によって得られる収益）
- 価値過程：$V_t(\phi) = \phi_t S_t = \sum_{k=0}^K \phi_t^k S_t^k$
- セルフ・ファイナンシング戦略：$V_t(\phi) = V_0(\phi) \, G_t(\phi)$　となる取引戦略

  （つまり、ポートフォリオ価値の増減が取引戦略によって得られる収益だけ）
- 許容（admissible）戦略：ϕ がセルフ・ファイナンシング戦略、かつ $V(\phi)$ が正のもの。許容戦略の全体を Φ と記す。
- 裁定機会：$V(\phi) = 0$ で $E(V_T(\phi)) > 0$
- 整合的（consistent）な価格システム：$\pi(V_T(\phi)) = V_0(\phi)$、その全体を Π と記す
- 同値マルチンゲール測度 P^*：割引価格過程 Z_t^k がマルチンゲールとなる測度、その全体を $\mathbb{P}$ とする。

同値マルチンゲール測度が存在するという仮定

こうしたセッティングをした後で、ハリソンとプリスカは重要な仮定を置いている。それは、この割引価格過程 Z がマルチンゲールになるような同値測度 P^* が少なくとも1つは存在する（その全体を $\mathbb{P}$）という仮定である。この仮定は連続モデルにおいては、必ずしも自明ではなく、ハリソンとプリスカは今後の重要な研究課題であるとしている。

[S^k がセミ・マルチンゲールであること]

証券価格 $S_t^k = Z_t^k / \beta_t = S_t^0 Z_t^k$ は、セミ・マルチンゲールである。これは、セミ・マルチンゲールとセミ・マルチンゲールの積はやはりセミ・マルチンゲールになるという性質を利用した結果であり、S_t^0 と Z_t^k はどちらもセミ・マルチンゲールである（補足：S_t^0 はそれ自身を独立増分とみなせば[65] P^* のもと

---

[64] 局所可積分関数は、有界閉集合（コンパクト集合）の定義域において積分可能な関数。
[65] S^0 は連続で有界であるから、有限な実数値かつ右連続左極限である。

でセミ・マルチンゲール)。

[割引過程による価値過程の書き直し]

取引戦略ϕによる収益過程と価値過程を割引価格過程によって次のように書き換える。

$$G^*(\phi) = \int \phi dZ = \sum_{k=1}^{K} \int \phi^k dZ^k \tag{3.4.5}$$

$$V^*(\phi) = \beta V(\phi) = \phi^0 + \sum_{k=1}^{K} \phi^k Z^k \tag{3.4.6}$$

このように書き換えた価値過程$V^*(\phi)$は局所マルチンゲール(そしてセミ・マルチンゲール)になるが、必ずしもマルチンゲールにはならない。つまり取引戦略ϕは局所可積分で可予測と仮定したが、この設定では不十分であることがわかる。

マルチンゲール性を満たすように再セッティング

$V^*(\phi)$がマルチンゲールとするためには、先ほどのセッティングの修正が必要である。ハリソンとプリスカは次のような新たな条件を示した。

[再セッティング]

・$L(Z)$の定義:

可予測過程$H = (H^1, \cdots, H^K)$の全体のなかで次の条件を満たすHの全体の集合。

$$\left(\int_0^t (H_s^k)^2 d[Z^k, Z^k]_s \right)^{\frac{1}{2}} \text{ が局所可積分} \tag{3.4.7}$$

(補足:この条件を満たす$L(Z)$は可予測・局所可積分過程という条件も満たす)

・取引戦略:$\phi = (\phi^0, \phi^1, \cdots, \phi^K)$、$(\phi^0, \phi^1, \cdots, \phi^K) \in L(Z)$

(つまり可予測・局所可積分過程という条件を上記$L(Z)$で置き換えた)

・許容(admissible)戦略:$V^*(\phi) = V_0^*(\phi) + G^*(\phi)$、$V^*(\phi)$は$P^*$のもとでマルチンゲールとなる取引戦略$\phi$。

・許容戦略の全体を$\varPhi^*$

- 条件付請求権Xが達成可能（attainable）：$V_T^*(\phi) = \beta_T X$、$\phi \in \Phi^*$
- 価格システム：$\pi = V_0^*(\phi)$、πは線形関数で$\pi(X) = 0 \Leftrightarrow X = 0$

このセッティングのもとでは次の2つの命題が成り立つ。

[命題]

達成可能な条件付請求権Xに対して、唯一の価格システムπは次の式である。

$$\pi(X) = E^*(\beta_T X)$$

この命題によって、このモデルにおいても、リスク中立評価法が唯一の価格システムであることが示された。

[命題]

条件付請求権Xに対して、次の2つは同値である。
① 関数V^*を$V^* = E^*(\beta_T X \mid F_t)$として定義した場合、$X^*$が達成可能（つまり$V_T^*(\phi) = \beta_T X$）。
② V^*がある$H \in L(Z)$によって、$V^* = V_0^* + \int H dZ$ という形式で表現可能。

この命題は、X^*が達成可能な場合は、確率積分可能な場合に限ること、逆に確率積分可能であれば達成可能であると語っている。

マルチンゲール表現性と完備性

最後に、すべての条件付請求権が達成可能かどうか、つまり市場の完備性と、積分可能性およびその測度の一意性の関係を考察する。

[マルチンゲール表現性のセッティング]
- マルチンゲールの全体集合$\mathbb{M}$：マルチンゲール測度P^*のもとでマルチンゲールとなる確率過程全体の集合。
- マルチンゲール表現性[66]

次の式を満足するような、$H \in L(Z)$が存在する$M \in \mathbb{M}$の全体の集合を$\mathbb{M}$

---

[66] martingale representation property

(Z) とする。

$$M = M_0 + \int H dZ \tag{3.4.8}$$

もし、$\mathbb{M}(Z) = \mathbb{M}$ であるとき Z はマルチンゲール表現性をもつという。

Z がマルチンゲール表現性がある状態は、表現を変えると Z が空間 $\mathbb{M}$ の基底（basis）を提供しているといえる。そして、どのような場合にマルチンゲール表現性を満足するかを示したものが、次の定理である。

[定理]

次の 2 つの命題は同値である。

① 証券市場モデルは完備である。
② Z はマルチンゲール表現性をもつ（つまり $\mathbb{M}(Z) = \mathbb{M}$）。

つまり、市場の完備性とマルチンゲール表現性は同値ということであり、この定理によって目的地にかなり近づいてきた。ハリソンとプリスカは最終的な結論として次の系によって示す。この系の証明にはマルチンゲールの一般表現定理が使われているとするが、その明細は示されておらず、参照した確率過程のテキスト[67]と証明の方針だけが紹介されている。マルチンゲールの表現定理は、ブラウン運動の場合はさほど複雑でないが、一般的な定理は複雑な議論を要する。

[系（corollary）]

もし、同値マルチンゲール測度がただ 1 つしかなければ、証券市場モデルは完備である。

この系によって、資産価格付けの第 2 基本定理の十分条件は示された。一方、必要条件（完備⇒マルチンゲール測度のユニーク性）については、ハリソンとプリスカの論文では触れられていない。しかし、異なる 2 つのマルチンゲール測度が存在すると仮定した場合に完備性が成り立たないことは、比較的容易に示される。

---

[67] Jacod, J. (1979), "Calcul Stochastique et Problèmes de Martingales. Lecture notes in math.," 714, Springer-Verlag, Berlin.

未解決な問題

　ハリソンとクレプスは最後に、この論文で解決できなかったいくつかの課題について、説明している。特に重要なものは2つあり、1つは連続時間モデルにおいて同値マルチンゲール測度の存在自体を仮定したことの正当性への疑問、もうひとつは条件付請求権の価格づけをする際の参照測度を（仮に選択可能であるとすれば）どうやって選択するかという現実的な問題である。後者を具体的にいうと、たとえば市場に複数の測度があって、条件付請求権の価格がそれぞれで達成可能の場合、価格決定理論をどのように整合させるかということである。

3.5　HJMモデルの革新性（マルチンゲール理論の成果）

　ハリソン、クレプス、プリスカの確立した資産価格付けの基本定理が、初めて本格的に威力を発揮したのが、1992年に発表された金利のHJM（Heath-Jarrow-Morton）モデルにおいてである。実際のところ、株価や為替のデリバティブの評価においては、リスク中立評価法はきわめてシンプルであり、さほど複雑な議論は必要なかった。株式や為替商品においては、たいていの条件付請求権（デリバティブ）は、3.2で紹介したコックス・ロス・ルビンシュタインの二項モデル（CRRモデル）によるリスク中立評価法によって算出可能である。つまり、マルチンゲール測度に関連する資産価格付けの基本定理を持ち出すまでもなかったのである。

　しかしながら、債券のオプションについては、やや状況が異なる。一般に同じ発行体の債券であっても償還日によって最終利回りが異なる。これが金利のイールド・カーブ、あるいはターム・ストラクチャー（期間構造）である。債券金利の期間構造を考慮して、かつ無裁定性を満足する価格計算は、株などとは比較にならないくらい複雑な計算になる。金利の無裁定な期間構造モデルは1986年にトマス・ホー（Thomas Ho）とサンビン・リー（Sang Bin Lee）が考案したホー・リー・モデルが最初である。ホー・リー・モデ

ルはきわめてシンプルなかたちでシングル・ファクターの金利変動を、二項モデル（CRRモデル）を活用してモデル化したものである。

デイビッド・ヒース、ロバート・ジャローとアンドリュー・モートンの考案したHJMモデルの特徴は、ファクターの数や変数の設定などに関してきわめてフレキシブルで一般性をもたせた設定にしたことである。実際に、HJMモデルは、すべての期間構造モデルに無裁定性の枠組みを与えたものであり、つまり、すべての無裁定期間構造モデルはHJMモデルの1つのバージョンとみなすことができる。このような汎用的なモデルは、二項モデルの延長で扱うには無理がある。そこで、マルチンゲール測度を活用した資産価格付けの基本定理の活用が必要であった。HJMモデルは、汎用性という意味でも、数理ファイナンスの理論研究の成果をフルに活用したという意味でも、きわめて画期的なモデルであった。

話は変わるが、3人のうちロバート・ジャローは信用リスク・モデルの開発や、鎌倉（コーポレーション）[68]における実務への応用で有名になり、アンドリュー・モートンはウォール街で大成功する。

〔デイビッド・ヒース（David Heath）〕（～2011）
　アメリカの数理ファイナンス学者。イリノイ州に生まれ、1964年にカラマズー大学（ミシガン州）を卒業。1969年にイリノイ大学で数学の博士号を取得。ミネソタ大学、UCバークレー校、コーネル大学、カーネギー・メロン大学で教鞭をとり、数理ファイナンスなどを教える。また、アメリカ陸軍工兵司令部、エネルギー省、IBMや多くのウォール街の金融機関などのコンサルタントを務める。コーネル大学時代に同僚のジャロー、教え子のモートンとともにHJMモデルを開発する。

〔ロバート・ジャロー（Robert Jarrow）〕
　1974年にデューク大学（ノースカロライナ州）で数学の学士号、1976年にダートマス大学（ニューハンプシャー州）でMBAを取得。1979年に

---

[68] アメリカのリスク管理サービス会社。1990年にリスク管理専門のブティックとして日本（神奈川県茅ヶ崎）に設立される。現在は本拠地をハワイに移している。リスク管理システムの開発販売や倒産確率に関する情報提供などが主な業務。

MITのロバート・マートンのもとでファイナンスの博士号を取得。その後、コーネル大学で教鞭をとる。1995年からは、コーネルの仕事に加えて、当時日本に本拠地を置いていた鎌倉のリサーチの仕事をしている。HJMモデル以外にも多くのモデルの開発に関与し、特に、ジャロー・ターンブル（Turnbull）モデル、ジャロー・チャバ（Chava）・モデルなどの信用リスク・モデル[69]が知られている。

〔アンドリュー・モートン（Andrew Morton）〕
　1984年にウォータールー大学（カナダ・オンタリオ州）で数学の学士号、1992年にコーネル大学でオペレーションズ・リサーチの博士号を取得。イリノイ大学で情報理論の教職を得るが、すぐにウォール街の金融マンに転じる。1993年にリーマン・ブラザーズのリサーチの仕事を皮切りにして、リーマンの金利部門のグローバル・ヘッドにまで出世する。2008年9月、リーマンの破綻直前に退職し、シティバンクのG10通貨の金利部門のヘッドに就任した。

【紹介する論文】Heath, Jarrow, and Morton（1992）
「債券価格評価と金利のタームストラクチャー・モデル：条件付請求権の新しい評価方法」（Bond Pricing and the Term Structure of Interest Rates: A New Methodology for Contingent Claims Evaluation）

金利のタームストラクチャー（期間構造）モデル

　債券の金利タームストラクチャー（期間構造）の存在は、債券オプションの価格の取扱いを、株式や為替に比べて遥かにむずかしいものにしている。なぜならば、①債券はデフォルトしない限り満期日には必ず額面で償還される。②したがって、満期が接近するに従ってボラティリティも減衰する。③ブラック・モデル[70]ではイールド・カーブの形状の変化を反映できない、といった問題点があるからである。つまり、債券オプションの価格評価はブ

---

[69] ジャローの開発した信用リスク・モデルについては、5.3で説明する。
[70] ブラック・ショールズ・モデルを債券や先物オプションに応用したもの。2.10を参照。

ラック・ショーズ・モデルの応用では限界がある[71]のだ。

先行研究（バシチェック・モデル、ホー・リー・モデル）

　金利の期間構造を考慮した最初のオプション・モデルは1977年に発表されたバシチェック[72]・モデル（Vasicek model）であるとされる。バシチェック・モデルは物理で知られている、オルンシュタイン＝ウーレンベック過程[73]という平均回帰過程を金利モデルに取り入れたものである。バシチェック・モデルはスポット金利[74]が次の形式の確率変動に従うと仮定する。

$$dr(t) = a(b-r)dt + \sigma W(t) \qquad (3.5.1)$$

b は長期的な平均金利水準であり、a はその水準に回帰する速度を示すパラメータである。平均回帰過程を採用するアイデアは金利のモデルに大きな影響を与え、その後多くのバシチェック型モデルが登場する。さて、このバシチェック・モデルは金利の期間構造は考慮されていたが、ブラックとショールズが確立した無裁定性の原則は満足していなかった。無裁定性と期間構造の両方を考慮した最初のモデルは1986年のホー・リー（Ho-Lee）・モデルである。このホー・リー・モデルは、シンプルな1ファクター・モデルで、どの満期の金利も同じ方向に同じだけ並行的に動くことが想定されている。

$$dr(t) = \theta(t)dt + \sigma W(t) \qquad (3.5.2)$$

---

[71] とはいえ、期間が短い債券オプションなどについては、現在でもブラック・モデルは利用され続けている。
[72] バシチェック（Oldrich Vasicek、1942〜）はチェコ出身の数学者、1969年にアメリカに渡りウェルズ・ファーゴ銀行のリサーチの仕事を得た。1977年にバシチェック・モデルを発表。1987年にはほかの2人の研究者とともに信用リスクの情報を提供するKMV社を設立する。
[73] 3.2を参照。
[74] スポット金利は短期金利のことであり、スポット金利モデルは将来の短期金利の変動をモデル化する。

リスクの市場価格λの扱いが難問

　バシチェック・モデルにおいては、ブラックとショールズが苦労の末に評価式から消去することに成功した個別資産の期待収益率が、リスクの市場価格[75] λ[76]として残っている。バシチェック・モデルが発表された1977年は、すでにブラック・ショールズ・モデルが発表されて数年が経過しており、バシチェック自身はブラックやショールズと親しい関係にあったから、バシチェック自身はλを消去することの重要性は十分認識していたと考えられる。しかしながら、複雑な期間構造をもつ金利モデルにおいては、リスクの市場価格λを消去することが容易でなかったのである。

HJMモデルの特徴

　HJMモデルの功績は、フォワード金利についてきわめて一般性の高いモデルのセッティングをして、リスクの市場価格λの消去に成功したことである。そこで活用されたのが、ハリソン、クレプス、プリスカによって確立された2つの定理である。HJMモデルの特徴は次のとおりである。

① 　フォワード金利モデル[77]である
② 　マルチ・ファクター・モデルである。
③ 　変数の設定の自由度が高い。
④ 　マルコフ過程[78]になるとは限らない。

　HJMまでの金利モデルは、どれもスポット金利のシングル・ファクター・モデルであった。それに対して、HJMモデルでは、マルチ・ファクターのフォワード金利モデルの枠組みに、自由にドリフトやボラティリティの関数

75　2.5、2.11を参照。
76　Vasicek（1977）やHJMの論文ではqというアルファベットが当てられていたが、ここではリスクの市場価格として一般的なλを使用する。
77　フォワード金利とは現在の金利の期間構造に織り込まれている将来の特定期間の金利である。
78　マルコフ過程とは、将来の挙動が現在の状態にだけ依存して、過去の挙動に依存しないような確率過程である。たとえば、ブラウン運動は典型的なマルコフ過程の例である。数理ファイナンスに現れる多くのモデルはマルコフ過程である。しかしながら、HJMモデルの場合、ボラティリティやドリフトの関数の設定次第で、過去の状態に依存する。

も設定できる。これは大変にフレキシブルな枠組みであり、バシチェック・モデルやホー・リー・モデルなど多くのモデルはHJMの1つのバージョンとみなすことが可能である。また、シングル・ファクター・モデルにおいては、基本的にはイールド・カーブ全体が同じ方向に動く挙動しか記述できないが、マルチ・ファクター・モデルにすることによって、イールド・カーブの傾きや曲率の変化をモデル化することもできる。

HJMモデルのセッティング

確率空間を (Ω, F, P) とする。フォワード金利 f と割引債券価格Pの関係は次のとおり。

$$P(t, T) = \exp\left(-\int_t^T f(t, s)\,ds\right) \tag{3.5.3}$$

HJMモデルでは、フォワード金利が n 個のブラウン運動 W_i を含む確率過程に従うと仮定する。その条件と制約条件が次の（C-1）から（C-3）である。ここで時間の枠組みは $t \in [0, T]$。

（C-1）フォワード金利のダイナミクス

$$f(t, T) - f(0, T) = \int_0^t \alpha(v, T)\,dv + \sum_{i=1}^n \int_0^t \sigma_i(v, T)\,dW_i(v) \tag{3.5.4}$$

つまり、フォワード金利の変動はドリフト（トレンド）α と、各ファクターのボラティリティ σ_i の関数よって規定される。

（C-2）マネー・マーケット・アカウントに関する制約条件（技術的制約条件）

$$\int_0^\tau |f(0, v)|\,dv < \infty \text{ および } \int_0^\tau \left\{\int_0^t |\alpha(v, t, \omega)|\,dv\right\}dt < \infty, \text{ a.e.}$$

（C-3）債券価格過程に関する制約条件（技術的制約条件）

$$\int_0^t \left|\left\{\int_v^t \sigma_i(v, y)\,dy\right\}\right|^2 dv < \infty, \text{ a.e.} \quad さらにいくつかの類似の条件（説明省略）$$

このなかで、本質的な設定は（C-1）であり（C-2）、（C-3）は測度変換等を可能にするための技術的な制約条件である。

債券価格のダイナミクス

（C-1）で示したフォワード金利のダイナミクスから債券価格のダイナミクスを導くと次の式になる。

$$ln P(t, T) = ln P(0, T) + \int_0^t [r(v) + b(v, T)] dv - \frac{1}{2} \sum_{i=1}^n \int_0^t a_i(v, T)^2 dv$$

$$+ \sum_{i=1}^n \int_0^t a_i(v, T) dW_i(v) \tag{3.5.5}$$

ここで、

$$a_i(t, T) \equiv -\int_t^T \sigma_i(t, v) dv 、 b(t, T) \equiv -\int_t^T \alpha(t, v) dv + \frac{1}{2} \sum_{i=1}^n a_i(t, T)^2$$

a_iは債券の各ファクターに関するボラティリティの係数、$r(v) + b(v,T)$はドリフト（トレンド）である。トレンドのうち、$r(v)$は無リスク金利、$b(v,T)$はリスク・プレミアム（超過利回り）である。

リスクの市場価格の存在の仮定

次に、フォワード金利のダイナミクスをリスク中立とするために、次の条件（C-4）を満たすリスクの市場価格が存在することを仮定する。

（C-4）リスクの市場価格の存在

固定されたn個の時間の列を$0 < t_1 < \cdots < t_n \leq \tau$として、$0 < t < t_1$とする（時間の列$t_1, \cdots, t_n$は、n個の異なる割引債券の満期に対応する）。

その際に、次の条件を満足する$\lambda_1, \cdots, \lambda_n$が存在する[79]。

---

[79] この関係式は、リスクの市場価格×ボラティリティ＝リスク・プレミアム、という関係から得られる。

$$\begin{bmatrix} b(t,t_1) \\ \vdots \\ b(t,t_n) \end{bmatrix} + \begin{bmatrix} a_1(t,t_1) \cdots a_n(t,t_1) \\ \vdots \\ a_1(t,t_n) \cdots a_n(t,t_n) \end{bmatrix} \begin{bmatrix} \lambda_1(t,t_1,\cdots,t_n) \\ \vdots \\ \lambda_n(t,t_1,\cdots,t_n) \end{bmatrix} = \begin{bmatrix} 0 \\ \vdots \\ 0 \end{bmatrix} \quad (3.5.6)$$

さらに、λ は次のような技術的な条件を満足する。

$$\int_0^{t_1} \lambda_i(v;t_1,\cdots,t_n)^2 dv < \infty, \; a, \; e$$

$$E\left(\exp\left\{\sum_{i=1}^n \int_0^{t_1} \lambda_i(v;t_1,\cdots,t_n) dW_i(v) - \frac{1}{2}\sum_{i=1}^n \int_0^{t_1} \lambda_i(v;t_1,\cdots,t_n)^2 dv\right\}\right) = 1 \quad (3.5.7)$$

$$E\left(\exp\left\{\sum_{i=1}^n \int_0^{t_1} [a_i(t,y)+\lambda_i(v,t_1,\cdots,t_n)] dW_i(v) - \frac{1}{2}\sum_{i=1}^n \int_0^{t_1} [a_i(v,y)+\lambda_i(v,t_1,\cdots,t_n)]^2 dv\right\}\right) = 1,\; y \in \{t_1,\cdots,t_n\} \quad (3.5.8)$$

唯一の同値マルチンゲール測度の存在

[命題1]（同値マルチンゲール測度の存在）

（C-1）から（C-3）の条件が成り立つとき、次の2つは同値である。

① （C-4）（リスクの市場価格の存在）が成り立つ。
② Pの同値マルチンゲール測度 P^* が存在する。

この命題は（3.5.6）式を満たすリスクの市場価格が存在する場合に、同値マルチンゲール測度が存在すること。したがって、資産価格付けの第1基本定理よりこのモデルが無裁定であることを示している。この命題が成立するポイントは3.3で説明したギルサノフの定理による測度変換である。具体的には、ラドン・ニコディブ微分が次のようなかたちになるような、測度 $\widetilde{P}_{t_1,\cdots,t_n}$ がそれに当たる。

$$d\tilde{P}_{t_1,\cdots,t_n}/dP = \exp\left\{\sum_{i=1}^n \int_0^{t_1} \lambda_i(v;\ t_1,\ \cdots,\ t_n)\, dW_i(v) - \frac{1}{2}\sum_{i=1}^n \int_0^{t_1} \lambda_i(v;\ t_1,\ \cdots,\ t_n)^2\, dv\right\}$$
(3.5.9)

この測度 $\tilde{P}_{t_1,\cdots,t_n}$ のもとでは次の $\tilde{W}_i^{t_1,\cdots,t_n}$ がブラウン運動になる。

$$\tilde{W}_i^{t_1,\cdots,t_n}(t) = W_i(t) - \int_0^t \lambda_i(v;\ t_1,\ \cdots,\ t_n)\, dv$$

[命題2]（マルチンゲール測度の唯一性の特徴）

命題1で示しマルチンゲール測度について、次の2つは同値である。

① 同値マルチンゲール測度がただ1つしか存在しない。
② 次の行列がほとんど至るところで正則行列[80]である（これを条件（C-5）とする）。

$$\begin{bmatrix} a_1(t,\ t_1) \cdots a_n(t,\ t_1) \\ \vdots \\ a_1(t,\ t_n) \cdots a_n(t,\ t_n) \end{bmatrix}$$

この命題の②の条件は、（C-4）に（3.5.6）の方程式の、$\lambda_1, \cdots \lambda_n$ の唯一の解を逆行列を使って算出できることを意味する。したがって、命題1を使えば、同値マルチンゲール測度がただ1つ存在することがわかる。

以上の2つの命題によって、n個の債券からなる経済においては、条件から（C-1）～（C-5）を満足した場合に、同値マルチンゲール測度がただ1つだけ存在し、（3.5.5）式で示した債券価格が裁定価格となることがわかった。さらに次の命題によって、すべて満期の債券が裁定価格になることが示される。

[命題3]（すべての債券のマルチンゲール測度の唯一性）

（C-1）～（C-5）の条件を満たすようなフォワード金利のドリフトの一群 $\{\alpha(\cdot,\ T): T \in [0,\ \tau]\}$ とボラティリティの一群 $\{\sigma_i(\cdot,\ T): T \in [0,\ \tau]\}$ が与えられているとき、次の3つの条件は同値である。

---

[80] 逆行列をもつ正方行列。

① $\tilde{P} = \tilde{P}_{t_1, \cdots, t_n}$ として定義された測度$\tilde{P}$がすべての債券に対して唯一のマルチンゲール測度である。
② $t_1, \cdots, t_n$とは別の任意の2つの時間の列$s_1, \cdots, s_n$、$0 \leq t < s_1 < \cdots$に対して$\lambda_i(t; t_1, \cdots, t_n) = \lambda_i(t; s_1, \cdots, s_n)$が成り立つ。
③ すべての$T \in [0, \tau]$、$t \in [0, T]$についてドリフトα_iが次の形式で与えられる。

$$\alpha_i(t, T) \equiv -\sum_{i=1}^{n} \sigma_i(t, T)\left(\phi_i(t) - \int_t^T \sigma_i(t, v)dv\right) \qquad (3.5.10)$$

ただし、$\phi_i(t)$は任意の$s_1, \cdots, s_n \subseteq (t, \tau]$について $\phi_i(t) = \lambda_i(t; s_1, \cdots, s_n)$

この命題の①と②の同値性はリスクの市場価格が、時間tには依存するものの債券の満期の組合せに関係ない場合に、すべての満期の債券についてHJMモデルは裁定価格になることを語っている。③はその場合の具体的なドリフトの設定方法を示すものであり、リスクの市場価格を時間の関数$\phi_i(t)$として、ドリフトを(3.5.10)式の形式で与えればよいことを示している。

HJMモデルにおける短期金利のダイナミクスと他のモデルとの関係

金利モデルが(C-1)～(C-5)の条件と命題3の条件を満足する場合（そのようなモデルがHJMモデルである）は、命題3のドリフトの形式などを使えば、短期金利rは次のようなダイナミクスと示せる。

$$r(t) = f(0, t) + \sum_{i=1}^{n} \int_0^t \sigma_i(v, t) \int_v^t \sigma_i(v, y)dydv + \sum_{i=1}^{n} \int_0^t \sigma_i(v, t)d\tilde{W}_i(v)$$

$$(3.5.11)$$

ここで、$\tilde{W}_i(v)$は、マルチンゲール測度に関するブラウン運動である。

このダイナミクスで重要なのは、短期金利rは現時点のフォワード金利$f(0, t)$とボラティリティのみによって規定されるということだ。具体的な例として、1ファクター（つまり$n=1$）でボラティリティを定数σとしてこの式を書き換えると、次の式になる。

$$r(t) = f(0, t) + \sigma^2 t^2/2 + \sigma \tilde{W}_i(t) \tag{3.5.12}$$

これは、(3.5.2)式で示したホー・リー・モデルである。つまり、HJMモデルのボラティリティ関数を最もシンプルに定数とした場合に、ホー・リー・モデルと一致する。

(3.5.11)式のボラティリティの関数をもう少し複雑なものに設定すれば、別の金利モデルに一致させることもできる。このように、HJMモデルは、きわめて一般性のある枠組みで、多くのモデルをHJMモデルの1つのバージョンとして取り扱うことができる。

3.6 エキゾチック・オプションの展覧会（ルビンシュタイン、ハウグ）

通常のコールやプット以外のオプションはエキゾチック・オプションといわれる。この言葉は1987年にバンカース・トラスト社の東京支店の職員が「アジア型オプション」と名づけたオプションを開発したことに始まるとされる。エキゾチック・オプションの名前を世に広めたのは、1979年にコックスやロスとともに二項モデル（CRRモデル）を開発したマーク・ルビンシュタインが、1990年代初頭に新型オプションの数々を「エキゾチック・オプション」と名づけた論文にまとめたことによる。

エキゾチック・オプションの歴史は、実はブラック・ショールズ・モデルとほぼ同じ時期に始まっており、1973年のロバート・マートンの論文の最後には「ダウン・アンド・アウト・コール[81]」の価格式が算出されている。また1979年には、後にAIGファイナンシャル・プロダクツ[82]を立ち上げるハワード・ソーシン[83]など3人が「経路依存型オプション：安値で買って高値

---

[81] オプション期間中に原資産価格が一度でもある境界価格を下回った場合に消滅するコール・オプション。

[82] AIGのデリバティブ取引などを行う子会社。1987年に設立され、先進的な金融技術を駆使した会社として名を馳せた。しかし、リーマン・ショック前には大量の信用デリバティブのポジションを抱え、AIG破綻の引き金を引いた。6.3を参照。

で売る」という論文を発表している。

1979年に発表されたコックス・ロス・ルビンシュタインによる二項モデル（CRRモデル）は、直感的な理解が容易であるうえに応用面での柔軟性が高かった。株価の二項モデルから、さまざまな変則的な条件をもつ新型オプションが考案された。新型オプション開発を推進したのが、二項モデルの開発者の1人であるマーク・ルビンシュタインである。1990年代に入って、ルビンシュタインはそれまでに開発されたエキゾチック・オプションを調査して、まとめたペーパーを出した。そして、エキゾチック・オプションの開発と評価式収集の仕事は、ノルウェー出身のエスペン・ハウグに引き継がれる。

しかしながら、こうして次々に開発されたエキゾチック・オプションの多くは、現実的なニーズから出発したのではなく、取り扱いやすいランダム・ウォークを前提条件にした数学問題の可能性の追求としてつくられたものであることに注意が必要である。また、現実には、エキゾチック・オプションは、顧客の利便性を増すためではなく、まったく逆にリスクが高く複雑な商品であることをカモフラージュして、顧客にリスクや損失を負担させる方法としてしばしば悪用された。

〔マーク・ルビンシュタイン（Mark Rubinstein）〕
　アメリカの数理ファイナンス学者。1966年にハーバード大学で経済学の学士、1971年にUCLAでファイナンスの博士号をそれぞれ取得。1979年のコックス、ロスとともに二項モデルの論文を発表。1985年にはブラック・ショールズ・モデルを応用したポートフォリオ・インシュランスに関する論文を発表した。同じ年には、定番のテキストとなる「オプション・マーケット」をコックスとともに発表している。1992年には、それまで開発されたエキゾチック・オプションを収集したワーキング・ペーパーを発表した。

83　ハワード・ソーシン（Howard Sosin）はアメリカのビジネスマン、ファイナンス理論の専門家。ベル研究所で数理ファイナンスの研究をし、ドレクセルを経て1987年にAIGの子会社AIGファイナンシャル・プロダクツ（AIGFP）のトップとして設立メンバーの一員となった。1994年にAIGFPを退職。

> 【紹介する論文】Rubinstein（1992）
> 「エキゾチック・オプション」（Exotic options）

夢のオプション（ルックバック・オプション）

　ルックバック・オプションとは、オプション期間中の原資産価格の最高値または最安値で行使することができるオプションである。このオプションを考案したソーシンやバリー・ゴールドマンは、ルックバック・オプションの特徴を次のように説明[84]している。

① このオプションは、安値で買って高値で売るという投資家のファンタジーを保証するものである。

② このオプションは、おおよそ直感的な意味で、後悔を最小限にする。

③ このオプションは、投資家に株価のレンジについて（場合によっては最終的な株価に関する情報を知らなくても）特別な情報を与え、直接的にその情報を活用することができる。

　つまり、まさに夢のようなオプションであり、開発者も喜喜としながら数式を解いたのではなかろうか。1970年代から80年代は金融工学がまだ夢と希望にあふれていた時代であり、次々に新しいオプションのアイデアが生まれた。

ルビンシュタインがまとめたエキゾチック・オプション

　コックス・ロス・ルビンシュタインによる二項モデル（CRRモデル）や、オプションのテキストで知られるマーク・ルビンシュタインは、同僚のエリック・ライナー（Eric Reiner）とともに、過去20年間に開発されたさまざまなエキゾチック・オプションを収集しワーキング・ペーパーとして1990年から順次発表した。そして1992年には、それらを「エキゾチック・オプション」と題する1つのペーパーにまとめて発表した。

　そのペーパーの序文で、ルビンシュタインは次にように記している。

---

[84] Goldman, Sosin and Gatto（1979）

> （ルックバック・オプションは）魅力的にみえるし、理論上の興味深い問題も実証してみせた。しかし、実務的な諸問題としては真面目に取り上げられることはなかった。
>
> しかし10年後（の現在）状況は大きく変わった。ルックバック・オプションは店頭市場で活発に取引されている。それは、高度にカスタマイズされたオプション市場の類まれな発展の1つの例にすぎない。

この文からは、当時は、デリバティブの新商品に対する熱気にあふれ、新しいオプションが歓迎されていた時代であったことがよくうかがえる。しかしながら、エキゾチック・オプションは実際には、必ずしも理想どおりの使われ方はしなかった。それについては、4.5等で説明する。

ルビンシュタインがまとめたエキゾチック・オプション[85]は表3.6.1のとおりである。

表3.6.1　ルビンシュタインによるエキゾチック・オプションの分類

	タイプ	説明
1	パッケージ	通常のコール・オプションと現金と原資産の組合せ。たとえば、ゼロ・コスト・オプション[86]。
2	先スタート・オプション	オプションの行使価格が将来の原資産の価格によって決まるオプション。たとえば行使価格がαS_t（tは満期前のある日）という式で約定後に設定されるもの。
3	コンパウンド・オプション	オプションのオプション。

---

[85] これらのオプションの開発者は次のとおりである。
・ルックバック・オプション：Goldman, Sosin, and Gatto（1979）。
・先スタート・オプション：1988年にGeroge Blazankoほか3人など2つの論文で紹介。
・コンパウンド・オプション：1979年にRobert Geskeが紹介。
・バリア・オプション：1973年Merton（1973）においてダウン・アンド・アウト・コールの価格が紹介される。
・アジア型オプション：1987年にA. G. Z. Kemnaによって近似計算のアルゴリズムが紹介される。
・交換オプション：1978年にWilliam Margrabeによって紹介される。
・通貨換算オプション：1992年にEric Reinerによって紹介される。
・レインボー・オプション：1982年にRene Stulzによって紹介される。

4	二重期日 (dual date) ペイオフ・オプション	2つの日付の原資産価格によってペイオフが変わるオプション。たとえばペイオフが、$max\{0, (S_t-K), (S_T-K)\}$、$t < T$。
5	パワー・オプション	ペイオフが原資産のλ乗の関数となるオプション。たとえばペイオフが、$max\{0, (S_T^\lambda - K)\}$。
6	バリア・オプション	オプション期間中に原資産が一定の水準（バリア）に到達したか否かで、オプション自体が消滅（あるいは発生）するなど、条件が変化するオプション。
7	バイナリー・オプション	ペイオフが定数など不連続な関数であるオプション。
8	ルックバック・オプション	オプション期間中の原資産価格の最高値または最安値で行使することができるオプション。
9	アジア型オプション	オプション期間中の原資産価格の平均値に対するオプション。
10	交換 (exchange) オプション	ある原資産から別の原資産へ交換する権利（マルグレイブ・オプション）。
11	通貨換算 (currency translated) オプション	原資産価格または行使価格が為替レートによって外国通貨に換算されるオプション。為替レートはランダムな場合と事前に設定する場合がある。
12	2色レインボー・オプション	2つの危険資産が原資産であるオプション。たとえば、ペイオフが、$max\{0, max(S_1, S_2)-K\}$。2つの通貨のバイナリーやルックバックもある。
13	多色レインボー・オプション	3つ以上の危険資産が原資産であるオプション。

バリア・オプション

このなかで、この時代から現在に至るまで、特にポピュラーなオプションは、バリア・オプションである。これは、オプション期間中に原資産が一定の水準（バリア）に到達したか否かで、オプションが消滅または発生などの変化をするオプションである。

---

86 オプションの買いと売りのパッケージで、当初のプレミアムがゼロになる商品。

期中に一度でも原資産価格がバリアに達した場合に、オプション自体が消滅してしまうタイプはノック・アウト・オプションといわれる。ノック・アウト・オプションは、さらにオプションがアウト・オブ・ザ・マネーになった場合に消滅するタイプと、オプションがイン・ザ・マネーになった場合に消滅するタイプに分けられる。前者は、オプション自体の価値が低下する場合に消滅するので比較的わかりやすいが、後者はイン・ザ・マネーになりオプションの行使価値が高まった場合に権利が消滅してしまうので、その経済的な意味はわかりにくい。金融界では、このような経済的意味のわかりにくいオプションを悪用するような事態も発生することになる。

ハウグのオプション評価式の辞典

ルビンシュタインの仕事を引き継ぎ、エキゾチック・オプションの評価方法をさらに徹底的に収集し、まとめ上げる仕事をしたのが、ロック・スターのような風貌の持ち主であるノルウェー出身のエスペン・ハウグである。

〔エスペン・ハウグ（Espen Haug）〕
　ノルウェー出身のオプションの専門家、著作家。ノルウェー工科大学でオプション評価を専攻し博士号を取得。その後、デン・ノルスケ銀行（ノルウェー）のオプション・トレーダーを皮切りに、チェース・マンハッタン銀行、ヘッジ・ファンド、JPモルガンなどの自己勘定（プロップ）トレーダーをしながら、オプション価格評価式に関する本などを出版。

【紹介する論文】Haug（1997）
「オプション価格評価式の完全ガイド」（The Complete Guide to Option Pricing Formulas）

1997年、ハウグは『オプション価格評価式の完全ガイド』という、電話帳のような分厚い本を出版し、2007年には第2版が出版される。これは、通常のオプションやそのグリークス[87]から、各種エキゾチック・オプションまでを、これでもかというほど盛り込んだ本である。

ハウグによってまとめられたエキゾチック・オプションの種類は60以上に及び、すべて紹介することはできないが、ルビンシュタインのペーパーから追加されたタイプのオプションの一部を紹介する[88]（表3.6.2参照）。なお、ハウグ自身も上記のオプションのいくつかの開発に関与している。

表3.6.2　ハウグによるエキゾチック・オプションの分類（抜粋）

タイプ	説明
変動購入額オプション	オプションの量が確率的に変化する。
パワー・オプション	原資産のi乗の値に関するオプション。
リセット・ストライク・オプション	将来のある時点で、原資産価格が当初の行使価格より低い（高い）場合に、行使価格がその時点の原資産価格にリセットされる。
延長可能オプション	オプションの買い手（または売り手）が期日を延長できる。
ダブル・バリア・オプション	ノック・イン（発生条件）とノック・アウト（消滅条件）の両方が付されたオプション。
パーシャル・タイム・バリア・オプション	バリアの存在がオプション期間全部でなくその一部の期間であるようなバリア・オプション
ルック・バリア・オプション	ルックバック・オプションにバリアが付されたもの。
ソフト・バリア・オプション	バリアが1つの値でなくレンジとして与えられ、最安値（または最高値）がそのレンジ内の場合は、オプションの一部のみが消滅（発生）する。
ファースト・ゼン・バリア・オプション	たとえば、最初に上昇し次に下落した場合に発生（消滅）するオプション。

---

[87] オプションの各種指標の変化に関する感応度のこと。感応度をギリシャ文字で示したためグリークスと呼ばれる。たとえば、原資産の変化に関する感応度はデルタである。
[88] ここで紹介するのは、2007年に出版された『オプション価格評価式の完全ガイド』の第2版で紹介されたオプションである。

デュアル・ダブル・オプション	上下2つのバリアがあるノック・イン（発生条件）とノック・アウト（消滅条件）が両方付されているオプション。
2資産相関オプション	2つの資産のうち、1つがオプションの行使時の価値を、もうひとつの資産が行使の判定に使われるオプション。
2資産バリア・オプション	2つの資産のうち、1つがオプションの行使時の価値を、もうひとつの資産がバリアの判定に使われるオプション。
マルグレイブ[89]・バリア・オプション	交換オプション（マグレイブ・オプション）にバリアによる消滅（発生）条件を付したもの。

ランダム・ウォークを前提とする数学的なゲーム

　上記のエキゾチック・オプションはいずれもブラック・ショールズ・モデルが前提とした確率過程、つまり原資産価格の変動率がランダム・ウォークに従うことを前提条件として算出されたものである。ランダム・ウォークは確率分布のなかでも特に数式の演繹が容易であるから、多くのエキゾチック・オプションの価格を数式解として得ることができる。

　これらの多くのものは、現実の顧客の需要をベースにしたものではなく、ランダム・ウォークに関する数学的可能性の追求、つまり数式解き競争によって生まれたものである。

モンテカルロ・シミュレーションによる自由な商品設計

　ハウグがまとめたものは、エキゾチック・オプションの価格の評価式であるが、評価の数式を得ることができない商品については、モンテカルロ・シミュレーションを利用する方法がある。モンテカルロ・シミュレーションは、大量に乱数を発生させで数値計算やシミュレーションを近似的に行う手法で、コンピュータの性能の向上とともに、金融に限らず、さまざまな分野で利用される機会が増え続けている。モンテカルロ・シミュレーションを使

---

[89] シカゴ大学教授だったWilliam Margrabeの名に由来する。

えば、多少の評価の誤差が避けられない一方で、商品設計の自由度は飛躍的に高まる。デリバティブ取引の先進的な技術を有する金融機関は、評価式が得られるエキゾチック・オプションの利用だけでなく、モンテカルロ・シミュレーションを使って、さらに複雑な商品を開発した。この傾向は、21世紀前後にコンピュータの能力が飛躍的に向上するとともに強くなった。

しかしながら、このようなかたちで生まれたエキゾチック・オプションやそれを組み込んだ商品は、実際には、顧客の利便性を高めるためでなく、金融機関が大きな利益を得る手段としてしばしば悪用されることがあった。複雑な仕組みを金融商品に組み込めば、顧客が正しくリスクや価値を認識できないような商品形態にして、顧客に過大なリスクと損失を負担させることも可能なのだ。エキゾチック・デリバティブが関連した事件については4.5と6.7で説明する。

3.7 アカデミズムに組み込まれた金融工学（ダフィー）

オプションなど条件付請求権の価格理論は、バシュリエからブラック・ショールズに至る試行錯誤によって基本的な考え方が形成され、1979年のハリソンとクレプス、それから1981年のハリソンとプリスカの2つの論文の登場によってエレガントな数学的枠組みが与えられた。スタンフォード大学でハリソンに学んだダレル・ダフィーは、それまでの10年間を動学的資産価格理論の黄金期と呼んでいる。つまり、当面の大きな仕事はほぼやり尽くされたのである。黄金期に遅れてやってきたダフィーは細かい理論に磨きをかけるとともに、アロードブリューからハリソンたちに至るまでの理論や概念を統一された1つの枠組みのなかで理論づける仕事をした。その集大成が、1996年に出版された『動学的資産価格理論』（邦訳版では『資産価格の理論』）である。

ダフィーの本の用語や論法は、基本的にハリソン、クレプス、プリスカが確立したスタイルを踏襲している。しかしながら、ダフィーの本の特徴は、

オプションなど条件付請求権の価格理論に、アロー・ドブリューの均衡理論を組み込んで体系化したことである。ダフィーが特に重点を置いたのが、アローがフランス語で発表した1953年の小論文[90]（Arrow（1953））によって示した市場の動学的（dynamic）な均衡である。ワルラスによって示された一般均衡理論は、時間の概念が存在しない、いわば静学的な均衡であった。それに対し1953年のアローの小論文では、将来の不確実性が存在する証券市場における均衡を示した点で画期的であった。動学的という言葉は時間の推移に伴う不確定性を伴うという意味で使われる。ダフィーの本の主眼は、市場の均衡と均衡価格の理論を、静学的な一般均衡理論の発展形として1つの枠組みのなかに組み入れることであり、その意図は「動学的資産価格理論」というタイトルによく表れている。

ダフィーの仕事によって[91]、オプションや他のデリバティブ商品の価格付理論は、数理経済学（あるいはミクロ経済学）の理論との関連性が明確にされ体系化された。つまり、金融工学ともいうべき資産価格付けの手法がアカデミックな数理経済学の延長として組み込まれたのである。数理経済学はもともと位相数学を応用した数学的推論で成り立っているが、デリバティブなどの実際の価格の算出には、追加的に確率過程理論や確率微分方程式などの技術が求められる。ダフィーによって体系化された数理ファイナンスは、現代数学や物理のさまざまな分野における成果を活用した壮大な応用といえるかもしれない。

このように、ダフィーによって体系化された数理ファイナンスは、アカデミックな視点では大きな成果であり、ハリソン、クレプス、プリスカによって打ち立てられた金字塔が、れっきとした学問体系となった。しかしながら、ハリソンたちの路線を引き継いだダフィーの抽象数学のアプローチはきわめて難解である一方で、その土台になっている均衡などに関する基本的な前提条件は、単純化された非現実的な条件のままである。こうした単純化された前提条件は、現実の市場の複雑な振る舞いとはまったく異質のものであ

---

[90] 2.2を参照。
[91] もちろん、関連する多くの研究をしたのはダフィーだけでないが、ダフィーはそうした研究をまとめ上げたという意味で大きな役割を果たした。

るが、数理ファイナンスはそうした不安定な土台の上に大変に複雑難解な数学的建築物を築き上げたともいえるかもしれない。

> 〔**ダレル・ダフィー（Darrell Duffie）**〕（1954～）
> 　カナダのファイナンス理論学者。1975年にニュー・ブランズウィック大学（カナダ）で工学技術の学士号を取得。1980年にニューイングランド大学（オーストラリア）で経済学の修士号、1984年にスタンフォード大学で経済システム工学の博士号を取得。その後スタンフォード大学のビジネス・スクールで教職を得る。1985年にヒュアング（Fu Huang）と共著として発表した連続時間モデルにおける完備性に関する論文で注目を浴び、それ以来大量の論文と多数のテキストを世に送り出した。ダフィーはファイナンス理論を代表する学者であるとともに、教育者としても有名であり、「動学的資産価格理論」をはじめとする彼のテキストはファインス理論を学ぶ多くの大学院生に読まれている。一方で、リーマン・ショック後には、それまでの著作とはまったく違う観点から書かれた『巨大銀行がなぜ破綻したのか[92]』という本を出版している。
> 【紹介する論文】Duffie（1992）
> 「動学的資産価格理論」（Dynamic Asset Pricing Theory、山崎昭、桑名陽一、大橋和彦、本多俊毅訳、「資産価格の理論」）

一般均衡理論と金融市場の理論

　ダフィーの証券価格理論に関するアプローチや問題意識、さらには課題をよく示すのは、次の一文である。これは『動学的資産価格理論』の前年に『数理経済学ハンドブック』の1つの章として掲載された「証券市場の価値の理論」[93]の序文であるが、その序文の主要部分を紹介する。

> 　　　ドブリューの「価値の理論」（1959）によって概観された一般均衡
> 　　理論は、Arrow（1953）に示されたように証券市場の価格理論にその

---

[92] 原題『How Big Bank Fail and What to Do About it』（2010）
[93] Daffie（1991）

まま適用することができる。しかしながら、現代証券価格理論は少なくとも次に示すような主な手法によって、さらに精巧化あるいは拡張されている。

① 多期間の不確実性が存在し不完備市場な市場における投資機会を明確に取り扱う。

② 一物一価の法則（law of one price）、すなわち裁定価格の含意について、きわめて深く研究している。

③ 証券のリターンを便利かつ検証可能な方法で表現するために、選好について強い制約条件を置き、確率理論、特にマルコフ過程や確率積分をそれぞれ、または同時に、おおいに利用している。

これらの点や別の角度から眺めれば、ファイナンス理論は一般均衡モデルのさらなる発展の触媒になってきたといえる。それは特に、不完備市場、有限次元の消費空間や非対称情報下の市場における均衡の存在理論に関してである。別の視点からみれば、一般均衡理論はArrow（1953）やArrow and Debreu（1954）以前には欠けていた、市場の振る舞いの基準（benchmark）をファイナンス経済学者に提供したともいえる。

金融市場理論は、それが発展し、価格の過程の構造をフォーカスするにしたがって、一般均衡理論の枠組み（paradigm）の境界と重なりあった。証券市場のミクロ構造はますます解明されてきており、たとえばマーケット・メーク専門（業者）の理論が、次第に研究されつつある。そしてわれわれは、非対称情報による投資行動の戦略的モデルについて、特に取り組んでいく必要がある。

しかしながら、資産価格づけなどの通常の目的においては、一般競争均衡モデルが引き続き基準（norm）である。実際に、ワルラス理論におけるプライス・テイカー[94]は大規模な金融市場のほうが他の多くの市場よりも適しているといえるかもしれない。（以下省略）

このダフィーの記述は大変に興味深いものであり、1990年代初頭の研究の

---

[94] 市場で決定される価格に対応しなければならない市場参加者のこと。競争市場における市場参加者がプライス・テイカーである。

状況がよくうかがえる。当時はファイナンス理論の均衡に関するさまざまな研究がなされ、一般均衡理論との関係、さらには不完備市場の均衡の研究なども進んだことがわかる。そして、課題として、強い仮定条件の設定や使いやすい確率モデルへの依存が指摘されている。

ワルラス均衡とアロー・ドブリュー均衡

　この文章の翌年に出版された『動学的資産価格理論（原題）』は、アロー以来の証券市場における均衡に関するさまざまな研究の成果と、ハリソン、クレプス、プリスカに至るまでの黄金の10年で確立された条件付請求権の価格理論を統合したものである。数学的な記述のスタイルや用語は、ハリソン、クレプス、プリスカで確立されたものをほぼそのまま踏襲している。ハリソンたちの論文も相当に難解であったが、ダフィーの本はさらに多くのトピックや概念を盛り込んでいるために、きわめて難解な本となっている。

　均衡に関連する部分で重要なのは、静学的なワルラス均衡（ダフィーは単に「均衡」と呼んでいる）と動学的（ダイナミック）なアロー・ドブリュー均衡を明確に区分けしていることである。これらの均衡の定義は後で示すが、ワルラス均衡は、時間の概念がない静学的な均衡の概念である一方で、アロー・ドブリュー均衡は、時点0（現時点）で、将来の時点tでペイオフが発生する条件付請求権を購入できるというタイプの均衡である。どちらの均衡についても均衡の存在は自明ではないが、ワルラス均衡の存在は、2.2で紹介したようにアローとドブリューによって1954年に示された。一方、離散時間モデルについては1953年のアローの論文で示されたが、動的なアロー・ドブリュー均衡の連続時間における存在は1970年代から80年代にかけてのいくつかの研究結果[95]によって示された。

均衡、最適、完備性に関する重要な命題

　ここでダフィーの本で示された、均衡、最適（効率）、完備性等に関する重要な命題を列挙する。

---

[95] ダフィーによれば、Bewleyによる1972年の研究やMas and Colellによる1986年の研究などによって示された。

[厚生経済学の第1基本定理]

市場が完備で、ワルラス均衡が存在するとき、厚生経済学の第1基本定理によって、パレート最適（効率）である。

[ワルラス均衡とアロー・ドブリュー均衡]

市場が完備である場合は、アロー・ドブリュー均衡とワルラス均衡は同値である。

[市場の完備性]

市場が完備であるためには、フィルトレーション（情報増大系）のスパニング数（spanning number）以上の数の証券が存在する必要がある[96]。ここでスパニング数とは継続した2つの時点間で明らかになりうる非空の事象の数のなかで最大値。

[アロー・ドブリュー均衡とパレート最適]

任意のアロー・ドブリュー均衡はパレート最適（効率）である。

[アロー・ドブリュー均衡の存在]

効用関数が滑らかで加法的[97]であり、価格が線形関数として表せる場合[98]にアロー・ドブリュー均衡が存在する。

市場の完備性とスパニング数の関係について、離散時間モデルの場合は、3.4で説明したようにハリソンとプリスカによって示されたが、連続時間について示したのはDuffie and Haung（1985）である。

動学的一般均衡モデルの発展、不完備市場における均衡

アローが1953年に考案した、不確実性が伴う証券市場のモデルを、現在のかたちに発展させたのはロイ・ラドナー[99]である。ラドナーは一般均衡に情

---

[96] この命題は3.4の離散時間モデルの命題として示したものと同じ内容。
[97] 厳密な定義は省略するが、ある関数が滑らかであるとは、連続な任意の階数の微分をもつようにその関数を開集合上に拡張することができることである。
[98] ダフィーの本では、ここの部分を価格 p が「リース表現」をもつという言い方をしている。リース表現とは、簡単にいうと一定の条件を満たすベクトル空間の形式（非退化双線型形式）を線形関数として表現できるということである。
[99] ロイ・ラドナー（Roy Radner、1927～）はアメリカの経済学者で、ニューヨーク大学などで教鞭をとる。市場の均衡に関する研究以外にも、「ターンパイク理論」と呼ばれる経済の最適経路に関する研究などで知られる。

報や不確実性を持ち込んで、ダフィーの本で説明される市場モデルを創始した[100]。

また不完備市場における均衡の存在の問題については、あまり多くは語られておらず、1990年代前半を中心に、ダフィーを含めた何人かの研究者によってさまざまな研究がなされたことがノートとして記されている程度である。そこでは、不完備市場における均衡の存在を示すのは困難が伴うが、定式化を変形させることによって均衡が得られることを示した研究があることなどが紹介されている。

ダフィーの本のセッティング[101]（連続時間モデル）

最後に、ダフィーの本の連続時間モデルのセッティングと均衡・最適の定義を簡単に紹介するが、これはハリソン・プリスカのセッティングと、証券の配当の過程を分離して明示した以外の点ではほとんど違いはない。これらのセッティングからは、数理ファイナンスの理論がどのような枠組みで論じられているのかをうかがうことができるだろう。

・確率空間：(Ω, F, P)
・時点：$[0, T]$
・経済主体 i：m 人の経済主体
・消費空間 L：L は $E\left(\int_0^t c_t^2 dt\right) < \infty$ となる、F 適合な確率過程 c の全体。

　c は消費過程。

・価格過程：$X = \{X^0, \cdots, X^K\}$、X は $K+1$ 個のコンポーネントからなる。
・配当過程：$D = \{D^0, \cdots, D^K\}$、$K+1$ 個の証券のそれぞれの配当の確率過程。
・収益過程：$G = D + X$

---

[100] Radner (1972) では、「ラドナー均衡」と呼ばれるアロー・ドブリュー均衡の概念を発展させた均衡の概念が提案された。現在と将来を明確に区別し、消費者の先渡し価格予想を用いた均衡である。
[101] 証券価格等の記号は3.5とできるだけ同じにしており、ダフィーの本の記号の使い方と異なる場合がある。

- 取引戦略：$\phi_t = \{\phi_t^0, \cdots, \phi_t^K\}$、取引戦略全体を$\Theta$と記す。
- 取引戦略から生成される配当戦略$D^\theta : D_t^\theta = \theta_{t-1}(S_t + D_t) - \theta_t S_t$
- 初期賦存[102]（endowment）量e^i：各経済主体iの初期賦存。
- 総初期賦存量：$e = e^1, \cdots, e^m$、初期賦存の全体量。
- 消費過程[103] L：初期賦存e^iと投資戦略θ^iによる配当過程のセット$e^i + \delta^{\theta i}$。非負の消費過程全体を$L+$と記す。
- 実行可能（feasible）な消費配分：$c^1 + \cdots + c^m \leq e$、となる$(c^1, \cdots, c^m)$。つまり初期基金でまかなえる消費。
- 予算（budget-feasible）消費$X : X = \{e + \delta^\theta \in L+, \theta \in \Theta\}$、初期賦存$e$とそれによって得られる配当$\delta^\theta$の総和。
- 効用関数$U : L+ \to \mathbb{R}$（実数）の狭義（厳密な）増加関数。消費に対する各経済主体iの効用。
- 完備[104]：任意の消費過程$x \in L$について、$\delta_t^\theta = x_t$, $t \geq 1$となるような取引戦略θが存在すること。

均衡・最適（効率）の定義

[（ワルラス）均衡の定義]

各経済主体iの投資戦略θ^iが効用関数$U_i(c)$の上限（つまり$sup_c U_i(c)$）となり、かつ$\sum_{i=1}^m \theta^i = 0$, $\sum_{i=1}^m (c^i - e^i) = 0$を満たす場合に証券価格過程の組$(\theta^1, \cdots, \theta^m, S)$は（ワルラス）均衡であるという。ただし$c^i$は予算消費$c^i = e^i + \delta^{\theta i}$であるとする。

[アロー・ドブリュー均衡の定義]

ゼロでない線形関数πと実行可能な消費配分$(c^1, \cdots, c^m)$について、各消費者iに対して$\pi(c) \leq \pi(e^i)$という制約条件のものとで効用関数$U_i(c)$の$c \in L+$に関する上限が存在する場合、その上限をアロー・ドブリュー均衡という。

---

[102] 「ふそん」と読む。資源が、その利用の可否に関係なく、ある量だけ存在すること。
[103] ハリソン・クレプス（3.4参照）における消費束に相当する概念。
[104] これは、ハリソン・プリスカ（3.5参照）の定義と同じ。ハリソン・プレスカはこうした取引戦略があることを達成可能と呼んでいた。

[パレート最適（効率）の定義]

実行可能な消費配分 $(c^1, \cdots, c^m)$ について、すべての消費者 i に対して $U_i(\hat{c}^i) \geq U_i(c^i)$、またある消費者 i について $U_i(\hat{c}^i) > U_i(c^i)$ となるような他の実行可能な消費配分 $(\hat{c}^1, \cdots, \hat{c}^m)$ が存在しないこと。

第 4 章

事件の発生と前提条件の微修正

年	出来事	章.節
1963	**ブロワ・マンデルブロ**、綿花の価格がランダム・ウォークより裾が厚い安定パレート分布に従うことに関する論文を発表	4.1
1975	**ジョン・コックス**、CEVモデルを考案。価格に対する弾力性をもったボラティリティ・モデル	4.7
1976	**ルビンシュタイン**と**ヘイン・リーランド**、ポートフォリオ・インシュランスを考案	4.2
1987	**ブラック・マンデー**が発生。ニューヨークの株価急落	4.2
1993	**ユージン・ファーマ**と**ケネス・フレンチ**、論文「株と債券のリターンの共通リスク・ファクター」を発表。ファーマ・フレンチの3ファクター・モデル	4.4
	スティーブン・ヘストン、論文「確率ボラティリティによる債券と通貨オプションの解析解」を発表。ヘストン・モデル	4.7
1994	**エマニュエル・ダーマン**と**イーラジ・カニ**、ローカル・ボラティリティ・モデルに関する論文を発表	4.3
	ブルーノ・デュピール、論文「スマイルを使った価格評価」を発表。ローカル・ボラティリティ・モデルに関する考察	4.3
	P&Gがデリバティブ取引の損失に関して**バンカース・トラスト**を提訴	4.5
	ギブソンがデリバティブ取引の損失に関してバンカースを提訴	4.5
	カリフォルニア州のオレンジ郡が仕組債などを使った投資に失敗し破産	4.5
1998	ロシア危機の発生とヘッジファンド**LTCM**の崩壊	4.8
2000	**ロバート・シラー**、『根拠なき熱狂』を出版	4.9
2002	**パトリック・ハーガン**ら4人、論文「スマイル・リスクの管理」を発表。確率ボラティリティのSABRモデル	4.7

4.1 マンデルブロの予言（市場のファット・テール性）

　ブラック・ショールズ・モデルの定着以来、市場の価格変動率がランダム・ウォークに従うと仮定することが金融工学のスタンダードになった。これは、2.3で説明したように、1950年代におけるケンドールやオズボーンが統計や物理の観点から市場の振る舞いを眺めた研究結果に基づいている。しかしながら、1963年、ブラック・ショールズ・モデルが発表される10年前に、異才の学者マンデルブロは、市場の価格がランダム・ウォークでなく、より裾の厚い分布になることを観察していた。つまり、バシュリエ以来積み上げられてきたランダム・ウォークを軸にして築いてきた理論の限界を、早くも見抜いていたのである。マンデルブロは、観察したデータが正規分布でなく、レヴィが分析を進めた安定分布（安定パレート分布）に従うと考えた。安定分布は、正規分布を拡張した理論であり、その分布に従う確率変数の和がもとの分布と同じかたちになるという分布形の「安定性」をもつ確率分布である。この分布の特徴は正規分布以外の場合は、極端に裾が厚い分布形を得られることである。

　マンデルブロの発見と見解は、他の研究者に興味をもたれこそしたが、まったく歓迎されなかった。正規分布でない安定分布はきわめて数学的な取扱いがむずかしいのだ。さらには、それまで正規分布を拠り所にして築きあげてきた統計分析の手法が根底から崩れてしまうからだ。そして、後にブラック・ショールズ・モデルが金融界を席巻し、金融工学の専門家たちがブラック・ショールズ・モデルの応用や拡張に夢中になっていた時代には、マンデルブロの観察結果は大多数の人々からは忘れ去られた。やがて、マンデルブロ自身も、興味の対象を金融市場からフラクタルに移した。

　リーマン・ショックが起こるまで、1960年代のマンデルブロの説に興味を持ち続けたのは、ファイナンスの専門家ではなくカオス理論に関心のある人たちだったかもしれない。そして、マンデルブロの考えが、より広い世間一般で大きな注目を浴びるのは、ナシーム・タレブ[1]が書いた『ブラック・ス

ワン』がベストセラーになってからである。『ブラック・スワン』はリーマン・ショックの前年に出版されたものだが、リーマン・ショックのような市場のまれな出来事が起こることを予言したことで有名になった。タレブはこの本のなかでランダム・ウォークを「ベル・カーブ、この壮大な知的詐欺」とこき下ろし、「マンデルブロ的なもの」と比較している。タレブはマンデルブロ的な世界が大好きなのだ。こうして、リーマン・ショックによってマンデルブロの予言は再び見直された。しかしながら、安定分布の数学的な取扱いのむずかしさは1960年代と変わらない。マンデルブロの予言をどう具体的に取り入れるのか、これがいまもなお、金融工学の大きな課題の1つになっている。

〔ブロワ・マンデルブロ（Benoit Mandelbrot）〕（1924〜2010）
　マンデルブロについては2.9を参照。
【紹介する論文】Mandelbrot（1963）
「ある投機的な価格の評価」（The Variation of Certain Speculative Prices）

ジップの法則、パレートの法則

　ヨーロッパからアメリカに渡ったマンデルブロは1958年の夏に、IBMのワトソン研究所に研究員のポジションを得た。当時のIBMの研究所は世界最大のコンピュータ科学の研究機関であり、マンデルブロはそこで自由な研究課題に取り組むことができた。マンデルブロは所得分布など各種の経済データの分析に取り組んだところ、こうしたデータにはジップ[2]の法則やパレートの法則が現れることがわかった。ジップの法則とは、単語の出現頻度の高い順に順位をつけた場合、第2位の単語は1位の単語のおよそ2分の1の頻度で出現し、第n位の単語は1位のおよそn分の1の頻度であるというものである。この法則性はジップの言語学の研究によって発見された。一方、パ

1　ナシーム・タレブ（Nassim Taleb、1960〜　）はレバノン出身のアメリカ人で、元デリバティブ・トレーダーの随筆家、市場の研究者。
2　2.3を参照。

レートの法則は、パレート均衡で有名なイタリアの経済学者パレート[3]が発見した法則で、イタリアの国土の80%は人口の20%の人間によって所有されているといった、80対20の法則である。この80対20の比率が、たとえば世界の富の80%を20%の人口が保有しているなど、社会のさまざまな現象にも適用できるというものである。パレートの発見は「べき乗則[4]」（あるいはフラクタル性）の考え方の土台になるものであった。

たまたま出会った綿花価格のグラフ

1961年のある日、マンデルブロは、講演のために訪れていたハーバード大学で、経済学者ハウタッカー[5]と知り合い、その研究室を訪問した。部屋に入ると、黒板に書き込まれていたグラフが目に飛び込んできた。驚いたことに、それは自分がその日の講演で話そうとしていた所得分布に関するグラフにそっくりだった。マンデルブロはハウタッカーに「どうして私がこれから話そうとしているアイデアを知っているのか」とたずねた[6]。それが所得分布ではなく過去の綿花価格の変動を示したグラフであることを教えられたマンデルブロは、ハウタッカーに頼み込んで価格データを譲り受け、IBMの研究所にデータを持ち帰って、さまざまな分析を試みた。

マンデルブロが得たデータは1890〜1937年の綿花価格である。綿花価格の月次データを5カ月間と10カ月間の変動幅の分布をヒストグラム化すると、分布のテールが異常に長いことを発見した（図4.1.1）。

これはヒストグラムで示した実際の分布と、分散が同じになるような正規分布の線を重ねた図である。正規分布（マンデルブロはベル分布と呼んでいる）であれば、平均値（＝ゼロ近辺）より遠い地点では分布の厚みが確実に減衰していくのに対し、実際の分布は、平均値近辺の分布が集中している場所か

---

[3] 2.2を参照。
[4] ジップの法則のように、どのスケールに拡大または縮小してみても、同じような形状（性質）をもつことをべき乗則という。べき乗則はフラクタル性ともいわれる。
[5] 2.3を参照。サミュエルソンと懇意で、ランダム・ウォーク仮説の推進に一役買った学者。
[6] このあたりの事情はMandelbrot and Hudson（2004）やMacKenzie（2008）などを参照した。

図 4.1.1　綿花価格の変化幅の分布

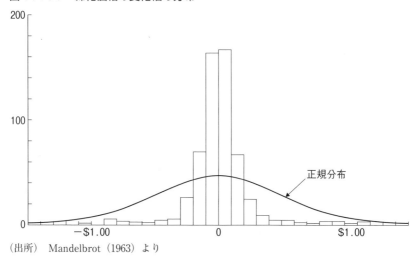

（出所）　Mandelbrot（1963）より

ら外れた地点では、ある程度の厚みの分布がかなり遠い裾の部分でもなかなか減衰しない。つまり、テール（尻尾）の部分の振る舞いが正規分布とは異なり、正規分布では尻尾がすぐに減衰するのに対し、実際の分布は尻尾が長く続くのだ。こういう理由で裾の厚い分布はロングテールとも呼ばれる。

安定（パレート）分布、またはレヴィ安定分布

　マンデルブロはヒストグラムで示されたロングテールの分布は正規分布でなく、安定パレート分布であると考えた。安定パレート分布にはいくつか別の呼び方があり、安定分布、または（広義の）レヴィ（α）安定分布[7]と呼ばれる。安定分布という言葉は、その分布に従う確率変数の和が適当な一次変換によって元の分布になるという性質に由来している。つまり、分布の和をとっても同じ分布の形式のままで安定しているのである。安定分布は、バシュリエと因縁のある[8]フランスの数学者レヴィによって定式化された。レ

---

[7] レヴィ安定分布は広義のレヴィ分布ともいわれる。狭義のレヴィ分布は後で説明する安定分布のパラメータが、$\alpha=1/2$、$\beta=1$の場合である。狭義のレヴィ分布は密度関数を解析的に書くことができる。

ヴィはランダム過程を研究するなかで安定分布に行き着いた。分散が存在するすべての標本分布が正規分布に近づくという中心極限定理を、分散が存在しない標本に拡張（一般化中心極限定理）することによって行き着いたのが安定分布である。もちろん、正規分布は安定分布の一種であり、安定分布のなかで分散が存在するのは正規分布だけである。

分布の形式が安定していることは統計モデルではきわめて大きなメリットであるが、残念なことに安定分布の数学的取扱いは、正規分布を例外として、大変に困難である。安定分布の密度関数や分布関数は一般に知られた多くの分布と異なり、正規分布やコーシー分布[9]など一部のケースを除いて[10]解析的な数式として記述できない。安定分布の密度関数は、解析的には示せないが、安定分布の特性関数[11]は4つのパラメータを使って表すことができる。安定分布をUと表記すると、特性関数は次のとおりである[12]。

$$\int_{-\infty}^{\infty} e^{iuz} dPr(U<u) = \exp\left[i\delta z - \gamma|z|^\alpha \left\{1 + i\beta tan\left(\frac{\pi\alpha}{2}\right)\right\}\right] \quad (4.1.1)$$

4つのパラメータのうち、αはファット・テールの度合い（あるいは分布の尖り具合）を規定する最も重要なパラメータであり、0～2の値をとる。αが小さいほどファット・テール性が強くなる。特殊な場合として、最もファット・テール性が低い$\alpha = 2$は正規分布になる。また$\alpha = 1$の場合はコーシー分布と呼ばれる分布になる。安定分布の分散が有限になるのは、正規分布の場合だけであり、αが2より少しでも小さくなると、分散は無限大になってしまう。また、βは分布のゆがみ（左右対称性）を支配するパラメー

---

[8] 2.1に記したように、レヴィがバシュリエの論文の内容を誤解したために、バシュリエはディジョン大学の地位獲得に失敗した。
[9] フランスの数学者オーギュスタン＝ルイ・コーシー（Augustin Louis Cauchy、1789～1857）にちなむ確率分布。コーシーは解析学などで多くの業績を残した大変に有名な数学者である。コーシー分布は物理学において大変に重要な分布であり、共鳴のエネルギー特性や光学のスペクトルなどの記述に用いられる。
[10] 解析的な数式として記述できる安定分布は、正規分布、コーシー分布と狭義のレヴィ分布である。
[11] 確率・統計で頻繁に使われる関数であり、確率分布は特性関数によって完全に定義することができる。
[12] $\alpha = 1$の場合は若干形が変わる。

タであり、$\beta = 0$の場合に左右対称になる。安定分布のパラメータと主要な統計量の関係は表4.1.1のとおりである。

安定分布の密度関数は図4.1.2のとおりである。

αが小さくなるに従って、尖った形状になっていくことがわかる。この密度関数のαによる裾の厚みの違いをよりわかりやすくするために、グラフの右半分を縦横両軸とも対数スケールに置き換えたのが図4.1.3である。

安定分布の裾の厚さは、αの数値の少しの違いにきわめて大きく反応し、

表4.1.1　安定分布のパラメータと統計量の関係

平均値	$\alpha > 1$のときδ、 その他の場合は平均が存在しない。
分散	$\alpha = 2$のとき2γ、 その他の場合は無限大。
歪度	$\alpha = 2$のとき0、 その他の場合は歪度が存在しない。
尖度	$\alpha = 2$のとき0 その他の場合は尖度が存在しない。

図4.1.2　安定分布のαと密度関数の関係

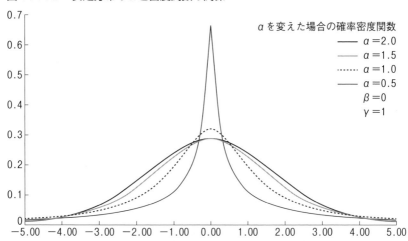

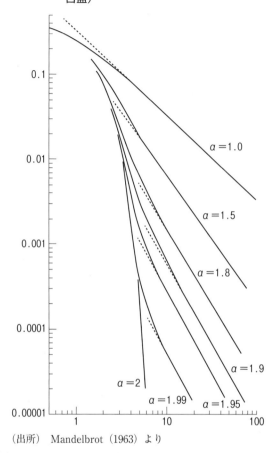

図4.1.3 安定分布のαと密度関数の関係（対数目盛）

（出所）Mandelbrot（1963）より

グラフの形状が α によって大きく変わることがわかる。

パレートの図的解法

当時、安定分布はほとんど知られていない確率分布であったが、マンデルブロはこの分布をよく知っていた。マンデルブロはパリのエコール・ポリテックでレヴィの弟子だったからである。マンデルブロは綿花価格の過去データが安定分布に従う可能性があると考えたが、その仮説を実証するにあ

たって用いられた手法が、パレートの図的解法（Graphical Method）と呼ばれる手法である。

マンデルブロは、綿花価格変動幅のデータを（両軸）対数グラフにプロットした結果図４．１．４のようなグラフを得た。

このグラフは綿花価格の日次と月次の変化幅の分布をUとした場合に、$P(U>u)$となる確率（縦軸）とu（横軸）を対数グラフにプロットしたものである。1a、2cなど記号のa、b、cはデータの期間の違い（a：1900～1905年の日次、b：1948～1958年の日次、c：1880～1940年の月次）を示し、1は正の裾（目盛りは下の軸）、2は負の裾（目盛りは上の軸）を示す。

対数グラフのプロットの形状は図４．１．３で示したようにαの数値によって規定される。真ん中の実線は、$\alpha=1.7$でβとδをゼロにした場合のグラフであるが、綿花のデータのグラフが、$\alpha=1.7$の形状にそっくりだったために、マンデルブロは綿花価格の変動は$\alpha=1.7$の安定分布に当てはまると考えた。

図４．１．４　パレートの図的解法

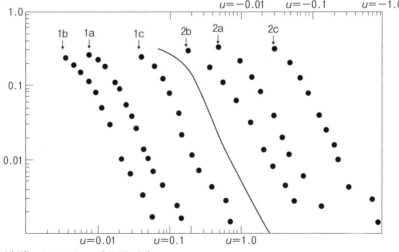

（出所）　Mandelbrot（1963）より

有名なランダム・ウォーク本の編集者クートナーからの批判

　マンデルブロの仮説は物議を醸した。このマンデルブロの安定分布に関する論文は、本書で何度も登場した1964年にポール・クートナーがまとめた有名なランダム・ウォークに関する論文集『株式の市場価格のランダム性』(Cootner（1964））にも掲載されている。マンデルブロの主張はランダム・ウォーク説を正面から否定するものであったので、そうした対立意見の論文を掲載したという点でクートナーは大変に寛大であった。しかしながら、クートナーは同じ論文集にマンデルブロの見解を痛烈に批判する自身の文章[13]を掲載することを忘れていない。クートナーはマンデルブロの研究を「最も革命的」であるとしながら、その説を認めてしまうと、バシュリエ以来の前提条件が崩れてしまうとしている。クートナーは、マンデルブロの分析がグラフの形状やその傾きなどを使った荒っぽい分析に依存して、数値的な分析に基づいていないことなどを批判した。そして、クートナーの批判は次の有名な一文で締めくくられる。

　　　チャーチル首相と同様に、マンデルブロが私たちに約束したものはユートピアでなく、血と汗と苦労と涙である。もし彼が正しいのであれば、われわれの統計学的手法、つまり最小二乗法、スペクトル分析、最尤法などこれまでに確立されたすべての標本理論や解析的な分布関数は、すべて時代遅れということになる。そして過去の計量経済学はほぼ例外なく無意味ということになってしまう。……いずれにしても、それが本当に役立たずだという実証証拠を見せるだけでなく、新しい手法がこれまでもわれわれが知っていたことに、それほど破壊的でないことを何としても示してほしいものだ。

　クートナーが言いたかったことは、それまでの計量経済学はすべて、中心極限定理、つまり標本分布の標本数を増やせば正規分布に近づく性質を理論の土台として成立しているということだ。もし、標本分布がマンデルブロのいうように正規分布以外の安定分布に収束するのであれば、過去の統計分析の手法がすべて台無しになってしまう。

---

[13]　Cootner（1962），"Comment on the Variation of Certain Speculative Prices"

安定分布に対する批判と擁護

　クートナーの批判は当時の空気を代表するものであり、1960年代から70年代にかけては、マンデルブロの主張は、歓迎されなかった。実際のところ、安定分布の数学的な扱い方のむずかしさを考えれば、クートナーの批判は十分理解できる。なぜならば、安定分布は $\alpha = 2$ で正規分布の場合以外は、分散が無限大に発散してしまうのである。これは大問題であり、たとえば、$\alpha \neq 2$ の安定分布をそのまま適用してオプションの価格の計算をするには無理がある。さらにはクートナーが指摘するように、多くの計量経済の手法は、正規分布に収束するという中心極限定理を理論の拠り所にしている。こうした手法を放棄してしまえば、計量的分析自体が不可能になってしまうおそれがある。

　そうはいっても、マンデルブロはまったく孤立していたわけではない。たとえばマンデルブロの弟子のユージン・ファーマはマンデルブロの論文にわかりやすい用語で説明した前書き[14]をつけただけでなく、他の論文においてもマンデルブロの結果を支持するような記述をしている。また、ファーマの弟子であるリチャード・ロールも市場にはレヴィの安定分布で表現されるような「自己相似性」があることをサポートしている。マンデルブロの研究を引き継いだものとして知られているのが、1972年に当時シカゴ大学の大学院生だったロバート・オフィサー（Robert Officer）が書いた、安定分布のパラメータの推定方法を研究した論文[15]である。

　マンデルブロ自身は、1970年代以降はフラクタルの研究などに注力し、金融データに関する関心が戻るのは、1990年代の後半になってからである。そうした、内容はMandelbrot and Hudson（2004）（邦訳『禁断の市場』）で説明されている。この本では、クートナーたちの批判に対して、マンデルブロが特に対応をしなかった理由が説明されている。それは、当時は、「批判的なデータを持ち出してくる人の主張をすべて取り下げるほどのデータも理論もなかった」（前掲訳本226ページ）からである。

---

[14] Fama（1963）
[15] Officer（1972）

タレブのベスト・セラー『ブラック・スワン』における賞賛

　1963年のマンデルブロの業績をいっそう有名にしたのが、リーマン・ショックの前年に発表された、ナシーム・タレブ（Nassim Taleb）の『ブラック・スワン』（2007年）である。タレブは、正規分布（ガウス分布）の世界を「月並みな国」、マンデルブロ的なべき乗則によって成り立つ世界を「果ての国」として表現した。月並みな国の住民は、果ての国で起こることが予想できないのである。

　タレブの本は、翌年のリーマン・ショックを予言するかのような内容だったため、世界中でベスト・セラーとなった。そして、1963年のマンデルブロの主張に金融業界がもう少し真剣に耳を傾けなかったことが、リーマン・ショックを引き起こした原因の1つであるという論調も沸き起こった。しかしながら、こうした批判にはやや誇張があるかもしれない。なぜならば、マンデルブロ自身が回想しているように、1960年代や1970年代には、マンデルブロの発見をさらに強固なものにするためのデータも理論も存在しなかったからである。

4.2　最初の兆候（ブラック・マンデー）

　1987年10月19日（月）、アメリカの株価が大暴落し、ダウ平均はわずか1日で22.6％下落した。これは1日の下落率としては1929年の世界恐慌時に記録した数値の2倍近くという凄まじいものであった。これがブラック・マンデーである。実は、アメリカの株価はそれまで長期にわたって順調に上昇を謳歌していたのだが、この日、突然暗転した。ただし、まったく予兆がなかったわけではない。ブラック・マンデーの前の週の後半には通常よりやや大きい下落があったのだ。この前週の下落が、結果として、大暴落の引き金となった。株価の下落幅は前週分もあわせると、1週間で3分の1近くになった。

　このブラック・マンデーは、数理ファイナンスがバシュリエ以来のシンプ

ルな市場モデルに重大な欠陥があることを明確にした最初の大きな兆候である。2008年のリーマン・ショックの後、金融危機の原因をつくったウォール街の経営者たちは自分たちの責任逃れのために「100年に一度の危機」と言い訳をした。しかし、その20年前に起こったブラック・マンデーをブラック・ショールズ・モデルで評価した場合は100年に一度どころか、1兆年、1京年、1垓年、……に一度といった数字の単位でもまったく表現できないほど小さい確率[16]になる。つまり、ブラック・マンデーはバシュリエ以来の正規分布の世界では説明不能な出来事であった。

ブラック・マンデーの下落のメカニズムはニコラス・ブレイディ[17]を委員長とする大統領調査委員会によるブレイディ・レポート（Brady Report (1988)）による詳細な分析によって示された。大事件があればきっちり調査をするのがアメリカのよいところである。ブレイディ・レポートでは、クラッシュの最大の原因を「ポートフォリオ・インシュランス」と結論づけた。

ポートフォリオ・インシュランスは二項モデルやエキゾチック・オプションで有名なマーク・ルビンシュタインがヘイン・リーランド[18]とともに1976年に考案した手法である。ブラック・ショールズ・モデルは、無リスク金利と株式のヘッジによってオプションが複製できることを示した。ポートフォリオ・インシュランスはこの性質を応用して、株価下落の保険としてのプット・オプションの買いと同様の経済効果を、現物株の売りのヘッジ戦略（ダイナミック・ヘッジ）によって複製するというものである。

プット・オプションのデルタ・ヘッジは株価が下がれば下がるほど、売り増す必要がある。ブラック・マンデーにおいてはそういうメカニズムが作用

---

16 ある試算によればブラック・マンデーの1日の下落はおよそ21シグマ以上の下落に相当し、それが実現する確率は10の98乗分の1であるという。ちなみに、1京年に一度の出来事は10の19乗分の3程度であるから、この確率が人間の英知では具体的に比較することが困難なほど小さな確率であることがわかる。

17 ニコラス・ブレイディ（Nicholas Brady、1930〜）はアメリカの政治家。1988〜1993年、財務長官を務め、1989年には中南米の債務危機に対処するためのブレイディ提案を行った。

18 ヘイン・リーランド（Hayne Leland）はアメリカの経済学者。UCバークレー校の教授を長く務める。

し、下落幅を拡大させたのである。たしかに、大暴落のきっかけ自体はマクロ経済という外的要因であったが、下落を極端な大きさに増幅させたのは市場自身の内生的な要因であったのだ。つまり、ポートフォリオ・インシュランスという金融技術がなければ、暴落はここまで極端なものにはならなかったというのが、ブレイディ・レポートの結論である。こうしたメカニズムを、ロバート・シラーは「カスケード（cascade）効果」と説明した[19]。カスケードとは次々に連鎖的に起こる化学反応などを形容する言葉である。こうした効果は近年では「フィード・バック効果」などとも表現される。数理ファイナンスは、自分自身がつくりだした技術によってフィード・バック効果を受けるのである。

ブラック・マンデーは、金融市場は物理現象のように外生的作用だけでは説明しきれないリスクがあることを明確にした。つまり、バシュリエ以来のシンプルな物理的モデルでは金融市場の振る舞いは十分には表現しきれないのである。この教訓に、株式市場の現場のトレーダーたちは直ちに緊急の対症療法的な対応を行った。そのことについては、次節で説明する。しかしながら、数理ファイナンスの理論的な対応は後手に回り、ランダム・ウォークの仮定に潜む根本的な問題は修正されなかった。こうしたことによって、歴史は再び繰り返されることになる。

長期的な株価の上昇

ブラック・マンデーが発生するまで、アメリカの株価は長期的な上昇を続けていた。図４．２．１は1950年からのS&P500指数の推移である。ここからはブラック・マンデーに至るまでに、アメリカの株価は長期の上昇基調にあったこと、特に1982年前後から上昇率を加速して、ややバブル的な様相を呈していたことがわかる。

ブレイディ・レポートでは、1982年からの強気相場の要因の１つとして、レーガン政権による株式投資への数々の税制優遇をあげている。さらに別の要因として、長期金利の低下があげられる。アメリカの金融政策は1979年に

---

[19] Shiller（1988）

図4.2.1 S&P500指数の推移—長期

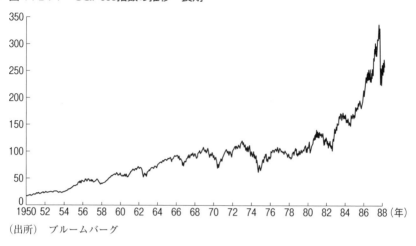

(出所) ブルームバーグ

ポール・ボルカー[20]がFRBの議長に就任して以来、インフレ対策として採用された徹底した引締めを行った。この政策は多少の紆余曲折を経ながらもやがて功を奏し、FRBは1981年には20％以上に達していた政策金利（FF金利）は1982年頃から徐々に下降する局面となり、1987年には6～7％台で推移していた。金利の低下は、株式市場にとっては強い追い風であった。

ブラック・マンデーの経緯

しかしながら、1985年のプラザ合意[21]によって状況は一変する。プラザ合意は、実質的にはアメリカの国際収支の不均衡を解消する目的のドル安政策である。ところが、合意とその後の各国による為替市場の協調介入によってドルが対円や対ドイツ・マルクで大幅に下落したにもかかわらず、アメリカの貿易赤字はむしろ拡大してしまった。その結果、ドルの下落はインフレ懸念を台頭させるだけの効果を与え、ブラック・マンデーの2カ月前の1987年8月11日にボルカーにかわってFRBの新議長に就任したアラン・グリーン

---

20 6.6を参照。
21 1985年9月22日、G5（先進5カ国蔵相・中央銀行総裁会議）により発表された、為替レート安定化に関する合意という名目で、実質的にドル安誘導を決めた会議。

スパン[22]は、就任直後の9月4日には、インフレ懸念に対処して3年5カ月ぶりに公定歩合を引き上げた（5.5%から6.0%）。

　これが、ブラック・マンデー前夜の、おおまかなアメリカの経済環境である。ブラック・マンデーの3営業日前の10月14日にアメリカの貿易収支統計が発表されたが、それは予想を大幅に上回るものであった。ブレイディ・レポートはブラック・マンデーの直接的なきかっけは、この指標の発表にあるとした。この指標の発表を発端にして、さらなる金利上昇を嫌気した株式市場では、3日間で株価が10％以上下げ、10月19日（月）の朝を迎える。10月19日までの数日間の動き[23]を簡単にまとめると表4.2.1のとおりである。

　19日月曜日の朝に売りの注文が殺到したのは、金曜日の市場で取引終了直前に急落したため、ヘッジ売りのオーダーが月曜まで持ち越されたことによる。こうした売りのオーダーが月曜の朝に出されると、市場は機能不全に近い状態になりながら相場は大崩れし、それによってポートフォリオ・インシュランスにはさらに新たな売り需要が発生した。まさに、「売りが売りを呼ぶ」状況である[24]。

ポートフォリオ・インシュランスについて

　ルビンシュタインとリーランドが考案したポートフォリオ・インシュランスは、ブラック・ショールズ・モデルの考え方を、株式ポートフォリオのリスク・ヘッジに応用したものである。ポートフォリオの下落に対する保険としては、株のプット・オプションを購入することが最適な対応である。しかしながら、規模の大きなポートフォリオでは、流動性の乏しいオプション市場で巨額のプットを購入するのはむずかしいかもしれない。実際、1973年にシカゴで始まった上場オプションの取引は、当初の数年間の取引タイプはコールのみであり、プットが取り扱われるのは1977年になってからである。

　ところで、ブラック・ショールズ・モデルは、無リスク金利と株式のヘッ

---

[22] 4.9を参照。
[23] この部分は、FRB（アメリカ連邦準備制度）が2007年にブラック・マンデーのメカニズムを再度検証したレポートCarlson（2007）を参考にしている。
[24] こうした状況については、Bookstaber（2007）（邦訳『市場リスク　暴落は必然か』）が臨場感あふれる描写をしているので、参考にされたい。

表4.2.1 ブラック・マンデー直前の出来事

日付	出来事	S&P500指数
1987年 10月14日（水）	8月の貿易収支統計が発表され、157億ドルの赤字、これは事前の予想を大きく上回る赤字幅。これを受けて金利が上昇、株価は大幅下落。	305.23（前日比▲9.29、変動率▲2.95％）
10月15日（木）	年金ファンドや個人投資家の売りが入り、株価は続落。また、通常より大きなポートフォリオ・インシュランスの売りが入る。	298.08（▲7.15、▲2.34％）
10月16日（金）	オプションの期日などテクニカル要因も加わり株価はさらに下落。特に先物に大きなヘッジ売りが入る。ほぼ終日下落が続く。金曜日までの大幅な下落によって、ポートフォリオ・インシュランス・モデルはさらなる売りサインを示した。	282.70（▲15.38、▲5.16％）
10月19日（月） ブラック・マンデー	オープンからあまりに大量の売り注文が入り、30％の株銘柄は取引開始から1時間を経過しても寄りつかない状態だった。特に先物には膨大な売りが入りS&P500の先物は29％の下落を記録。また記録的な取引ボリュームによって、多くの取引執行システムがスムーズに機能しなかった。	224.84（▲57.86、▲20.47％）
10月20日（火）	FRBが迅速に流動性の供給と経済・金融システムのサポートをするという声明を発表。これによって、下落は止まる。	236.83（＋11.99、＋5.33％）

ジによってオプションが複製できることを示した。この理論を活用すれば、プット・オプションの購入を株式のヘッジ操作によって代替できる。この発想がポートフォリオ・インシュランスである。ポートフォリオ・インシュランスによるヘッジの量は、株価の水準によって変化する。そうした特性から、ダイナミック・ヘッジともいわれる。

図4.2.2　S&P500指数の推移—1987年後半

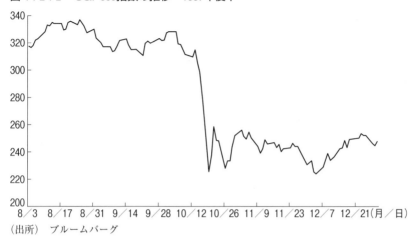

(出所)　ブルームバーグ

オプションのガンマの性質が「売りが売りを」招く

　ポートフォリオ・インシュランスのダイナミック・ヘッジでは、相場が下がれば下がるほど、新たな売りヘッジの需要が発生する。オプションの売り手は、相場が一方方向に動けば動くほど自分に不利な（デルタ）ポジションが増加する。したがって相場が上昇すれば買いを、逆に下落した場合は売りをする必要があるのだ。これがオプションのガンマの売りの性質である。ダイナミック・ヘッジによるポートフォリオ・インシュランスでは、あたかもオプションを売っているかのように市場でヘッジすることによって、実質的にオプションの買いの経済効果を得るものである[25]。そうであるから、ポートフォリオ・インシュランスによるガンマのヘッジが「売りが売りを呼ぶ」サイクルに直接的に結びつくのだ。

---

[25] オプションの売りポジションがあるとき、そのオプションを買い戻すか、ダイナミック・ヘッジをすることによって、そのリスクを軽減することができる。つまり、「ダイナミック・ヘッジはオプションの買いの代替となる」という考え方を使ったポートフォリオのヘッジ手法。

ポートフォリオ・インシュランスのカスケード（連鎖反応）効果

ブレイディ・レポートでは暴落の最大の要因をポートフォリオ・インシュランスによる大規模なヘッジ売りであると結論づけている。そのメカニズムを説明しているブレイディ・レポートのサマリーの一部を紹介しよう。

> （経済指標などがトリガーになったことを説明した後）この最初の下落が、ポートフォリオ・インシュランスを採用している多くの投資家や、資金確保に動いた少数のミューチュアル・ファンドによる価格誘因の売りメカニズムに火をつけた。こうした投資家による売り、およびさらに売り増すという観測によって、アグレッシブな投機筋によるさらなる市場の下落を見込んだ売りを促した。その投機筋には、ヘッジファンドに加えて、少数の個人投資家、寄付基金、資金管理会社や投資銀行を含む。こうした売りが、ポートフォリオ・インシュランスやミューチュアル・ファンド[26]のさらなる売りを誘発した。

このような効果を、ロバート・シラーは「カスケード効果」という表現で説明した。暴落の翌年、シラーは暴落の要因について分析したレポート[27]を発表し、次のように記している。

> 彼ら（ブレイディ・レポート）が言及したメカニズムは「カスケード効果」と呼ばれるものである。最初の下落が、悪性のサイクルをスタートさせて、ポートフォリオ・インシュランスの売りの要因となり、それがさらなる価格下落をさせ、再びポートフォリオ・インシュランスの売りの要因となり、それが続くのだ。

ポートフォリオ・インシュランスによる売りの規模

では、ポートフォリオ・インシュランスによる売りの規模が、実際にはどの程度のものであったのか。ブレイディ・レポートは次のように記している。

> ポートフォリオ・インシュランスや他の機関投資家は株式と株式先物の両方を売却した。先物市場の売り圧力は指数平均のメカニズムを

---

[26] アメリカの一般的な投資信託の通称。
[27] Shiller（1988）

通じて株式市場に伝播した。下落した時間帯を通じて取引ボリュームと価格のボラティリティは劇的に上昇した。取引活動は驚くほど少数の投資家によって支配された。10月19日には、ポートフォリオ・インシュランスの3つのアカウントによって20億ドルの株式と、先物市場では株式28億ドル相当が売却された。また、数社のミューチュアル・ファンドによって9億ドルの株式がブロックで売却された。

　ブレイディ・レポートは10月19日のニューヨーク証券取引所（NYSE）では、ポートフォリオ・インシュランスとミューチュアル・ファンド関連の株式売りが210億ドル近くあったこと、先物市場では、ポートフォリオ・インシュランスからの売りが4割を占め、金額として40億ドルもあったとしている。

暴落を受けた対応

　こうして、売りが売りを呼ぶ悪循環のメカニズムは明らかになったが、それに対してブレイディ・レポートが提言した対応策は次のようなものである。

① 　1つの参加者が市場や金融システムに重大な影響を与える問題への対応
② 　クリアリング制度は統一的であるべき
③ 　証拠金は投機やレバレッジのコントロールができるように一貫性のあるものにすべき
④ 　サーキット・ブレーカーの（急落時に取引をいったん停止する）メカニズムを導入すべき
⑤ 　取引や市場の状態をモニターするための情報システムの構築

　この提言に従って、ニューヨーク証券取引所では1988年にサーキット・ブレーカーが導入された。しかし、ブレイディ・レポートの提言の多くは、店頭取引市場などでは十分な対応がなされず、20年後のリーマン・ショックにおいて、再び市場取引の透明性の欠如や、大きすぎて破綻すると金融システムに重大な影響を与える参加者の問題が浮上することになる。

数理ファイナンスの対応

　一方で数理ファイナンス上の課題については、次節で説明するが、現場のトレーダーたちの対応は早かったが、それはブラック・ショールズ・モデルをそのまま使い続けながらのきわめて簡単な対症療法であった。そして、数年後にその対症療法的な対応は新たなオプション価格導出モデルというかたちに進化するが、それはブラック・マンデーで明らかになったランダム・ウォークをベースにしたモデルの重大な欠点の抜本的な解決とは程遠いものであった。

4.3　ボラティリティのスマイル（スキュー）とローカル・ボラティリティ・モデル

　ブラック・マンデーの大暴落の経験に対する現場のトレーダーたちの対応は素早かった。それはこむずかしい理論は不要の臨機応変な対応である。リスクが大きいことが判明した株のアウト・オブ・ザ・マネー（OTM）のプット・オプション（およびイン・ザ・マネーのコール[28]）の値段を値上げしたのである。特にOTMの度合いが高いものの値上げ幅を大きくした。オプション料の値上げは、現実的にはOTMのプットに適用するボラティリティを引き上げることによって実施された。それまでは、オプションに適用するボラティリティは行使価格に関係なくほぼ一定であった。つまり、株価の収益率がランダム・ウォークに従うというモデルの仮定を素直に受け入れていたのである。

　こうした理由で、ブラック・マンデー以降は、ボラティリティのグラフが水平直線から傾きのある曲線に変わった。このようなボラティリティのグラフのゆがみは「スマイル（smile）」または「スキュー（skew）」と呼ばれ

---

[28] プット・コール・パリティにより、行使価格が同じ（この場合現在の株価より低い行使価格）プットとコールには同じボラティリティが適用される。もしそうでないと裁定が可能になる。

る[29]。本節でこれから説明するようなタイプのボラティリティのグラフの傾斜は現在ではスキューと呼ばれることが多い[30]が、本節で説明する論文ではスマイルという言葉を用いているので、本節ではそれに従う。

このように、ボラティリティのスマイル（スキュー）は、現場のトレーダーのとっさの対応によって生まれたが、金融工学がスマイルを理論化して数式として組み込むには多少の時間がかかった。スマイルを考慮した最初の有名なオプション評価モデルは1993〜1994年にブルーノ・デュピール、およびエマニュエル・ダーマンとイーラジ・カニのコンビによってほぼ同時に考案されたローカル・ボラティリティ・モデルを待たねばならない。

デュピールとダーマン・カニの研究はほぼ同じ時期に、それぞれ独立にローカル・ボラティリティ・モデル（LVモデル）を開発した。そのうち、ダーマン・カニの手法は二項モデルを使った実務的な応用を考慮したモデルであり、直感的理解に優れている。一方のデュピールはLVモデルのボラティリティ関数とオプション価格の関係を数学的に解明したものであり、これはLVモデルのさらなる改良や発展の土台として大変に重要な意味をもつ研究であった。

〔エマニュエル・ダーマン（Emanuel Derman）〕
　南アフリカ出身の金融工学の専門家・学者・作家。ケープ・タウン大学を卒業後、1973年にコロンビア大学で理論物理学の博士号を取得。1973〜1980年はペンシルベニア大学、オックスフォード大学など素粒子物理の研究をする。1980〜1985年はATTのベル研究所でコンピュータ

---

[29] 「スマイル」という言葉は、行使価格がATMから離れれば離れるほどボラティリティが上昇し、グラフの形状が人が笑ったときの口のかたちに似ているからつけられた名前である。一方、スキューとは文字どおりボラティリティのグラフのゆがみのことであり、グラフが水平の直線でない状態を指す（後掲図4.7.2、図4.7.3参照）。

[30] ボラティリティのグラフのゆがみ一般について、「スマイル」と「スキュー」はどちらも使われる。ただし、4.7で説明する2002年のSABRモデルの論文では、ボラティリティのゆがみのうち、グラフの両端が高くなる効果をスマイル、グラフの全体的な傾斜をスキューと区別して用いている。本節で説明するのはボラティリティのグラフの全体的な傾きであるから、スマイルという言葉よりスキュー（または「傾斜」）のほうが適切かもしれないが、本節ではデュピールとダーマン・カニが用いた「スマイル」を使う。

言語の開発などに携わる。1985年にゴールドマン・サックスに入社して金融界入り。一時ソロモン・ブラザーズに移籍するが1990年にゴールドマンに復帰、2002年までクオンツ数理部門のヘッドなどを務めた。その間、金利のブラック・ダーマン・トイ・モデルや、株式オプションのローカル・ボラティリティ・モデルなどを開発した。2002年からはコロンビア大学教授。リーマン・ショック後の2009年には、ポール・ウィルモットとともに、金融モデラー・マニュフェスト[31]に署名し、クオンツの意識改革を提唱した。

〔イーラジ・カニ（Iraj Kani）〕

ミシガン大学とミネソタ大学で数学と物理の修士号を取得、オックスフォード大学で理論物理学の博士号を取得。バンカース・トラストを経て1991年にゴールドマン・サックスに入社し、同僚のエマニュエル・ダーマンとともにローカル・ボラティリティ・モデルを開発し、ほかにも確率ボラティリティ・モデルの研究などに携わる。1998年からニューヨークでマルチンゲール・テクノロジー社のCEOを務める。

【紹介する論文】Derman and Kani（1994）
「スマイルに乗って」（Riding on a smile）

ブラック・マンデーとボラティリティのスマイル（スキュー）

ブラック・マンデーの教訓は、いったんある程度以上の株式の下落が起こると、ポートフォリオのリスク・ヘッジなどによって連鎖反応的な売りが起こる可能性があることだ。これは、株式オプションのトレーダーにとっては由々しき事態であり、うかつにアウト・オブ・ザ・マネー（OTM）のプットを売ってしまうと、後で大損しかねない。こうしたリスクを認識してトレーダーたちがとった行動は、OTMのオプションのボラティリティにリスク・プレミアムを上乗せすることであった。図4.3.1は、ブラック・マンデー後のS&P500指数のオプションの行使価格（現在の価格に対する％）と市

---

[31] 6.5を参照。

図4.3.1 ブラック・マンデー後のボラティリティ・カーブ

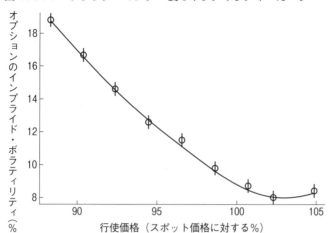

（出所） Derman and Kani（1994）より

場のインプライド・ボラティリティの水準を示したものである。

行使価格の低いオプションのボラティリティはATM（100%）近辺のものに比べて遥かに高いことがわかる。

市場が織り込む株価の確率分布

市場のスマイルの存在は、トレーダーたちの考える株価の確率分布がブラック・ショールズ・モデルの仮定する対数正規分布とは違う分布であることを意味する。次の図は、ダーマンとカニが市場のスマイルを勘案した株価の確率分布（図4.3.2(a)）と、スマイルを勘案しない通常の対数正規分布の分布（図4.3.2(b)）を比較したものである。

市場が織り込む確率分布（図(a)）では、対数正規分布に従う場合の分布（図(b)）に比べて低い株価をつける可能性が大幅に増えている一方で、高い株価をつける可能性は減少していることがわかる。

リスク管理やエキゾチック・オプションの評価にはモデルが必要

株の値動きが実際には対数正規分布に従わないことに気がついたとき、ト

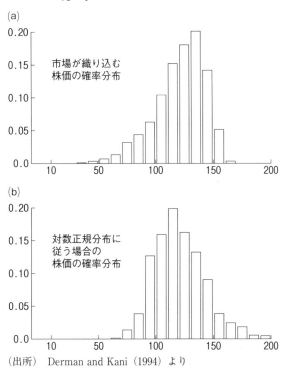

図4.3.2 ブラック・マンデー後のボラティリティ・カーブ

(出所) Derman and Kani (1994) より

　レーダーたちが行った対応は、あくまでもブラック・ショールズ・モデルはそのまま使い続けて、適用するボラティリティを行使価格によって変えたのである。新しいモデルの枠組みを考えるには時間と労力がかかるが、この方法を使えば、手っ取り早くOTMのオプション価格にプレミアムを上乗せすることが可能だったからである。しかしながら、この簡便的な対処方法にはさまざまな限界がある。たとえば、オプションのポジションをヘッジするためのリスク・ファクターに対する感応度（グリークス）の算出において、ブラック・ショールズ・モデルではボラティリティのスマイルを適切に反映させることはできない。さらには、最終期限の前に行使できるアメリカン・オプションやノック・アウト・オプションなどエキゾチック・オプションの価

格計算にもスマイルを適切に反映させることはできない。このような事情から、トレーダーがとっさに行った対応を理論化して、ヘッジやエキゾチック・オプションに応用する方法を確立する必要性が高まった。

こうした問題に対応したのがデュピールとダーマン・カニのローカル・ボラティリティ・モデル（LV）である。ここではまず、その理論を直感的に理解しやすいダーマン・カニのアプローチを先に説明する。

ダーマン・カニのローカル・ボラティリティ・モデル

LVの基本的な考え方はそれほどむずかしくない。それは、ブラック・ショールズ・モデルにおいてボラティリティ σ は定数であったが、LVではそれをスポット価格 S および時間 t の関数とするかたちで発展させただけである。つまり、株価のダイナミクスは次の式によって示される。

$$\frac{dS}{S} = r(t)dt + \sigma(S, t)dw \tag{4.3.1}$$

ボラティリティを価格 S の関数とすることによってスマイルを反映させることができる。たとえば、もしOTMのプットの価格を引き上げたいのであれば、S が低くなるに従って、（瞬間的）ボラティリティ $\sigma(S, t)$ の値を上昇させればよい。

また、ボラティリティの関数を時間 t の関数としたのも、市場の実態にフィットさせる効果がある。ブラック・マンデー以前においても、トレーダーたちは、オプションの満期ごとに異なるボラティリティを適用していた。たとえば、株式指数の3カ月のオプションのボラティリティが12％を適用されるのに対し1年のボラティリティには15％を適用するという具合である。トレーダーたちは、ボラティリティが期間にかかわらず一定というモデルの仮定にはそもそも従っていなかったのである。しかしながら、(4.3.1)式の形式のボラティリティであれば、行使価格の軸だけでなく、ボラティリティの時間軸に対する変化も反映させることができる。

図4.3.3 ローカル・ボラティリティのサーフェース

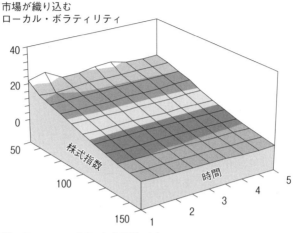

(出所) Derman and Kani (1994) より

　このように、価格と時間に対応したLVモデルのグラフ(サーフェース)の関係は、たとえば図4.3.3のようなイメージである。

二項ツリーによる評価

　ダーマン・カニのモデルは、アメリカン・オプションなどを二項ツリーによって算出することを想定して考案されたものである。二項モデルの利点は、アメリカン・オプションだけでなく、多くのエキゾチック・オプションの価格がツリーによって容易に計算されることである。

　二項モデルにおいては、離散的に分割した時点が1つ進むに従って、状態も1つ増える。ダーマン・カニの二項ツリーは図4.3.4のようなイメージになる。

　通常の二項モデル(コックス・ロス・ルビンシュタイン、3.2参照)においては、ボラティリティが一定であり、ある時点のノードから次の時点のノードへの上昇(または下落)する場合の上昇率(または下落率)とその確率は常に一定になる。しかし、LVモデルにおいては、ボラティリティが各ノードによって変動するので、そう簡単にいかない。LVモデルにおいては、n番

図4.3.4 ローカル・ボラティリティの二項ツリー

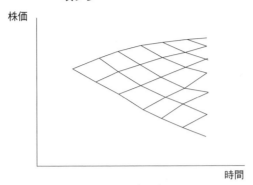

(出所) Derman and Kani (1994) より

目の時点における、j番目（$j=1,\cdots,n$）の状態にある価格が上昇する確率 p_j は状態 j に依存する。こうしたパラメータの算出方法の説明はここでは省略するが、二項分布のLVモデルを使った、コール・オプションの評価式は次の式で表される。

$$C(K, t_{n+1}) = e^{-r\Delta t} \sum_{j=1}^{n} \{\lambda_j p_j + \lambda_{j+1}(1-p_j)\} \max(S_{j+1}-K, 0) \quad (4.3.2)$$

ここで λ_j は状態 j のアロー・ドブリュー証券（つまり、時点 n で状態 j に到達した場合にペイオフ1を支払う証券）の価格である。λ_j の価格は時点1から逐次的に算出される。

LVモデルによるオプション価格の満たす方程式

ダーマンとカニのアプローチは二項モデルによる実用的な研究であったのに対し、デュピレの業績はLVモデルの数式としての性質の研究を推し進めて明らかにした点にある。以下デュピレの分析を簡単に説明する。

LVモデルにおける、満期 T、資産価格 S のリスク中立の密度関数を $\varphi_T(S)$ とした場合、行使価格 K のコールの満期時点の価格 $C(K,T)$ は次のように表すことができる。

$$C(K.T) = \int_0^\infty \max(S-K, 0)\varphi_T(S)dS \tag{4.3.3}$$

この式の両辺をKで2階微分すると次の式を得る。

$$\varphi_T(K) = \frac{\partial^2 C(K, T)}{\partial K^2} \tag{4.3.4}$$

これが、LVモデルにおける資産価格の密度関数とオプション価格の基本的な関係式である。さらに、原資産の変化率の（満期T以前の）t時点のボラティリティを$b(S, t)$と記すと

$$\sigma(S, t) = b(S, t)/S \tag{4.3.5}$$

(4.3.4) 式と (4.3.5) 式の関係を使えば、コールの価格Cに関するフォッカー・プランク方程式（コルモゴロフの後進方程式）は次のとおりになる。

$$\frac{b^2(K, T)}{2} \frac{\partial^2 C}{\partial K^2} = \frac{\partial C}{\partial T} \tag{4.3.6}$$

T時点におけるコールの価格$C(S,t)$に関する方程式は次のとおり。

$$-\frac{b^2(S, t)}{2} \frac{\partial^2 C}{\partial S^2} = \frac{\partial C}{\partial T} \tag{4.3.7}$$

これが、ブラック・ショールズ・モデルのフォッカー・プランク方程式にかわって、LVモデルが満たすべき方程式である。

〔ブルーノ・デュピール（Bruno Dupire）〕

ソシエテ・ジェネラル、パリバ・キャピタル・マーケッツ、日興ファイナンス・プロダクツなどの勤務を経て、2004年にブルームバーグ社に入社。パリバ・キャピタル・マーケッツ時代の1993年に考案したローカル・ボラティリティ・モデルが有名。

【紹介する論文】Dupire（1994）

> 「スマイルがある価格評価」(Pricing with a Smile)

4.4 CAPMの修正（ファーマ・フレンチの3ファクター・モデル）

　1960年代半ばにシャープやリントナーなどによって構築されたCAPMは、資産運用理論として確固とした地位を築いた。しかしながら、実際の市場の振る舞いは、必ずしもCAPMの理論どおりにはならない、あるいはCAPMでは不十分という指摘も根強かった。たとえば、株式市場にはCAPMのベータだけでは補捉しきれない経験則によるプレミアムがあるといった指摘である。経験則とは、たとえば、株価の変動は年初や週末という一定の時期に上昇（または下落）しやすいなどという説である。このように、必ずしもはっきりした根拠や理論があるわけではないが、なんらかのプレミアムを生むと考えられる市場の経験則はアノマリーといわれる。

　効率的市場仮説で有名なユージン・ファーマ[32]は、シカゴ大学の同僚のケネス・フレンチとともに、1941～1990年の市場データを使ってCAPMやさまざまなアノマリーの有効性を検証した。ファーマは学術的に凝り固まった人物ではなく、はっきりした根拠のないファクターでも取り込む度量があり、アノマリーの存在が効率的市場仮説に矛盾するとも考えなかったのだ。ファーマとフレンチは、検証の結果、アノマリーのなかから2つをCAPMのベータに加えて3ファクター・モデルとすることを提唱した。2人が選んだアノマリーは小型株効果とバリュー株効果と呼ばれるものである。CAPMの修正とマルチ・ファクターへの拡張という意味では、3.1で紹介したスティーブ・ロスのAPTも存在する。ただし、ロスのAPTはCAPMの理論的な欠点を裁定理論によって改良・拡張した理論的な枠組みを提供したものであって、適用すべき具体的なファクターを示したものではない。それ

---

[32] 2.9を参照。

に対し、ファーマとフレンチは理論的な問題に立ち入ることなく、先行研究で示されたアノマリーを組み込んだモデルをつくり、その実証研究を行ったものである。

新しいモデルの説明力に自信をもったファーマは、ニューヨーク・タイムズ紙のインタビューで、単体として使用する「ベータは死んだ」と発言する。この発言に激しく反発したのは、あのフィッシャー・ブラックであった。ブラックはかつてショールズたちとともにCAPMの研究をした経験もあり、それほど簡単にベータを殺すことはできなかったのだ。ブラックに限らず、根拠がはっきりしないアノマリーを組み込んだファーマ・フレンチ・モデルはアカデミズムなどから批判を受けた。一方で、理屈より実利の実務界からはCAPMより現実の市場の説明力の高いファーマ・フレンチ・モデルは歓迎された。

資産運用モデルに株のアノマリーを組み込むというアプローチは、現在でも非常にポピュラーな手法であり、ファーマ・フレンチの3ファクターや、それに多少の修正や追加した手法が広く利用されている。リーマン・ショック後には、市場のアノマリーを運用に生かそうという試みは「スマート・ベータ」という運用方法の流行につながっている。そして、ファーマとフレンチ自身も2013年になって、新たに2つのアノマリーを追加して5ファクター・モデルを世に問うている。

〔ケネス・フレンチ（Kenneth French）〕（1954～）

アメリカのファイナンス理論の学者。1975年にペンシルベニア州のリーハイ大学で数理工学の学士、1983年にロチェスター大学でファイナンス理論の博士号を取得。その後、シカゴ大学ビジネス・スクール、エール大学、MITで教鞭をとり、2001年からダートマス大学教授。シカゴ大学時代に同僚であったファーマとともに株のリターンに関する一連の研究をした。

【紹介する論文】

① Fama and French（1992）
「株の期待リターンの断面」（The Cross-Section of Expected Stock Re-

② Fama and French（1993）
「株と債券のリターンの共通リスク・ファクター」（Common risk factors in the returns on stocks and bonds）

株式市場のアノマリー

株式市場のアノマリーの存在は意外に古くから知られている。たとえば、著名な投資家ウォーレン・バフェット[33]の師として知られるベンジャミン・グレアム[34]は、1930年代の時点ですでに、株価のPER（株価収益率＝時価総額÷純利益）やPBR（株価純資産倍率＝株価÷1株当り純資産額）を使ったバリュー取引戦略を提唱している。PERとPBRは現在では株価分析の基本中の基本である。このような、アノマリーの研究は1970年代頃からさらに活発になる。ファーマとフレンチのモデルが現れる1990年代までに主張されていた主なアノマリーを表4.4.1で紹介する。

ベータと規模効果の比較

1992年のファーマとフレンチの論文では、CAPMのベータ、および規模（小型株）効果に関するアノマリー、それからバリューに関するアノマリーとリターンの関係をさまざまな角度から分析している。規模の効果については、株価の市場における時価総額をもって判断し、バリューについては株価の簿価÷時価（＝1÷PBR）を基準とする。

表4.4.2は、1963～1990年のニューヨーク証券取引所（NYSE）の株価の月次データを用いて、ベータの水準に応じてポートフォリオを10に分割（横軸）、さらに企業の規模（時価総額）に応じて10に分割（縦軸）して、米国債利回りに対する超過リターンを示したものである。

いちばん上のアミ掛けした行は、ベータの大きさ別のリターンの関係であ

---

[33] ウォーレン・バフェット（Warren Buffett、1930～）はアメリカの投資家、経営者。
[34] ベンジャミン・グレアム（Benjamin Graham、1894～1976）は、アメリカの経済学者。バリュー投資の父といわれ、投資家バフェットに大きな影響を与えた。

表4.4.1　1990年代までのアノマリー分類

アノマリー	内容	主な研究
バリュー効果	割安な株ほど上昇率が高い。割安の度合いは、PERやPBRで計測。	Graham and Todd (1934)
小型株効果	小型株のほうが大型株よりパフォーマンスに優れる。	Banz (1981)
週末効果	株価は月曜日に下落し金曜日に上昇する傾向がある。	Rogalski (1984)
1月効果	小型株は年初の2週間に高いパフォーマンスを示す。	Keims (1983)
高配当効果	配当が高い株価は高いパフォーマンスを示す。	Fama and French (1988)
モメンタム効果	値上りした銘柄の株価はその後さらに上がり、値下りした銘柄の株価はさらに下がっていくという傾向がある。	Jegadeesh and Titman (1993)

表4.4.2　リターンに対するベータとサイズ（時価総額）の効果

	ベータの水準による分類										
	All	低β	β-2	β-3	β-4	β-5	β-6	β-7	β-8	β-9	高β
All	1.25	1.34	1.29	1.36	1.31	1.33	1.28	1.24	1.12	1.25	1.14
小型株	1.52	1.71	1.57	1.79	1.61	1.50	1.50	1.37	1.63	1.50	1.42
規模-2	1.29	1.25	1.42	1.36	1.39	1.65	1.61	1.37	1.31	1.34	1.11
規模-3	1.24	1.12	1.31	1.17	1.70	1.29	1.10	1.31	1.36	1.26	0.76
規模-4	1.25	1.27	1.13	1.54	1.06	1.34	1.06	1.41	1.17	1.35	0.98
規模-5	1.29	1.34	1.42	1.39	1.48	1.42	1.18	1.13	1.27	1.18	1.08
規模-6	1.17	1.08	1.53	1.27	1.15	1.20	1.21	1.18	1.04	1.07	1.02
規模-7	1.07	0.95	1.21	1.26	1.09	1.18	1.11	1.24	0.62	1.32	0.76
規模-8	1.10	1.09	1.05	1.37	1.20	1.27	0.98	1.18	1.02	1.01	0.94
規模-9	0.95	0.98	0.88	1.02	1.14	1.07	1.23	0.94	0.82	0.88	0.59
大型株	0.89	1.01	0.93	1.10	0.94	0.93	0.89	1.03	0.71	0.74	0.56

（出所）　Fama and French (1992) より

るが、これは予想外にフラットで、ベータの水準にかかわらず、ほぼ1.1～1.3台であることがわかる。一方、Allの縦軸をみると、企業のサイズ（時価総額）別のリターンを表すが、いちばん小型な株は1.52であるのに対して最

も大型な株は0.89にすぎない。つまり、このデータからは企業の規模の違いはベータの大きさの違いに比べてリターンの違いに明確な影響を与えていると推察される。

リターンに明確な違いを生むバリュー効果

一方、バリュー効果とリターンの関係はさらに鮮明である。表4.4.3は表4.4.2のベータのかわりに、バリューの基準である簿価÷時価による分類で株価の超過リターンを分析した結果である。

アミ掛けした行をみれば、バリューによるリターンの違いが一目瞭然である。最も高いバリューのポートフォリオでは、1.63の超過リターンが得られるのに対し、最も低いバリューでは0.64にすぎない。その間の段階についても、おおむね、バリューが高ければ高いほど超過リターンが大きいことがわかる。

このような分析の結果を得たファーマとフレンチは、CAPMのベータよりも、規模の効果やバリュー効果、特に後者の説明力が大きいと考えた。

「ベータは死んだ」という新聞記事

1992年2月18日にニューヨーク・タイムズ紙は「公開討論；研究によって

表4.4.3　リターンに対するバリュー（簿価÷時価）とサイズの効果

	バリュー（簿価÷時価）による分類									
	All	低	2	3	4	5	6	7	8	9	高
All	1.23	0.64	1.29	1.06	1.17	1.24	1.26	1.39	1.40	1.50	1.63
小型株	1.47	0.70	1.14	1.20	1.43	1.56	1.51	1.70	1.71	1.82	1.92
規模-2	1.22	0.43	1.05	0.96	1.19	1.33	1.19	1.58	1.28	1.43	1.79
規模-3	1.22	0.56	0.88	1.23	0.95	1.36	1.30	1.30	1.40	1.54	1.60
規模-4	1.19	0.39	0.72	1.06	1.36	1.13	1.21	1.34	1.59	1.51	1.47
規模-5	1.24	0.88	0.65	1.08	1.47	1.13	1.43	1.44	1.26	1.52	1.49
規模-6	1.15	0.70	0.98	1.14	1.23	0.94	1.27	1.19	1.19	1.24	1.50
規模-7	1.07	0.95	1.00	0.99	0.83	0.99	1.13	0.99	1.16	1.10	1.47
規模-8	1.08	0.66	1.13	0.91	0.95	0.99	1.01	1.15	1.05	1.29	1.55
規模-9	0.95	0.44	0.89	0.92	1.00	1.05	0.93	0.82	1.11	1.04	1.22
大型株	0.89	0.93	0.88	0.84	0.71	0.79	0.83	0.81	0.96	0.97	1.18

（出所）　Fama and French（1992）より

市場変動の理論への信頼が揺らぐ[35]」という記事を掲載した。この記事は、「株価のリターンを説明する単一の変数としてのベータは死んだ」というセンセーショナルなファーマの発言[36]を掲載している。この発言は、先ほど示した、ベータとリターンの関係が意外なほどフラットで、ベータの大きさの違いとリターンの違いに大きな関係はないという実証結果に基づくものである。ファーマの分析では、かつてCAPMに説明力があるようにみえたのは、1940年代に特別に優れたパフォーマンスを示した影響であると考えた。

フィッシャー・ブラックからの反論

この新聞記事に強く反発したのが、あのフィッシャー・ブラックである。ブラックは1993年に「ベータとリターン」という論文[37]を発表して、ファーマが結果について誤った説明をしていると非難した。ブラックは、有名なオプションの論文発表の前年の1972年に、ショールズ、マイケル・ジェンセンとともに、CAMPの実証研究に関する論文を発表していた。その論文ではCAPMが有効であると結論づけられたが、ファーマとフレンチの検証ではその結果と矛盾する内容となったのだ。ファーマとフレンチはブラックの実証研究の結果との相違について、検証に使ったデータの期間の違いに主たる原因を帰していた。

しかしながら、ブラックはその説明では納得せず、あくまでもCAPMは有効であると考えた。ブラックは、ファーマとフレンチの結論は資金調達の制約を考慮しなかったために誤って導かれた結論であると考えた。ブラックの1993年の論文の最後は次のような一文で締めくくられる。

> ベータの「死」を宣言するのは、時期尚早のようだ。このような宣言を導くのに用いられた証拠は、ベータがこれまでになく有用であることを暗示している。自由に資金を調達することができる合理的な投資家は、それが個人であろうと企業であろうと、バリュー投資にCAPMを使い続けてポートフォリオ戦略を選択すべきである。

---

35 原題"Market Place — A Study Shakes Confidence In the Volatile — Stock Theory"
36 ニューヨーク・タイムズ紙の電話インタビューにファーマが答えたもの。
37 Black（1993）

ファーマ・フレンチの3ファクター・モデル

　ファーマとフレンチは、1993年に前年の研究をさらに推し進めた論文Fama and French（1993）を発表した。そこでは、CAPMのモデルに規模効果とバリュー効果を取り入れた3ファクター・モデルが確立された。論文では、2つのファクターをどのように組み込むのか、その具体的な方法も示された。それによれば、規模効果は小型株と大型株の2種類に分類し、そのファクターのパフォーマンスは〈小型株（Small）－（Minus）大型株（Big）〉として測定される。そして、これらの頭文字をとって規模効果をSMBファクターと呼んだ。一方、バリュー効果については、バリューに応じて3段階に分類し、そのパフォーマンスは〈高（High）－（Minus）低（Low）〉として測定される。そして、これらの頭文字をとってバリュー効果をHMLファクターと呼んだ。表4.4.4は2つのファクターの分類方法と測定方法をまとめたものである。

　このモデルを使った各銘柄の、無リスク資産に対する超過リターンは次の式で与えられる。

$$R_t = a + b_{1t}\beta_t + b_{2t}SMB_t + b_{3t}HML_t + e_t \tag{4.4.1}$$

　ここで、aはCAPMのアルファに相当する値であり3つのファクターにそれぞれのベータが推定[38]される。

表4.4.4　規模効果とバリュー効果

	分類方法	計測方法
規模効果 （SMB）	時価総額を基準にして大型（B：Big）、小型（S：Small）の2種類に分類	大型（B）－小型（S）のパフォーマンスから測定
バリュー効果 （HML）	簿価／時価比率が高い（H：High）、中ぐらいのもの（M：Medium）、低いもの（L：Low）の3種類に分類	高い（H）－低い（L）のパフォーマンスから測定

---

[38] 通常はaと3つのβは回帰分析によって推定される。

ファーマ・フレンチ・モデルの拡張・発展

　3ファクター・モデルは実務界では歓迎され、現在でも株式有用の主要なモデルであり続けている。それと同時に、ファーマ・フレンチ・モデルにさらに別のファクターを加えたり、推定の方法を変更したりするなど、さまざまな改良モデルの研究がなされ続けている。そのなかで特に名高いものは、1997年にマーク・カーハート[39]によってモメンタム・ファクターが追加された4ファクター・モデル[40]である。モメンタムのアノマリーとは値上りした銘柄の株価はその後さらに上がり、値下りした銘柄の株価はさらに下がっていくという傾向である。カーハートはモメンタム・ファクターを過去1年のリターンの優れた勝者（winner）を買い、敗者（loser）を空売りすると仮定した場合のパフォーマンスによって計測し、これをPR1YRファクターと名づけた。

　アノマリーを分析し投資パフォーマンスの向上を図る動きはその後もさらに続き、2010年頃からはリーマン・ショック後には「スマート・ベータ」と呼ばれる投資手法につながっていく。ファーマとフレンチのアプローチがますます盛んに研究されるようになったのだ。そして、ファーマとフレンチ自身も5ファクター・モデルを発表することになるが、こうした動きについては、6.11で詳しく説明する。

4.5　デリバティブの暴走（バンカース・トラストとP&G）

　ブラック・ショールズ・モデルの開発以降、さまざまなエキゾチック・オプションが生まれたことは3.6で説明したとおりである。こうしたエキゾチック・オプション開発の初期段階においては、顧客によりよいサービスを

---

[39]　マーク・カーハート（Mark Carhart）はアメリカの金融専門家で、1995年にシカゴ大学で博士号を取得。1997年当時南カリフォルニア大学の教職にあったが、同年ゴールドマンに入社しクオンツとなった。

[40]　Carhart（1997）

提供するという高尚な理念のもとにつくられたものが少なくない。たとえば70年代のルックバック・オプションの考案者であるハワード・ソーシンたちは、それが投資家の夢のオプションだと記している。こうして生まれた数々の新型オプションは、実際にはどのような使い方をされたのだろうか。

残念ながら、歴史を振り返ると、エキゾチック・オプションの現実は必ずしも考案者の期待どおりにはならなかった。エキゾチック・オプションは、しばしば知識に欠ける顧客を騙して、不当に大きな利益を巻き上げる目的に悪用された。こうした残念な現実を世間にさらしたのが、1990年代半ばに起こったバンカース・トラストに対する2つの訴訟と、カリフォルニア州オレンジ郡の投資失敗の事件である。

バンカース・トラストはソロモン・ブラザーズ[41]とともにウォール街において異色の存在であった。1980年にリテール部門を縮小しデリバティブ取引などを中心にしたホールセール業務（企業取引）に特化し、デリバティブ取引については特に力を入れ、業界をリードするような存在になった。バンカースが特に得意とした分野の1つが、他の業者たちがまねできないような、複雑なデリバティブ取引である。

1994年、バンカースが勧誘した複雑なデリバティブ取引が世の中の注目を集めることになった。アメリカのグリーティング・カードやギフト用のラッピングなどの製造販売会社であるギブソン・グリーティングズ社（ギブソン社）と、世界有数の大企業の1つであるプロクター・アンド・ギャンブル社（P&G）が立て続けにバンカースに対して訴訟を起こしたのである。

バンカースが勧誘したのは、複雑なだけでなく奇妙な取引の数々であり、それにいったいどのような目的や機能があるのかを理解するのは困難だった。ギブソン社とP&Gは、こうした奇妙な取引で大損して訴訟に持ち込んだのだ。オレンジ郡の取引とともに、これらの訴訟はすべて金融機関側が損失の大部分を負担することによって和解する。そして、こうした一連の事件によって、アメリカの金融機関では社内のコンプライアンスとして、取引の合法性や倫理性のチェック体制が強化された。

---

[41] 4.8を参照。

この出来事は、金融工学の大きな汚点であるが、21世紀になっても日本やドイツなどで、バンカース事件の再現のような事件が繰り返されることになる。このことは6.8で説明する。

〔バンカース・トラスト〕
　1903年にニューヨークにある数行の銀行が共同で設立した信託銀行。バンカースはすぐに全米2位の信託銀行に成長しウォール街の信託業務の支配的存在となった。1980年からリテール部門縮小の方向性を打ち出し、多くの支店を売却して投資銀行業務などホールセール業務に注力した。デリバティブ取引には特に注力し、1990年代半ばまではデリバティブ取引において世界をリードする銀行であった。
　しかしながら、1994年にギブソン社とP&Gから複雑なデリバティブ取引の勧誘を提訴され、その過程で明らかになったバンカースの傲慢で詐欺的な姿勢によって社会的信用が失墜した。1997年にはアメリカ最初の投資銀行であるアレックス・ブラウン・アンド・サンズを買収して、投資銀行業務に活路を見出そうとするが、うまく行かなかった。バンカースは1999年にドイツ銀行に買収された。

ギブソン社と行ったエキゾチック取引の数々
　ギブソン・グリーティングズ社（以下、「ギブソン社」という）はアメリカのグリーティング・カードやギフト用のラッピングなどの製造販売会社である。グリーティング・カードとはクリスマスや誕生日カードなどのことである。
　バンカースは、デリバティブ取引とは本来縁もゆかりもないギブソン社と、エキゾチック商品の見本市といっても過言でないような取引の数々を行った。バンカースとギブソン社は短期間に実に29件の取引を実行したが、その一部を紹介すると表4．5．1のとおりである。

　米国債リンク・スワップについては、次に説明するP&Gとの取引と類似

性の高いものであり、後で詳しく説明する。タイム・スワップは金利水準が約定時点の水準から大きな動きがない限り顧客に一定の利益が得られるが、金利が一定程度以上上昇するか下落をする状態が続くと、顧客が損をする仕組みである。レシオ・スワップは、LIBOR金利が上昇すると顧客の利払いが加速度的に増加する危険な取引である。また、ノック・アウト・オプションは顧客が購入したオプションであるが、一定水準以上イン・ザ・マネーになりオプションの行使価値が高まった場合に、権利が消滅してしまうという、保険としての意味をなさないタイプの取引である。

顧客を手玉にとったバンカース

　これらの取引の一つひとつについて、なんらかの市場リスクをとる意図があったとしても、どうしてこのような奇妙なかたちでそのリスクをとる必要があったのかを理解することはほとんど不可能である。さらには、こうした取引をポートフォリオとしてみれば、そこに意味を見出すことはさらにむずかしくなる。したがって、取引によって生まれる経済効果を完全には把握できていないギブソン社の担当者が、バンカースの担当者にいわれるがまま取引をさせられた可能性が疑われる。

表 4.5.1　バンカースがギブソン社と行ったエキゾチック取引

名称（タイプ）	概要
米国債リンク・スワップ	2年および30年物の両方の米国債利回りにリンクした金利スワップ。米国債利回りが上昇すると、顧客の支払金利が急上昇する。
タイム・スワップ（コリドー・スワップ）	金利スワップ取引であるが、変動金利の各利払いの計算期間中にLIBORがあらかじめ定めたレンジの外にある日数が多くなると、顧客の利払いが増える仕組み。
レシオ・スワップ	金利スワップであるが、顧客が支払う変動金利が6カ月LIBORの2乗に比例するもの。
ノック・アウト・オプション	米国債の利回りに対するプット・オプションであるがオプション期間中に、一度でも一定水準以上イン・ザ・マネーになった場合に行使の権利が消滅してしまうオプション。

実際に、バンカースが顧客を手玉にとっていたようすは、事件を調査したアメリカの金融当局の公文書よってつぶさに明らかにされた。アメリカの証券取引委員会（SEC）の1994年の公文書[42]では、バンカースが既存の取引の状況変化などを材料に、次々に新しい取引や契約内容の変更を提案して、約定させていた状況が報告されている。そうした取引はバンカースに一方的に有利な条件であり、取引を重ねれば重ねるほど、顧客は知らない間に大きな損失を被っていた[43]。

　SECの文書では、バンカースのギブソン社の担当者が1994年2月に上司に対して次のように述べた事実が記録されている。

　　「いちばん最初から、（ギブソン社は）96％くらいはわれわれの手中のものでしたからね。それは最初の日からわかっていましたよ」

　さらに、その上司はギブソン社を担当する顧客対応（relationship）責任者に次のように述べている。

　　「あいつら（ギブソン社）は、相当荒っぽいことをやってきましたよ。たぶん彼らは本当に理解すべきところまでは理解していないのでしょう。彼らはよく知っていますが、完璧ではない、それはわれわれにとって完璧です」

　この会話で現れた、「中途半端な知識を有する顧客ほどだましやすい」という意味の言葉は重要である。このようにして、バンカースはだまされていることまでは気がつかない程度の商品知識のあるギブソン社の担当者を手玉にとって、次々にバンカースの儲けになる取引の締結に誘導していたのだ。

超一流企業のP&Gがはまった罠

　さらに驚きなのは、世界の超一流企業でさえ、奇妙で必然性のない取引を契約してしまったことである。P&Gは洗剤や化粧品などで知られる、一般消費財の世界のトップ企業であり、アメリカを代表する企業の1つでもある。P&Gはバンカースと2つのデリバティブ取引[44]を行い、その1つはギブ

42　SEC公文書1994年12月22日、ファイル番号3－8579。
43　約定時点で顧客の時価評価が大きなマイナスで、顧客はそれを知らされていなかった。

ソン社と締結した米国債リンク・スワップと類似の取引であった。

問題の取引は、期間5年で半年ごとに計10回の利払いがある金利スワップ取引という表面的な建付けであるが、P&G側の支払う変動金利に約定から半年後の5年物米国債利回りと30年物米国債の価格で計算されるスプレッドが付加される（表4.5.2）。

この取引は、期間5年の金利デリバティブ取引であるが、要するに、スプレッドの決まり方の特性から金利が下落すると顧客に有利になり、上昇すると顧客に不利になる、一方で金利の下落方向には限界（スプレッドの下限はゼロ）があるが上昇方向には限界がない、したがって顧客が金利のオプションを売っていることになる。ただしオプションの期間は6カ月にすぎずそこで約定の金利とスプレッドの条件は確定する、その後4.5年間は半年ごとに利払いのあるプレーン・バニラの金利スワップと同じになる、というものである。

一見しただけではわかりにくいが、いったんスプレッドがゼロ以上になると、金利水準の変動がスプレッドに与えるインパクトはかなり大きい。たとえば、5年物米国債の利回りが1％上昇すると、顧客の支払うスプレッド算式は約17％上昇する。また、30年物米国債は少しの金利上昇でも大きく価格を下げる価格変動リスクの高い商品であり、当時の金利水準の場合、30年物米国債の金利が1％上昇するとその価格は約12.6％増加する。そして、このスプレッドの支払が4.5年にわたって続くので、顧客の損失が甚大になる可能性があるのだ。

米国債リンク・スワップは、1994年2月にグリーンスパンFRB議長が一連の利上げ政策を開始したことによる急激な金利上昇によって大きな損失を被る。P&Gがこの取引によって被った損失は1.3億ドル近くに及んだ[45]。

通話記録によって暴かれたバンカースの意図

ギブソン社とP&Gの取引は、大きな社会問題にまで発展するが、そのきっ

---

44 もうひとつの取引は、ドイツ・マルクの為替レートにリンクしたスワップ取引。
45 バンカースに対する訴訟金額は、もう1件のデリバティブ取引とあわせて、1.95億ドル。

表4.5.2　バンカースがP&Gと行ったデリバティブ取引

取引タイプ	米国債リンク・スワップ
約定日	1993年11月2日
期間	5年（利払いは半年ごとに全10回）
想定元本	200百万米ドル
"ストラクチャー（スワップの金利交換）"	P&G ← 固定金利（5.3%） ← バンカース P&G → 変動金利　変動CPレート−0.75%＋スプレッド → バンカース
スプレッドの計算式	スプレッドの算式は次のとおりであり、スプレッドは算式の値がマイナスの場合はゼロ、プラスの場合は算式の数値。 $$\text{スプレッド算式} = \frac{1}{100}\left[\frac{98.5 \times C_5}{5.78\%} - T_{30}\right]$$ C_5：スプレッド決定日の5年物米国債利回り T_{30}：スプレッド決定日の30年物米国債価格
スプレッド決定日	1994年5月4日（約定から半年後）

かけは、バンカースの社員同士の通話記録が、証拠として提出され、さらにそれがメディアによって公表されたことである。前述の会話はギブソン社の取引に関するものだが、P&Gとの取引についても、バンカースの2人の社員の次のような会話を含む通話記録が雑誌ビジネス・ウィークに掲載され[46]、大きな波紋を呼んだ。

　　社員A：「彼らは知らないだろうな、どれだけこの取引で金をむしりとられたかなんて、あいつらにわかるわけないよ」
　　社員B：「絶対にわからんだろうな」
　　社員A：「それがバンカース・トラストの美というもんさ」

　会話から明らかになったことは、デリバティブが顧客からできるだけ大き

---

[46] Business Week（1995年10月16日）"THE BANKERS TRUST TAPES"

な金をむしりとるために悪用されたことと、バンカースの強欲で詐欺的行為も辞さない姿勢である。そして、ギブソン社の事件も同様だが、P&Gとの事件で特に社会的に問題視されたのは、顧客に正しいデリバティブの時価を伝えなかったことである。なぜならば、正しい時価が伝えられなかったから、顧客はがっぽりと「むしりとられた」ことに気がつかなかったからである。

金融当局（SEC）からの罰金

　バンカースを訴えたギブソン社の裁判は1994年11月23日に和解が成立し、残存する2つの取引についてギブソン社が取引時価の30％を支払ってキャンセルされた。バンカースが残りの70％を負担したのだ。さらには、和解成立から1カ月後の1994年12月22日、バンカースは米国証券取引委員会（SEC）からこの事件に関連して罰金等の命令を受けている。処分の内容は、当時としては過去最高額の1,000万ドルの罰金の支払と、独立のコンサルタントの設置などによって店頭デリバティブの顧客への勧誘方法や、懲戒処分などの方針を定めることを求めるものである。

P&Gとの和解

　一方、バンカースとP&Gの裁判は1994年10月に提訴され、1996年5月に和解が成立したが、ニューヨーク・タイムズ紙は「（バンカース側が）P&Gが支払うべきと主張していた約2億ドルの大半を放棄することに合意し、高い代償を払って厳しい戦いを幕引きにした」と報じた[47]。同紙の報道によれば、和解の内容は、バンカースの債権額の放棄率がP&G側の主張では83％、バンカース側の主張では74％と伝えている。いずれにしても、バンカースがほぼ一方的に損失を負担することで裁判が終わった。同紙では「P&Gは、デリバティブのリスクを理解していなかったと主張した最も有名な企業だったと思われる」とも記している。

---

[47] ニューヨーク・タイムズ紙（1996年5月10日）"Bankers Trust Settles Suit With P.&G."

裁判官の見解

　ギブソン社、およびP&Gの裁判においては、バンカースが顧客に正しい時価を隠していたことが特に問題にされた。こうした問題について、P&Gとの和解の直前に、裁判を担当したオハイオ州連邦地裁のファイケンズ判事[48]が米国法のもとでデリバティブ市場におけるブローカーと顧客の関係に踏み込む最初の試みとなる意見を提示した。

　判事が示した見解のなかで重要なものは、バンカース・トラストには重要情報を開示する義務が存在したと認めたことである。ファイケンズ判事は「ビジネスの交渉においては、暗黙の契約上の開示義務が、①一方の当事者が特定の情報について情報優位にある場合、②他方の当事者が当該情報を容易に入手できない場合、③一方の当事者が他方の当事者は誤った知識に基づき行為していると認識している場合には、発生しうる」と指摘した過去の判例を引用し、「被告は原告に対し、両者がスワップ取引を締結する前および取引の期間中に重要情報を開示する義務を、また、スワップ取引の期間中に公正かつ誠実に行為する義務を負っていたとの結論に至った」と述べた[49]。

ドイツ銀行に買収されたバンカース

　この2つの裁判をきっかけに、バンカースの社会的信用力は失墜した。社会からの評判と当局からの業務改善の要請によって、得意としていたデリバティブの営業は困難になり、バンカースのデリバティブ業務を支えていた主力メンバーは次々に会社を去った。スイスの有力銀行であるクレディ・スイスは元バンカースのデリバティブの専門家たちが活躍する器を新たに用意した。こうして設立されたのが、クレディ・スイス・フィナンシャル・プロダクツ（CSFP）である。CSFPはバンカースにかわって、最も高度なデリバティブ取引のノウハウをもつ金融機関として業界をリードする存在となる。一方、信用と人材の両方を失ったバンカースは、1997年にはアメリカ最初の投資銀行であるアレックス・ブラウン・アンド・サンズを買収して、投資銀行業務に活路を見出そうとするが、うまく行かなかった。そしてバンカース

48　ジョン・ファイケンズ（John Feikens）
49　"Procter & Gamble v. Bankers Trust, 925 F.Supp. 1270 (S.D. Ohio, 1996)"より。

は1999年にドイツ銀行に買収された。

カリフォルニア州オレンジ郡の損失事件

　1990年代半ばには、バンカースの2つの訴訟事件とともに、もうひとつ有名な損失事件が発生した。それは、カリフォルニア州オレンジ郡[50]の財務収税官（Treasurer-Tax Collector）であったロバート・シトロン[51]が起こした損失である。

　オレンジ郡で、1970年代初頭から選挙で選ばれて財務収税官を務めていたシトロンは郡の財政資金の運用も任されていた。シトロンの投資は、はじめは米国債などを中心にした安全重視のスタイルであったが、1990年頃から次第にリスクの高い取引にも手を出すようになった。リスクの高い投資へのアドバイスを行ったのはウォール街の証券会社メリルリンチである。1990年代初頭の金利低下によって運用益が減少に転じたことに対し、シトロンがとった対応はレポ（債券貸借）取引によって、レバレッジをかけることであった。シトロンが任された公的資金76億ドルを使って最大206億ドルの投資が行われた。そもそも債券運用においては、金利上昇は債券価格の低下を意味する。シトロンは最長30年の債券[52]を使った投資を行った。レポによる借入れは短期であるから、長期債の金利変動リスクを3倍近いレバレッジで行ったのに近い。

　メリルリンチから金利低下の環境が継続するというアドバイスをされたシトロンは、このレバレッジ投資の戦略を継続したばかりでなく、リバース・フローター債[53]という、金利が上昇すると通常の債券の2倍、3倍に損失が拡大する債券も大量に購入していた。こうした債券は、デリバティブを組み込んで組成された仕組債である。

---

[50] ロサンジェルスの南に位置し、サンディエゴの北にある郡で、ディズニーランドが所在する。
[51] ロバート・シトロン（Robert Citron、1925〜2013）はアメリカ・カリフォルニア州の民主党の政治家。
[52] 米国債やファニー・メイなどの発行するモーゲージ担保証券（MBS）など。
[53] LIBOR金利など指標金利が上昇するとクーポンが減少する債券。これは通常の（変動）利付債に金利スワップとCAP取引を組み込むことで組成される。

こうした投資戦略は、P&Gの場合と同様に、1994年2月から始まったFRBの利上げサイクルによって暗転する。そして、1994年12月、オレンジ郡は公的資金運用による17億ドルの損失を発表するとともに、連邦破産法適用の申請を行った。当時の郡の年間予算が37億ドル程度であり、その半分近くを失ったのである。

シトロンの主張と裁判・和解

オレンジ郡の破産直後、24年間にわたって務めた財務収税官の職を辞したシトロンは、投資アドバイスを受けていたメリルリンチを非難した。自分は投資家としては経験不足であり、メリルリンチの専門家のアドバイスに従っただけだと主張した[54]。1994年にFRBが利上げを開始した後でも、メリルリンチの専門家は「金利の上昇は長続きしない」と言い続け、シトロンはそのアドバイスを信じただけというのだ。

こうした事情を背景に、オレンジ郡はメリルリンチなど多数の投資銀行を相手に訴訟を起こした。訴訟金額が最大のものはメリルリンチに対する訴訟であったが、1998年6月に裁判の和解が成立し、メリルリンチは4億ドルを支払うことに合意した。オレンジ郡は他の投資銀行とも次々に和解し、モルガン・スタンレー、クレディ・スイス・ファースト・ボストン、野村證券のグループ会社[55]などから1999年までに8.6億ドルもの損失を回収した。

4.6 超低金利下のランダム・ウォーク（対数正規分布それとも正規分布）

バブル後の日本経済は、1990年代を通じて不良債権処理問題に悩まされ、1997年11月に北海道拓殖銀行、そして、1998年10月には、日本長期信用銀行、12月に日本債券信用銀行の破綻という重大局面を迎えた。この間、日本銀行は1995年9月に公定歩合を0.5％に引き下げた。これをきっかけに、長

---

54 ニューヨーク・タイムズ紙（1995年1月18日）"Merrill Tied to Orange County Loss"
55 ノムラ・セキュリティーズ・インターナショナル。

短金利は持続的に低下し1998年の年末には10年の国債利回りが1％の大台を割り込むほど低下した。これは、当時としては未曾有の出来事であった。

このような状況において、原資産が対数正規分布に従うというブラック・ショールズ・モデルの前提条件が思いもかけないかたちで試練にさらされた。超低金利の金利市場では、モデルの前提条件どおりの動きをしなくなったのである。対数正規分布の前提条件においては、原資産の変化率が正規分布に従う。つまり原資産の価格が低下すればするほど、価格の変化幅は減少するのが前提である。しかしながら、超低金利の環境では、市場が織り込むオプションのインプライド・ボラティリティはモデルの前提条件どおりには動かなかった。金利水準が低下するに従って、市場のボラティリティはほぼ自動的に上昇したのである。つまり、市場は金利の確率分布が対数正規分布に従っていると考えていなかったのだ。

この事態に市場のトレーダーが引っ張り出してきたのは、ジョン・コックスが1975年に考案していたCEV（Constant Elasticity of Variance）モデルである。CEVモデルではβというパラメータによって、資産の確率変動が正規分布（＝バシュリエ・モデル型）から対数正規分布（＝ブラック・ショールズ・モデル）の間の弾性（elasticity）をとることができる。CEVモデルを用いれば、金利水準にボラティリティが連動する状況を緩和することができるのだ。

もともとCEVは株式のオプション市場の研究で生まれたモデルであったが、それまでは実務の現場では、あまり関心がもたれていなかった。1980年代にはほとんど忘れかけられていたといってもよいだろう。しかしながら、1990年代の金利の世界で超低金利の環境が出現したことによって、ホコリを被っていたモデルが再び脚光を浴びたのである。正規分布と対数正規分布の中間のモデルという意味では、1985年にコックス・ロス・ルビンシュタインが考案した金利のタームストラクチャー・モデルのCIR（Cox-Ingersoll-Ross）モデルもあげられる。CIRモデルは3.5で説明したバシェック型の平均回帰型の金利モデルであるが、金利の平方根が正規分布に従うという確率変動の仮定に基づいている。つまり、確率変動の部分はCEVモデルで$\beta=1/2$とした場合と同じである。しかしながら、ブラック・モデルからの変更が容易

表4.6.1　CEVモデルとCIRモデルの特徴

CEVモデル（1975）	株式を念頭に開発された。 株価の変動は次のダイナミクスに従う。 $dS_t = S_t t + \sigma S_t^\beta dW_t$
CIRモデル（1985）	金利の期間構造を考慮したバシチェック型のモデル。 短期金利の変動は次の式に従う。 $dr = k(\theta - r) + \sigma r^{\frac{1}{2}} dW_t$

である点や、β の設定の自由度がある点で、実務への応用という点でCEVモデルに分があった（表4.6.1参照）。

長短金利の大幅な低下

　日本銀行が1995年に政策金利を大幅に低下させて以来、円金利は持続的な低下が続いた。金利デリバティブにとって、特に重要なのは、短期金利を上回るペースで長期の金利が低下して、イールドカーブのフラットニングが進んだことである。金利スワップのオプションであるスワップション[56]やLIBOR金利に対するオプションであるキャップ／フロアー[57]の原資産はフォワード金利である。金利水準が低下しながらイールドカーブがフラットニングすれば、フォワード金利は大幅に低下する。図4.6.1は、当時の1年と5年の円金利スワップの市場の金利水準の推移である。

なぜボラティリティは上昇したのか

　当時、スワップションやキャップの評価には、ブラック・ショールズ・モデル型のブラック・モデル[58]が使用されていた。ブラック・モデルで評価する場合、金利水準が低下していても同じボラティリティを使い続けるとオプ

---

[56] オプションの満期日に、あらかじめ定めたスワップ取引を実行できる権利。スワップ取引はオプション保有者が固定金利を支払うタイプ（ペイヤーズ・オプション）と固定金利を受け取るタイプ（レシーバーズ・オプション）の2種類がある。
[57] 一定期間にわたってLIBOR金利に対する上限（キャップ）や下限（フロアー）を保証するオプション。LIBOR金利に対するオプションのシリーズである。

図4.6.1　円スワップの金利低下（1996～1998年）

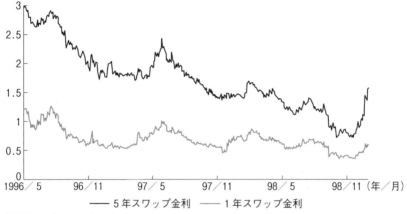

（出所）　ブルームバーグ

ション価格は低下する。図4.6.2は、フォワード金利の行使価格とした（アット・ザ・マネー）のストラドル（同じ行使価格のコールとプットの組合せ）について、同じボラティリティで計算した（ブラック・モデルでの）プレミアムと金利水準をグラフ化したものだ。

　対数正規分布の仮定のもとでは、金利の低下率に比例して市場の変動幅が縮小するはずである。理論的にはフォワード金利がゼロに近づけば、オプション・ストラドルの価格もゼロに近づく。しかしながら、この理論は市場では受け入れられず、実際に金利が低下しても、市場の変動幅はモデルが仮定するほど下がらなかった。したがって、トレーダーは、金利水準の低下に連動させてボラティリティを引き上げるしかない。

100%を突破した市場のボラティリティ

　こうした事情で、金利水準の低下とともにブラック・モデルに適用するボラティリティが上昇した結果、キャップやスワップションのボラティリティは水準が100%を超えるような事態が発生するようになった。表4.6.2は

58　2.10を参照。ブラック・モデルとブラック・ショールズ・モデルはほぼ同一であるので、本書ではブラック・ショールズ・モデルと区別しないで記述することもある。

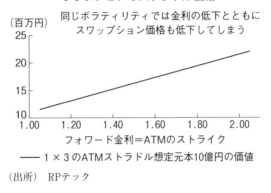

図4.6.2 ボラティリティを固定した場合のスワップションのストラドル価格

（出所） RPテック

1999年3月の円のキャップのボラティリティの水準であり縦軸はキャップの行使レート、横軸はキャップの満期である。1年、2年のボラティリティは軒並み100％を超過しているのがわかる。短期のボラティリティが高いのは、短期のフォワード金利が低かったからである。

ちなみに、当時、ボラティリティは変動性の高い金融商品でも30％台程度と考えられており、多くのデリバティブの評価システムでは、3桁以上のボラティリティの入力を許容していなかった。したがって、100％超のボラティリティの出現は、リスク管理やシステム部門にとっても想定外の出来事だった。

CEVモデルの復活

金利水準にボラティリティが連動してしまう事態はトレーダーにとっては一大事である。なぜならば、金利が一段と低下すれば、ボラティリティがさらに上昇することは自明だったからである。ボラティリティの変動は、当然にオプション・トレーダーのポジションの損益を変動させる[59]。そうであれば、オプション・トレーダーは「ボラティリティのデルタ・ヘッジ」をして、金利変動がボラティリティの変動を通じて自身のブックに与える影響をヘッジしなければならない。

では、ボラティリティ変動リスクをヘッジするには、どの程度の金利変動

表4.6.2 100%を突破したキャップのボラティリティ

行使レートK	1年	2年	3年	4年	5年	7年	10年
0.5	120%	110%					
0.75	115%	107%	97.5%	85%	78%		
1.0	110%	104%	91%	80%	73%	60.5%	
1.5		101%	85.5%	75%	68%	55.5%	47%
2.0		98%	80.5%	70%	63%	51.5%	43%
2.5		95%	76.5%	66%	59%	47.5%	40%
3.0		92%	73.5%	63%	56%	44.5%	38%
3.5			71.5%	61%	53.5%	43%	36.5%
4.0			69.5%	59.5%	51.5%	42%	35%
4.5			67.5%	58.5%	50%	41%	34%
5.0			67%	57.5%	49%	40.5%	33%
5.5					48%		

(出所) 日本銀行金融研究所、Discussion Paper No. 99-J-24より

のエクスポージャーをとらなければいけないのか。その答えを得るのに、なんらかのモデルがあったほうが望ましい。こうした事情で引っ張りだされたのが、ジョン・コックスが1975年に未公開の論文で考案したCEVモデルである。CEVモデルはもともと株式のオプションを念頭に置いて考案されたものであったが、株式オプションの実務ではポピュラーなモデルになることはなかった。ところが、超低金利によって突然、金利デリバティブの世界で注目を浴びたのだ。CEVのモデルのダイナミクスは次のとおりである。

$$dS_t = S_t t + \sigma S_t^{\beta} dW_t \tag{4.6.1}$$

W_tはウィーナー過程であり、その確率変動に価格 S_t の β 乗が乗じられていることが特徴である。$\beta = 1$ の場合は、これはBSモデルと同じ型になる。その性質を考慮してこの式を書き直すと次のようになる。

$$dS_t = S_t t + \left(\sigma S_t^{\beta-1}\right) S_t dW_t \tag{4.6.2}$$

---

59 基本的に、オプションを買持ちにしているトレーダーはボラティリティの上昇によって利益を得て、逆の場合は損失を被る。これはボラティリティの上昇によってオプション価格が上昇するからである。

CEVモデルは、BSモデルのボラティリティに（4.6.2）式の右辺カッコのなかの$\sigma S_t^{\beta-1}$を適用するモデルであると解釈できる。βは0〜1の実数値をとるが、仮にβが1より小さい場合、価格S_tがゼロに近づけば近づくほど、ボラティリティ$\sigma S_t^{\beta-1}$は上昇する。つまり、CEVモデルはβによってボラティリティの水準に、価格に対する弾力性[60]をもたせることができるのだ。そして、弾力性のパラメータであるβを1より小さい値にとれば、金利がゼロに近づけば近づくほど、BSモデル換算のボラティリティが自動的に上昇する仕組みを内包することができる。

ボラティリティの上昇の程度を示すのがβの大きさであり、$\beta=0$の場合は、BSモデルのボラティリティは金利水準に反比例する。CEVモデルを用いた実証分析では、$\beta=0.6$近辺が妥当とする結果が多かったようだ。

CIRモデル

CEVと類似の特性をもつ金利のモデルとしては、1985年にコックス・インガーソル・ルビンシュタインの3人が考案したCIRモデルもあった。CIRモデルの特徴は、バシチェック・モデルのような平均回帰性を組み込んだ金利のタームストラクチャー・モデルであること、また金利の平方根が正規分布に従うという確率変動を仮定していることである。CIRダイナミクスは次のとおりである。

$$dr = \kappa(\theta - r) + \sigma\sqrt{r}\,dW_t \tag{4.6.3}$$

ウィーナー過程W_tの項に着目すると、CIRモデルの確率変動はCEVモデルで$\beta=1/2$とした場合と同じであることがわかる。

このような確率変動を設定した理由をコックス・インガーソル・ルビンシュタインは次のように説明している。
① 金利がマイナスになる可能性が排除できる。
② 金利がゼロになった場合は（平均回帰によって）すぐにプラスに変わる。

---

[60] CEVモデルはConstant Elasticity of Varianceの略であるが、これは日本語に訳すと「定弾力分散モデル」である。

③ 金利の絶対分散[61]（ボラティリティ）が金利の上昇とともに増加する。
④ 金利の定常分布である。

つまり、CIRモデルにおいては金利がゼロに近づいた場合にも金利の変動の絶対的な大きさが下がりすぎないこと、一方で金利の水準の上昇とともにボラティリィティが一定程度上昇する工夫がされている。

CEVモデルが好まれた理由

このようにCIRモデルはなかなか先見の明があるモデルであったが、トレーディングの現場においてはCEVモデルのほうがより活用された。これは、CEVモデルにおいては適用する β さえ決定すれば、ブラック・モデルからの変換が容易であること、さらに β が1/2以外の値であっても自由に設定することができるからである。CIRモデルは、無裁定（リスク中立）モデルでなかったことも、実務現場での採用のハードルとなった。3.5で説明したように、金利モデルにおいて、初めてリスク中立確率を持ち込んだのは1986年のホー・リー・モデルである。そして、1990年代は、まだリスク中立性はデリバティブの評価において必須の条件であると考えられていた。2008年のリーマン・ショック後にはリスク中立でない「実測度」による評価モデルの見直しがなされ[62]、その文脈でCIRモデルも再び注目を浴びることになるが、1990年代当時はリスク中立であることが非常に重要であった。

CEVモデルは、21世紀に入って、確率ボラティイティの要素を加えたSABRモデルとしてさらに発展する。このことは次節で説明する。

4.7 確率ボラティリティ・モデル

ブラック・ショールズ・モデル（BSモデル）においてはボラティリティが一定であると仮定された。しかしながら、実際の相場の動きは、ボラティリ

---

61 価格との相対的な比較である変化率でなく、絶対的な変化幅という意味。
62 これについては6.10で説明する。

第4章 事件の発生と前提条件の微修正　297

ティが高い時期もあれば低い時期もあり、ボラティリティが一定という仮定があまり現実的でないことは当初から明らかであった。そういう意味で株価だけでなくボラティリティも確率変動するという確率ボラティリティのアイデアが生まれることは、自然な流れであった。

確率ボラティリティのアイデアに関する先駆的な研究の1つは、金利のハル・ホワイト・モデルや金融工学のテキストで有名なジョン・ハル[63]とアラン・ホワイト[64]による1980年代半ばの研究である。これは、ボラティリティを確率的に変動させた場合に、オプションの価格がどのように振る舞うのかを研究したものである。つまり、確率ボラティリティの効果が研究されたのだが、その場合はランダム・ウォークと異なる分布の形状を得られることがわかった。

こうした一般的な研究成果をふまえ、より実用的な確率ボラティリティ・モデルとして開発されたものが1993年のヘストン・モデルである。ヘストンのモデルでは、ボラティリティが金利のCIRモデルと同様の形式の確率変動をすると設定された。ただし、このアイデア自体はヘストン自身によるのでなく、別の先行研究の成果を利用したものである。ヘストンの功績は、確率ボラティリティ・モデルによるオプション価格の計算方法を示したことと、そのモデルの性質を分析したことである。

確率ボラティリティ・モデルを使った確率分布の特徴は、「ボラティリティのボラティリティ」を大きくすれば尖度が大きくファット・テールな分布になることである。この性質は、マンデルブロの指摘した正規分布の欠点を補うものであるとともに、ブラック・マンデー以来の市場のボラティリティのスマイルにも対応できるきわめて重要な性質である。ヘストン・モデルは、現在でも為替や株のデリバティブ評価の有力な手法の1つである。

---

[63] ジョン・ハル（John Hull）はカナダの金融工学の研究者でトロント大学の教授。金利のハル・ホワイト・モデル（1990）や、金融工学の世界的テキスト"Options, Futures, and Other Derivatives"（初版1992年、邦訳版のタイトル『フィナンシャル・エンジニアリング』）で名高い。

[64] アラン・ホワイト（Alan White）はカナダの金融工学の研究者でトロント大学の教授。同僚のハルとは金利のハル・ホワイト・モデル（1990）などさまざまな研究を共同で行っている。

市場のボラティリティのスマイルに焦点を当てて、確率ボラティリティ・モデルをさらに発展させたのがSABR(「セイバー」と読む)モデルである。SABRモデルは2002年にパトリック・ハーガンなど4人によって発表された。SABRモデルはCEVモデルに確率ボラティリティの要素を加えたものであるが、SABRが画期的であったのはBSモデルのボラティリティとの換算式を提供したことである。この換算式の導出には、これまで金融界ではなじみのなかった、最新の物理数学の成果が応用されていた。それは「摂動(せつどう)論」と呼ばれる、複雑な力学系における解を漸近的に求める手法である。複雑な力学系とは、たとえば3つ以上の天体がお互いに影響して、主要な力の作用以外に副次的な力が作用するような力学系である。

　BSモデルとの互換性はSABRモデルの大きなメリットであり、SABRモデルは確率ボラティリティ・モデルの代表的存在となったばかりでなく、ボラティリティ・カーブのスムージングなどにも応用されている。

〔**スティーブン・ヘストン**(Steven L. Heston)〕

　アメリカの数学者、経済学者。1985年にメリーランド大学で数学と経済学の学士号を、1990年にカーネギー・メロン大学で経済学の博士号を取得。その後エール大学、コロンビア大学、ワシントン大学などの教職を経て、1998〜2002年はゴールドマン・サックスに勤務し債券アービトラージ部門や株式数理部門に所属した。2002年からは再びアカデミックの世界に戻りメリーランド大学の教授。

【紹介する論文】Heston(1993)
「確率ボラティリティによる債券と通貨オプションの解析解」(A closed-form solution for options with stochastic volatility with applications to bond and currency options)

ハルとホワイトの確率ボラティリティの研究

　オプション価格の導出において、適用するボラティリティに確率的な変動を導入するアイデアは意外に古い。初期の研究の例の1つとしては、ハルと

ホワイトが1987年に行った研究[65]が知られる[66]。「確率ボラティリティに従う資産のオプション価格」と題されたその論文では、原資産価格の確率過程とそのボラティリティの確率過程が次の式に従うことを仮定して、その場合の原資産価格の振る舞いについて研究がされた。

$$dS(t) = \mu S dt + \sqrt{v(t)} S dZ_1 \tag{4.7.1}$$

$$dv(t) = \beta v dt + \xi v(t) dZ_2 \tag{4.7.2}$$

ここで、$v(t)$は株価の分散（ボラティリティの2乗）、ξは分散のボラティリティである。(4.7.2)式がボラティリティの確率変動を示す式であるが、分散がランダム・ウォークに従って変動すると仮定したことが特徴である。

ハルとホワイトの研究では、確率ボラティリティを導入することによって、アット・ザ・マネー近辺の行使価格をもつオプションはBSモデルより価格が低くなり、ディープ・イン・ザ・マネーまたはディープ・アウト・オブ・ザ・マネーのオプションは逆にBSモデルより価格が高くなるという特徴を導いている。そして、この性質が、オプション期間が短ければ短いほど、また分散のボラティリティξが大きければ大きいほど顕著であることを発見した。つまり、確率ボラティリティによってボラティリティのスマイルのような効果を得ることができるのであり、それは確率ボラティリティ・モデルの基本的な性質として認識されるようになった。

ヘストン・モデル

ハルとホワイトなどの確率ボラティリティのアイデアは、その後、為替オプション市場などにおいて実証研究[67]が続けられ、市場のボラティリティのカーブのゆがみをうまく説明できることなどが知られてきた。

---

[65] Hull and White (1987)
[66] ほかにはL. O. Scottの"Option Pricing When the Variance Changes Randomly" (1987) など。
[67] たとえばMelino and Turnbull (1990) は、カナダ・ドルと米ドルの為替オプション市場においては、確率ボラティリティ・モデルを使えば、BSモデルに比べて市場のボラティリティに遥かによくフィットさせることができるとした。

こうした研究を土台にして、ヘストンは確率ボラティリティを使ったオプション価格を解析的に求める試みをした。それが、ヘストン・モデルである。ヘストン・モデルの原資産価格のボラティリティの確率過程がハルとホワイトの（4.7.2）式のかたちでなく次の式に従うことを仮定している。

$$d\sqrt{v(t)} = -\beta\sqrt{v(t)}dt + \delta dZ_2 \qquad (4.7.3)$$

ちなみに、これはヘストン自身のアイデアではなくStein and Stein（1991）が考案したダイナミクスをそのまま適用したものであり、ボラティリティが平均回帰性をもつオルンシュタイン・ウーレンベック過程[68]（かつ変動幅は分散の平方根に比例）に従うと仮定されている。(4.7.3)式を分散の確率変動に書き直すと、次の式のようなCIRモデル型の確率変動になる。

$$dv(t) = \kappa(\theta - v)vdt + \sigma\sqrt{v(t)}dZ_2 \qquad (4.7.4)$$

ここで、σは「ボラティリティのボラティリティ」、θは長期的な分散の水準、κは平均回帰速度を示すパラメータである。

確率ボラティリティによって分布の尖度を増すことができる

ヘストンの論文では、確率ボラティリティの導入によって、資産価格の確率分布がどのように変化するのか興味深い分析がなされている。

ボラティリティのボラティリティσが大きくなるに従って、分布の形状が尖がったかたちになる。そして、σが大きければ大きいほど、かたちが尖がるだけでなく裾が厚くなる。つまり、正規分布に確率ボラティリティを導入すれば、ファット・テールな分布をモデル化することが可能なのである。つまり、確率ボラティリティを導入すれば、マンデルブロが主張したような安定分布を持ち出さなくても、ある程度のファット・テールを表現できるということである。これは大変に重要な性質である。

次に、SABRモデルについて説明をする。

---

[68] 3.5を参照。

図4.7.1 ボラティリティが確率変動した場合の分布

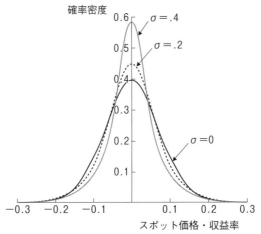

（出所） Heston（1993）より

〔パトリック・ハーガン（Patrick Hagan）〕

　アメリカの数学者、数理ファイナンスの専門家。カリフォルニア工科大学で応用数学の学士号と博士号を取得。1979〜1981年はスタンフォード大学、1981〜1986年はエクソン社、1986〜1995年はロス・アラモス国立研究所のコンピュータ理論・科学部門のそれぞれ研究職に従事。1995年にBNPパリバに入社、その後、野村證券のアメリカ現法、ベア・スターンズ、ブルームバーグ、JPモルガン、ドイツ銀行などさまざまな金融機関や金融ベンダーに勤務して、2014年からフロリダ州の数理ファイナンスのリサーチ会社であるゴリラ・サイエンス社のマネージング・ディレクターを務める。ベア・スターンズ時代にSABRの論文を発表。

〔ディープ・クマール（Deep Kumar）〕

　数理ファイナンスの専門家。イギリスのケンブリッジ大学で学士号、クランフィールド大学で博士号を取得。1995〜2002年、BNPパリバの米ドル金利部門に勤務、2003年から投資サービス会社AVM社に勤務。

〔アンドリュー・レシニェフスキ（Andrew Lesniewski）〕

数理ファイナンスの専門家。スイス連邦工科大学で数学の博士号を取得。ハーバード大学の研究職を経てBNPパリバに入社。その時代にSABRの論文を発表。その後、ヘッジファンド勤務を経て、2013年からニューヨーク市立大学の数学の教授。

〔ダイアナ・ウッドワード（Diana Woodward）〕

　数理ファイナンスの専門家。イギリスのオックスフォード大学で数学の学士号、ユタ大学で数学の博士号を取得。1996年にモルガン・スタンレーに入社。その後、三菱東京、ソシエテ・ジェネラル、バークレーズ、RBCなどの金融機関に勤務。ソシエテ・ジェネラル時代にSABRの論文を発表。

【紹介する論文】Hagan, Kumar, Lesniewski, and Woodward（2002）「スマイル・リスクの管理」（Managing Smile Risk）

ボラティリティのスキューとスマイル

　ハーガンたちがとったアプローチは、4.3で説明した市場で観察されるボラティリティのゆがみの性質についてより深く研究することであった。ダーマンとカニは、ボラティリティのゆがみを「スマイル」という名前で説明したが、実際にブラック・マンデー以降の株式市場で観測されるゆがみは、図4.7.2に示すような、右肩下がりのグラフであり、これは人の笑った顔とはやや異なる。ハーガンたちは、ボラティリティのカーブが右肩下がりになる性質を「スキュー」と呼んだ。

　一方、為替の市場などで観測されるボラティリティのゆがみは、次のような笑った人の口元の形状である。ハーガンたちはこれを「スマイル」と呼び上記のスキューと区別した。

ローカル・ボラティリティ・モデルによるスマイル対応の限界

　4.3で説明したローカル・ボラティリティ・モデル（LVモデル）は市場で観測されるボラティリティのゆがみに対応したものであるが、SABRの論文では、LVモデルによる、スマイル型のボラティリティの形状への対応につ

図4.7.2　ボラティリティのスキュー

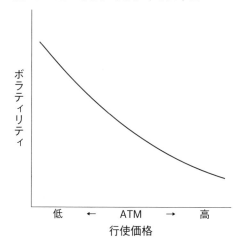

図4.7.3　ボラティリティのスマイル

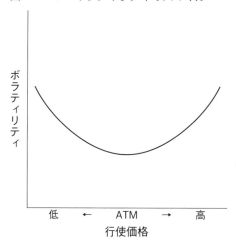

いての問題点を指摘している。そもそも、4.3で説明したように、LVモデルは、ブラック・マンデー後に株の市場で発生した図4.7.2のタイプのゆがみに対応したものである。スマイルの形状のボラティリティ・カーブにLVモデルを適用すると図4.7.4のようになってしまう。

この図でわかる問題点は、LVの水準が現時点のATMの近辺だけへこんだ

図4.7.4　ボラティリティのスマイル

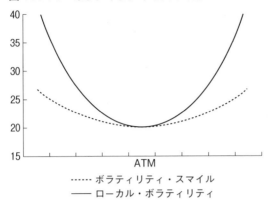

・・・・・ ボラティリティ・スマイル
―――― ローカル・ボラティリティ

かたちになることである。LVモデルにおいては、ボラティリティの水準は原資産の価格の関数であり、相場が変動してATMの水準が現時点の水準から別の場所に移動しても、へこんだ位置は移動せずに当初のATMの場所のままである。しかしながら、市場のスマイルはATMから離れた行使価格のオプションを割高にするためにできたものであり、もしATMの水準が移動した場合には将来のATMの場所にへこみが移動するはずである。しかし、LVではそうならなのである。これがLVモデルのスマイル対応の限界である。

「スマイル」と「スキュー」の両方に対応したSABRモデル

　LVモデルのこの問題点に対応したのがSABRモデルである。確率ボラティリティによって、ファット・テールな確率分布を実現しスマイル型のボラティリティのゆがみに対応できることは、ハル・ホワイトやヘストンによって示されている。一方、ボラティリティのグラフが右肩下がりになるスキューについては、パラメータ β の導入によって、原資産価格の水準との弾力性をもたせることができるCEVによって対応できることは4.6で説明したとおりである。ハーガンたちが考案したSABRモデルは、CEVモデルのボラティリティを確率変動させたものである。

　SABRモデルの α, β, ρ, ν という4つのパラメータによって規定されるモデルであり、そのダイナミクスは次のとおりである。

第4章　事件の発生と前提条件の微修正　305

$$dF = \alpha F^\beta dW_1 \tag{4.7.5}$$

$$d\alpha = \nu \alpha dW_2 \tag{4.7.6}$$

$$dW_1 W_2 = \rho dt \tag{4.7.7}$$

ここで、αが原資産のボラティリティ、βはCEVモデルと同じボラティリティの価格に関する弾力性、νは「ボラティリティのボラティリティ」、ρは2つのブラウン運動の相関である。SABRモデルで$\nu = 0$に固定するとCEVモデルになる。「SABR」という名前は、「S」(Stochastic)、「A」(α)、「B」(β)、「R」(ρ)という各パラメータに由来している。

各パラメータがボラティリティのグラフの形状に与える効果は、表4.7.1のとおりである。

こうした特性を考慮して、LVモデルとSABRの違いを簡単にまとめると、表4.7.2のとおりになる。

[ブラック・ショールズ・モデルへの換算式]

ハーガンたちのアプローチが画期的であったのは、BSモデルとの近似的

表4.7.1　パラメータがボラティリティ・グラフに及ぼす影響

パラメータ	グラフの形状に与える効果
α	αを大きくすると、BS換算のボラティリティはほぼ比例して増加する。
β	βの値が小さくなるに従って、ボラティリティのグラフは右肩下がりになる。つまりスキューが増大する（CEVモデルのβと同じ）。
ν	νを大きくすると、スマイルが大きくなる。つまり左右の端が持ち上がる。
ρ	ρの入力次第で、右肩上がりにも、右肩下がりにもできる。ρはマイナス1から1の間の数値だが、マイナス1に近づけば右肩下がり、1に近づけば右肩上がりになる。

表4.7.2　LVモデルとSABRの特徴

ローカル・ボラティリティ（LVモデル）	右肩下がりの傾きをスキューには対応できるがスマイルにはうまく対応できない。
SABR型の確率ボラティリティ	ボラティリティのボラティリティによってスマイルがかたちづくられる。スキューにはCEVモデルのβ、およびρによって対応可能[69]。

な換算式を提供したことである。SABRモデルの4つのパラメータα, β, ρ, νが与えられた場合の、そのモデルを用いて評価した現在のフォワード価格f、行使価格Kのオプション価格を、BSモデルに換算したボラティリティを$\sigma_B(K, f)$とした場合、$\sigma_B(K, f)$は次の式で近似される。

$$\sigma_B(K, f) \fallingdotseq \frac{\alpha}{(fK)^{\frac{1-\beta}{2}}\left\{1 + \frac{(1-\beta)^2}{24}ln^2\left(\frac{f}{K}\right) + \frac{(1-\beta)^4}{1920}ln^4\left(\frac{f}{K}\right) + \cdots\right\}} \left(\frac{z}{x(z)}\right) \cdot$$

$$\left\{1 + \left[\frac{(1-\beta)^2}{24}\frac{\alpha^2}{(fK)^{1-\beta}} + \frac{1}{4}\frac{\rho\beta\nu\alpha}{(fK)^{(1-\beta)/2}} + \frac{2-3\rho^2}{24}\nu^2\right]t + \cdots\right\}$$

$$z = \frac{\nu}{\alpha}(fK)^{(1-\beta)/2}ln(f/K), \quad x(z) = ln\left\{\frac{\sqrt{1-2\rho z + z^2} + z - \rho}{1-\rho}\right\} \quad (4.7.8)$$

この近似式は、「ハーガン近似」などと呼ばれる。

物理の摂動論

ハーガン近似は複雑な形式をしているが、これは物理・数学の摂動（せつどう、perturbation）論という、大変高度で複雑な手法を応用した結果である。ハーガン近似の原型はハーガンとウッドワードが1999年に発表したBS

---

[69] 原資産のボラティリティと「ボラティリティのボラティリティ」の相関ρによっても、株価の上昇（下落）とボラティリティ水準の上昇（下落）であるスキューを関連づけることができる。ヘストン・モデルにおいては、スキューは相関ρによって対応される。

モデルとバシュリエ・モデル（正規分布モデル）の換算式に関する論文[70]にある。その論文では、それまで、行使価格がATMのものに対する近似的な計算が行われていた対数正規分布のBSモデルと正規分布モデルのボラティリティの換算を、物理の摂動論を利用して、行使価格Kを考慮した精度の高い近似式として提示したのである。

摂動とは、力学系において、主たる力の寄与（主要項）による運動が、他の副次的な力の寄与（摂動項）によって錯乱される現象である。古典的な例では、太陽と地球の二体の力学系による運動が、月の引力という副次的な力によって乱れることである。こうした副次的な力の存在によって、二体の場合と比べて運動が遥かに複雑になる。このような力学系の解を得るために発展したのが摂動論である。摂動論はラプラス、ポアソン、ガウスなどによって研究されてきたが、20世紀に入ってデンマークのボーアによって生み出された量子力学の登場によって、さらに扱うべき問題は複雑化された。

詳しい説明は省略するが、現代的な摂動論は、1954年にコルモゴロフが他の2人の研究者[71]とともに開拓したKAM理論の登場がターニング・ポイントとなり発展した。かつて、ロス・アラモス国立研究所に勤務したハーガンは、このような当時の最先端の物理・数学的手法に通じており、それを金融工学に持ち込んだのである。

4.8 流動性問題の露呈（LTCMの破綻とロシア危機）

1980年代から90年代初めにかけて、債券やデリバティブの市場で派手な活躍をしていた金融機関がソロモン・ブラザーズである。そのソロモンの花形トレーダーだったジョン・メリウェザーのトレーディングのスタイルは、経験と勘と度胸が頼りの伝統的なウォール街のトレーダーたちと一線を画する

---

[70] Hagan and Woodward (1999)
[71] ロシアの数学者Vladimir Arnold（1937〜2010）とドイツ出身のアメリカの数学者Jürgen Moser（1928〜1999）。

ものだった。メリウェザーは、理論的により確実性が高い（と彼自身が考える）方法を好んだ。その一例が、レラティブ・バリュー取引と呼ばれる手法である、これは、リスクや性質が似ている2つの商品間に価格の差があるとき、割安な一方を買い、割高な他方を空売りするという戦略である。ソロモンは、数学やコンピュータ技術を駆使した新しいトレーディング・スタイルで大きな成功を収めた。

　ヘッジファンドLTCMは、ソロモンの革新的なトレーディング文化の顔であったメリウェザーが、不正競争入札事件で退職を余儀なくされたことで設立されたファンドである。メリウェザーは、ソロモンの主要なトレーダーの面々だけでなく、金融工学界の超有名人のロバート・マートンとマイロン・ショールズまでLTCMに引き入れた。こうして金融界のスター・トレーダーとスター研究者が集まったLTCMの創設時にショールズは、「われわれはただのファンドでなく金融工学カンパニーである」と語った[72]という。

　LTCMは、スタートして数年の間は、ショールズの自信どおりのパフォーマンスを示し、ますます名声を高めたが、1998年の夏にロシア危機が発生するとあっという間に破綻した。問題の本質は流動性であった。流動性の欠ける市場において、あまりにも巨大なポジションをとりすぎたLTCMのビジネスは、自身がそのポジションを支えきれなくなったときに、自身の重みに押し潰されるように崩壊したのである。

〔ジョン・メリウェザー（John Meriwether）〕（1947〜）
　アメリカの投資家。1973年にシカゴ大学でMBAを取得。1974年にソロモン・ブラザーズに入社。1977年に債券のアービトラージ部門を立ち上げ大きな成功を収め、1988年にはソロモンの副会長に昇格した。しかし、ソロモンが起こした米国債の不正競争入札事件で1991年に退職。1993年にLTCMを設立した。LTCMは1998年のロシア危機後に破綻、その後メリウェザーは2度目のファンドを立ち上げるがこれも2007年に破綻、2010年に3つ目のファンドを立ち上げた。

72　Lowenstein（2000）

〔ロング・ターム・キャピタル・マネジメント〕（Long-Term Capital Management、LTCM）

　1993年にメリウェザーがコネチカット州グリニッジに設立したヘッジファンド。当時のスター・トレーダーの集まりでありレラティブ・バリュー戦略を世界に広め、「ヘッジファンドのロールス・ロイス」とまでいわれた。LTCMは当初は大きな成功を収めるが、1997年に発生したアジア通貨危機と、その影響が飛び火して発生した1998年のロシア危機によって市場の流動性が枯渇すると、相対価格のゆがみは激甚になりLTCMはまたたく間に膨大な損失を抱えて経営危機に瀕することになった。この危機に、アメリカの中央銀行機能の1つであるニューヨーク連邦準備銀行（FRBNY）は、一私企業の救済は自由経済の原則にそぐわないという反対の声を押し切り、LTCMに資金を提供していた14銀行に最低限の資金供給を継続させて緩やかなかたちでLTCMを解体させた。LTCMが行ったレラティブ・バリュー戦略は当初は米国債などの相対的な割高・割安に着目したものであったが、次第に市場の厚みが薄い金融商品に手を出したことで市場のゆがみの劇的な拡大を招いた。

ソロモン・ブラザーズ[73]の文化

　1980年代から90年代前半にかけてのソロモンは、世界で最も創造的な手法で貪欲にリスクをとる異色の金融機関であった。2007年に『市場リスク暴落は必然か[74]』を書いたリチャード・ブックステーバー（Richard Bookstaber）は、自身がモルガン・スタンレーから移籍した経験を「ソロモンに移ることは、ガタがきた貨物輸送機からジェット戦闘機に乗り換えるようなものだった」と表現している。ソロモンのトレーディング・スタイルは他のウォール街の投信銀行より遥かに洗練されてスマートであるだけでなく、攻撃的でリ

---

[73] ソロモン・ブラザーズ（Salomon Brothers）は1910年に設立されたアメリカの投資銀行。1997年にスミス・バーニーと合併し、その翌年にはシティ・グループの傘下に入る。

[74] Bookstaber（2007）

スク・テイクに貪欲でもあった。こうしたソロモンの文化は、ウォール街では後発の会社でゴールドマンやモルガンのように強固な顧客基盤をもたなかったという事情が背景にある。1970年代の初めまでウォール街の小さな債券ブローカーにすぎなかったソロモンは、数学者を雇いコンピュータ技術を積極的に活用する手法によって大手に対抗していった。小規模で風通しのよい社風と、トレーダーのアイデアを理解し重視する経営陣が、ソロモンの異色のリスク・テイク文化を育てた。

そうした事例の1つが、メリウェザーのチームによる自己勘定取引の拡大である。1974年にソロモンに入社したメリウェザーは、米国債のスプレッド取引によって利益をあげ、その実績などから1977年には債券アービトラージ部門を立ち上げる。この出来事は、それまでは、比較的低リスクを好む顧客のための取引が中心であったソロモンが、自己勘定で積極的にリスクをとる文化に変わる転換点になった。メリウェザーのトレーディング・スタイルは、それまでのウォール街の主流であった経験と勘と度胸が頼りの古臭いものではなく、科学的・定量的な視点からより確率の高い戦略を見つけ出すというものであった。こうしたメリウェザーの戦略は大きな成功を収めるが、リスクのとり方は次第に大胆になっていく。

ちなみにソロモンの革新性は自己勘定取引ばかりでない。1980年代にはモゲージ証券などで、革新的な商品を創造している。このことは、5.1で説明する。

ヘッジファンドのロールス・ロイス

メリウェザーのアービトラージ部門は莫大な収益をあげ1980年代にはこの世の春を謳歌していた。そうしたメリウェザーについてウォール・ストリート・ジャーナル紙は1985年に「ウォール街の帝王」と表現した。その後も快進撃が続いたソロモンに、1991年、スキャンダルが発生する。米国債の入札において、1社に認められている上限を超える金額を落札しようとしたことで、当局（SEC）から2.9億ドルという巨額の罰金を科せられたのだ。この金額は、当時としては投資銀行に科せられた罰金の最高記録であった。メリウェザーは不正に直接関与したわけではなかったが、債券部門を担当する幹

部として最終的に退職を余儀なくされた。

　ソロモンを後にしたメリウェザーは、自分自身のヘッジファンドの設立にとりかかった。そうして、ソロモンの債券アービトラージ・グループの中心メンバー[75]を引き抜いたうえ、ショールズとマートンまで引き込んで1993年に設立したのがLTCMである。彼らの多くはMITの出身者であり、市場の効率性と合理性を信頼するマートンの考えを信奉していた。こうしてスタートしたLTCMは、ソロモンのアービトラージ・グループがそのまま独立したようなものであり、当然その投資戦略はレラティブ・バリュー取引を中心に据えたものとなった。ウォール街のスター・トレーダーに加えて、デリバティブの世界でその名を知らぬものはいないショールズとマートンの二枚看板を加えたLTCMは、夢のヘッジファンドでありこの「ヘッジファンドのロールス・ロイス」とウォール街の金融機関は競って取引関係を築こうとした。

LTCMの投資戦略

　メリウェザーの手法の中心は、レラティブ・バリュー取引である。レラティブ・バリューとは2つの商品の相対的な価値の比較という意味であり、レラティブ・バリュー取引は2つの類似の特性をもつ商品の割安な商品を購入（ロング）し、割高な銘柄を空売り（ショート）を同時に行う、ロング・ショートする戦略である。レラティブ・バリュー取引は、過去のデータや理論上、お互いに強い相関関係がある商品の市場価格が、どちらか一方が理論価格に比べて割高で、どちらか一方が割安である状態、つまり市場価格にゆがみがあると判断される場合に、チャンスが発生する。市場にゆがみがある場合に割安な商品をロングにし、割高な銘柄をショートすることによって、市場のゆがみが修正された場合に利益が得られるのだ。

　レラティブ・バリュー取引の特徴は、通常の取引より（市場の混乱時以外は）価格の変動が少ないということである。LTCMの戦略の典型的なものの1つが米国債の金利とアメリカのスワップ金利の相対的な金利差（スプレッ

---

[75] たとえば、ラリー・ヒリブランド（Larry Hilibrand）、ビクター・ハガニ（Victor Haghani）、エリック・ローゼンフェルド（Eric Rosenfeld）など。

ド）に対する賭けである。米国債の金利とスワップ金利には強い相関関係があり、金利の絶対的水準が大きく動くような状態であっても、両者のスプレッドは通常はさほど大きく動かない。レラティブ・バリュー取引はこのようなスプレッドから価値を生み出すという戦略であるから、取引のサイズは自ずと大きくなる傾向がある。

LTCMの主要な投資戦略は、表４.８.１のとおりである。

初期の成功と裁定機会の減少

　設立後のLTCMは華々しい運用成績を残した。運用開始初年である1994年のパフォーマンスはリターンが約28％であった。この年は、年初にグリーンスパンFRB議長が利上げに動いたため、一般的な株式や債券の運用パフォーマンスは散々な年であったので、レラティブ・バリュー取引のパフォーマンスのよさは特に目を引いた。LTCMは、続く1995年と1996年にはそれぞれ約40％のリターンを計上した。ウォール街の投資銀行はLTCMとの取引獲得にますます躍起になった。レラティブ・バリュー取引で巨額の利益を得ようとするLTCMの戦略は、膨大な取引のフローをもたらしたからであり、さらにはLTCMの取引相手になることによって、LTCMの手の内を部分的に知ることができた。こうして、LTCMの手の内を知ったウォール街やヘッジファンドはLTCMの戦略をまねた。つまり、ミニLTCMがあちこちに現れたのだ。

　レラティブ・バリュー取引は市場のゆがみを収益源にする戦略である。レラティブ・バリュー取引のポジション造成はこのゆがみを解消する方向に市場を動かす作用がある。したがって、ミニLTCMの出現は、既存のレラティブ・バリュー・ポジションのパフォーマンスを向上させる効果がある。LTCMの初期の好成績には、そうした要因も反映されている。しかしながら、ゆがみの解消は新たなレラティブ・バリュー取引のチャンスの減少を意味する。

ボラティリティの中央銀行

　好調なパフォーマンスと同時に裁定機会が減少したことは、LTCM内部で

表4.8.1　LTCMの投資戦略

戦略	分類	説明
レラティブ・バリュー取引	スワップ・スプレッド	同じ満期の国債金利とスワップ金利のスプレッド。信用リスクと流動性に優れる国債金利は、通常スワップ金利より利回りが低い。LTCMはスプレッドの幅が広すぎると判断した場合に、スワップ金利の受取りと国債の空売りを同時に行った。こうした戦略をドル、英ポンド、ドイツ・マルクなど多数の通貨の単体取引、あるいは2通貨間のペア取引として行った。
	債券の信用スプレッド	信用リスクが高く利回りの高い債券の購入と、米国債など相対的に利回りの低い債券の空売り。LTCMが購入した債券は社債やアルゼンチン、ブラジル、ロシアなどの新興国の国債など。
	ペア取引	同じ国の同じ業種の株式などの相関性が高い金融商品のロング・ショート戦略。M&Aに関する事情や、流動性や業績予想、需給関係などさまざまな要因で割安な銘柄を購入し、割高な銘柄を空売りする。たとえば、二重上場会社であるシェルの株の空売りとロイヤル・ダッチの株の買いなど。
コンバージェンス取引	オフ・ザ・ラン米国債	米国債の価格は、発行したばかりの銘柄（オン・ザ・ラン）は流動性が高くプレミアムが上乗せされており、ほぼ同じ満期の少し前に発行された銘柄（オフ・ザ・ラン）よりしばしば割高である。LTCMはオフ・ザ・ランの米国債を購入する一方で、オン・ザ・ランの米国債をショートした。
ダイレクション（方向性）取引	ボラティリティ取引	実際の市場の動きや予想される変動率と、市場のボラティリティに乖離がある場合の戦略。ボラティリティ以外のリスクは極力ヘッジする。LTCMはS&P500指数を中心に、イギリスのFTSE、ドイツのDAXなど主要国の株式指数のオプションの売りポジションをつくった。
	金利市場	先進国の金利変動の方向性に関する賭け。

も、1997年頃には十分に認識されていた。実際LTCMは1997年に投資家の資金の一部を「投資機会の減少」を理由に返還している。しかしながら、このような投資機会の減少に対して、LTCMがとった選択はチャンスが到来するまで待つことではなく、さらにレバレッジを高めるとともに、本来の戦略に合致しないダイレクション取引を増加させることであった。ダイレクション取引の主たるものは欧米の株式指数のオプションのボラティリティ取引であった。当時は、長期の株のオプションの流動性は低く、ちょっとした需給関係の偏りでボラティリティの水準が大きく変動することもあった。そんななかでボラティリティ市場に巨大なポジション造成によって参入したLTCMは「ボラティリティの中央銀行」と呼ばれた。

当時、LTCMは欧米の株式のボラティリティが割高すぎると考えていたようだ。欧米の株のボラティリティは1997年秋のアジア危機の際に一時的に急騰したことがある。しかしながら、この時は比較的短時間にボラティリティの水準は落ち着きを取り戻し、売りポジションの評価損を我慢し続けたトレーダーは最終的に利益を手にすることができた。LTCMは1998年に入るとさらにボラティリティの売りにのめり込んでいったという[76]。

アジア危機とソロモンのアービトラージ部門の閉鎖

1997年5月のタイの通貨危機を発端にして始まったアジアの通貨危機は、その後、マレーシア、インドネシア、フィリピン、韓国などに飛び火した。危機はさらに他の新興国へ拡大する気配もあったが、日本の支援などによって危機の連鎖は何とかいったんは回避された。しかしながら、危機後の世界経済の後退や資源価格の下落によって資源輸出国であるロシアは大きなダメージを受けた。こうしたなかで、ロシアの通貨と債務に対する不安は燻り続けた。1998年中頃にはロシアはルーブルを買い支える手持ちの外貨がなくなり、為替レートを維持する外貨をIMFなどに借り入れることが必要になった。

こうした状況下、1998年7月6日のソロモンのアービトラージ部門が閉鎖

---

[76] Lowenstein (2000)。Lowensteinは、こうした強気の戦略は幹部のラリー・ヒリブランドとビクター・ハガニの2人が主導したとしている。

された。ソロモンはこの前年の1997年2月にトラベラーズに買収されていたが、1998年の夏にはトラベラーズはシティバンクとの合併を目の前に控えていた。1998年に入ってからのソロモンのアービトラージ部門のパフォーマンスは芳しいものではなく、トラベラーズを率いていたサンディ・ワイル[77]はソロモンのアービトラージ部門の閉鎖を決断する。これはウォール街では1つの時代の終わりと認識された。また、LTCMにとっては、この出来事は、レラティブ・バリューのナンバー2の投資家の撤退を意味した。

ロシア危機の発生とブローアップ

1998年7月13日、ロシアはアメリカからの資金支援を取り付けることに成功するが、これによって事態が好転することはなかった。そして、8月17日、ロシア中央銀行は対外債務の90日間支払停止を発表した。

ロシアが実質的なデフォルトを宣言すると、信用や流動性に関連する、ほとんどあらゆる市場で、トレーダーたちがリスク削減の出口に殺到した。その結果、スワップ・スプレッドを含めた市場の信用スプレッドは急拡大し、株のボラティリティは急騰した。LTCMは保有していたロシアの債券だけでなく、他のほとんどの戦略においても損失を出した。このようなポジションの巻き戻しは、短期間では終息せず、逆に、LTCMを取り巻く環境は日増しに逼迫し続けた。9月2日、メリウェザーはとうとうファンドが莫大な損失を出したことを報告するレターを投資家に送付せざるをえない状況に追い込まれた。レターには、LTCMの資本が8月単月だけで44％、年初来では52％も減少していることが記されていた。

しかし、このレターの送付はLTCMの状況をさらに悪化させる結果になった。LTCMの苦境が知れ渡ると、それまでLTCMの行動に追従していたウォール街の投資銀行やヘッジファンドの一部が、一斉に牙をむき手負いの

---

[77] サンディ・ワイル（Sandy Weill、1933〜）はアメリカの金融人。ウォール街の小さな証券ブローカーの創業から出発し、何度も合併を繰り返し、巨大なブローカーであるシェアソン・ローブ・ローズをつくった。ワイルはこの会社をアメリカン・エキスプレスに売却した。その後同社のトップにのぼりつめると、ワイルはトラベラーズとソロモン・ブラザーズなどを買収、最終的にシティ・コープと合併し巨大金融コングロマリットをつくりあげた。

LTCMに襲いかかった。彼らはLTCMの損失が拡大する方向にポジションをとり始めたのだ。こうなると、いくつかの市場で市場規模に比べて大きすぎるポジションをとっていたLTCMは「池の中のクジラ」であり、なすすべがなかった。そして、LTCMはブローアップ[78]（blow up）した。

ニューヨーク連銀による救済措置

　1998年9月の中旬以降、LTCMはゴールドマンやウォーレン・バフェットなどからの救済を模索、その月の第3週の週末にはFRBに連絡し救済案の検討に巻き込んだ。連絡を受けたニューヨーク連銀総裁ウィリアム・マクドナー（William McDonough）は、自身に海外出張の予定があったので、副総裁のピーター・フィッシャー（Peter Fischer）を週末の極秘会議に送り込んだ。週末の会議では、民間による救済策がむずかしいことが明らかになり、LTCM破綻に端を発したシステミック・リスクの発生を恐れたマクドナーとフィッシャーは、週明けの9月22日火曜日にLTCMと取引関係にある主要行をFRBの肝いりで集めてもう一度会議を開くことを決めた。その会議では、バフェットによる救済策がギリギリまで模索されたが結局失敗、最後にFRB主導でLTCMを救済することが決められた。

　9月23日、ゴールドマンなどウォール街の主要な14銀行が銀行団を組み、LTCMに36.5億ドルの資金注入を行ってファンドをしばらく延命させて、その後穏やかに解体させる案が発表された。このプランは、資本注入の見返りとして銀行団はLTCMの清算価値の90％を受け取り、元来の投資家には10％だけを還元されるというものだった。10月15日にはLTCMの取引のスワップ・ポジションを処理する最初の入札が行われた。入札は以後あわせて3回にわたって行われ、LTCMが築いていたポジションはようやく解消された。

　なお、投機目的のヘッジファンドを、連銀が間接的なかたちでも救済したことは、大きな議論を呼んだ。モラル・ハザードの問題である。この問題は10年後に再燃し、アメリカの金融当局はトゥー・ビッグ・トゥ・フェールとして空前の規模の救済劇を実施することになる。このことについては、第6

---

[78] ブローアップは壊滅的な損失を出した場合に使われる業界用語である。

章で説明する。

LTCMの損失の明細

LTCMの投資戦略別損失の内訳は、表4.8.2のとおりである[79]。

LTCMにとって致命的であったのは、スワップ・スプレッドなどに関するスワップ取引と、株のボラティリティの売りポジションであった。図4.8.1と図4.8.2は、当時のスワップ・スプレッドと株式指数のボラティリティの推移である

LTCMの教訓

LTCM破綻の教訓は、流動性が十分でない市場では、非常時には流動性が簡単に蒸発し、市場の悪循環は大幅に増幅されるということだ。1987年のブラック・マンデーは、世界で最も流動性の厚みのある市場の1つであるアメリカの株式市場で起こった、売りが売りを呼ぶというフィードバック効果の事例であった。流動性に欠ける市場では、このような負のフィードバック効果はより簡単に、またより激甚なかたちで起こる。

表4.8.2　LTCMの投資戦略別損失

投資戦略	損失額
スワップ取引（スプレッドなど）	16.28億ドル
株のボラティリティ（売り取引）	13.14億ドル
ロシアなど新興国市場	4.3億ドル
先進国の金利の方向性取引（日本国債など）	3.71億ドル
株のペア取引（フォルクスワーゲン、シェルなど）	2.86億ドル
イールドカーブ・アービトラージ	2.15億ドル
S&P500指数取引	2.3億ドル
ジャンク債アービトラージ	1億ドル

---

[79] Lowenstein（2000）およびwikipediaより。

図4.8.1 日米加の10年のスワップ・スプレッドの推移

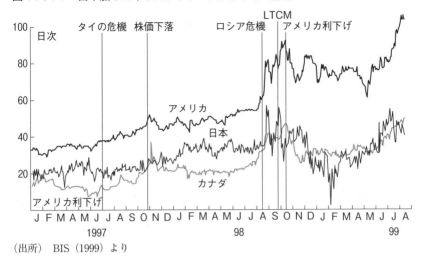

（出所） BIS（1999）より

図4.8.2 欧米の株式指数の市場のボラティリティの推移

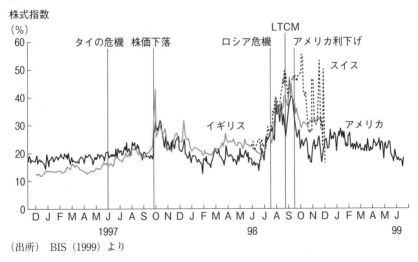

（出所） BIS（1999）より

　LTCMはアメリカ株に比べて遥かに流動性の乏しい市場で賭けを出していた。こうした市場では、LTCM自身が市場を実質的に支配していたので、多少の逆風が吹いても、自分たちが市場を支えられ続けられると考えたのか

もしれない。しかしながら、ロシア危機という外的なショックによって、混乱発生をまったく想定していなかった市場も含めて、同時多発的にポジションの巻き戻しが起こり、LTCMはポジションを支え続けることができなくなったのだ。

4.9 根拠なき熱狂（シラーの効率的市場仮説への疑問）

　ロバート・シラーは、19世紀後半から1980年代に至る市場の全体的・長期的な振る舞いをみて効率的市場仮説への疑問を感じた。実際の市場の変動は、効率的市場仮説では説明できないほどボラタイルであることに気がついたのだ。その考え方は、1981年の論文「株価の激しい変動は配当の変更によって正当化されるか[80]」として公表される。さらに、1987年のブラック・マンデーで、市場の極端な動きを目の当たりにしたシラーは、一連の動きをつぶさに分析して、市場には売りが売りを呼ぶカスケード（連鎖反応）効果があり、それが暴落の一因となったと考えた[81]。

　しかしながら、シラーの主張は、効率的市場仮説を信奉する当時の時代の趨勢によっておおむね無視された。そして、シラー自身も、その後しばらくの間は、関心を株式市場から不動産市場に移していた。そして、十数年後の絶妙なタイミングに、シラーが再び株式に関する考えを発表した。2000年のITバブル崩壊の直前に『根拠なき熱狂』を出版したのである。「根拠なき熱狂（Irrational Exuberance）」というフレーズは、1996年12月にFRBのグリーンスパン議長が、上昇が続くアメリカの株式市場における投資家の行動を指した表現である。

　『根拠なき熱狂』では市場参加者の心理的な要因が与える影響が考察された。これはそれまでの金融工学ではほとんど触れられてこなかった問題であ

---

[80] Shiller (1981), "Do stock prices move too much to be justified by subsequent change in dividends"
[81] 4.2を参照。

る。そこでは、シラーはブラック・マンデーの際に発見したカスケード効果を、情報や投資家心理への影響にも拡張し、より深い考察を披露している。

2013年のノーベル経済学賞は、効率的市場仮説の元祖であるユージン・ファーマと市場の合理性に対する疑問を投げかけ続けたシラーが同時に受賞した。受賞理由は「資産価格の実証分析に関する功績」である。この対立する両者の同時受賞は、世の中に驚きをもって迎えられ、ノーベル賞選考委員会の度量の大きさを示すと同時に、唯一の正しい答えは存在しないという、経済やファイナンスの世界の本質を浮き彫りにする結果となった。

〔ロバート・シラー（Robert Shiller）〕（1946〜）
　デトロイト生まれのアメリカの経済学者。1965年にミシガン大学で学士号、1972年にMITで博士号を取得。博士号の指導教官はモディリアーニであった。その後、ペンシルベニア大学ウォートン校、ミネソタ大学などで教鞭をとる。1981年に効率的市場仮説に対する疑問を示したことで有名な論文「株価の激しい変動は配当の変更によって正当化されるか」を発表。1982年からエール大学の教授。2000年のITバブル崩壊直前に『根拠なき熱狂』を発表。シラーは「S&Pケース・シラー住宅価格指数」をつくったことでも知られる。これは全米主要都市の住宅の価格の指数である。2013年にファーマ、ハンセンともども「資産価格の実証分析に関する功績」によってノーベル経済学賞を受賞。
【紹介する本】Shiller（2000）
『根拠なき熱狂』（Irrational Exuberance）

株式市場は効率的であるにしてはボラタイルすぎる

ファーマが効率的市場仮説の有名な論文[82]を発表したのは1970年であり、そのなかで仮説を裏付けるさまざまな研究を紹介した。たしかに、ファーマが主張するように、利用可能な情報が即座に株価に反映されることに関して

---

[82] 2.9を参照。

は、多くの証拠があるのだろう。しかしながら、シラーは、まったく別の視点で市場の合理性を眺めていた。それは、市場全体が合理的な行動をとっているか否かという問題であった。

1981年に表明されたシラーの発見は、実際の市場の変動は市場参加者の合理的な行動では説明できないほどボラタイルであることだ。シラーの考える市場の合理的行動とは、将来の配当に対する予想を割り引いた価格を基準にするものだ。シラーが行った株価の分析によれば、実際の市場は予想配当率の変動によって説明可能な変動幅より遥かに大きな変動をしていた。さらには、株価が非常に高くなる時期と、企業業績が好調で高い収益をあげて高配当を実現している時期とは必ずしも一致しないというのだ。

図4.9.1は、1871〜1979年のS&P500指数の実際の値（実線）と、シラーが配当から計算した理論値（破線）を比較したものである。

実線の株価は、破線の理論値より遥かに大きな変動をしているのがわかり、「市場の行動は合理的でない」というシラーの主張にも一理あるように思われる。しかしながら、この時代は、効率的市場仮説といったポジティブな響きの概念に酔っていた。シラーのその酔いを醒ますような主張は、強い批判を受けたという。

図4.9.1　S&P500指数の理論値と実際の指数価格

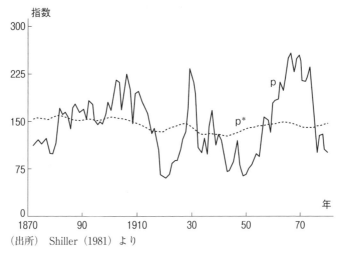

(出所)　Shiller (1981) より

根拠なき熱狂

　時計の針を20世紀末のITバブル時代に進める。1950年代から70年代にかけて急速に発展した数理ファイナンスのさまざまな概念は、まだ色あせることなく、ますます大きな影響力を拡大していた。当時のFRB議長であるアラン・グリーンスパン[83]は、数理ファイナンスを含めたテクノロジーや自由市場の調整機能に大きな信頼を置く人物であった。そのグリーンスパン議長が株式市場に対して「根拠なき熱狂」という表現を使ったのは1996年12月5日である。図4.9.2は1950年からグリーンスパン議長の発言の日までのS&P500指数の推移である。

　このグラフをみれば、グリーンスパン議長が「根拠なき熱狂」といいたくなる気持ちはわかるだろう。当時、市場参加者にすればグリーンスパン議長の発言は「天の声」に近い重みがあり、株価はしばらくの間急速に調整した。しかしながら、グリーンスパンの印象深い警告はわずかな期間で忘れ去られた。そして、株価は熱狂状態を続け、2000年にグリーンスパンが警告した時点よりさらに2倍近い水準にまで上昇していた。図4.9.3は、シラーが『根拠なき熱狂』を出版する直前の2000年2月までのS&P500指数の推移である。

株価の高騰を促進した12の要因

　ウィンドウズ95が発売され、インターネット利用の爆発的な増加が始まったのは1995年8月であった。こうした時代背景も含めて、シラーは、2000年までの株の高騰の原因を次のように推測した。

① 堅調な企業収益の成長に重なったインターネットの到来……このようなことに関する大衆の受けた印象が重要
② 利益至上主義と海外の経済的ライバルの衰退……日本というライバルの

---

[83] アラン・グリーンスパン（Alan Greenspan、1926～）はアメリカのエコノミストで、1987～2006年、FRB議長を務めた。入念な経済データの調査、深い洞察と独特の話術で経済と市場をコントロールしたことで「マエストロ」と呼ばれた。しかし、グリーンスパンが、数理ファイナンスを含めたテクノロジーや自由市場の調整機能に過度の信頼を置いたことが、金融機能の暴走を招き、リーマン・ショックの一因になったとの批判を浴びることになった。

図4.9.2 米株価の推移（S&P500指数、1950年～1996年12月5日）

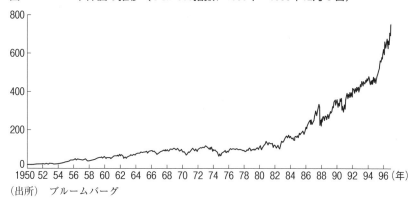

（出所） ブルームバーグ

図4.9.3 米株価の推移（S&P500指数、1950年～2000年2月）

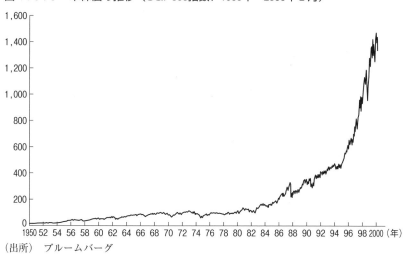

（出所） ブルームバーグ

衰退で謙虚な気持ちを失った
③ ビジネス的な成功やそのようにみえるものを尊重する文化……社内の連帯や忠誠から個人的成功を重視する倫理への変化
④ 共和党主導の議会によるキャピタル・ゲイン減税
⑤ ベビーブーマー世代が市場に与えたとされる影響……引退に備えた株式投資

⑥　メディアによるビジネス・ニュースの拡充
⑦　ますます楽観的になるアナリストの予測
⑧　確定拠出型年金プランの拡大
⑨　ミューチュアル・ファンドの成長……株式投資家層の拡大
⑩　インフレ率低下とマネーへの幻想効果
⑪　取引量の拡大……格安証券会社、デイ・トレーダー、24時間取引
⑫　ギャンブル機会の増大……ギャンブルへの参加が習慣化

　このように、たしかにさまざまなポジティブな要因があるのだが、シラーはそれだけでは当時の株価の熱狂を説明することはむずかしいはずだと考えた。こうした要因が、なんらかのメカニズムによって、心理的に増幅されているはずである。

フィードバック効果とポンツィ・スキーム

　シラーは、そのメカニズム（すなわちフィードバック）を次のように分析した。
　　フィードバック・ループ理論では、最初の株価上昇が、さらなる株価上昇を引き起こす。なぜならば、最初の株価の上昇が、投資家の需要の増大を通じて、さらに高い株価へとフィードバックされるからである。そして第2ラウンド目の株価上昇が第3ラウンドへフィードバックされ、その次は第4ラウンドという具合に続いていく。こうして最初の突発的な要因のインパクトが増幅され、当初の要因から考えられるより遥かに大きな価格上昇となる。このようなフィードバック・ループは過去の株式市場全体の強気や弱気の相場の要因となっただけでなく、細部では多少の違いはあるが、個別株の上昇や下落の要因となった。
　フィードバック・ループ理論の具体的な証拠を見つけることはむずかしいが、シラーはこのようなフィードバックが、自然発生な「ポンツィ・スキーム（ねずみ講）」の役割を果たしたと主張する。ポンツィ・スキームは2008年のリーマン・ショックによって有名になる言葉である。シラーは、ポンツィ・スキームを、首謀者（hoaxer）の噂にすぎない現在の投資リターンから、ポジティブな将来のリターンへフィードバックさせることであり、「ピ

ラミッド・スキーム」ともいわれると説明する。ポンツィ・スキームにおいては、集めた資金を使って投資が行われるが、実際のアセットに投資が行われることはほとんどない。首謀者は第2ラウンドに出資した投資家の資金で初回の投資家への支払を行い、第2ラウンドの投資家への支払は第3ラウンドの投資資金で支払う。ポンツィ・スキームという名は1920年のチャールズ・ポンツィ[84]による詐欺事件に由来するが、それ以降、世界中でたびたび発生している。

投資バブルにおいては、チャールズ・ポンツィのような首謀者は存在しない。しかし、シラーは、証券ブローカーやミューチュアル・ファンド業界全体など、株価が上がるとさらに上がることを示唆するストーリーを流すことで利益を得る人々がたくさんいるという。このようなストーリーはペテンであるわけではないが、明るいニュースだけ強調することによって自然発生的にバブルが形成される過程は、どこかポンツィ・スキームと似ているというのだ。

ニュース・メディアによる関心のカスケード（連鎖反応）

「投機バブルの歴史は、おおよそ新聞の登場と同時に始まった」とシラーはいう。つまり、人間社会のバブル心理の形成にメディアの存在が重要な役割を果たすというのだ。シラーの考えるニュースの影響は、しばしば後知恵の解説として使われるような変動の直接的な原因としてではない。そうではなくて、その後ゆっくり作用する心理的な影響である。シラーは過去のさまざまな暴落とその際のニュースの関係を調べた結果、ニュースは変動の「原因」になることではなく、より長期にわたってフィードバック効果を持続させることによって暴落に影響を与えると考えた。シラーは「ニュースが市場に与える影響は、往々にして遅れて現れ、人々の関心の連鎖を開始させる」という。

こうした影響をシラーは「関心（attention）のカスケード」と呼ぶ。そう

---

[84] チャールズ・ポンツィ（Charles Ponzi、1882〜1949）はアメリカの実業家、詐欺師。1920年に、海外で購入する国際返信切手券を使った投資によって、90日間で40％の利回りが得られるとの触れ込みで出資者を募り、わずか7カ月間に3万人の投資家を集めた。

して、1929年の暴落を次のように説明する。

> 1929年の株式市場のクラッシュがなんらかの現実のニュース・ストーリーに反応したものであると考えることはできない。そうではなく、それは価格の変化によるフィードバック効果や、市場に対する人々の関心が次々に高まっていく関心のカスケードによって引き起こされるネガティブ・バブルである。

ブラック・マンデーについて、ブレイディ委員会はもっぱら、ポートフォリオ・インシュランスなどによる機械的、あるいは反射的なポジション操作がネガティブ・バブルを引き起こしたと結論づけた。しかし、シラーは、多くの人々は1929年の暴落のイメージが心理的な影響を与えたと考える。

新時代という経済的思考

シラーは「新時代」という思考傾向が生まれるときにしばしば株価の大幅上昇やバブルが起こったことを指摘する。たとえば20世紀初頭の1901年におけるさまざま分野における革新的なテクノロジーに関する楽観論、1920年代の自動車の急速な普及などに代表される日常生活の変化に関する楽観論、1950年代から60年代にかけて、戦後の停滞から抜け出し、ケネディ大統領の登場による楽観主義などがあげられる。こうした、新時代という思考が株価を押し上げる心理的な影響を及ぼしたというのだ。

そして、1990年代にはグローバリゼーション、ハイテク産業のブーム、緩やかなインフレ率、低金利、企業収益の増大などが、再び「新時代」という思考パターンを生み出した。

群集心理と情報カスケード

シラーは「人間社会の基本的観測結果の１つに、定期的にコミュニケーションを取り合っている人々は似たような考え方をするというものがある」という。つまり、人間社会は群集心理に大きな影響を受ける。こうした現象をシラーは「情報のカスケード」と呼び、次のように説明する。

> たとえ完全に合理的な人であっても、他人の判断を考慮した場合に、他の人々が群衆行動をしていることを理解している場合でさえ

も、群衆行動に身を投じる場合がある。その行動は、個人としては合理的でも、厳密な意味では、集団としては不合理な行動を生み出す。
このような群集行動は情報カスケードによって引き起こされる。
さらに続けて、

人々は市場についての判断を下すうえで、できるだけ時間と労力を浪費しないように合理的な選択をしているのであり、したがって、市場に対する独自の影響を与えない道を選んでいるのである。究極的には、こうした情報カスケードの理論のすべては「本来の基本的価値についての情報の浸透と評価がされていない」ことに関する理論なのである。

効率的市場仮説に対する疑問

シラーは1981年に発表した考察で、市場は効率的であるにしてはボラタイルすぎると考えた。しかし、その考えは、ロバート・マートンなどから多くの批判を受けたという。

筆者の研究は、それに批判的な一群の人々の関心を惹いた。そのなかで最も有名なのが、後にノーベル経済学賞を受賞するすばらしいファイナンシャル理論家ロバート・マートンである（彼はヘッジファンドLTCMの幹部として大損害を被った人物でもある）。1968年にマートンがテリー・マーシュとともにアメリカン・エコノミック・レビュー誌で発表した論文の結論は、皮肉なことに、投機的な市場はボラタイルすぎることはないというものだった。

市場の極端な動きによってLTCMが破綻したことは、シラーをおおいに勇気づけたのだろう。20年後に出版された本においては、さらに別のさまざまな角度から効率的市場仮説に対する疑問を提示する。その中心的な疑問は、市場が効率的であるとすると、しばしば株価水準の誤りが起こるのはなぜなのか、という問いである。さらには、市場で観察される数々のアノマリー[85]の存在についても、マートン・ミラー[86]など効率的市場仮説を代表する学者

85　具体的なアノマリーは4.4を参照。
86　2.2を参照。

たちは説得力のある見解を示していないという。

そして、シラーにとって、2000年春時点で着実に進行する株式市場のバブル的な上昇こそが、効率的市場仮説派への反論材料であった。

> 最近の株式市場の急激な上昇が、純粋なニュースへの日常的で正確な反応であるというために、効率的市場仮説を引き合いに出すのは、まったくの誤りである。現在の水準が適正水準であるという考えを正当化するには、以前が適正でなかったと主張しなければならない。そうした主張は効率的市場仮説と激しく矛盾するだろう。しかし、多数の人々が支持している以上、そうした主張も簡単には却下できない。

ITバブルの崩壊

シラーが『根拠なき熱狂』を出版した半年後の2000年9月をピークに、株価は下落に転じた。そして、その年の年末から下落の速度が加速し、2002年の末にはS&P500指数は、グリーンスパンが警告した水準まで下落した（図4.9.4）。

2000年からの株価の暴落は、ハイテク株を中心にしたナスダック指数においてはより激甚であった（図4.9.5）。シラーの『根拠なき熱狂』は、この暴落を予見したことで、一躍大きな脚光を浴びた。この後、シラーはさらに、2008年の信用リスク危機も予見することになる。

図4.9.4　米株価の推移（S&P500指数、1950年～2002年末）

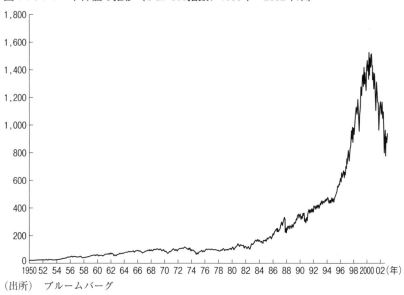

（出所）　ブルームバーグ

図4.9.5　ナスダック総合指数の推移（1971年～2002年末）

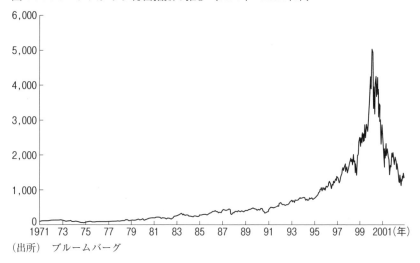

（出所）　ブルームバーグ

第 5 章

クレジット・デリバティブとCDO
（サブプライム・バブルの膨張）

年	出来事	章.節
1769	プロイセンのフリードリッヒ大王、最初のカバード・ボンドを発行	5.1
1938	**ファニー・メイ**が設立される	5.1
1968	**エドワード・アルトマン**、財務指標の統計分析による企業の倒産リスク分析の手法（Ｚ－スコア）を開発	5.3
1970	アメリカで最初のモーゲージ担保証券（MBS）が発行される	5.1
1974	**ロバート・Ｃ・マートン**、構造型のデフォルト確率推計モデルを開発	5.2
1983	アメリカで最初のCMOが発行される	5.1
1985	アメリカで最初の資産担保証券（ABS）が発行される	5.5
1987	ドレクセルの**マイケル・ミルケン**、最初のCDO発行をアレンジ	5.6
1988	バーゼル委員会による銀行規制（バーゼルⅠ）が公表される	5.7
1988	シティバンクが最初のSIVであるアルファ・ファイナンスを設立	5.7
1994	JPモルガンと欧州復興開発銀行（EBRD）のクレジット・デフォルト・スワップの締結（参照ネームはエクソン）	5.4
1995	**ジャロー**と**スチュアート・ターンブル**、誘導型のデフォルト確率推計モデルに関する論文を発表	5.3
1997	JPモルガン、ビストロCDOの発行。シンセティックCDO	5.5
1999	クリントン・アメリカ大統領、グラス・スティーガル法の重要な部分を廃止	5.4
2000	**デイビッド・リー**、論文「デフォルトの相関について：コピュラ関数アプローチ」を発表	5.6
2003	ブッシュ・アメリカ大統領、「オーナーシップ社会構想」を打ち出す	5.8
2004	バーゼル委員会がバーゼルⅡを公表	5.11
2006	ABNアムロが最初のCPDOの発行をアレンジ	5.10

5.1 アメリカのモーゲージ証券

資産を担保にした債券の発行の歴史は意外に古い。18世紀のプロイセンのフリードリッヒ大王は、7年戦争による国土の荒廃から復興するための資金調達を容易にするために、不動産を担保にしたカバード・ボンドを発行した。カバード・ボンドは、発行体の信用力を不動産などの担保によって補強した債券である。カバード・ボンドはヨーロッパに定着した。

アメリカでモーゲージ担保証券（MBS）が初めて発行されたのは、カバード・ボンドからはかなり遅れた1970年のことである。最初のMBSを発行したのは、ジニー・メイというアメリカ政府が全額出資する政府支援機関（GSE[1]：エージェンシー）であった。MBSはカバード・ボンドと少し仕組みが異なり、担保の所有権を原債権者から特定目的会社（SPC）と呼ばれるペーパー・カンパニーに移行してオフバランス化して債券を発行するかたちをとる。

アメリカのMBSの方式は、発行の自由度や拡張性という面でメリットがある。アメリカのMBSの発行は公的なエージェンシーだけでなく、すぐに民間に広がり、その後、急速に発行残高を拡大し続けた。そして、21世紀に入ってからは、発行のペースはさらに加速し、2008年のリーマン・ショックの前には10兆ドル近い発行残高に達した。

しかしながら、21世紀に入って急増したMBSには、多数のサブ・プライムMBSが含まれ、リーマン・ショックへとつながっていく。このあたりの事情については5.8で詳しく説明する。

〔アメリカ連邦住宅抵当公庫（FNMA[2]、通称ファニー・メイ、Fannie Mae）〕
　1938年、大恐慌後にニューディール政策の一環として設立された政府

1　Government-Sponsored Enterprise
2　Federal National Mortgage Association

支援機関（GSE）の１つ。地域金融機関に政府資金を提供することによって、不動産融資をしやすくし、マイホーム保有を促進するのが目的だった。ファニー・メイは連邦住宅局（FHA）が保証した住宅ローン債権などの買取りによって、住宅ローン債権の流通市場を確立した。1968年、当時の民主党政権下の民営化政策によってジニー・メイと分割・民営化された。1970年から政府はファニー・メイによるコンベンショナル・ローンと呼ばれる政府保証のない民間の住宅ローン債権の買取りを認め、1981年からはMBSの発行が始まる。2007年に始まるサブプライム・モーゲージの危機で資本不足に陥り、リーマン・ショック直前に政府から無制限の公的資金の注入を受け、国営化された。

〔アメリカ連邦政府抵当金庫（GNMA[3]、通称ジニー・メイ、Ginnie Mae）〕

　1968年にファニー・メイから分離して設立された。ファニー・メイが民営化されたのに対しジニー・メイは当初からアメリカ政府の100％出資会社である。分離後のジニー・メイにはローンの買取りは認められず、連邦住宅局（FHA）や退役軍人協会（VA）の保証が付いたローンを証券化してMBSを発行し、そのMBSの支払保証を行うことが主要な業務とされた。

〔アメリカ連邦住宅金融抵当公庫（FHLMC[4]、通称フレディ・マック、Freddie Mac）〕

　民営化されたファニー・メイと競合することによって、モーゲージの流通市場をより効率化させる目的で1970年に設立された。業務内容は、ファニー・メイとほぼ同じで連邦住宅局（FHA）の保証のないコンベンショナル・ローンの買取りやMBSの発行などである。2003年６月、粉飾決算が発覚して経営陣が更迭されるという危機が発生した。2007年に始まる金融危機で資本不足に陥り、ファニー・メイと同様にリーマン・ショックの直前に国営化された。

---

[3] Government National Mortgage Association
[4] Federal Home Loan Mortgage Corporation

フリードリッヒ大王のカバード・ボンド

1756年に勃発した７年戦争[5]において、オーストリア、ロシア、フランスなど圧倒的な人口格差のある敵と戦ったプロイセンは、大変な苦戦を強いられたがフリードリッヒ大王の巧みな戦術などによって、何とか戦争を有利に終結させシレジア地方の領有を認めさせることができた。しかしながら、戦場となったプロイセンの国土は激しく荒廃し、その復興には多額の資金が必要だった。このときフリードリッヒ大王がとった方策が、不動産を担保にした債券の発行であった。

大王が発行した債券はファンドブリーフ（Pfandbrief）と呼ばれるシステムであり、債券の保有者は、担保として設定された不動産に対する請求権を与えられた。ファンドブリーフの最初の債券は1769年に発行されたとされるが、このシステムはその後急速に欧州各国に普及し、19世紀には欧州の公的セクターの調達手段として定着し、それは現在に至るまで受け継がれている。ファンドブリーフでは、担保の資産がカバード・プール（covered pool）として、発行体の資産のなかで区分けされるので、このシステムによる債券

図５.１.１　カバード・ボンドの仕組み

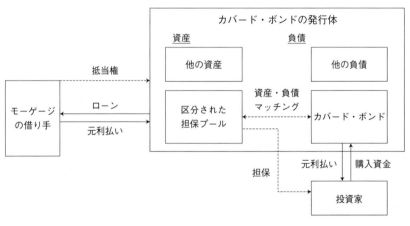

5　７年戦争（1756〜1763）はプロイセンとそれを支持するイギリスがオーストリア、ロシア、フランスなどの諸国と戦った戦争で、プロイセン側が有利に帰着して、プロイセンはシレジア（主に現在のポーランド南西部）領有を確定した。

はカバード・ボンド（Covered Bond）ともいわれる（図5.1.1）。

ジニー・メイの設立とパス・スルー型のMBSの発行

アメリカにおいて不動産を担保に組み入れた証券が最初に発行されたのは、ヨーロッパより遥かに遅い1970年のことであった。しかしながら、この年は、証券化の幕開けを告げる大きな節目の年になった。この年に、モーゲージ市場の流動化を図るために設立されたエージェンシーであるファニー・メイ、ジニー・メイ、フレディ・マックの3社が出揃い、MBSの発行や、モーゲージの二次流通市場（セカンダリー・マーケット）の整備を開始する。この活動に刺激され、アメリカのモーゲージ市場の流動性が急速な発達を始める。

最初のMBSはアメリカ政府が100％保有するかたちで、発足したばかりのジニー・メイによって保証をつけられるかたちで発行された債券であった。そしてその発行形式にはアメリカらしいイノベーションが加えられていた。それは、パス・スルー（pass-through）という方式である。パス・スルー証券とは、担保プールから生じるキャッシュフローをそのまま支払う債券である。MBSの発行体（通常は、モーゲージの貸し手自身）は連邦住宅局（FHA）の保証がついている住宅ローンを束ねて発行し、その証券のキャッシュフ

図5.1.2　ジニー・メイのパス・スルーMBSの仕組み

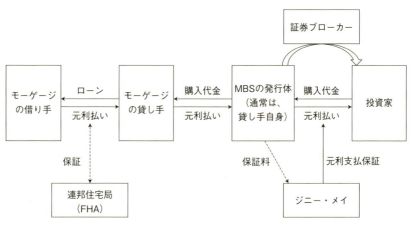

ローの支払に対して、ジニー・メイが保証するのだ（図5.1.2）。

パス・スルー証券は、多数の住宅ローンの元利返済のキャッシュフローがそのまま支払われるので、市場金利の下落などによりローンの借換えや一部繰上返済が進めば、元本の返済が加速される。このように、金利環境その他によって、キャッシュフローのタイミングが大きく変化する可能性があることが特徴である。

ジニー・メイに追随してファニー・メイやフレディ・マック、それに民間の金融機関によってパス・スルー証券が次々に発行されるようになる。ただ、ファニー・メイやフレディ・マックのMBSの発行形態は、ジニー・メイとは少し異なる部分もある。ファニー・メイはジニー・メイのようにMBSの元利払いの保証をするだけでなく、モーゲージを買い入れて、そのプールを自己信託[6]してMBSを発行する（図5.1.3）。

CMOによるトランシェ分け（1983年のフレディ・マックのCMOの発行）

1983年、フレディ・マックはさらにイノベーティブな方式のMBSを発行

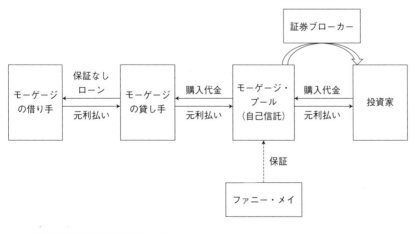

図5.1.3　ファニー・メイ（フレディ・マック）のMBSの仕組み

6　自己信託とは委託者（Trustor）が自ら受託者（trustee）となる信託。従来、日本では認められていなかったが、欧米では広く認められ利用されている制度であり、日本でも2007年から認められるようになった。

する。それはCMO（Collateralized Mortgage Obligation）と呼ばれるMBSである。CMOはソロモン・ブラザーズとファースト・ボストン[7]によって考案されたものである。CMOの方式は、パス・スルー証券のように、担保プールから生じるキャッシュフローをそのまま支払うのではなく、キャッシュフローを加工して支払う。CMOで用いられた重要な手法はMBSをトランシェ（tranche）分けすることである。Trancheとはフランス語で一切れという意味で、トランシェ分けは担保資産をさまざまなクラスに切り分けることを意味する。

　CMOにおいては、いくつかのトランシェに分けられた債券に、それぞれ別のクーポン利回りや満期が設定される。具体的には、たとえば3つのトランシェに分けられたCMOにおいて、モーゲージ・プールから得られるキャッシュフローでまずはトランシェ1について元利の支払が行われるが、他の2つのトランシェについては利払いのみが行われる。そして、トランシェ1の償還が終わった場合に、次はトランシェ2の元利払いが行われ、トランシェ3は利払いのみ。そしてトランシェ2の償還が終了した場合に、最後にトランシェ3の元利払いが行われる（図5.1.4）。

　このようにトランシェ分けが行われるのは、そもそも住宅ローンのキャッシュフローは基本的に元利均等払いが中心であり、通常の債券とキャッシュフローが大きく異なるうえに、借り手による繰上返済も随時行われるため、キャッシュフローがさらに不規則になるからである。CMOによっていくつかのトランシェに分けて、それぞれのトランシェに割り当てる元本返済をルール化すれば、それぞれのトランシェが償還される時期をある程度コントロールすることができる。たとえばトランシェ1の平均償還期間2～3年、トランシェ2は5～7年、トランシェ3は10～12年という具合である。こうした、償還時期やクーポンの分類によって、通常の債券投資のキャッシュフローに近づければ、MBSに対する新たな投資家のニーズを掘り起こすことができる。トランシェの数はさまざまで、多い場合にはその数が50にも及んだ。

---

[7] 1932年に創業したアメリカの投資銀行。1990年にスイスのクレディ・スイスに買収された。

図5.1.4　CMOの元利の支払

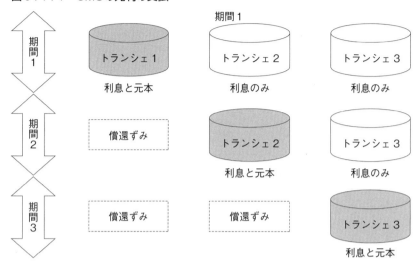

REMICという特別目的ビークルを使った発行

　CMOの発行の形態は、アメリカの税制によっても変化した。規制緩和を進めるレーガン政権下の1986年、アメリカの下院は税制改革の一環として、CMOの発行を促進するために、REMIC（Real Estate Mortgage Investment Conduit）という特別目的ビークル（コンデュイット[8]）を使って発行する証券に対しては、税法上債券として扱われるようになる法改正を行った。税法上債券であれば、投資家への配当などの支払金額は法人税法上の損金として収益金から控除できるというメリットがある。この法改正以来、民間かエージェンシーかにかかわらず、ほとんどすべてのCMOの発行はREMICを通じて行われるようになった。さらには、税法上のメリットを得たことでCMOの発行を加速させる効果を生んだ（図5.1.5、図5.1.6）。

　なお、モーゲージ以外の証券化商品について同様の規制緩和が行われるのは、1996年のFASIT（Financial Asset Securitization Investment Trust）が導入されてからである。

---

[8] コンデュイット（Conduit）のもともとの意味は、水などの導管のことだが、証券化ビジネスにおいてはさまざまな目的でつくられるペーパー・カンパニーを意味する。

図5.1.5 エージェンシー・モーゲージ担保債券の発行残高

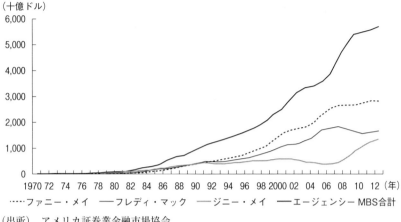

(出所) アメリカ証券業金融市場協会

図5.1.6 アメリカのモーゲージ担保債券の発行残高

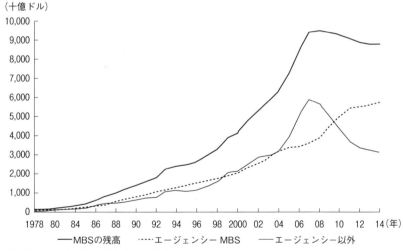

(出所) アメリカ証券業金融市場協会

5.2 信用リスクの評価 その1（構造型モデル：マートン・モデル）

1973年のブラック・ショールズの論文は、「オプションと企業の負債（ライアビリティ）の価格決定」というものであった。企業の主なライアビリティ（liabilities）は、株式などの資本と、社債や借入れなどのデット（debt）からなる。つまり、ブラック・ショールズそしてマートンのオプション理論は、当初からその対象を株式だけでなく、社債や借入れも視野に入れていたのである。そうであるから、ロバート・マートンがこの論文の翌年の1974年に、ブラック・ショールズ・マートン・モデルをデットの評価に応用する論文を発表したことは当然の流れともいえる。

マートンの示した考え方のポイントは、株式のオプションと社債はどちらも企業価値に対する条件付請求権と考えたことである。つまり社債は株式オプションと類似した商品であるというのだ。社債には権利行使などないから、マートンの主張は一見奇抜なものに思えるかもしれない。しかし、マートンの考えは、企業価値が一定限度以上低下すると、社債の元本償還が滞りデフォルトする可能性があるから、社債の投資家は企業価値のプット・オプションを売っているのと同じ状態だというのだ。この考え方を理解すれば、マートンの信用リスク・モデルはまったくむずかしくない。ブラック・ショールズ・モデルがそのまま利用できるのだ。

マートン・モデルは企業のデフォルト確率を測定するモデルのスタンダードになった。デフォルト確率モデルは次節で説明するようにマートンとまったく異なるアプローチもあるが、マートン・モデルのように企業価値のオプションとして導く方法は構造型[9]（structural）モデルと呼ばれる。

構造型モデルについては、ブラックとコックスなどによってさまざまな改良が施されたが、実務的に重要なのは、1989年にバシチェックなど3人の研究者によって開発されたKMVモデルである。

---

[9] 企業価値と企業のバランスシートの構造からデフォルト確率を推定する方法なので構造型モデルと呼ばれる。5.3で説明する誘導型の対比として使われることが多い。

〔ロバート・C・マートン（Robert C. Merton）〕（1944〜）
　2.11を参照。
【紹介する論文】Merton（1974）
「企業負債の価格評価について：金利のリスク構造」（On the pricing of corporate debt: the risk structure of interest rates）

マートン・モデルの考え方

　マートン・モデルの理論的な基礎はモディリアーニとミラーのMM理論にある。1958年に発表されたMM理論は「負債を増やすか株式発行を増やすか、という判断は企業価値や調達コストとまったく関係ない」（2.4を参照）ことなどを示した。大事なことは、株式価値と負債価値は、もしMM理論が正しいとすれば、どちらも企業の調達コストに連動することである。そして、企業の調達コストは企業価値[10]にダイレクトに影響する。したがって、株式価値と負債価値はどちらも企業価値の関数として表すことができる。もし、企業価値が下落し、負債価値よりも小さくなった場合は、負債は（理論上は）デフォルトし株式の価値はゼロになる。つまり、社債や借入金がデフォルトするか否かは、企業価値がある一定の境界値を下回るか否かによっ

図5.2.1　企業価値の下落と負債のデフォルト

---

[10] 企業価値の計測方法はいくつかあるが、負債価値と株式価値の和として計測するのはスタンダードな手法の1つである。

図5.2.2 企業価値と満期における社債価値

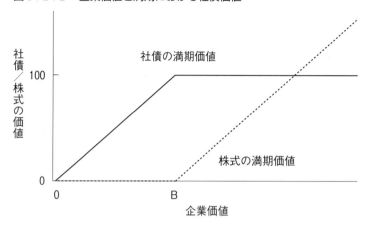

て判定される。

　図5.2.2は、債券の満期における企業価値と社債の価値の関係を示したものである。仮に企業の負債がある１つの社債しかなく、その社債の額面がBであったとする。もし、満期における企業価値がBを超えていれば、社債は100％の価値で償還することが可能である。しかし、企業価値がBを下回っている場合は社債の元本償還を支払うことができず、社債はデフォルトする。一方、株式の価値であるが、株価は社債がデフォルトした場合には無価値になる[11]一方で、企業価値がB以上を超える価値がある場合はその超過価値が株式の価値となる。

企業価値の変化率はランダム・ウォークに従うという仮定

　マートンは、オプション理論の場合と同様に信用リスク・モデルにもさまざまな、そしてオプション理論とほぼ同様の前提条件を設定している。このなかで、特に重要な条件は、企業価値Vの変動率がランダム・ウォークに従うことである。マートンはこの仮定を置いた理由を特に説明もしていないが、当時のマートンにとってはこのような設定は当然という意識だったのか

---

[11] 会社が解散した場合、株主への返済は、社債や借入れなど債権者への支払に劣後する。したがって、社債が返済不能であれば、株主の価値はゼロになる。

もしれない。具体的には、企業価値 V のダイナミクスは、その企業の瞬間的な期待収益率を α、企業の株式ないし負債による単位時間当りの総調達コストを C として、次の式で与えられる。

$$dV = (\alpha V - C)dt + \sigma V dZ \tag{5.2.1}$$

先ほど説明したように、MM理論が成り立つのであれば、負債価値は企業価値の関数として表すことができるので、たとえば、社債価格 Y を企業価値 V と時間 t の関数 $Y = F(V,t)$ と表す。この時、オプション価格導出の場合と同じように、社債価格 Y に伊藤の補題を適用すると次の式を得る。

$$dY = F_V dV + \frac{1}{2} F_{VV}(dV)^2 + F_t dt \tag{5.2.2}$$

$$= \left[\frac{1}{2} \sigma^2 V^2 F_{VV} + (\alpha V - C) F_V + F_t \right] dt + \sigma V F_V dZ$$

ここで、F_V 等は F の V 等による偏微分である。

マートン・モデルによるデフォルト・リスクを考慮した社債の価格

図5.2.2からは、株式の価値は企業価値に関する行使価格Bのコール・オプションとみなせることがわかる。一方、社債の価格は企業価値 V から、株式の価値を差し引いたものとみなせる[12]ことがわかる。マートンはデフォルトが起きうるのは、債券の満期 T だけであると仮定したが、その仮定がある場合は、株価を示すコール・オプション価値はブラック・ショールズ・モデルを適用して算出することができる。このような仮定条件のもとで、デフォルト・リスクを考慮したゼロ・クーポンの社債の価格は次のとおりである。

---

[12] あるいはプットの売りポジションとみなせる。

$$F(V, T) = Be^{-rT}N(h_1) + \frac{1}{d}N(h_2) \qquad (5.2.3)$$

ただし、

$$d \equiv Be^{-rT}/V$$

$$h_1 = \left[-ln(d) - \frac{1}{2}\sigma^2 T\right]/\sigma\sqrt{T}$$

$$h_2 = \left[ln(d) - \frac{1}{2}\sigma^2 T\right]/\sigma\sqrt{T}$$

以上のとおり、信用リスクのマートン・モデルは基本的には原資産を企業価値としてブラック・ショールズ・モデルで算出したプット・オプションの価格である。

ブラックとコックスによる期限前デフォルトの考慮

マートン・モデルは、直ちに標準的な信用リスク・モデルとみなされ、多くの改良研究を生んだ。たとえばフィッシャー・ブラックとジョン・コックス[13]は1976年に社債の満期以前にデフォルトが起こる可能性も考慮に入れた評価を試みている。マートンはデフォルトが満期にしか起こらないと仮定したが、実際には企業価値が負債額面Bの現在価値を下回れば債券期限の前でもデフォルトは起こる。つまり、社債の価値は、企業価値が債券の満期までに一度でもあるバリアKを下回った場合に行使されるバリア型のエキゾチック・オプションとして評価すべきなのだ。このような考え方で、社債の評価をしたのがブラックとコックスの論文[14]である。

債券の期限前のデフォルトを考慮する場合は、デフォルト・バリアを時間の関数 $K(t)$ として考える必要がある。ブラックとコックスは、ある時点の

---

[13] 3.2を参照。
[14] Black and Cox（1976）

デフォルト・バリアの水準が定数 K とあるレート γ、さらに満期までの時間 ($T-t$) によって表せる関数であると仮定した。

$$K(t) = Ke^{-\gamma(T-t)} \tag{5.2.4}$$

さらに、ブラックとコックスは企業が企業価値 V に対して a というレートで配当を支払うことを考慮に入れた。これ以上の説明は省略するが、ブラックとコックスが得た結果の社債の価値の式だけを次に示す。

$$F(V, T) = Be^{-rT}[N(z_1) - y^{2\theta-2}N(z_2)] + Ve^{-aT}[N(z_3) + y^{2\theta}N(z_4)$$

$$+ y^{\theta+\zeta}e^{aT}N(z_5) + y^{\theta-\zeta}e^{aT}N(z_6) - y^{\theta-\eta}N(z_7) - y^{\theta-\eta}N(z_8)] \tag{5.2.5}$$

ただし、

$$y = Ke^{-\gamma T}/V$$

$$\theta = \left(r - a - \gamma + \frac{1}{2}\sigma^2\right)$$

$$\delta = \left(r - a - \gamma - \frac{1}{2}\sigma^2\right) + 2\sigma^2(r - \gamma)$$

$$\zeta = \sqrt{\delta}/\sigma^2$$

$$\eta = \sqrt{\delta - 2\sigma^2 a}/\sigma^2$$

$$d \equiv Be^{-(r-a)T}/V$$

$$z_1 = \left[-ln(d) - \frac{1}{2}\sigma^2 T\right]/\sigma\sqrt{T}$$

$$z_2 = \left[-ln(d) + 2ln(y) - \frac{1}{2}\sigma^2 T\right]/\sigma\sqrt{T}$$

$$z_3 = \left[ln(d) - \frac{1}{2}\sigma^2 T\right]/\sigma\sqrt{T}$$

$$z_4 = \left[-ln(d) + 2ln(y) + \frac{1}{2}\sigma^2 T\right]/\sigma\sqrt{T}$$

$$z_5 = [ln(y) + \zeta\sigma^2 T]/\sigma\sqrt{T}$$

$$z_6 = [ln(y) - \zeta\sigma^2 T]/\sigma\sqrt{T}$$

$$z_7 = [ln(y) + \eta\sigma^2 T]/\sigma\sqrt{T}$$

$$z_6 = [ln(y) - \zeta\sigma^2 T]/\sigma\sqrt{T}$$

　期限前のデフォルトを考慮すると、企業価値が単純なランダム・ウォークに従う場合でも、かなり複雑な式になる。

KMVモデルによる実務での利用

　マートン・モデルは、理論としてはシンプルでわかりやすいが、実務への応用はそう簡単ではない。なぜならば、現実の企業の負債構造は、さまざまな種類の負債から成り立つきわめて複雑なものであり、企業価値がどのレベルにまで低下すればデフォルトするのかを想定するのは容易ではないからだ。つまり、マートン・モデルにインプットすべき行使価格（またはバリア）の設定が現実にはむずかしいのだ。この問題に関する1つの解決方法を与えたのが、金利モデルでも有名なバシチェック[15]とキールホファー[16]、マック

15　3.5を参照。

オーン[17]の3人である。1989年に発表された彼らのモデルは、3人の頭文字をとってKMVモデルと命名された。

KMVモデルの特徴は、企業のもつさまざまな負債から将来のある時点 t におけるデフォルトに至る企業価値を「デフォルト・ポイント」として求めたことである。そして、デフォルト・ポイントの具体的な計測方法は企業秘密として、3人は倒産確率の予測情報を提供する会社をつくりKMV社と名づけた。そして、KMV社は2002年に格付会社ムーディーズによって買収され、ムーディーズKMVと名前を変更する。KMVはムーディーズの営業力で広く知られることになり、マートン・モデルの実務的な応用の代表的な存在となった。

ロングスタッフとシュワルツの金利の変動を取り入れたモデル

もうひとつ、構造型モデルの発展形として有名なのはロングスタッフ[18]とシュワルツ[19]による、デフォルトの確率過程と金利変動の確率過程を組み合わせたモデルである。ちなみに、この2人は、アメリカン・オプションなど経路に依存するデリバティブ価格をモンテカルロ・シミュレーションの手法を使って導出する「アメリカン・モンテカルロ」を開発したことで知られている。

ロングスタッフとシュワルツのモデル（LSモデル）は、マートン・モデルのデフォルトの発生の確率過程に加えて、金利がバシチェック・モデル[20]に

16　Stephen Kealhoferはアメリカの数理ファイナンスの専門家。プリンストン大学で博士号を取得。ムーディーズKMV社のリサーチのヘッドなどを務めた。
17　John McQuownはアメリカの数理ファイナンスの専門家で、ムーディーズKMV社の社長を務めた。
18　Francis Longstaff（1953〜）はアメリカの数理ファイナンスの専門家。シカゴ大学で博士号を取得。1995〜1998年、ソロモン・ブラザーズの債券リサーチ部門のヘッドを務め、その後UCLAの教授となる。ロングスタッフとシュワルツの共同研究は、信用リスク・モデル以外にも、アメリカン・オプションの価格をモンテカルロ・シミュレーションによって算出するアメリカン・モンテカルロ法という重要な研究成果を生んでいる。アメリカン・モンテカルロ法は、さまざまな分野で応用されている。
19　Eduardo Schwartz（1940〜）はチリ出身でアメリカの数理ファイナンスの専門家。カナダのブリティッシュ・コロンビア大学で博士号を取得。ブリティッシュ・コロンビア大学の教授を経て、1986年からUCLAの教授。
20　3.5参照。

従って確率変動をすることを仮定した。つまり、(5.2.1) 式の企業価値のウィーナー過程 Z に加えて、金利のウィーナー過程 Z_2 を加えた2つのブラウン運動に従うモデルと仮定した。

$$dr(t) = a(b-r)dt + \sigma Z_2 \qquad (5.2.6)$$

ここではモデルの細部の説明は省略するが、社債に関するデリバティブの価格を考察するときに、信用リスクと金利変動リスクの両方を考慮するのはきわめて自然なことであり、LS モデルの社債の評価モデルとしての実務的な価値は高い。

5.3 信用リスクの評価 その2（誘導型モデル：ジャロー・モデル）

マートンはブラック・ショールズ・モデルを応用して、デフォルト・リスクを考慮した社債の価格を計算したが、マートン・モデル出現のかなり以前から、さまざまなアプローチによるデフォルト・リスクの数理的分析が行われていた。

その先駆的な研究として知られるのは、1968年にエドワード・アルトマンが発表した Z スコアによる倒産確率推定のモデルである。これは、企業の財務指標を統計的に分析した傾向を利用して、財務指標からデフォルト・リスクを推定したものである。

これとは別のアプローチとして、社債利回りと米国債利回りの差である信用スプレッドを手がかりに、直接的に企業のデフォルトを推定する方法がある。社債の信用スプレッドが市場が見込むデフォルト率を反映させたものであるとすれば、そのスプレッドから将来における企業の単位時間当りのデフォルト率の推定ができる。こうして推定されたデフォルト確率はハザード・レートと呼ばれる。

ハザード・レートを推定する方法は、市場で観測される信用スプレッドを活用する以外にも、さまざまな方法が考えられるが、ハザード・レートをな

んらかのかたちで直接的に推定するデフォルト確率モデルを誘導（reduced）型モデルという。これは、マートン・モデルのように企業価値と企業のバランスシートの構造からデフォルト確率を推定する方法との対比で使われる言葉である。

　ハザード・レートに基づくデフォルト確率の計測の研究は、少なくとも1970年代から行われてきたが、本格的な誘導型モデルが知られるようになるのは、金利のHMJモデルの開発者の１人であるロバート・ジャローが、スチュアート・ターンブルとともに考案したジャロー・ターンブル・モデルを1995年に発表してからである。続いて、1999年のダフィーがシングルトンと行った研究、さらには21世紀になるとジャローなど何人かの研究者が次々に研究成果を発表した。

　誘導型モデルの、実務的な活用という意味では、ジャロー自身が幹部を務める鎌倉[21]が、統計的手法を使ったデフォルト確率の情報提供サービスを提供するというかたちで、構造型モデルを用いたKMVとライバル的なサービスを提供している。

〔エドワード・アルトマン（Edward Altman）〕（1941〜）
　アメリカのファイナンス理論学者。ニューヨーク大学の助教授だった1968年に発表したZスコアによる倒産確率モデルが有名。1969年UCLAでファイナンスの博士号を取得。ニューヨーク大学のビジネス・スクールの教授を長く務めた。
【紹介する論文】Altman（1968）
「財務指標、判別分析と企業の倒産の予想」（Financial Ratios, Discriminant Analysis and the Prediction of Corporate Bankruptcy）

アルトマンの会計ベース・モデル（統計モデルの先駆）

　1968年のアルトマンの論文は、だれでも容易に取得可能な企業の財務指標

21　3.5を参照。

を使って、企業の倒産確率を推定する手法を紹介したものである。アルトマンが採用した統計的手法は重判別分析（MDA[22]）と呼ばれる、重回帰分析を使った1つの解析手法である。判別分析とは、たとえば、過去のデータを使って予備校で行った模擬試験の結果によって生徒の合格判定を行う場合などに使われる手法である。

アルトマンは、66件の企業の売上げに関する財務指標を重判定分析した。分析結果の5つのファクターからなる重回帰直線をZスコアと呼んだ。そして、Zスコアが1.8以下の企業は倒産するリスクが高い（ディストレス状態）、1.81から2.99までがグレーゾーン、3以上が安全ゾーンと判定される。

$$Z スコア = 1.2X_1 + 1.4X_2 + 3.3X_3 + 0.6X_4 + 1.0X_5 \tag{5.3.1}$$

ただし、
X_1：運転資本（Working Capital）／総資産
X_2：利益剰余金／総資産
X_3：EBIT（支払金利前税前利益）／総資産
X_4：株式時価総額／総負債
X_5：売上高／総資産

アルトマンの手法は企業の倒産リスクを数値化する手法としてポピュラーになった。1980年にはジェームズ・オールソン[23]が9ファクターのOスコアをつくった。OスコアもZスコアとともによく知られる手法である。

社債スプレッドとデフォルト確率の関係

企業のデフォルト率を直接的に推定する方法、誘導型デフォルト・モデルの先駆的な研究の1つとして、1972年のゴードン・パイ[24]の研究[25]があげられる。これは、投資適格の社債をいくつかの格付カテゴリー別に分類し、そのスプレッドが織り込むデフォルト率と、実際の社債のデフォルト率を比較

---

22 Multiple Discriminant Analysis
23 James Ohlsonは1971年にUCバークレー校で博士号を取得。UCバークレー校などの教職を経て1998年からニューヨーク大学の教授。
24 ゴードン・パイ（Gordon Pye）は当時UCバークレー校の教授。
25 Pye（1972）

したものである。信用スプレッドとは、国債など無リスク金利と、たとえばBaa格の社債の利回りの差である。そして、このスプレッドはBaa格の社債がデフォルトすることによる損失の期待値を反映しているはずである。

論文では、市場で観測される債券のスプレッドとデフォルト確率、そして実際にデフォルトが起こった場合のリカバリー（回収）レート[26]の基本的な関係が整理され、興味深い実証的な分析がなされた。リカバリー・レートとは債券やローンがデフォルトした場合の元金の回収率であり、デフォルト発生時の損失額を左右する大変に大事な数値であり、パイは離散的な枠組みで議論を展開したが、その基礎となる関係式は次のとおりである。

社債の平均リターン＝$(1-\lambda)$（クーポン＋$P_{t+1}-P_t$）／$P_t-\lambda$
×リカバリー・レート

ただし、P_tは社債の価格、λはデフォルトする確率（ハザード・レート）である。

これはデフォルト・リスクを考慮した社債の平均リターンであるが、もしこの算式のデフォルト確率に、過去の社債のデフォルト実績から得た確率を代入してリターンを求めて、国債金利と比較したスプレッドを算出すれば、過去の実績から推定される社債のスプレッドが想定できる。これを市場が実際に織り込む社債スプレッドと比較すれば、そのスプレッドが、過去データから推定されるデフォルト・リスクを正しく織り込んでいるかどうかが判断できる。

パイは1950年代から60年代のヒストリカル・データから、市場が織り込むスプレッドと実際のデフォルトによる損失を比較したところ、両者はおおむね整合的な水準であると結論づけた[27]。ちなみに、パイが検証した世界恐慌前後に発生したデフォルト事例のリカバリー・レートは48％であった。

---

[26] リカバリー・レートとは債券やローンがデフォルトした場合の元金の回収率。
[27] ただし、その後の時代の別の研究では、市場が織り込むスプレッドは実際のデフォルト確率では説明できないほど大きい傾向があると考えられている。

誘導型モデル

　パイが1972年の論文で示した、信用スプレッドとデフォルトの関係を組み込んだ動的なモデルの研究が進むのは1980年代終わりから90年代になってからである。マートンの企業価値の確率変動からデフォルト確率を導く構造型モデルに対し、信用スプレッドまたはハザード・レートをなんらかの方法で直接的に推定し倒産確率を算出する手法は、誘導（reduced）型モデルといわれる[28]。「構造型」と「誘導型」という言葉は、計量経済学の用語であり、モデルの構造方程式を解くことによって求める解（内生変数[29]）を得る方法を構造型、求める解を外生変数[30]と既知の解（先決内生変数）だけから求める方法を誘導型という。構造型のマートン・モデルでは、デフォルト確率はモデルを解くことによって得られる内生変数であるのに対して、誘導型モデルでは、信用スプレッドやハザード・レートを外生変数としてモデルの外から与えられる。

　1990年代には、マートン・モデルにかわる新しい手法として、誘導型モデルに関する多くの研究がなされた[31]。そうした研究の中心的な役割を果たしたのはジャローとダフィーである。そして、1995年に発表されたジャロー・ターンブル・モデルは、本格的な誘導型モデルの先駆であるとされる。

〔ロバート・ジャロー（Robert Jarrow）〕
　3.5を参照。

〔スチュアート・ターンブル（Stuart Turnbull）〕（1947～）
　クオンツ、ファイナンス理論学者。1974年、ブリティッシュ・コロンビア大学（カナダ）で金融経済の博士号を取得。カナダのクイーンズ大学とトロント大学で教鞭をとり、その後CIBC（Canadian Imperial Bank

---

28　誘導型モデルという言葉が、信用リスク・モデルの世界でいつから使われるようになったかは明らかでないが、少なくともDuffie and Singlton（1999）ではこの用語が使用されている。
29　数理経済モデルを解くことによって決まる変数のことを「内生変数」という。
30　数理経済モデルを解くことでは求められない、その体系内で決定されずに外部から値が与えられる変数。
31　こうした研究の例はDuffie and Singlton（1999）の脚注1にまとめられている。

of Commerce）とリーマン・ブラザーズに勤務。さらには、テキサス州のヒューストン大学の教授として教職に戻る。ジャローとの論文を書いたのはクイーンズ大学時代。

【紹介する論文】

① Jarrow and Turnbull（1995）
「デフォルト・リスクを考慮した金融証券のオプション価格付け」（Pricing options on financial securities subject to default risk）

② Jarrow and Turnbull（1998）
「マルチ・ターム・ストラクチャーの条件付請求権の価格付けの統一アプローチ」（A Unified Approach for Pricing Contingent Claims on Multiple Term Structures）

ジャロー・ターンブル・モデル

　1995年のジャロー・ターンブル・モデルは1998年にさらに一般化されたかたちに改良された。ここでは1998年のモデルについて説明を行う。

　この研究のベースになったのは、1991年のジャローがカウシク・アミン[32]とともに開発した為替のアミン・ジャロー・モデルにある。アミン・ジャロー・モデルは自国金利、外国金利、為替のスポット・レートの3ファクター・モデルである。それまでのフォワード為替レートに関するデリバティブの標準的な評価方法が、ブラック・モデルなどフォワード・レートのみの1ファクターであった点から、3ファクター・モデルは画期的であった。フォワード・レートの水準はスポット・レートと2国間の金利差によって決まるが、アミン・ジャロー・モデルを使えば3つのリスク・ファクターの影響を分解して管理できるのである。リスク中立の条件を満足するマルチ・ファクター・モデル構築の技法は、かつてジャローがHJMモデル[33]の開発に携わった経験が生かされている。

---

[32] Kaushik Aminはインド出身のアメリカの数理ファイナンスの専門家。リーマン・ブラザーズに長く勤務し、その後RBSに移籍。
[33] 3.5を参照。

さて、ジャロー・ターンブル・モデルは、やはり3ファクター・モデルである[34]が、その内訳は、2ファクターの無リスク金利に加えて、社債の信用スプレッドである。具体的には、無リスク金利のフォワード・レートf_0は次のように2つのブラウン運動をもつダイナミクスに従うと仮定された。

$$df_0(t, T) = \alpha_0(t, T)dt + \sum_{i=1}^{2} \sigma_i(t, T)dW_i(t) \tag{5.3.2}$$

そして、社債金利のフォワード・レートは、もうひとつのブラウン運動を追加した3ファクターのダイナミクスに従う。

$$df_1(t, T) = \alpha_1(t, T)dt + \sum_{i=1}^{3} \sigma_i(t, T)dW_i(t) \tag{5.3.3}$$

追加されたファクター$W_3(t)$が、無リスク金利と社債金利のスプレッドの確率変動を示すブラウン運動であり、このスプレッドが一定水準L以上に拡大した場合にデフォルトが発生すると仮定される。つまり、ジャロー・ターンブル・モデルにおいては信用スプレッドが確率変動するという枠組みが与えられ、スプレッドの平均値とボラティリティをインプットすることによって社債のリスクを計測するのである。

ダフィーとシングルトンによる整理（誘導型モデルの枠組み）

一方、ダフィーは誘導型モデルの特徴と枠組みを整理した。その代表的な仕事として、1999年にシングルトン[35]とともに発表した論文[36]がよく知られている。

その論文では、誘導型モデルにおいては、次の形式に従うデフォルトによる損失も織り込んだ社債の短期金利の確率過程Rによって、社債の価値が計

---

[34] 1995年の論文では、1ファクターの無リスク金利に、確率変動しない信用スプレッドという構成であった。

[35] Kenneth Singleton（1951～）は、アメリカのファイナンス理論の学者。スタンフォード大学の教授を長く務めた。日本銀行の客員研究員や東京大学の客員教授として日本との関係も深い。

[36] Duffie and Singlton（1999）

算されるとした。

$$R = r + \lambda L \tag{5.3.4}$$

ここで、rは無リスク金利、λはハザード・レート、Lはデフォルトした場合の損失率（＝1－リカバリー・レート）である。

この短期金利Rを使って、満期にXを支払う社債の価格Vは、次の式に示すとおり、あたかも無リスク金利と債券価格の関係のように求めることができる。

$$V = E^Q \left[\exp\left(-\int_0^T R_t dt\right) X \right] \tag{5.3.5}$$

ここで、E^Qはリスク中立測度による平均値算出オペレータである。

誘導型のモデルの基本的な枠組みはこれだけであり、R（あるいはλL）の確率をどのように与えるかは、大きな自由度がある。ダフィーとシングルトンは連続時間のマルコフ過程やジャンプ拡散過程などを一例として示している。

このように、誘導型モデルは、社債利回り（あるいはハザード・レート）の確率モデルをなんらかのかたちで直接的に設定することができる、大変にフレキシブルな枠組みである。

統計分析モデル

自由度の高い誘導型モデルに適用するハザード・レート・モデルとして、かつてアルトマンやオールソンが行った実績のある統計的な分析手法を用いるアイデアが生まれることは、ある意味で自然な成り行きといえるかもしれない。

近年のそのような研究の代表的なものが、シュンウェイ[37]による2001年の研究[38]と、チャバ[39]とジャローによる2004年の研究[40]である。彼らの研究は、基本的にアルトマンやオールソンの研究の延長上にあり、財務指標やそ

---

[37] Tyler Shumwayはアメリカのファイナンス理論の学者。1996年にシカゴ大学のビジネス・スクールで博士号を取得。ミシガン大学の教授。

表5.3.1 ハザード・レート・モデルの研究比較

財務指標	Altman (1968)	Shumway (2001)	Chava and Jarrow (2004) 非上場企業	Chava and Jarrow (2004) 上場企業
運転資本／総資産	○			
利益剰余金／総資産	○			
EBIT／総資産	○			
時価総額／総負債	○			
売上高／総資産	○			
純利益／総資産		○	○	
総負債／総資産		○	○	
超過収益[41]		○		○
相対規模[42]		○		○
ボラティリティ		○		○

の他の利用可能な指標を使って、ハザード・レート（つまりデフォルト率）についての説明力が強い係数を求めた。

それぞれの研究で選択されたファクターの相違については、チャバとジャローの2004年の論文に要領よくまとめられているので、表5.3.1に紹介する。

この論文によれば、シュンウェイとチャバとジャローのモデルでは、アルトマンのモデルに対して大きな改善がみられるとのことである。ジャローはこうした研究の成果を生かして、鎌倉で誘導型モデルによるデフォルト確率予想サービス[43]を提供している。

---

38 Shumway (2001)
39 Sudheer Chavaはアメリカのファイナンス理論の学者。2003年コーネル大学で博士号を取得。ジョージア工科大学教授。
40 Chava and Jarrow (2004)
41 各銘柄の月次収益率÷株式指数の収益率。
42 （各銘柄の時価総額÷市場の時価総額）の対数。
43 Kamakura Default Probabilities (KDP)

5.4 クレジット・デリバティブの登場

　クレジット・デリバティブ（クレデリ）とは、倒産など企業のクレジット・イベント（信用事由）の発生によって支払が起きるオフバランス取引である。クレデリの先駆者となったのは、デリバティブ業務のパイオニアであったバンカース・トラストである。しかし、バンカースではこの新しいビジネスをさらに拡大する社内的な合意は形成されず、クレデリを拡大させるには至らなかった。かわりにクレデリを推進したのはJPモルガン[44]である。

　JPモルガンにおいて、クレデリの取引実現に向けて奔走したのは、当時まだイギリスの大学を卒業して数年しか経っていない女性バンカーのブライス・マスターズであった。マスターズは1994年にエネルギー業界の巨人であるエクソン社のタンカー事故を奇貨として、クレジット・デフォルト・スワップ（CDS）の成約に成功する。JPモルガンはエクソン社への巨額の与信を有していて、エクソン社のデフォルト・リスクをヘッジしたかったのだ。この取引の相手方は欧州復興開発銀行（EBRD）であったが、超有名企業同士が行った取引によって、クレデリの知名度は一気に上昇する。

　こうしてJPモルガンがアドバルーンを打ち上げたクレデリは、すぐにいくつかの異なる取引形態を生み出した。たとえば、トータル・リターン・スワップ（TRS）やファースト・トゥ・デフォルト・スワップ（FTD）などである。

　CDSは、デフォルト・リスクに対する保険であり、商品性自体は非常にシンプルである。したがって、CDSは数理的な技術という意味ではイノベーションというほどのものではない。しかしながら、CDSにおいては、クレ

---

[44] JPモルガンは1895年にジョン・ピアポント・モルガン（John Pierpont Morgan、1837〜1913）によって創設されたアメリカの名門銀行。モルガンはアメリカ有数の財閥を率いた人物で1913年のFRBの創設にもおおいに関与するなど、政財界に強い影響力をもった。1933年のグラス・スティーガル法の制定により証券業務部門がモルガン・スタンレーとして分離した。JPモルガンは2000年にチェース・マンハッタンと経営統合し、現在のJPモルガンに至る。

ジット・イベントの定義など、契約に関する法的な標準化がきわめて重要であった。このような法的な標準化作業を取りまとめたのが、国際スワップ・デリバティブズ協会（ISDA[45]）である。

> 〔ブライス・マスターズ（Blythe Masters）〕（1969〜）
> 　イギリスのエコノミストで元JPモルガン幹部。オックスフォードに生まれ、ケンブリッジ大学で経済学を学ぶ。1991年にJPモルガンに入社。1994年のエクソン社を参照するCDSの契約をまとめ、さらにCDSを証券化したCDOをビストロ（BISTRO）という名前で販売を開始する中心的な役割を担う。当時のJPモルガンでは女性としては最年少の28歳でマネージング・ディレクターに就任した。
> 　2008年のリーマン・ショック後は、一部のメディアなどから「大量破壊兵器を開発した女性[46]」などと書きたてられたが、マスターズは「リスクを移転させることができる商品は、主要な取引者がエクスポージャーを適切に管理しなければ、リスクを増やす可能性もある」[47]と反論したという。
> 　マスターズは2007年から商品取引部門のヘッドに移ったが、ウォール街で最も影響力のある女性であり続けた。2014年にJPモルガンを退職。

バンカースによるクレジット・デフォルト・スワップ

　世界で最初にこうした取引を行ったのはバンカース・トラストとされ、1991年にバンカースのロンドンの革新的なトレーダーが2件のクレデリの取引を行っている。この時の状況については、元バンカース行員の回想Guill（2007）に詳しく説明されているので簡単にその内容を説明する。

---

[45] International Swaps and Derivatives Association、設立当初はInternational Swap Dealers Association。
[46] The Guardian（2008年9月20日）"The woman who built financial 'weapon of mass destruction'"
[47] The Economist（2008年11月6日）"Credit derivatives: The great untangling"

〔Guill（2007）のバンカースによるクレデリ取引の説明部分の要約〕
　1980年代以降、バンカースはデリバティブ商品のイノベーターとして知られ、さまざまな商品を生み出したが、クレジット・デリバティブは未開の領域として残っていた。1991年にバンカースのロンドンに勤務していたピーター・フロイド（Peter Freund）がこのチャレンジを引き受けた。フロイドは、融資部門の担当者の協力を得て、同じ年に次の2つの取引を実施した。
① 　バンカースがもつある日本の銀行に対するエクポージャーを削減する効果があるクレジット・デフォルト・オプション[48]。
② 　メロン銀行とバンカースの間のトータル・リターン・スワップ、これによってメロン銀行は長年の顧客との融資を継続することができた。
　これらの取引は、金額は大きなものではなかったが、大変に先駆的な試みであった。しかし、バンカースの融資や信用リスクの担当者の多くは、こうした商品にあまり乗り気ではなかったために、バンカースにおいてクレデリのビジネスが成長することはなかった。融資担当者たちは、伝統的な融資のあり方から抜け出すことができなかったのだ。1994年にフロイドのチームはクレデリからより機会の多い別のビジネスに移り、クレデリのリーダーシップはJPモルガンに移った。そして、JPモルガンでは、多くの人的資源をクレデリの契約書の標準化のために費やしたため、ビジネスの拡大が可能だった。

JPモルガンによるエクソン社を参照するCDS契約

　バンカースの取引は、世間に知られることがなかったが、派手な取引でクレデリのアドバルーンをあげたのはJPモルガンであった。当時のJPモルガンのデリバティブ・デスクは、若手の社員を中心にさまざまな新しいタイプ

---

[48] 後で説明するクレジット・デフォルト・スワップとほぼ同じ性質の商品だと思われる。

のデリバティブ取引に取り組もうという進取の精神があふれており、若いブライス・マスターズにはクレデリを推進するチャンスが与えられた。そうした状況下の1994年、願ってもない事態が発生する。世界の石油業界の巨人であるエクソン社のタンカーのエクソン・ヴァルディーズ（Valdez）号がアラスカ沖で座礁し積荷の大量の原油を流出させた事故を起こしたのだ。その事故の前に、JPモルガンは、イギリスのバークレーズ銀行とともにエクソン社に48億ドルのバック・アップ・ライン[49]を設定していた。ヴァルディーズ号から大量に流出した原油の処理をめぐって、エクソン社は各方面から激しく非難され、その処理コストや信用の失墜は経営の屋台骨を揺るがしかねないほどの懸念を生んだ。JPモルガンはエクソン社に提供した巨額の与信枠のことが心配になったが、信用リスクを軽減したい一方で、ローンの売却という方法をとりたくなかった。そこで登場したのが、もしエクソン社が破綻した場合の保険をオフバランス取引として行うクレデリである。

エクソン社の信用リスクの引受け手を探したところ、EBRDが首を縦に振った。JPモルガンは、この取引をクレジット・デフォルト・スワップ（CDS）と命名した。

CDSはデフォルト・リスクに対する保険のようなもの[50]であり、商品性自体は非常にシンプルである。CDSのプレミアムの支払は、1回限りでなく、契約期間が終わるまで、通常は年1回ずつ継続的に行われる。デフォルトなどクレジット・イベントが発生した場合は、プロテクション（保険）の売り

図5.4.1　JPモルガンとEBRDのCDS

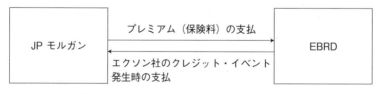

---

[49] 予備的融資枠。銀行が企業に対し短期資金を機動的に調達する手段として信用枠を設定し、その枠の範囲であれば融資の実施を約束すること。
[50] 金融商品上の法的な区分けでは保険に分類されないが、経済的側面が保険に類似した商品であり、以下、本書では便宜的に保険という言葉を使うことがある。

手は、そのイベントによって発生する損失を支払う。CDSの難問は数学的な問題ではなく、法律的な問題である。マスターズは弁護士やEBRDと数えきれないほどの交渉をして、契約書をまとめあげた[51]。

トータル・リターン・スワップ（TRS）

代表的なクレデリのもうひとつの契約形態である、トータル・リターン・スワップ（TRS）について簡単に説明する。TRSは、債券などある資産について、一定の保有期間におけるすべてのリターンを、LIBORなど別のキャッシュ・フローと交換する取引である（図5.4.2）。

TRSという取引形態自体は、クレデリの歴史より古い。少なくとも1987年にソロモンが、MBSのトータル・リターンをモーゲージ・スワップという形式で行っている[52]。信用リスクに関するトータル・リターン・スワップの先駆者となったのがバンカースであることは前述のとおりである。

TRSの特徴は、プロテクションの売り手にとって、変動金利（LIBOR）で調達した資金で社債の購入（あるいはローンの実行）をする経済効果を、実際に社債の購入（あるいはローンの実行）をしなくても得られることである。一方、買い手にとっては、保有する社債などリスクヘッジを、実際に売却することなく行うことができる。

ファースト・トゥ・デフォルト（FTD）

JPモルガンの最初のCDS取引の保険の対象となったのは、エクソン社の

図5.4.2　トータル・リターン・スワップ

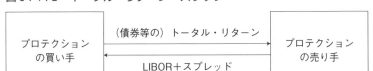

51　JPモルガンの初めてのCDS取引については、主に『愚者の黄金』（Tett（2009））を参考にした。
52　Tavakoli（2001）

みであったが、ほどなく複数の企業のリスクに対するCDS取引が生まれた。複数企業を対象とするCDSはバスケットCDSと呼ばれる。これに対して、1社の信用リスクだけを対象にするCDSはシングルネームCDSと呼ばれる。バスケットCDSはさらにいくつかのパターンに分かれるが、そのなかで最も代表的なのがファースト・トゥ・デフォルト（FTD）である。FTDは保険の対象を複数の参照企業と設定し、そのなかから最初にデフォルトが発生した参照企業の資産に関する損失を、プロテクションの売り手が支払うというものである。したがって、プロテクションの売り手にとっては、複数の参照企業のどれか1つでもデフォルトすると損失を被る。

　シングルネームのCDSとFTDの最大の違いは、シングルネームのCDSの経済効果が通常の社債やローンの信用リスクと類似であるのに対して、FTDは通常の社債などの組合せでは置き換えることができない、より複雑なリスクを有する商品であることだ。したがって、FTDの価格の評価には、複数の企業の信用リスクの度合いやそれぞれの相関が関連する確率的な計算が必要になる。

ISDAの定義

　通常のシングルネームのCDS取引の実務において重要で神経を使うのは、数理的モデルではなく、契約書の作成であった。CDS取引は、社債の購入やローンの実行と類似の経済効果をデリバティブとして行うものであり、デフォルトの定義や、そうした信用事由が発生した場合の決済の方法を適切に契約書に盛り込む必要があるからだ。この契約書の標準化問題に対処したのがISDAである。

　ISDAは1985年にニューヨークで設立された、デリバティブ取引を行う金融機関の業界団体である。ISDAはマスター契約というかたちで、デリバティブに関する標準化された契約書のひな型を提供する。金融機関などデリバティブ取引の参加者は、ISDAのひな型をベースに、それぞれのカウンターパーティと基本契約を結び、個別の取引についてはコンファメーションという簡略化された書面を交わす。

　ISDAの最初のマスター契約のひな型は1987年につくられ、これは金利ス

ワップや通貨スワップの普及に大きく貢献した。マスター契約のひな型はその後何度か改定され、1987年の次は1992年に大きな改定が行われ、これは1992年版マスターといわれる。CDS関連については1999年に公表された「クレジット・デリバティブズ定義集」によって、契約用語の定義と統一化がなされた。CDSの契約において、明確にする必要があるのは次のような条件である。

① CDSの参照組織（企業）と参照債務の種類と性質
② クレジット・イベント（信用事由）
③ 決済要件
④ 引渡可能債務の種類と性質

　これらの条件は、いずれも重要であるが、CDSにおいてとりわけ重要なのがクレジット・イベントの定義である。なぜならば、クレジット・イベントの定義こそが、プロテクションの売り手からの支払が行われるか否かを左右するからである。

　ISDAは、2002年には新たなマスター契約のひな型を公表し、2003年にはクレデリに関する新たな定義集を公開して1999年版の定義集を大幅に整理拡充した。これによって、契約書の標準化という目的はほぼ達成された。CDS取引ではISDAの定義集がない時代には40～50ページほどもある分厚い個別取引の契約書が必要であったが、1999年版で5～6ページ程度、2003年版以降は1ページのコンファメーションを交わすだけですむようになった。これはCDSの爆発的な普及には不可欠な要素であった。

CDS取引の激増

　ISDAのサーベイによれば、2001年時点のCDSの取引残高はグローバル・ベースの想定元本ペースで1兆ドル弱であった。この数字は決して少なくないのだが、2004年前後からCDSの残高は爆発的に増え、2007年には60兆ドルを超える水準に達する（図5.4.3）。これは次節以降で説明するシンセティックCDOなどCDO取引の急増や、CDOに伴って発生した大量の「スーパー・シニア」の部分をCDS取引として盛んに取引したこと、さらにはCDSの指数取引の普及などによる結果である。

図 5.4.3　CDSの残高の推移

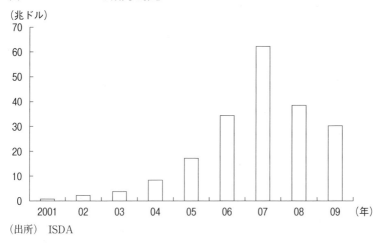

（出所）　ISDA

5.5　CDOとシンセティックCDO（信用リスクの加工工場）

　1970年に始まったアメリカの資産担保証券には、1980年代にいくつかの重大なイノベーションが起こった。MBSは当初はモーゲージ・プールから得られるキャッシュフローをそのまま支払うパス・スルー型の債券として出発したが、1983年には、証券をいくつかのトランシェに分けて、元本の支払の順番づけをするCMOが登場したことは先に説明したとおりである。

　その後も証券化の技法は急速に発展し、トランシェ分けによって信用リスクの濃淡を生み出す方法に適用された。こうして生み出された証券化商品は、リース資産や自動車ローン資産を担保にしたABSを生み出し、さらには信用リスク別にトランシェ分けされたMBSも発行されるようになった。

　信用リスクによってトランシェ分けされたMBSの手法に目をつけたのは、ジャンク債の帝王と呼ばれたドレクセル・バーナム・ランバート[53]（ドレクセル）のマイケル・ミルケンである。ミルケンはカリフォルニア州の貯蓄組合に販売したジャンク債を証券化して、その貯蓄組合の資金調達を助けた。

こうして生まれたのがCDO[54]（Collateralized Debt Obligations）である。

ドレクセルによって始まったCDOは、金融機関の新たな資金調達方法として急速に普及し活用された。そして、CDOの発行形態をさらに多様化させるとともにフレキシビリティを向上させたのは、クレジット・デフォルト・スワップ（CDS）を利用したCDOの登場である。現物を担保に組み入れずCDSを用いて信用リスクを移転したCDOはシンセティックCDOと呼ばれるが、1997年にJPモルガンによって行われたのが最初とされる。

〔**マイケル・ミルケン（Michael Milken）**〕（1946〜）

　アメリカの投資銀行家で1980年代にはジャンク債の帝王と呼ばれた。1968年UCバークレー校を優秀な成績で卒業し、その後、ペンシルベニア大学ウォートン校でMBAを取得。1969年にサマー・ジョブでウォール街の中堅ブローカーだったドレクセルで働き、MBA取得後そのまま採用された。ミルケンは格付の低い債券を扱う部門に配属されたが、すぐに頭角を現した。ドレクセルはその後2つの合併を行うが、合併後のドレクセルはジャンク債（ハイ・イールド債）部門を立ち上げ、ミルケンをその責任者に据えた。1980年代になると、ミルケン率いるジャンク債部門は急速にビジネスを拡大し、ジャンク債による資金調達が可能になった企業によってレバレッジド・バイアウト[55]（LBO）による企業買収が活発に行われるようになった。その代表的な事例が1988年のアメリカのファンドKKRによるアメリカ有数のタバコ・食品会社であるRJRナビスコの買収であり、世界的に高名な企業がファンドに呑み込まれたことに世界中が衝撃を受けた。しかし、ジャンク債の帝王として、絶頂を

---

[53] 1994年まで存在したアメリカの投資銀行。1973年にドレクセルとバーナムという2つのウォール街のブローカーが合併、さらに1976年にベルギーの金融グループの子会社と合併しドレクセル・バーナム・ランバートになった。

[54] CDOとは、もともとはローンや社債などの債務を担保に組み入れた証券化商品のことである。しかし、次第に意味が拡大し、ABSを含む社債以外の債券やCDSの信用リスクを組み入れた証券化商品もCDOの一種として扱われるようになった。本書では、必要によって、前者を「狭義のCDO」、後者を「広義のCDO」と使い分ける。

[55] 企業買収の手法の一種で、買収先企業の資産やキャッシュフローを担保にして、レバレッジの高い買収資金の借入れを行うこと。

迎えていたミルケンの成功は長くは続かなかった。グレーゾーンの金融取引に目をつけていたニューヨーク州南部地域を担当する連邦検察官ジュリアーニ[56]の執拗な調査によって、ミルケンは1988年年末にドレクセルの退社を余儀なくされる。そして、翌1989年にはインサイダーなどの容疑により起訴され、禁固10年の実刑判決と金融界からの追放処分を受ける。帝王を失ったジャンク債市場は急速に縮小し、ドレクセルは1990年に倒産する。一方、ミルケンは司法取引によって10年の刑期を2年にまで短縮し、出所後はM&Aのアドバイザーなどとして復活した。

最初のABSの発行

　MBSにおいては、1983年からトランシェ分けされたCMOの発行が始まったことを5.1で説明した。このような証券化のイノベーションの機運のなか、モーゲージ以外の資産を使った証券化商品が1985年に誕生する。スペリー・リース・ファイナンス[57]というリース会社が、コンピュータ備品を証券化した資産担保証券（ABS[58]）を発行したのである。スペリー社はリースの受益権を特定目的会社（SPC）に売却、リース資産から得られるキャッシュフローがABSの投資家への支払に充当された。スペリー社は、リース資産をSPCに売却することによって資金調達をすることができたのだ。

　これまで利用されていなかった自社のバランスシート上にある資産を使って資金調達をする手法は、無闇に借入れを増やしたくない（あるいはできない）企業にとって、画期的な資金調達方法であった。ABSによる資金調達は急激に広まり、証券化の対象とする資産は自動車ローン、クレジット・カード債権、学生ローンから映画などの興行権収入までもが対象になった。

56　ルドルフ・ジュリアーニ（Rudolph Giuliani、1944〜）はミルケンの事件後、ニューヨーク市長選に挑戦し、1993年の2度目の選挙で市長に就任したことで知られる。
57　Sperry Lease Finance Corporation
58　Asset-Backed Securities

信用リスク別にトランシェ分けされたMBS

　CMOによって始まったMBSのトランシェ分けの技術は、ソロモンなどによってさらなる進化を遂げた。CMOではキャッシュフローの水準やタイミングを調整するためにトランシェ分けがされたが、今度は、信用リスクに重点を置いたトランシェ分けがされたのである。この手法を促進する材料となったのは1986年の税制改革で特別目的ビークル（SPV）による債券発行が認められたことである[59]。これによってSPVは複数の、信用リスクの異なるトランシェがつくられるようになった。

　トランシェ分けされた証券は、信用リスクの低い順にシニア・トランシェ、メザニン（mezzanine）・トランシェ、エクイティ（あるいはジュニア、またはファースト・ロス[60]）・トランシェなどと呼ばれた。各トランシェの信用の度合いを決定づけるのはウォーター・フォールという支払の優先順位に関するルールである。ウォーター・フォールはしばしば非常に複雑なものとなるのでここでは詳しい説明は省くが、要は担保資産の信用リスクが懸念されるような状況になった場合には、トランシェの上位の利払いと元本償還を優先させることによって、上位の高い信用力を確保するのである。つまり、優先劣後構造上位のシニア部分の投資家は、エクイティ部分やメザニン部分というクッションによって、担保資産そのものに投資するより低リターンではあるが確率論的には遥かにリスクの低い投資対象を得られるというメカニ

図5.5.1　信用リスク別のトランシェ分けされたMBS

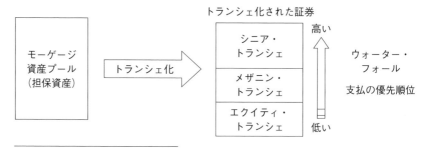

59　5.1を参照。
60　エクイティ・トランシェは、担保資産に損失が発生した場合に、真っ先に損失を被るのでファースト・ロスともいわれる。

ズムである。このメカニズムによって、1つの担保資産のプールから、信用リスクの水準が異なるいくつかのクラスをつくりだすことができる（図5．5．1）。

このようにトランシェ分けされたMBSは1987年の初めには登場していた。

ドレクセルによる最初のCDO取引

信用リスク別にトランシェ分けされたMBS発行の技術は、即座に他の資産クラスにも取り入れられた。1987年、ジャンク債の帝王マイケル・ミルケンが率いるドレクセルは、低格付高利回りのジャンク債を資産プールにしたCDOを開発したのだ。

発行したのはカリフォルニア州サンディエゴにある比較的大規模な貯蓄金融機関（S&L）であるインペリアル貯蓄組合[61]である。インペリアルはドレクセルの顧客として大量のジャンク債を抱えていたが、その資金調達のニーズに対し、ドレクセルはジャンク債の証券化を提案した。

そのスキーム[62]は、まずオリジネータ[63]であるインペリアル貯蓄組合が格付の低い2億ドルのジャンク債をSPVに譲渡、そして、SPVはトランシェ分けによって、2つの信用力の異なる証券を約1億ドルずつ発行するというものだ（図5．5．2）。信用力の高い債券は、格付会社からAAA格の格付を得て、他のS&Lや年金ファンドなどの投資家に売却され、格付の低いエクイティ部分をインペリアル貯蓄組合が買い戻した。

インペリアル貯蓄組合にとって、ジャンク債2億ドルを使って1億ドルの資金を調達することができる。また、投資家に販売するAAAの債券の無リスク金利への上乗せ金利はエクイティ部分との比較では小さかったので、ジャンク債が生み出すリスク・プレミアムのほとんどを手元に残すことが可能である。一方、AAAの投資家によっては、新しいタイプの、高格付で、かつ格付対比で魅力的な利回り[64]の債券であった。つまり、このジャンク債

---

61 Imperial Savings Association
62 この取引のスキームについては、Bratton and Levitin（2012）を参照した。
63 担保に組み入れる資産の原保有者。
64 米国債の利回りプラス0.85%。

図5.5.2　ドレクセルによる最初のCDO取引

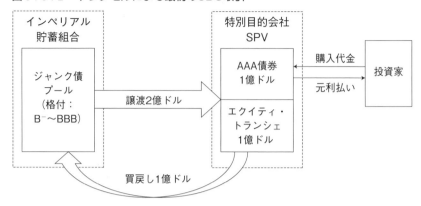

のCDO化は、オリジネータと投資家の両者にとってハッピーな関係であったといえる。

CLOとCBOの定着

ドレクセルが開発した新たなスキームは、ウォール街のライバルたちを魅了した。多くの投資家は高格付の債券への投資を好むため、ジャンク債など、リスクが高いローンや債券の販売は簡単ではない。しかし、CDOの手法の出現によって、ハイリスクの資産をかき集めて、高格付の資産をつくりあげる夢のような方法が可能になったのだ。

こうして、ウォール街はCDOの組成に熱を入れるが、CDOのなかでもローン（Loan）を裏付資産とするものはCLO[65]、債券（Bond）を裏付資産とするものはCBO[66]ともいわれる。CLOやCBOを組成する金融機関側の動機は主に2種類あり、その動機によって表5.4.1に示すような、アービトラージ型とバランスシート型に分類される。

アメリカで組成された初期のCLOやCBOは、金融機関によるバランスシートの改善を動機とするものもあったものの、次第にウォール街の投資銀行などによるアービトラージ型のCDOが増加し、CDOの最盛期では大部分が

---

[65] Collateralized Loan Obligations
[66] Collateralized Bond Obligations、ドレクセルによる最初のCDO取引はCBOである。

表5.5.1　金融機関のCDO組成動機

タイプ	内容
バランスシート型	オリジネータが保有するローンや債券を完全にバランスシートから外すことを目的とするCDO。オリジネータがバランスシートから資産を外す動機は資金調達や規制資本比率改善であることが多い。
アービトラージ型	CDOを組成する（投資銀行などの）アレンジャーのアービトラージ判断を動機とするもの。低格付の社債やローンの流通市場（セカンダリー・マーケット）では、しばしば需給関係などで一部の資産の信用スプレッドが相対的[67]に厚くなることがあるが、そうした状況では、それらを集めてCDOにすれば裁定利益を得ることができる。

アービトラージ型であった[68]。こうして、1990年代以降ではCDO発行のビジネスは金融機関の証券ビジネスの柱の1つとして定着した。

JPモルガンのビストロCDO（シンセティックCDOの登場）

　CDO発行のスキームに、クレデリを応用した手法を加えたのはJPモルガンとされる。クレデリの先駆者であったJPモルガンは、クレデリの販路拡大として流通市場の拡大策などを試みるが、思ったように取引は伸びなかった。そこで思いついたのが、クレデリをまとめてCDOに仕立ててしまうことだ。JPモルガンは特定目的会社SPVを使ったスキームをつくり、そのスキームをビストロ（BISTRO[69]）と名づけた。

　ビストロCDOの仕組みは、JPモルガンが保有するローンや社債の企業の信用リスクをデフォルト・スワップ（CDS）取引としてSPVに移転し、SPVはCDSから得られる保険料を使ってAAAとBBの2つのクラスの債券を発行し投資家に販売するというものである（図5.5.3）。このスキームは前節で

---

[67] 同じ銘柄の信用リスクを有する他の資産や、同程度の格付の他の資産やヒストリカルな水準との対比として。
[68] アメリカ証券業金融市場協会（SIFMA）の統計によれば、CDOが活発に発行された2005〜2007年において、バランスシート型は1割から2割程度の割合だった。
[69] The Broad Index Secured Trust Offering

図5.5.3　JPモルガンによる最初のシンセティックCDO

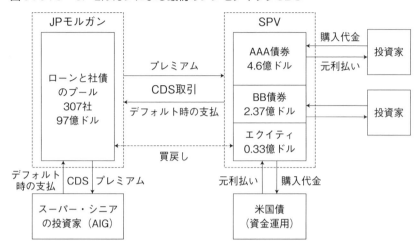

紹介したマスターズの顧客への営業力で1997年に実現する。

　ビストロCDOのようにCDSを使ってSPVに信用リスクを移転するCDOや、担保に組み入れる資産自体がCDSであるようなCDOはシンセティックCDO[70]と呼ばれる。それに対し、現物の社債やローンを集めてつくったCDOは現物（キャッシュ）CDOと呼ばれる。シンセティックCDOの特徴は、通常、CDSの想定元本がSPVの発行する債券の額面より遥かに大きくなることだ。実際、ビストロCDOの最終的な条件では、投資家に販売したCDOは総額7億ドルに満たなかったにもかかわらず、JPモルガンがリスク・ヘッジするCDSの想定元本は97億ドルに及んだ。シンセティックCDOの場合は、実際に債券やローンを譲渡するわけではないので、CDSの想定元本とCDOの発行額が一致しなくても、資金の過不足は起こらないのだ。

ビストロCDOの取引拡大

　ビストロCDOの発行の1つの目的は、バーゼル委員会（以下、「バーゼル委員会」という）による自己資本比率規制[71]（BIS規制）に関連する銀行のリス

---

[70] 担保に組み入れる資産自体がCDSである場合のみをシンセティックCDOであると定義する場合もあるが、本書では上記のように定義する。

ク資産圧縮であった。しかし、ビストロCDOは本当に資産圧縮が認められるか疑念が残ったまま実行された。問題は、JPモルガンがCDSでリスク・ヘッジした想定元本の97億ドルに比べて、投資家に販売された証券の金額が7億ドルと小額すぎたことだ。JPモルガンがヘッジしたローンのクオリティが高いことが確かであっても、本当に7億ドルを超える損失が出ないのか。ビストロの組成時には、このスキームによって当局がJPモルガンの規制上のリスク削減効果を認定するかどうかははっきりしなかった。JPモルガンは、AAAを超える部分のリスクを「スーパー・シニア」と名づけた。

結果的には、バーゼル規制ではスーパー・シニアの部分については、AAA格と同様の20％の掛け目を掛けたリスクが残ると定められ[72]、以降のシンセティックCDOのスキームとしてはスーパー・シニア部分のリスクをCDSを使ってヘッジするスキームが一般的になった。ちなみに、JPモルガンの最初のビストロCDO取引についてスーパー・シニア部分のCDSのリスクの引受け手は、大手保険会社AIG[73]であったことが後年明らかになる。そして、AIGはやがてCDOのスーパー・シニア取引が原因で破綻する運命にあったが、そのことは第6章で説明する。

ビストロCDOのスキームによる、バランスシート型のシンセティックCDOの出現に、欧米の金融機関は続々と追随した。1998年初めにはクレディ・スイスとBNPパリバが参入した。さらには当時自己資本比率確保に悩んでいた邦銀も、ビストロ型CDOのバランスシート提供者として積極的に参加した。ちなみに、ビストロのような銀行のバランスシートからつくられたCDOの場合は、担保の負債の質が高いことが多く、スーパー・シニアの割合[74]は8割以上であることが普通だった。

---

[71] 6.1を参照。
[72] これは、当初BIS規制の掛け目。2004年に公表されたバーゼルⅡでは、内部格付手法を適用する先進的な金融機関は、20％より大幅に低い（最低で7％）の掛け目を適用することができるようになった。詳しくは6.1を参照。
[73] American International Group, Inc. 6.3を参照。
[74] CDOの発行額に対しCDSの想定元本の割合が大きくなれば、スーパー・シニアの割合が増える。

アービトラージ型シンセティック型CDO：信用リスクの加工工場

　JPモルガンのシンセティックCDOは自社のバランスシート上の信用リスクのヘッジと規制資本比率の改善をその動機としたものであるが、クレデリを使った手法はCDO組成の新たな境地を生み出した。市場で取引されるCDSを寄せ集めてきて、CDOをつくりあげることが可能になったのだ。アービトラージ型のシンセティック型CDOである（図5.5.4）。

　それまでのCDOは、ビストロ型のCDOを含めて、実際の社債やローンを直接あるいは間接的に担保プールに組み入れた証券であったが、アービトラージ型のシンセティックCDOは、現物の資産とは関係なく、取引条件の柔軟性が高いデリバティブを寄せ集めてつくりあげることができる。つまり、CDOの組成は、現物というしがらみから解放され、証券化の対象となる資産を何も有していないアレンジャーが、市場から扱いやすい材料を仕入れて自由にCDOを設計することが可能になったのだ。これによって金融界は信用リスクの加工工場を得たともいえよう。

　アービトラージ型のシンセティックCDOの出現はクレデリの取引を急拡大させ、CDOを使ったビジネスのアイデアを飛躍的に増大させた。そして、

図5.5.4　アービトラージ型のシンセティックCDOのスキームの例

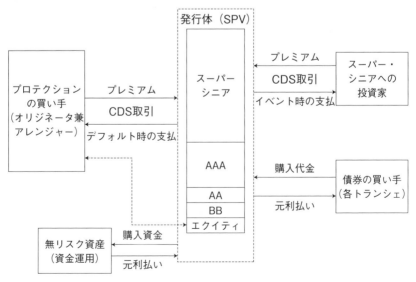

信用リスクの加工工場はやがて売れ残りのABSを集めて再び（広義の）CDO[75]に仕立てあげる作業を始めることになるが、これは5.9で説明する。

CDOのタイプ、まとめ

　これまでみてきたようにCDOにはさまざまなタイプがあり、読者を少々混乱させたかもしれないので、図5.5.5にまとめた。まず、実際の債券やローンなど現物資産を担保資産に組み入れたCDOかデリバティブ（クレデリ）で信用リスクを移転したシンセティックCDOかに分かれる。そして、それらはそれぞれ、組成の動機によってアービトラージ型かバランスシート型に分かれる。そして、まだ説明していなかったが、さらに別の切り口による分類方法として、「キャッシュフロー型」または「マーケット・バリュー型」という区分けと、「マネージド型」または「スタティック型」という区分けという2つの方法がある。

　キャッシュフロー型は、最初に組成したプールの入替えを行わずに、プールが生み出すキャッシュフローによって元利が支払われるタイプである。一方、マーケット・バリュー型は担保資産の時価に着目して、時価の動向次第で入替えを行うCDOである。実際に発行されたCDOの大部分はキャッシュフロー型である[76]。バランスシート型ではほとんどがキャッシュフロー型で

図5.5.5　CDOの分類

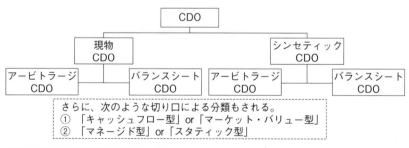

75　ABSを担保資産とした証券化商品もCDOの一種でありこれはABS CDOといわれる。詳しくは5.9を参照。

76　アメリカ証券業金融市場協会（SIFMA）の統計によれば、マーケット・バリュー型の割合は、少ない年で全体の発行量の数％だがリーマン・ショック前には一時的に2割近くに増加したことがあった。

ある。

　また、マネージド型はコラテラル・マネジャーと呼ばれるプール資産の運用者が、プール内の担保の入替えを行いCDOの市場価値の上昇を図るものである。一方、スタティックCDOはこのような入替えを行わないCDOである。マネージドCDOは比較的少数であったが、CDOには資産担保証券という性格ばかりでなく、アクティブなファンドという性質を併せ持つタイプ[77]まで登場したのだ。

CDOの取引拡大とグラス・スティーガル法の廃止

　CDOの取引の拡大に政治も大きな後押しをした。1999年、クリントン大統領は1933年以来のアメリカ金融制度の背骨であったグラス・スティーガル法（Glass-Steagall Act）をほぼ廃止[78]してしまったのだ。グラス・スティーガル法は1929年から始まった世界恐慌の教訓として、リスクの高い証券業務を商業銀行業務から隔離[79]した法律であり、金融界では大変に影響力が大きかった。この法律の実質的廃止には、シティ・グループを率いるサンディ・ワイル[80]の精力的なロビー活動などが重要な役割を果たしている。

　このグラス・スティーガル法の実質的廃止は、一種の革命的な出来事であり、シティ・グループやバンク・オブ・アメリカなどの商業銀行が、CDOを含めたリスクの高い証券ビジネスに直接参入できることを意味した。そもそも、CDOは銀行のもつ企業向け・個人向けのローンときわめて関連性の高い商品である。グラス・スティーガル法の廃止は、銀行がこうした資産を活用して証券ビジネスをエンジン全開で行うことを許容したことになる。実際、CDOの組成は2001年頃から急速に増加した。

77　一部のマネージド型CDOにおいては、マネジャーの力量によってエクイティ部分などのパフォーマンスが大きく変化することがある。

78　グラス・スティーガル法の一部を無効にするグラム・リーチ・ブライリー法（Gramm-Leach-Bliley Act）が成立。同法では、業態間の分離条項が撤廃され、商業銀行、投資銀行、証券会社、保険会社それぞれの間での統合が可能になった。

79　グラス・スティーガル法の成立過程において金融界の強い抵抗を受けたが、シチリア生まれの移民でニューヨーク州の地方検事を務めていたフェルデナント・ペコラ（Ferdinand Pecora）を中心に組成されたペコラ委員会の尽力によって成立した。

80　4.8を参照。

5.6 ガウシアン・コピュラの導入（リー）

　アメリカでは1990年代には、CLOやCBOなどの現物CDOが盛んに発行されるようになり、1990年代後半にはさらに複雑なリスクの組合せが可能なシンセティックCDOの発行も始まる。では、当時の金融界は、CDOの価格やリスク評価をどのようなモデルを使って行っていたのであろうか。

　CDOの評価において、特に取扱いがむずかしいのが、担保プール内の各銘柄の相関の問題である。CDOは担保プールに多くの数の企業の信用リスクが混在するが、それぞれの企業のデフォルトの相関が低ければ、プール全体としては分散効果が働き、AAA格などシニア部分のリスクは大きく減少する、一方で最もリスクが高いエクイティのリスクは高まる[81]。しかし、逆にデフォルトの相関が高ければ、デフォルトがいったん発生すると連鎖的に起きる可能性が高まることを意味し、シニア部分の損失リスクが高まるのである。

　実際の、CDO評価の現場では、特に優れた評価モデルが存在していたわけではなく、当時のIT技術で比較的容易に対応できる簡便的な手法で間に合わせていた。格付会社ムーディーズが1996年代に公表した評価手法では、二項モデルに、分散スコアというファクターを取り入れて、分散スコアが高いほど銘柄間の相関が低くCDOの上位トランシェの損失率が低下するように評価された。これは、各銘柄間の相関関係を直接的に反映させるのが困難だったので、代替的な手法で相関関係の及ぼす効果を組み込んだものである。

　それに対して、中国出身のクオンツであるリーが2000年に導入[82]したコ

---

[81] 分散効果が高ければ、いずれかの銘柄に一度でもデフォルトが起こる確率は高まるので、ファースト・ロスであるエクイティにとってはリスクが高まる。一方、メザニンのリスクと相関の関係は、もう少し複雑である。

[82] MacKenzie and Spears（2012）によれば、金融界におけるガウシアン・コピュラの導入は、実際には1987～1990年前後にバシチェックによって非公式に行われていて、リーもそのことを知っていたという。

ピュラ関数を使った評価方法は、各銘柄の相関関係を直接的に取り入れることができる画期的な手法であった。コピュラ関数とは接合関数ともいわれ、いくつかの確率変数の別々の分布関数から、それらを結合した同時分布関数をつくる関数である。金融界はコピュラ関数を使った新しい手法を歓迎し、その手法は直ちにCDO評価のスタンダードな手法となった。

しかしながら、コピュラの手法によるデフォルト・リスクの推定には大きな問題点があった。コピュラ関数には、いくつもの種類がありそれぞれ特徴があったのだが、金融界が採用したのは、いちばん簡単で、かつテールを最も薄く評価してしまうガウシアン（正規）・コピュラという方法であった。さらに、金融機関や格付会社はそのモデルに不十分な大きさの相関をインプットして利用した。ガウシアン・コピュラはリーマン・ショック後に、危機を招いた主要な原因の1つという評価を受ける。

〔デイビッド・リー（David Li）〕（1960〜）

　中国出身でカナダとアメリカで金融機関に勤務したクオンツ。中国農村部に生まれ、南開大学（天津市）で経済学の修士号を取得。1987年に中国政府に派遣されカナダのラヴァル大学（ケベック・シティ）のMBA、さらにウォータールー大学（オンタリオ州）でアクチュリー・サイエンスの博士号を取得。1997年にカナダの銀行CIBCに入社、その後、2000年にリスク・メトリックス社に移り、ニューヨークに居住。その後シティ・グループ、バークレーズなどで勤務した後、2008年に中国に帰国した。しかし、2012年にAIGアセット・マネジメントの金融モデル部門のヘッドに就任した。リスク・メトリックス社時代の2000年にコピュラを応用した信用リスク評価の論文を発表した。

【紹介する論文】Li（2000）

「デフォルトの相関について：コピュラ関数アプローチ」（On Default Correlation: A Copula Function Approach）

伝統的な企業のデフォルト確率モデル

5.2と5.3では、企業のデフォルト確率に関する代表的なモデルとして、ブラック・ショールズのオプション評価式を応用して企業価値の確率過程からデフォルト率を導くマートンの構造型モデルと、単位時間当りのデフォルト確率（ハザード・レート）をより直接的に推定する誘導型のモデルに分類できることを説明した。

一方、信用リスク投資の現場に大きな影響を与える格付会社の評価方法として伝統的に用いられてきた手法は、格付ごとの歴史的なデフォルト発生率から、ハザード・レートを推定するというものであった。この手法は、過去データからハザード・レートを外生的に与える誘導型モデルの1つの手法である。表5.6.1は、過去のデフォルト・データから統計的に推定した格付別の累積デフォルト確率である。

この表では、たとえばBBB格の企業が1年間でデフォルトする確率は統計的に0.25%、5年間までの累積では2.37%であることがわかる。0時点からT時点までの累積デフォルト率q_Tはハザード・レート$\lambda(t)$を用いて次のように表すことができる。

$$累積デフォルト率：q_T = 1 - \exp\left(-\int_0^T \lambda(t)\,dt\right) \tag{5.6.1}$$

この関係式と累積デフォルト率の過去データから、それぞれの格付ごとの

表5.6.1　グローバル企業の格付別累積デフォルト確率（1981～2012年）

格付	期間（年）									
	1	2	3	4	5	6	7	8	9	10
AAA	0.00%	0.04%	0.16%	0.29%	0.42%	0.55%	0.60%	0.69%	0.78%	0.88%
AA	0.04%	0.09%	0.19%	0.33%	0.48%	0.65%	0.80%	0.93%	1.04%	1.16%
A	0.08%	0.22%	0.40%	0.61%	0.82%	1.05%	1.32%	1.57%	1.84%	2.12%
BBB	0.25%	0.68%	1.14%	1.74%	2.37%	3.00%	3.56%	4.14%	4.71%	5.27%
BB	0.93%	2.83%	5.13%	7.30%	9.23%	11.15%	12.77%	14.24%	15.56%	16.73%
B	4.42%	9.97%	14.78%	18.54%	21.42%	23.77%	25.71%	27.26%	28.63%	29.91%
CCC/C	27.75%	38.21%	44.17%	48.17%	51.04%	52.38%	53.46%	54.27%	55.34%	56.11%

（出所）　S&P社 "2012 Annual Global Corporate Default Study And Rating Transitions"

ハザード・レート関数を推定することができる。こうして、推定されたハザード・レートを用いて、将来のデフォルト確率の予想をすることが、格付会社や社債の投資家の間で長年行われた方法である。

CDOの評価がむずかしい[83]理由

各企業のハザード・レートが推定できれば、(5.6.1) 式を使って簡単に各期間のデフォルト確率を求めることができる。したがって、通常の社債の企業のデフォルト・リスクは、デフォルトするか否かの二項モデルとして簡単にモデル化できる。

しかしながら、企業などの信用銘柄の数が、数十以上もあるようなCLOやCBOの場合はまったく事情が異なる。たとえば、Aという銘柄とBという銘柄のそれぞれデフォルトする確率がわかったとしても、CLOやCBOにおいては、Aだけデフォルトする確率だけでなく、A社とB社の両方がデフォルトする確率も同時に考慮しなければならないからだ。A社とB社という2つの銘柄のデフォルトの挙動をモデル化するには、2つのデフォルト確率を同時にとらえる同時確率分布[84]を考慮する必要がある。そして、同時確率分布においては、相関関係が非常に重要なファクターとなり、同時分布の振る舞いを大きく左右する。

実は、伝統的なハザード・モデルに相関関係を持ち込むことは非常にむずかしい。詳しい説明は省略するが、二項モデルは相関関係を取り入れるのがむずかしい確率モデルなのである。そうであるから、CDOのような多数の銘柄の相関関係を考慮に入れる必要がある商品の取扱いはむずかしい。二項モデルのかわりに、ブラウン運動（正規分布）を適用すれば、相関自体の導入は可能である。しかしながら、数十以上の変数をもつ多変量正規分布の計算負荷はきわめて重い。

---

[83] CDO以外でも、複数の担保資産からなる証券化商品の評価は相関の問題を含めそれぞれむずかしさがあるが、ここではその説明は省略する。
[84] 2つ以上の確率変数の分布を同時に表現する分布関数を同時確率分布という。

ムーディーズの分散スコアによるCDO評価方法

このような技術的に困難な状況で、格付会社はCDOのリスク評価を求められたのだが、彼らが行った方法は、苦肉の策と呼べるようなものだった。

格付会社ムーディーズは1996年にCDOの格付手法に関するレポート[85]を公表する。それは、二項モデルによる評価をベースにしながら、CDOのポートフォリオの相関関係による分散効果を分散スコア（Diversity Score）という指標を導入して反映するというものである。CDOのプールの信用リスクは企業間の相関関係が小さければ小さいほど分散効果が働き、上位のトランシェのリスクは減少する。

分散スコアの具体的な算出方法は開示されていないが、プールのなかの業種の分散の具合をスコア化し、そのスコアDを使って二項モデルで損失の分布が計算される仕組みである。そして、もし分散スコアDが小さければ、CDOのプールの期待損失率が大きく不安定になり、逆にDが大きければプールの期待損失率が小さい値に安定する。

コピュラ関数の応用

ムーディーズの苦肉の策に対し、2001年にリーが考案した方法は、遥かに理論的にすっきりする方法であった。リーはコピュラ関数という確率論の1つの手法を応用して、多数の銘柄の相関行列を反映したデフォルト確率の同時分布を導出するアイデアを打ち出したのである。

コピュラ関数は、1950年代にエイブ・スクラー[86]というアメリカの数学者が発展させた関数で、接合関数ともいわれる。複数の別の分布に相対的な関係を与えて接合する関数である。しかし、リーがスクラーのコピュラ関数を取り入れるまでは、金融界ではこの関数の存在はほとんど知られていなかった。

コピュラ関数の機能について簡単に説明しよう。たとえば、n個の確率変

---

[85] Cifuentes and O'Connor (1996)
[86] Abe Sklarはアメリカの数学者で、イリノイ工科大学の教授を長く務めた。1959年にパリ大学統計学会誌にコピュラに関する論文を発表。これがコピュラという言葉が最初に使われたものとされる。

数、$X_1, \cdots, X_n$のそれぞれの分布関数が$F_1(x_1), \cdots, F_n(x_n)$として与えられた場合、一定の条件[87]を満足するコピュラ関数Cによって、次のように$X_1, \cdots, X_n$の同時分布関数$F(x_1, \cdots, x_n)$を定義することができる。

$$C(F_1(x_1), \cdots, F_n(x_n), \rho) = P[F_1(X_1) \leq F_1(x_1), \cdots, F_n(X_n) \leq F_n(x_n)]$$

$$= P[X_1 \leq x_1, \cdots, X_n \leq x_n]$$

$$= F(x_1, \cdots, x_n) \qquad (5.6.2) \ [88]$$

ここで、ρは相関関係を示すパラメータ（マトリック）である。

たとえば、個々の銘柄の分布$F_1(x_1), \cdots, F_n(x_n)$としてハザード・モデルによる二項分布を適用すれば、ハザード・モデルによる同時分布をつくることができる。

さまざまなコピュラ関数

コピュラ関数の定義は（5.6.2）式を満足することであるが、そうした性質をもつ関数は、実はさまざま種類がある。そして、コピュラ関数によって導出された同時分布の形状はコピュラ関数の種類によって大きく変わるのだ。代表的なコピュラはガウシアン（または正規）・コピュラ、tコピュラ、クレイトン・コピュラ、グンベル[89]（Gumbel）・コピュラ、フランク・コピュラなどがあげられる。2001年のリーの論文では、フランク・コピュラとガウシアン・コピュラが紹介されていた。

各種のコピュラ関数のうち、ガウシアン・コピュラとグンベル・コピュラについて簡単に表5．6．2で説明する。

ガウシアン・コピュラにおいては各銘柄の相関は、n変量の正規分布の分布関数Φ_nの相関の特性が反映される。したがって、ガウシアン・コピュラ関数による同時分布関数は、多変量の正規分布の特徴としてテールは薄くな

---

[87] コピュラ関数は0から1の値をとる多変量分布の同時分布関数である必要がある。
[88] この式が成り立つのは$F_i(X_i)$自体が0～1の値をとる確率変数であること、およびコピュラ関数が0～1の値をとる分布の同時分布関数であるからである。
[89] グンベルという名前は、ドイツの数学者エミール・グンベル（Emil Gumbel、1891～1966）が考案したことに由来する。

る。

　一方、グンベル・コピュラは、分布の上側（プラス側）については極端なプラスの値をとるときに相関が上昇するため、パラメータの設定によってテールを厚くすることができる。一方で、分布の下側（マイナス側）についてはテール依存性をもたない。したがって、相場の暴落や経済の混乱時などのモデル化には本来適したモデルである。

表5.6.2　ガウシアン・コピュラとグンベル・コピュラの特徴

コピュラ関数	説明	コピュラ関数
ガウシアン	n変量の正規分布の分布関数ϕ_nを使って定義される。テールは薄くなる。	$C(u_1, \cdots, u_n)$ $= \phi_n(\phi_1^{-1}(u_1), \cdots, \phi_1^{-1}(u_n))$ ただし、ϕ_nはn変量の正規分布の分布関数
グンベル	アルキメデス・コピュラ[90]と呼ばれるタイプのコピュラの1つ。ドイツの数学やグンベルの名に由来。分布はファット・テールになる。	$C(u_1, \cdots, u_n)$ $= \exp\bigl(-[((-ln(u_1))^\theta + \cdots + (-ln(u_n))^\theta]^{1/\theta}\bigr)$ ここで、θは1以上の値のパラメータ

図5.6.1　ガウシアン・コピュラとグンベル・コピュラの分布

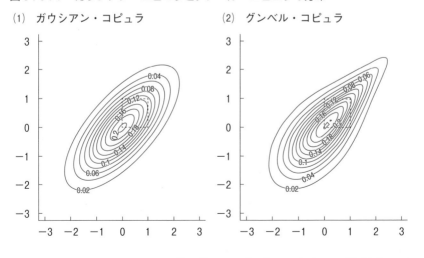

(1) ガウシアン・コピュラ　　(2) グンベル・コピュラ

いちばんテールの薄いガウシアン・コピュラを選んだ金融界

このようにさまざまなタイプのコピュラ関数のなかから、格付会社を含めた金融界が選んだコピュラはガウシアン・コピュラだった。金融界がなぜガウシアン・コピュラを標準的な手法として選んだのか、それには、いくつかの理由が考えられる。まず、正規分布はルイ・バシュリエ以来の数理ファイナンスの中核にある確率分布であり、それを選択することは多くの実務家や研究者にとってまったく自然な選択であると思えたからであろう。さらには、たとえばグンベル・コピュラなどではパラメータを推定し決めなければいけないが、ガウシアン・コピュラはそうした作業なしですぐに適用できる。そして、何よりも重要な理由は、ガウシアン・コピュラを使うことによって、CDOのリスクが少ないと算定される。これは組成する業者にとって都合のよいことであり、ひいては格付手数料の獲得という意味で格付会社にとっても好都合だったのだろう。

ガウシアン・コピュラは、直ちにCDOやABS CDOの評価に活用された。ABS CDOのことは5.9で詳しく説明するが、CDOなど証券化商品を再び証券化した二重の証券化商品のことである。

アセット相関の適用

コピュラ関数の導入によって、相関関係を考慮した同時確率分布を導くことができるようになったが、そこに適用すべき相関行列[91]の推定は現実にはきわめてむずかしかった。相関行列は本来、十分な量のデフォルトのデータから推定することが理想的である。しかし、そもそもデフォルトは頻繁に起こることではないので、さまざまな経済環境を反映した統計的に十分なデータなど元来望むべくもなかった。さらには、仮にデータが十分であったとしても、相関が統計的に安定した数値であるかどうかは、かなり怪しい。

格付会社は、大企業に関するデータはある程度有しているが、CDOの対

---

[90] コピュラ関数が、$C(u, v) = \phi^{-1}(\phi(u), \phi(v))$ という形式で表せるタイプをアルキメデス・コピュラという。クレイトン・コピュラ、グンベル・コピュラ、フランク・コピュラなどはこのタイプ。
[91] 各銘柄ペアの相関係数を行列（マトリックス）として表したもの。

象となる資産の種類にはよってはデフォルトのデータがほとんど存在しない。そこで、金融界が適用したのがアセット相関という考え方である。これは、5.2で説明した企業の資産価値が正規分布に従うと仮定してデフォルトを推定するというマートン・モデルの考え方を利用した方法である。すなわち、もしマートン・モデルが正しいとすれば、複数の企業の企業価値の変動は多変量正規分布に従う。その場合は、デフォルト相関は企業価値の相関（＝アセット相関）を使って比較的簡単な計算で導くことができるのである。

そうはいっても、アセット相関も直接的には観測することができない。したがって、アセット相関は次のような方法のいずれかによって代替することが一般的である。

① 株式のリターンのファクターモデルによる回帰分析
② 株価のリターンの相関で資産価値の相関を代替する
③ 信用スプレッドの相関で資産価値の相関を代替する
④ 格付遷移によって資産価値の相関を推定する

アセット相関の問題点は、デフォルトは必ずしもマートン・モデルどおりにはアセット価格と連動しないことである。一般にデフォルト相関はその時々の経済環境などに大きな影響を受けるなど複雑な挙動をする。上記のようなアセット相関の推定では、デフォルト相関の複雑な挙動は無視されてしまう。さらには、上記のアセット相関の推定方法を使えば、株価や信用スプレッドなどが観測可能な企業の相関はある程度の推定ができるが、住宅ローンなどの相関の推定は引き続きむずかしかった。ましてや、ABS CDOに組み込まれている資産間の相関を推定することはほとんど不可能であった。

1ファクター・ガウシアン・コピュラ

ガウシアン・コピュラを用いると、企業信用リスクに関するCDOについて、1回につき数分程度で評価できるようになったという[92]。しかしながら、CDOを取り扱う業者が、ヘッジの計算などをするためには、さらに計算速度が速いほうが望ましい。そこで、考案されたのが、ファクターの数を減らして計算速度を大幅にアップする方法である。そのなかで、最も簡便化してファクター数を1つにまで減らしたものが、1ファクター・ガウシア

ン・コピュラ[93]と呼ばれるモデルである。

　詳しい説明は省略するが、1ファクター・ガウシアン・コピュラとは、各銘柄に共通の経済状態を示す確率変数Rを導入することによって、各銘柄相互の相関行列を各銘柄と共通ファクターの間の相関関係ρ_iだけに削減する方法である。こうすることによって、それまではすべての銘柄を同時に考慮した確率計算が必要であったのが、共通ファクターと各銘柄の関係だけの確率計算ですむ。さらには、共通ファクターとの相関ρ_iをすべての銘柄について共通のρとすれば、計算はさらに簡便化され高速化が可能である。

　計算を簡便化すれば、当然のことながら、資産間の複雑な相関を的確に描写することは困難になる。しかしながら、こうしたデメリットがあるにもかかわらず1ファクター・ガウシアン・コピュラは、業界のスタンダードとなって広く利用されたという。

格付会社が適用していた相関が不適切に低かったこと

　ガウシアン・コピュラは便利ではあるが、デフォルト・モデルとして利用するには問題が多い手法でもあり、実際にはその使い方にも大きな問題があったことが明らかになる。2007年から始まった金融危機以降に行われたさまざまな実証研究によれば、格付会社がガウシアン・コピュラに適用していた相関が低すぎ、その結果、CDOの信用リスクを過小に評価していたことが明らかになる。FRBのバーナンキ議長は2009年に「彼ら（格付会社）は、モーゲージのカテゴリー間の適切な相関を考慮していなかった」と発言[94]している。また、Grin and Nickerson（2015）は、危機前に格付会社が適用していた相関は、非常に低い数値（平均で0.01〜0.03）であり、これは適切に推定されたものよりも信用リスクを3割以上も過小評価していると分析している。

92　MacKenzie and Spears（2012）によれば、たとえば、2001年にS&Pが提供を開始したソフトを使って、10万シナリオのモンテカルロ・シミュレーションをパソコンで行った場合に、1回の計算に2分半ほどの時間がかかったという。
93　MacKenzie and Spears（2012）によれば、（1ファクターも含め）ファクター・ガウシアン・コピュラ・モデルは2001年にBNPパリバのクオンツによって導入された。
94　FCICレポート（6.6を参照）の149ページ。

格付会社が適用した相関が不適切に低かったことは、ほかにもいくつかの資料で指摘されている。特に問題が大きかったのは、ABS CDOである。本来、ABS CDOのプールの資産間の相互関係はきわめて複雑で、ストレスに耐えうる相関の推定はほとんど不可能に近かった。しかしながら、MacKenzie and Spears（2012）によれば、格付会社は通常のCDOとほとんど変わらない方法でABS CDOの相関を与えたという。その結果、ABS CDOは簡単に高い格付が取得できるようになり、結果としてABSの組成が急増した。このように、金融界は、CDOの相関のテール・リスクを最も過小に評価するガウシアン・コピュラを選択し、さらにモデルに適用する相関自体も甘いものを入力することになった。そして、リーマン・ショック後には、こうした選択は、危機の主要な原因の1つとみなされることになる。

市場自身もガウシアン・コピュラを完全には信頼していなかった

格付会社はガウシアン・コピュラを用いて、格付の評価を行ったが、CDOの市場は必ずしもガウシアン・コピュラを完全には信頼していなかった。その根拠として指摘されるのが、金融危機以前から市場で観測されたインプライド相関の相関スマイルである。インプライド相関というのは、ブラック・ショールズ・モデルにおけるインプライド・ボラティリティと同様に、CDOの市場価格から、計算に適用されている相関を逆算[95]したものである。市場が格付の理屈を信じきっているのであれば、CDOのエクイティ、メザニン、シニアの各トランシェのインプライド相関はすべて同じ値になるはずである。しかし、実際には、そうならず、トランシェごとにインプライド相関が異なるので、グラフにした場合に傾き（ゆがみ）が生じるのである。これが相関スマイルである。市場で観測される市場の相関スマイルの存在は、オプション・ボラティリティのスマイルと同様に、モデルの限界を市場参加者が苦肉の策として調整していたことを示す。

---

[95] プールのなかに多数の信用銘柄がある場合は、その組合せの数だけ相関係数のペアが存在するが、それらの相関係数がすべて同一のある値（1ファクター）であると仮定して逆算した数値。

5.7 シャドー・バンキング（SIVとABCPコンデュイット）

　CDOなど証券化商品の最大の投資家の1つが、シャドー・バンキングのSIV（Structured Investment Vehicle）やABCPコンデュイットであった。最初のSIVは、1980年代の後半にシティバンク（ロンドン）の2人の行員が設立した「アルファ・ファイナンス」である。アルファ・ファイナンスは短期の調達資金を使って中長期のABSや金融債などを購入し、調達と運用の利回り差で利益をあげるというビジネス・モデルを確立した。

　アルファのビジネスは成功し、シティは次々にSIVを設立し、欧米のいくつかの銀行もこのビジネス・モデルを模倣した。1993年に、創始者の2人はシティから独立して、ゴルディアン・ノットという会社を設立する。そして、彼らが運営するシグマ・ファイナンスというSIVは最大規模のSIVに成長する。

　SIVと類似の目的で用いられたスキームとしてABCPコンデュイットがあげられる。ABCPコンデュイットは、投資する債券などを担保にしたコマーシャル・ペーパー（ABCP）によって資金を調達するスキームであり、1980年代初め[96]から銀行や企業の資金調達手段として広く使われてきた方法である。しかしながら、21世紀に入った頃から、ABCPコンデュイットはSIVのより簡便な代替的な方法という位置づけでも盛んに用いられるようになる。

　SIVやABCPコンデュイットのビジネスには2つの重要な特徴がある。1つは母体の金融機関の連結対象ではなく、バーゼル委員会による自己資本規制のループホールでもあることだ。これが後に、シャドー・バンキングと呼ばれるようになる理由である。もうひとつの特徴は、ABCPを数カ月ごとに発行し続ける必要があることだ。SIVやABCPコンデュイットが購入するABSなどは一般的に数年程度の期間があるので、ABCPを使った回転借入れが滞ると倒れてしまう。しかしながら、SIVやコンデュイットを運営してい

---

[96] 最初のABCPは1981年にシティ・コープが売掛債権を担保にして発行したものとされる。

た金融機関や格付会社は、高格付の資産を担保としたABCPの発行ができなくなる事態はほぼ想定していなかった。この想定外が、後に金融危機の引き金となる。

バーゼルⅠの自己資本規制

シャドー・バンキングの登場と、1988年に合意された当初BIS規制（バーゼルⅠ）は切っても切れない関係にある。

> 〔バーゼルⅠのオフバランス取引の掛け目〕
>
> バーゼル規制については6.1で詳しく説明するが、1988年に合意されたバーゼルⅠにおいては、銀行が保有するローンや債券の金額と質に応じて算出される自己資本を保有することを義務づけられた。所要自己資本の算出には、ソブリンや事業法人などのバランスシート上の与信相手に対する区分（掛け目）だけでなく、保証やコミットメント・ラインなどのオフバランス取引について、その取引の種類と期間に応じて次のような掛け目（CCF[97]）が設定された。その概要は別表のとおりである。
>
> 〔別表〕
>
> | 掛け目 | 対象の取引 |
> |---|---|
> | 0％ | 原契約期間1年以下、あるいは任意の時期に無条件で取消可能なコミットメント（ライン）。 |
> | 20％ | 短期かつ流動性の高い貿易関連偶発債務、たとえば船荷により担保された荷為替信用状。 |
> | 50％ | 原契約期間1年超のコミットメント（ライン）。取引に係る偶発債務の一部、たとえば契約履行保証、入札保証、品質保証、特定の取引に係るスタンドバイL／C。 |
> | 100％ | 直接的な信用供与代替取引、たとえば一般的な債務保証および手形引受け。信用リスクが銀行に帰属する買戻条件付売却および求償権付資産売却。 |

---

[97] Credit Conversion Factors

シティバンクによる最初のSIV[98]（アルファ・ファイナンス）

　1980年代のアメリカでは、個人のクレジット・カード利用残高が急速に拡大し、その残高は1988年までの20年間で3倍に増えたという。そうした状況で、シティバンクのロンドンに勤務する2人の行員、ニコラス・ソシディス[99]とスティーブン・パトリッジ・ヒックス[100]は銀行の資本を増強することなく、融資可能な金額を増加させる方法を思いついた。それは、銀行の簿外のビークルを設立して、そのビークルに融資を肩代わりさせることである。こうして1988年につくられたのがアルファ・ファイナンスである。

　アルファは日本やスイスの投資家[101]から1億ドルの資本を集め、最大5倍のレバレッジの資金を短期中心に調達し、A−格以上の中長期の資産を使って運用をした。調達と運用の利回りの差によって生じる鞘（さや）がアルファの収益源である。アルファの翌年に、2人はベータ・ファイナンスを設立し今度はレバレッジを10倍に引き上げた。

SIVの仕組み

　こうしてつくりだされたSIVの調達の手段は、自身の資産を担保に組み入れたABCP[102]というタイプのコマーシャル・ペーパーと中期社債（MTN[103]）の発行によって行い、運用はABSやMBSなど高格付の証券化商品や金融債

---

[98] アルファとベータに関する記述は、WSJ紙（2007年10月18日）"How London Created a Snarl In Global Markets" とブルームバーグ（2008年10月27日）"Evil Wall Street Exports Boomed With 'Fools' Born to Buy Debt" および wikipedia "Structured investment vehicle" などを参照した。

[99] Nicholas Sossidisはアメリカ出身のファンド運用者。ニューヨーク大学を卒業後1982年にシティバンクに入社。ロンドンに転勤し1988年にヒックスとともにSIV「アルファ・ファイナンス」を設立。

[100] Stephen Partridge-Hicksはイギリスのファンド運用者。

[101] アルファの最初の投資家の一角が日本の投資家であったことは、『悪魔のデリバティブ』（Dunbar（2011））などに記されている。当時、日本（の商社）やスイスの投資家には無リスク金利に対して2～3％程度の超過リターンが得られる投資対象を探していた投資家がおり、ちょうどアルファの資本部分が適合した。

[102] Asset-Backed Commercial Paper

[103] Medium-Term Notesは、多様な期間や形態による発行を規定した1つのプログラム（MTNプログラム）に基づいて発行される債券のこと。MTNは国際市場における資金調達によく使われる。

を中心に行われた。一般に、証券化商品の利回り（スプレッド）は同じ格付の社債などより利回りが高い場合が多いこと、さらに短期調達のスプレッドは中長期より低くなるので、調達と運用の鞘が得られるのだ。つまり、SIVは長短スプレッドと証券化商品のプレミアムを利用したアービトラージを行っていると考えることができる。しかしながら、ABCPによる資金の調達は、数カ月程度で返済の期日が来るので、そのたびに新たにABCPを発行し直す必要がある。つまり、借入れは自転車操業的に行う必要がある。

SIVでは、母体（スポンサー）となる銀行が資本の全部を直接的に出資するわけではないことがポイントである。シティなどの設立銀行は、バーゼルⅠではリスク掛け目が0％となる1年以内のコミットメント・ラインを供給するとともに、ビークル運営のアドバイス手数料を受け取ることによって収益を得る。SIVはスポンサー以外にもキャピタル・ノートといわれる証券の発行によって独自の出資者を募る。これによって、銀行はSIVを連結対象外とし、さらにバーゼル規制で求められる資本も最低限に抑えるかたちで、保有する住宅ローンやカードローンを担保とするABSなどをSIVに移転することができる。こうすることで、銀行はSIV運営の手数料を得ながらローンの

図5.7.1　SIVの典型的なストラクチャー

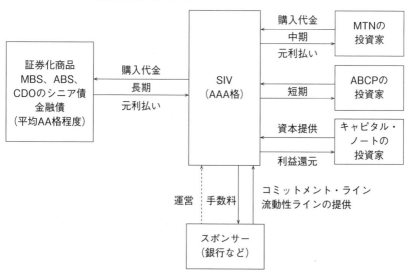

第5章　クレジット・デリバティブとCDO

ビジネスを拡大し続けることができるのだ。このような実態からSIVはバーゼルなどの規制の「ループホール」ビジネスともいわれる。SIVの資本に相当する、キャピタル・ノートの出資者には、投資運用会社や中東や日本などの投資家、さらにはSIVの運用者自身などが含まれる。

ロンドンで急拡大するSIV[104]とシグマ・ファイナンス

　アルファとベータは投資家に好感され、シティは次々にSIVを立ち上げ[105]、1997年までにはシティによって運営されるSIVの総資産は100億ドルに達した。また、シティを退職した2人の行員がドイツのドレスナー銀行の投信銀行部門であるドレスナー・クラインオートに移籍し、シティの手法をまねて新たにK2という名のSIVを立ち上げた。さらには、HSBC、オランダのラボ銀行などが後に続いた。

　1993年には、ソシディスとパトリッジ・ヒックスはシティを退職し、自分たちでSIVの運用会社ゴルディアン・ノット[106]を立ち上げる。ゴルディアン・ノットはいくつかのSIVを運営するが、そのなかでもシグマ・ファイナンスは最大の規模をもち、SIVのなかの代表的な存在となる。こうして設立されたSIVの典型的なパターンは、次のようなものであった。

① 　ケイマン諸島で設立
② 　運営拠点……ロンドン
③ 　最大レバレッジ20倍（通常の運用は10倍超程度）
④ 　保有資産はAAA中心で平均格付AA

---

[104] この部分は、WSJ紙（2007年10月18日）"How London Created a Snarl In Global Markets"を参考にした。
[105] それらの名前はファイブ・ファイナンス（Five Finance）、センタウリ（Centauri）、ドラド（Dorada）など。
[106] ゴルディアン・ノット（Gordian Knot）とは、古代マケドニアのアレキサンダー大王にまつわる伝説に登場する「ゴルディアンの結び目」のことで、「常識を覆す手段によって難事を解決する」という意味がある。

ABCPコンデュイットとSIVライト

　SIVと同様にバーゼル規制のループホールなどに用いられたスキームとして、ABCPコンデュイット[107]というものがある。これは、SIVと同様に、SPVを使って運用する債券などの資産を担保にした資金調達をするスキームであるが、SIVのように中期のMTNによる資金調達を併用せず、資金調達を短期のABCPのみに依存するものである。コンデュイットのABCPの発行プログラムにおいて、格付会社から高い（短期）格付を得るための運用資産の安全性の制約条件は、中期のMTNを発行するSIVよりは緩いものとなる。ABCPコンデュイットのスキームはいくつかのパターンによって分類されるが、その説明はここでは省略する

　ABCPコンデュイットのスキームは少なくとも1980年代半ばにアメリカの商業銀行によって始められ、次第に一般企業の資金調達にも利用されるようになった。初期のABCPコンデュイットは銀行や企業が資金調達をする１つのチャンネルとして利用され、そうした利用方法は徐々に増加し続けた。そして、21世紀に入った頃には、欧米のいくつかの金融機関などはABCPコンデュイットを、SIVより制約条件の少ないリスク・テイク手段として活用するようになった。このようなABCPコンデュイットのなかには、スポンサーである金融機関からなんらかのかたちの信用補完を受けることによって、SIVよりリスクの高い資産の運用を可能にしたようなものも含まれる[108]。

　SIVより制約の少ないスキームで、より高いリスク・テイクをする動きはほかにもある。2005年にバークレーズ銀行の関与のもとでアベンディス（Avendis）というヘッジ・ファンドによって設立されたゴールデン・キー（Golden Key）というSIVは、運用資産の格付の水準や分散度合いなどの制約条件を従来のSIVより軽くしたスキームで高い格付を得ることに成功した[109]。このタイプのSIVは、制約条件が少ないという意味でSIVライト（SIV-lite）と呼ばれた。SIVライトは、格付会社がビジネス拡大のために、緩い条

---

[107] 「コンデュイット」については5.1を参照。
[108] たとえば、6.2で説明するIKBのラインラントファンディングなど。
[109] 『悪魔のデリバティブ』（Dunbar（2011））より。ただし、この頃格付会社はSIVの格付の要件を次々に緩和して行ったようであり、SIVとSIVライトの線引きは明確でない。

件のスキームで発行される債務に高い格付を与えるようになったことで可能になった。いくつかのヘッジ・ファンドなどがSIVライトの利用で追随するが、SIVライトは2007年夏に始まる金融危機の初期に破綻することになる[110]。

サブプライム・ローン入りのMBSで運用規模が急拡大

　欧米の銀行などが運営するSIVやABCPコンデュイットの数と規模は拡大を続け、2007年までには、最大のSIVのスポンサーであるシティが運営するものだけでも、資産の合計は900億ドルに達していた。SIV全体の市場規模は、2007年半ばに4000億ドル、そしてABCPの発行残高はアメリカのものだけでも1.2兆ドルに達し、そのうち数千億ドルがサブプライムを含むモーゲージ関係の資産に裏付けされていた[111]。

　規模が大きく有名なSIVの2007年前後の規模は、シグマが400億ドル以上、HSBCのカリナン（Cullinan）は270億ドル、ドレスナーのＫ２は188億ドルといった具合である[112]。こうしたものよりは少し規模が小さいが、ドイツのウエストLB銀行、オランダのラボ銀行、イギリスのスタンダード・チャータード銀行、さらにはいくつかのヘッジ・ファンドもSIVの積極的な運営に乗り出していた。また、ドイツ産業銀行（IKB）はいくつかのABCPコンデュイットをつくった。

　このような、SIVやABCPコンデュイットの急拡大と、サブプライムMBSの急増はおおいに関係がある。いや、そればかりか、両者の急増はいわば二人三脚で起こった現象ともいえる。シティの出身者たちなどがつくった初期のSIVは、資産の分散に気を使っていたが、MBS市場の拡大とともに現れた新しいSIVや一部のABCPコンデュイットのなかには、MBSやそれを組み入れたCDOにばかり投資するようなものが現れた。2007年、世界最大の債券ファンドであるピムコ（PIMCO）のポール・マカリー[113]は、急拡大する伝

110　FT紙（2008年8月21日）"SIV-lite sector raises fresh credit concerns"などを参照。
111　FCICレポートの246ページ。
112　以上の例はロイター（2008年6月17日）"FACTBOX-Structured investment vehicles and their sponsors"などを参照した。

統的銀行のバランスシート上には現れない金融機能の存在を「シャドー・バンク」と表現した。そして、シャドー・バンクの果たした役割は、2007年から始まった金融危機によっておおいに注目を集めることになる。

SIV、ABCPコンデュイットやマネー・マネージメント・ファンド（MMF）発行による資金調達や、特定目的会社SPVのABS、MBS発行による資金調達の規模は、アメリカでは20世紀の終盤にはすでに伝統的な商業銀行を超える規模になっていた。図5.7.2は、こうしたビジネスをシャドー・バンキングと定義[114]した場合の、伝統的な銀行業務との規模の比較である。

また、図5.7.3はシャドー・バンキングの主な調達手段の内訳である。図からは、MBS、ABS、CP、MMFのいずれもが2004年頃から急増しているのがわかる。

これを、SIVやABCPコンデュイットの視点からみれば、彼らがCPを発行することによってMBSやABSを購入し、MMFがそのCPの買い手となると

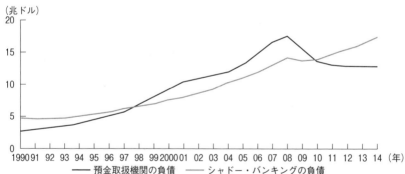

図5.7.2　急拡大したシャドー・バンキング[115]

（出所）　FRBのFlow of Funds

---

[113] Paul McCulley（1957〜）はアメリカのファンド・マネジャーであり、ピムコの幹部を長く務めた。

[114] Pozar, Adrian, Ashcraft, and Boesky（2010）は、GSE、MBSプール、ABSプール、オープン・マーケット・ペーパー（CPなど）、MMF、およびオーバーバイト・レポによる負債の規模をもってシャドー・バンキングと定義した。シャドー・バンキングの定義にはほかにIMFのものなどがある。

[115] Pozar, Adrian, Ashcraft, and Boesky（2010）の定義に従って筆者が算出。

図5.7.3 主なシャドー・バンキング負債の内訳

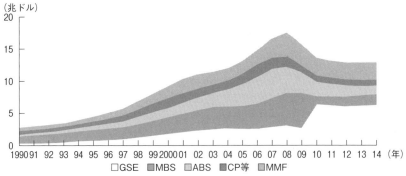

(出所) FRBのFlow of Funds

いう構図になる。つまり、SIVやABCPコンデュイットがシャドー・バンキング全体の規模をスパイラル的に拡大させるエンジン役を担っていたことがわかる。

SIVのパフォーマンス

2006年まではSIVのパフォーマンスは良好であった。SIVのキャピタル・ノートのリターンは、長年にわたり資本に対して2％程度のリターンを得ていて、2006年前後には運用資産の信用スプレッドの低下によって若干パフォーマンスが低下するが、それでも1.5～2％程度であった[116]。しかしながら、この状況は2007年に大きく変化することになる。

---

[116] Asset Securitization Report（2006年8月21日）"SIV market grows, so do SIV-lites" より。

5.8 サブプライムCDO（レバレッジ投資需要への粗悪製品）

サブプライム・ローンとは

サブプライム・ローンとは、アメリカやカナダ特有のローンの分類方法であり、通常の借り手より貸倒れリスクが高い借り手に対するローンを意味する。これに対し、通常（優良）の借り手に対するローンはプライム・ローンという。サブプライム・ローンには明確な定義があるわけでないが、アメリカの個人向けローンの分類はクレジット・スコアによって区分されるのが一般的である。クレジット・スコアとは過去のクレジット・カードの支払履歴などによって点数づけされるスコアであり、延滞などがあればスコアが下がる。

借り手は、クレジット・スコアなどによってA-paper、B-paper、C-paper、D-paperに分類され、A-paperがプライム、それに次ぐB-paperをサブプライムという。また、プライムとサブプライムの間をAlt-A[117]またはA⁻と区分することもある。

クレジット・スコアにはいくつかの種類があるが、そのなかで最も一般的で広く使われるのはFICOスコアである。これはFICOというソフト・ウェア会社が1989年から提供を始めたスコアであり、借り手の支払履歴、借入残高、借入実績期間、借入れ種類などをもとに300〜850の間のスコアが与えられる。このなかで750以上が優良な借り手と分類され、その割合は全体の3分の1以上を占める。全体の平均は690程度である。

プライムやサブプライムの分類の基準は業者によって多少異なり、またクレジット・スコア以外の要素も材料にされるが、スコアと各カテゴリーの関係はおおむね表5.8.1のとおりである。

サブプライムの借り手層には、通常はファニー・メイなどのGSE（エー

---

[117] Alternative A-paperの略。

表5.8.1 クレジット・スコアと信用力のカテゴリーの関係

カテゴリー	クレジット・スコア
プライム	おおむね750前後を超える水準
Alt-A	プライムとサブプライムの中間（平均700程度）
サブプライム	660以下（平均620程度）

（出所） Ashcraft and Schuermann（2008）などより

ジェンシー）の貸出基準から外れ、民間の業者から借入れをすることになる。信用力の低いサブプライム・ローンの一般的な特徴は次のとおりである。

① 高い借入金利
② 低質な物件（担保資産）
③ しばしば、当初数年間は「金利オンリー」などの借りやすい条件がつけられた

ブッシュ政権の住宅取得促進政策

サブプライムのカテゴリー向けの貸出は、当初はファニー・メイなど政府支援機関（GSE）の買取りの対象になっていなかった。こうした状況に大きな変化をもたらしたのは、ブッシュ政権がITバブル崩壊後の2003年[118]から打ち出した「オーナーシップ社会構想」である。これは政府や公的部門の役割を側面支援に限定し、各個人が独自の意思で貯蓄や運用や民間サービスの購入を行い、個々人が独自の選択で未来を築くという理念であり、そのなかにさまざまな具体的な施策が盛り込まれた。その1つの施策が持家促進策であり、マイノリティや低所得者層に対する住宅取得支援策が打ち出された。具体的な施策としては、①購入頭金の最低額の減額、②住宅ローンの公的保証の要件緩和、③税制優遇などである。

このような政策に呼応して、当時、民間業者によるシェア圧迫に悩んでいたファニー・メイとフレディ・マックは、モーゲージ買取りの基準を緩和して、購入の対象をALT-Aや一定の要件を満たしたサブプライム・カテゴ

---

[118] ブッシュ大統領が、この言葉を最初に公の場で使ったのは2003年2月の減税に関する演説においてである。

リーにまで拡大した。さらには、ビジネスにおける中所得者以下の層の占める割合を目標に掲げた。

ABS CDOに組み込まれるようになって審査がルーズになった

リスクの高いサブプライム・ローンの実行は当初は慎重に行われていた。リーマン・ショック直前にBIS（国際決済銀行）がまとめた、証券化商品の問題に関するレポート[119]によれば、1997～2003年に発行されたサブプライムMBSの大部分は、モノライン保険会社[120]からの保証などによって信用補完を受けていた。モノライン保険会社が保証をつける場合はローンの質を慎重にチェックしたため、この時期に実行されたサブプライム・ローンには大きな貸倒れの増加は起きなかった。

しかし、状況が一変するのは、次節で説明するように、2004年頃からサブプライムMBSがABS CDOに組み込まれるようになってからである。ABS CDOに組み込むMBSについては格付会社のリスク評価が重要になるが、格付会社はきわめて甘い評価を下したという。これが、サブプライム・ローンのオリジネーション時点の審査を著しくルーズにし、大量のサブプライム・モーゲージが生産された。

サブプライム・モーゲージのほとんどが証券化された

こうしてABS CDOに組み組まれるようになってサブプライム・モーゲージが急増したようすは統計にも表れる。図5.8.1と図5.8.2は、サブプライムとAlt-Aのローンの新規貸出金額とそのうち証券化された金額をグラフで示したものである。2つのタイプの取引は2004年から急増し、増加部分の大部分のローンが証券化に回っている。特に、Alt-Aについては新規のローンのほとんどは、証券化に回っている。

グラフからは、急増した低質ローンの増加分のオリジネーターはお金を貸すのではなく、実質的にルーズな審査の証券化の手伝いをして手数料を得ることに注力したことがうかがえる。

---

[119] Committee on the Global Financial System（2008）
[120] 6.2を参照。債券の保証を業務とする会社。

図5.8.1　新規のサブプライム・ローンと証券化

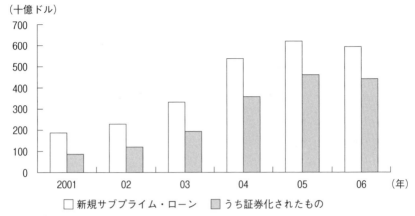

（出所）　Ashcraft and Schuermann（2008）より

図5.8.2　新規のAlt-A ローンと証券化

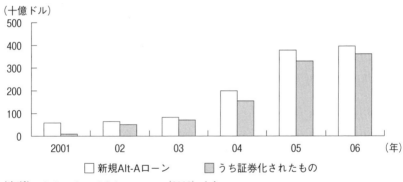

（出所）　Ashcraft and Schuermann（2008）より

無謀な貸出実態（エキゾチック・ローンとNINJAローン）

　サブプライムやAlt-A のローンのほとんどはARM[121]（「アーム」と発音）と呼ばれる変動金利モーゲージであった。2004年前後からサブプライム・ローンが急増した技術的な背景には、借り手がローンを組みやすいように、当初数年間の返済は金利部分だけという「金利オンリー（IO）」のものや、当初

---

[121]　Adjustable-Rate Mortgagesの略。

表5.8.2　代表的なエキゾチック・ローン

タイプ	内容
金利オンリーARM	当初の支払が金利部分だけの変動金利モーゲージ
延長アモチ[122]ARM	期間が30年以上の変動金利モーゲージ
ネガティブ・アモチ[123]ARM	当初の支払が金利部分さえカバーしていない変動金利モーゲージ
支払オプションARM	当初の支払は借り手が自由に設定できるオプションがついている変動金利モーゲージ（実際には当初の支払がほとんどないものが多い）

数年だけ低い金利を適用する変則的なローンが横行したことがあげられる。こうしたローンはエキゾチック・ローンとも呼ばれるが、この時期に横行したのは表5.8.2に示したの4つタイプ[124]である。

　恐ろしいことに、2005年頃から、サブプライムやAlt-Aのローンの大部分がこのようなエキゾチック・ローンであった。表5.8.3はARMのうちエキゾチック・タイプのものが占める割合である。

　金融商品に関する知識（リテラシー）が十分でないサブプライムなどの借り手層は、このような最初の数年だけは、有利なようにみえる商品設計に誘惑された。このような条件の緩和によって現れたのがニンジャ（NINJA）ローンである。NINJAとは "No Income, No Job and no Assets"、つまり収入も仕事も資産もない借り手に対するローンである。

劣悪ローンが大量に証券化された構図

　このような無謀なローンの組成が横行した構造を説明しよう。住宅ローンが証券化され、投資家に販売される過程で多くの関係者が存在する。それぞれの関係者の間には、借り手の返済能力を無視した強引な融資（略奪的融資）

---

[122] Extended Amortization
[123] Negative Amortization
[124] この分類は、2010年にFRBのバーナンキ議長が講演（Bernanke（2010））で示した分類である。

表5.8.3　エキゾチック・ローンの比率[125]（サブプライムとAlt-Aの新規ローン）

年	金利オンリー		延長アモチ		ネガティブ・アモチ	支払オプション
	サブプライム	Alt-A	サブプライム	Alt-A	Alt-A	Alt-A
2000	0%	3%	0%	0%		
2001	0%	8%	0%	0%		
2002	2%	37%	0%	0%		
2003	5%	48%	0%	0%	19%	11%
2004	18%	51%	0%	0%	40%	25%
2005	21%	48%	13%	0%	46%	38%
2006	16%	51%	33%	2%	55%	38%

（出所）　Bernanke（2010）より

やモラル・ハザードが起こりやすい構図があった。まずMBSの関係者は次のような役割を担う。

① オリジネーター……個人にローンを実行する金融機関（主に住宅ローン専業の金融機関）。
② アレンジャー……MBSの発行をアレンジしアドバイスする金融機関。ウォール街などの金融機関の場合もあるし、オリジネーター自身がアレンジャーとなることもある。
③ サービサー……住宅ローンの借り手の元利金の回収を行う業者。

このような関係者のどこに構造的な問題が潜むのか、図5.8.3で簡単に示すが、それぞれに劣悪なローンを実行し証券化するモラル・ハザードが存在することがわかるだろう。

上位のオリジネーターと発行体

こうした、サブプライム・ローンの実行やサービサーはどんな企業が担っていたのであろうか。当時のサブプライム・ローンのトップ・オリジネーターと、トップ・モーゲージ・サービサーは表5.8.4のとおりである。

---

[125] 4つのタイプのなかで重複はあると思われる。

図5.8.3 サブプライム・ローンの証券化に潜む問題の構図[126]

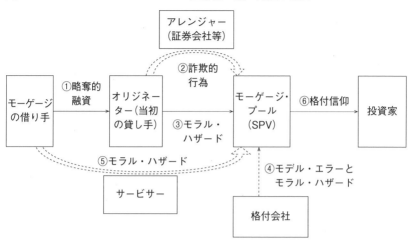

	起こりやすい構図	説明
①	貸し手による略奪的融資	貸し手はローンの実行で手数料を得ていて、証券化されてしまえば、貸倒れが起きても損失がない。したがって、借り手は返済能力がないことを承知で強引な融資を進める誘惑がある。
②	アレンジャーの詐欺的行為	MBSのアレンジャーは、担保資産の品質を詳細に調査・分析（デューディリジェンス）する義務があるが、証券化による手数料ほしさに、その義務を怠る、あるいは隠す誘惑が発生する。
③	オリジネーターのモラル・ハザード	オリジネーターとアレンジャーが同じ場合、略奪的融資による低品質のローンが証券化されることが起きやすい。
④	格付会社のモデル・エラーとモラル・ハザード[127]	格付会社の評価モデルにエラーや問題があり、MBSの品質を過大に評価する可能性がある。さらに、格付によって手数料を得ている格付会社には、意図的に高格付を付す誘惑がある。
⑤	サービサーのモラル・ハザード	サービサーは回収業務をすることによって手数料を得るが、延滞や貸倒れが起こっても損失を負うことがない。そのため、熱心に回収を行わない可能性がある。
⑥	投資家の格付信仰	一部の投資家の格付に対する過度の信頼があった。バーゼル規制も格付信仰を後押しした。

---

126 この図の作成や構図の説明は、Ashcraft and Schuermann (2008) などを参考にした。
127 格付会社の問題は5.11で詳しく論じる。

オリジネーターにおいてHSBCが首位なのは、2003年にアメリカの消費・住宅ローン大手のハウスフォールド・インターナショナルを買収したからである。2007年以降のローン債権の劣化の程度（割合）は、オリジネーターやサービサーの業務姿勢によって大きく異なるという。2011年にアメリカ政府がまとめた金融危機のレポート（FCICレポート[128]）によれば、サブプライ

表5.8.4 サブプライム・ローンのオリジネーター／サービサーの上位

	オリジネーター	2006年 億ドル	2005 億ドル
1	HSBC	528	586
2	ニュー・センチュリー	516	527
3	カントリーワイド	406	446
4	シティ・グループ	380	205
5	WMCモーゲージ	332	318
6	フリーモン	323	362
7	アメリクエスト・モーゲージ	295	756
8	オプション・ワン	288	403
9	ウェルズ・ファーゴ	279	303
10	ファースト・フランクリン	277	293

	サービサー	2006年 億ドル	2005 億ドル
1	カントリーワイド	1,191	1,206
2	JPモルガン・チェース	838	678
3	シティ・グループ	801	473
4	オプション・ワン	690	795
5	アメリクエスト・モーゲージ	600	754
6	オクウェン・フィナンシャルズ	522	420
7	ウェルズ・ファーゴ	513	447
8	ホームカミングス・フィナンシャル	495	552
9	HSBC	495	438
10	リットン・ローン・サービス	470	420

（出所）　Ashcraft and Schuermann（2008）

---

[128] National Commission on the Causes of the Financial and Economic Crisis in the United States（2011）、これはFCICレポートともいわれる。6.6を参照。

ム・ローンに特に積極的なオリジネーターは、ニュー・センチュリー[129]やアメリクエストであり、さらにカントリーワイドがそれに続いたという[130]。このうち、ニュー・センチュリーはサブプライム問題が一般に表面化する以前の2007年前半に破綻し、アメリクエストも数カ月後に後を追った。

典型的なサブプライムMBS

前述のFCICレポートでは、サブプライム・モーゲージを証券化した典型的なMBSを紹介している（表5.8.5参照）。これは、サブプライム・ローンの融資額が全米2位だったニュー・センチュリーをオリジネーターとする4,499件のサブプライム・ローンをシティ・グループがアレンジして総額9.47億ドルのMBSとしたものである。

興味深いのは、このMBSを購入した投資家が記載されていることである。AAA格の債券の大口の投資家の1つがファニー・メイである。また、メザニン・クラスのなかでA^+より下のクラスの投資家に、軒並みCDOが含まれていることに注意していただきたい。これは次節で説明するように、メザニンABS CDOとして再び証券化されたのである。

またAA^+格のトランシェを購入したチェーン・ファイナンス[131]はヘッジ・ファンドが運営するSIVである。このSIVのことは6.2で再び説明するが、2007年10月に資金繰りが悪化して破綻することになる。

---

[129] New Centuryはアメリカの住宅ローン会社。1995年に創業しカリフォルニア州アービングに本拠を置いた。サブプライム・ローンに傾斜したが資金繰りが悪化し、2007年4月に連邦破産法11条の適用を申請した。
[130] FCICレポートの89ページ。
[131] 『悪魔のデリバティブ』（Dunbar（2011））によればチェーン・ファイナンスは、モルガン・スタンレーの主導によって設立され、それまでのSIVと異なりアイルランドを本拠にしたという（同書和訳版の325〜327ページ）。

表5.8.5　サブプライムMBSの実例の1つ

	トランシェ	金額(百万ドル)	格付	スプレッド	投資家
シニア	A1	154.6	AAA	0.14%	ファニー・メイ
	A2-A	281.7	AAA	0.04%	チェース貸付証券アセット・マネジメント 7つの投資ファンド（中国1、アメリカ6）
	A2-B	282.4	AAA	0.06%	シカゴFHL銀行、3つの銀行（ドイツ、イタリア、フランス）11の投資ファンド、3つの個人投資家
	A2-C	18.3	AAA	0.24%	2つの銀行（アメリカ、ドイツ）
メザニン	M-1	39.3	AA+	0.29%	1つの投資ファンド、2つの銀行（イタリア）チェーン・ファイナンス（SIV）、3つの投資顧問
	M-2	44.0	AA	0.31%	ABS、4つの投資ファンド 銀行（中国）、3つの投資顧問
	M-3	14.2	AA−	0.34%	2つのCDO、1つの投資顧問
	M-4	16.1	A+	0.39%	1つのCDO、1つのヘッジ・ファンド
	M-5	16.6	A	0.40%	2つのCDO
	M-6	10.9	A−	0.46%	3つのCDO
	M-7	9.9	BBB+	0.70%	3つのCDO
	M-8	8.5	BBB	0.80%	2つのCDO、1つの銀行
	M-9	11.8	BBB−	1.50%	5つのCDO、2つの投資顧問
	M-10	13.7	BB+	2.50%	3つのCDO、1つの投資顧問
	M-11	10.9	BB	2.50%	
エクイティ	C.E	13.3	無		シティ・グループ、キャップマーク・ファイナンス

（出所）　FCICレポート（2011）

5.9　暴走するCDO（ABS CDO、売れ残り証券のリサイクル）

　SIVや一部のABCPコンデュイットによるレバレッジ投資の需要を支えたのが、サブプライム・ローンを証券化したMBSであった。しかし、MBSのアレンジャーにとって、発行の急増は、ビジネスを続けていくうえで大きな

問題を生み出した。それは、シニア、メザニン、エクイティの各トランシェごとに投資家の需要が異なるという問題だ。SIVや多くの投資家は安全性や自分自身の高格付を維持するために、AAA格などシニア部分への投資に偏重する。一方、メザニンなど低格付部分の証券化商品は、原資産のリスクを熟知して、かつリスク選好の強い一部の投資家に限られていたのである。

特にMBSの組成上問題だったのは、メザニン部分の販売であり、この部分は証券化商品を組成すると比較的多く発生するものの、それだけの量を購入してくれる投資家を探すことは困難であった。アレンジャーは当初は自分自身で売れ残りのメザニン部分をある程度抱えていたが、それにも限度がある。

こうした問題に対して、ウォール街の金融機関の間では名案が生まれた。売れ残りのメザニン部分を再びCDOに仕立てあげて、その金額の大分部をAAA格など高格付の証券に再加工することである。

アメリカでは1999年に多数のABS（資産担保証券）を資産プールに適用したCDOが発行されていた。つまり二重の資産担保証券をつくる技術はすでに確立されていたのである。このように、証券化商品を再び証券化したCDOはストラクチャード・プロダクツCDO、またはABS CDOと呼ばれる。特に、メザニン部分ばかりを集めて再証券化したCDOはメザニンABS CDOと呼ばれる。

こうして、サブプライムMBSが急増した2004年前後から、MBSのメザニン部分などを再証券化したABS CDOの発行も急増する。ABS CDOは瞬く間にCDOの主要な買い手となり、CDOの発行量の3分の2程度を占めるようになる。しかしながら、投資家にとっては、多数の資産担保証券を担保にしたABS CDOのリスク分析はきわめて困難であった。統計的な「分散効果」を信じる以外は、投資判断は下しようがない。平時はそれでよいのかもしれないが、2007年に一部の担保資産の価値が急落すると多くのABS CDOなどの価値はまったく推定不能になった。

ABS CDOのリスク分析のむずかしさは、投資家格付会社やアレンジャーにとっても同様である。しかし、格付会社は5.6で説明したように、ABS CDOに不当に高い格付を与えた。彼らは、このことで2007年の金融危機後

に大きな批判にさらされることになる。

〔ABSの用語の整理〕
　証券化商品に関連するABS、RMBS、CMBS、CDOといった用語には、やや混乱しやすい側面があるので、簡単に整理しておく。ABS（資産担保証券）という言葉は広義には証券化商品一般を指す言葉であり、住宅ローンの証券化商品であるRMBS（住宅ローン担保証券）や債券や企業債務を証券化した狭義のCDO（債務担保証券）、さらには商業用不動産を証券化したCMBS（商業不動産担保証券）はどれも広義のABSの1つのカテゴリーであるといえる。一方でABSという言葉は、狭義には、自動車ローンやカードローンなど小口多数の債権を裏付担保資産とする証券化商品という意味にも使われ、これも広義のABSの1つのカテゴリーである。この関係を示すのが別図である。

〔別図〕

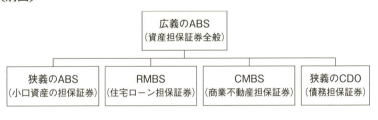

販売がむずかしいスーパー・シニアとメザニンのトランシェ

　トランシェ分けされた証券化商品によって、シニア、メザニン、エクイティなどのリスクの大きさが異なる証券が生まれる。こうした複数のトランシェについて、それぞれ同じような需要があればアレンジャーにとっては好都合であるが、実際にはトランシェごとに需要はまちまちである。証券化商品のなかで比較的投資家を見つけやすいのは、AAAなどの高格付があって、かつ比較的投資リターンが期待できるスーパー・シニア以外のシニア部分である。たとえば、証券化商品の増加とともに拡大したSIVは、自身が高格付を維持して有利な資金調達を続けるために、基本的に高格付証券以外の

投資はほとんど行わない。

　また、最もリスクが高いエクイティ部分の投資家となりうるのは、そのリスクを熟知しリスク選好の強い一部の投資家などであるが、エクイティの金額は通常はさほど大きくないので、オリジネーターがそのまま保有[132]したり、ハイリスク・ハイリターンねらいのヘッジ・ファンドやその他のファンドなどに販売された[133]。そうすると、販売上のネックとなる部分は、リスクは少ないがリターンも少ない大量のスーパー・シニアの部分と、リスクが高いうえにやや量が多いメザニン部分である。こうした部分の買い手が現れない場合、アレンジャーは大量の売れ残り証券の在庫を抱えてしまうことになり、CDOの組成ビジネスを続けることができなくなる。

　販売上の難問部分のうち、スーパー・シニアの部分については、JPモルガンのビストロCDOのスーパー・シニアのリスクを引き受けたAIGが、その後も大量のリスクの引受けを続けた。AIGが引き受けたスーパー・シニアはリーマン・ショックにつながるが、それは次章で詳しく説明する。また、AIG以外のスーパー・シニア部分のリスクの引受け手としては、アレンジャー自身やモノライン保険会社[134]、日本やヨーロッパの投資家[135]などもあげられる。特に、危機までの数年間はウォール街のアレンジャー自身がスーパー・シニアを手元に保有し続ける傾向があったという[136]。

メザニンABS CDOによる売れ残りの商品の再製品化

　一方、メザニン部分は、保険会社やファンドなど一定の投資家層はあったものの、大量の販売の促進は簡単にはいかなかった。そこで、ウォール街が

---

[132] 証券化の原資産のリスクをいちばんよく理解するのはオリジネーターであるから、オリジネーター自身がエクイティ部分を保有することは自然なことである。
[133] ただし、現実には、証券化の知識がなくエクイティ・トランシェのリスクの大きさをまったく理解できない個人投資家を騙すようなかたちで、エクイティ・トランシェを販売したケースも散見される。
[134] 6.2を参照。
[135] たとえば、損害保険会社などで、ヨーロッパの例としてはスイス再保険（Swiss Re）など。
[136] BIS（2008）より。また、FCICレポート（257～259ページ）によればメリルリンチは証券化ビジネスの拡大の過程で大量のスーパー・シニア部分を自分自身で保有し、2007年前後になってからAIGやモノラインを使った本格的なヘッジを始めた。

思いついたのが、ABS CDOに仕立てあげることだった。メザニンを寄せ集めてつくった新しいCDOの大部分はAAAなど高格付になり、投資家に販売しやすくなる。リスクが高い商品をまとめてCDOにすれば高格付の証券ができあがる仕組みは、5.5で説明したとおりである。また、5.6で説明したとおり、格付会社がガウシアン・コピュラを使って、かつリスクを過小評価するような相関をインプットしたために、ABS CDOは簡単に高い格付を得ることができるようになった。

2004年頃から、ABSやCMBS、CDOなどのリスクが高いメザニン部分を寄せ集めてつくったメザニンABS CDOが盛んに組成された。寄せ集めるメザニンについてABSやCMBS、CDOなどできるだけ広範囲な証券化商品(広義のABS)から集めれば、格付会社から分散の程度が高いとして高格付を得やすくなる。

ABS CDOの急激な増加

ABSをまとめてCDOに仕立てあげた最初の証券は1999年に組成された。この時、組み入れられたABSの大部分はモーゲージに関係ない小口債券などの狭義のABSであった。しかしサブプライムMBSの発行と歩調をあわせるように、2003年頃からABS CDOに組み入れられるABSにおいてモーゲージ関連の割合が急増する。表5.9.1は1999～2007年のABS CDOの発行件数と、担保資産の内訳である(HELはホーム・エクイティ・ローン[137]のこと)。

ABS CDOの組成は1999年はたった1件だったのが、その後急速に発行件数が増加、2004年以降はさらに加速がつき2006年には200件を超えている。担保に組み入れるABSとしては、ホーム・エクイティ・ローンや他のABS(自動車ローン等)が多いことがわかる。図5.9.1に、CDOの発行額とそのなかでABS CDOの占める割合を示す。

CDOの発行は、2004年以降、特に2006年に急増するが増加分のほとんど

---

[137] 自宅を担保にしたローン。住宅ローンは購入資金を手当するためのローンだが、ホーム・エクイティ・ローンは住宅購入後に生活資金等のために借りるローン。
[138] オリジナルの出所はLehman Live と記されている。
[139] ストラクチャード・ファイナンスCDOとは広義のABS CDO(つまり、CDOのCDO、狭義のABSのCDO、MBSのCDOなど)のことである。

表5.9.1 ABS CDOの組成件数と担保

年	発行件数	HEL	RMBS	CMBS	CDO	他のABS
1999	1	0 %	14%	9 %	3 %	74%
2000	16	5 %	1 %	2 %	12%	80%
2001	28	7 %	6 %	8 %	18%	61%
2002	47	16%	6 %	7 %	8 %	63%
2003	44	29%	14%	3 %	18%	37%
2004	101	35%	14%	6 %	17%	28%
2005	153	37%	16%	10%	11%	25%
2006	217	33%	16%	7 %	9 %	35%
2007	135	36%	12%	8 %	14%	29%
トータル	742	34%	14%	8 %	12%	32%

(出所) Barnett-Hart (2009) より[138]

図5.9.1 CDOとABS CDOの発行額の推移[139]

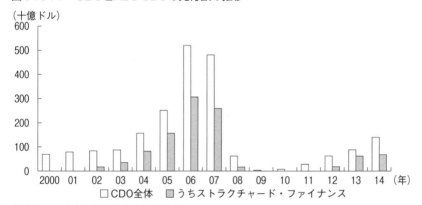

(出所) アメリカ証券業金融市場協会

がABS CDO（ストラクチャード・ファイナンスCDO）であることがわかる。

　こうして大量生産されたABS CDOは2007年からの金融危機において、特別に悪いパフォーマンスを示し、多くのABS CDOは上位の格付であっても甚大な損失を被ることになる。

5.10 CPDO（究極のレバレッジ）

　金融機関による証券化商品を使った飽くなき利益追求は、究極のレバレッジ商品ともいうべきCPDO（定率債務証券[140]）という商品を生み出した。CPDOはCDS指数取引（バスケットの信用リスクに関する保険のような取引）に対して高いレバレッジの投資を続けることによって高いリターンを得ようとする債券であり、レバレッジ比率を維持するという意味で「定率債務」という名前が付されている。

　CPDOは2006年にABNアムロによって開発されたが、AAAの格付にもかかわらず、LIBOR＋200bpというジャンク債並み[141]の高利回りが得られた。この格付対比で異常ともいえる高利回り証券を、業界は「画期的な発明」として迎え入れ、CPDO発行のアレンジを競った。

　しかしながら、画期的な発明という評価はすぐに覆された。2007年夏のパリバ・ショックによって市場の信用スプレッドが急拡大すると、CPDOの価格は急落、2008年末までに、ほぼすべてのCPDOがデフォルトし[142]投資家は元本のほぼすべてを失った。そのなかには発行後たった半年でデフォルトしたケースまである。AAA格の格付を得ていた1つのカテゴリーの債券がほとんど何も残さずに消滅するという、想像を絶する事態となった。

　CPDOの投資の特徴は、信用市場の混乱によって損失を被る場合は元本のほぼ全額を失うことになることだ。これは、元本を最大15倍の高いレバレッジ投資のリスクにさらし続けていることの結果である。さらには、CPDOの評価は、入力条件のちょっとした違いによって大きな影響を受ける。このような商品に対しては、本来格付会社は、評価のための前提条件の入力をきわめて慎重に行うべきなのだが、実際には、格付会社がモデルのエラーを含め

---

[140] Constant Proportion Debt Obligation
[141] 5.8で示したABS CDOの実例のBBB⁻のトランシェのスプレッドは150bpだったので、当時のスプレッドの水準からすれば、ジャンク債に近いといっても大げさではあるまい。
[142] Gordy and Willemann（2010）などより。

非常にずさんな評価をしていたことが、後に明らかになった。

究極のレバレッジ商品でハイリスクなCPDOが、ずさんな評価でAAA格を得て販売されていた事実は、金融機関と格付会社が証券化商品組成をめぐる手数料収入獲得に血眼になっていた時代を象徴する記念碑的な商品となった。

CDS指数取引の登場

CPDOについて説明するには、CDS指数取引について説明する必要がある。CDS指数とは、株式市場における日経平均指数と似ていて、いくつかの銘柄バスケットの価格（CDSの場合はスプレッド）の平均値として計算する指数である。指数取引は、基本的にはCDS取引と同様であり、プロテクションの売り手がプレミアム（保険料）を支払い、銘柄バスケットのどれかの銘柄がデフォルトした場合は、その銘柄の構成比率分（総銘柄数分の1）の元本についてのみデフォルトによる損失額を支払うというものである（図5.10.1）。

CDSの指数の歴史は、2001年にJPモルガンとモルガン・スタンレーがそれぞれCDSの指数を公表したことに始まる[143]。2003年に両者の指数は合併しTrac-Xという指数となり、さらに2004年に別途指数を立ち上げていたiBoxxと合併し、北米の銘柄についてCDX指数、欧州銘柄についてはiTraxx（「アイ・トラックス」と読む）となった。さらには2007年にマークイット社[144]がこれらの指数に関する権利を買収した。代表的なCDS指数には表5.10.1の

図5.10.1 CDS指数取引の仕組み

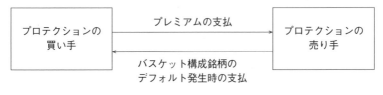

---

[143] Markit社（2008）, "Markit Credit Indices A Primer"より。
[144] Markit Ltd. は2003年に創業したイギリスのロンドンに拠点を置く金融サービス会社。

表5.10.1　代表的なCDS指数

指数	構成銘柄数	内容
CDX.NA.IG	125	北米の主要企業（投資適格）
iTraxxヨーロッパ	125	欧州の主要企業（投資適格）
iTraxxジャパン	50	日本の主要企業（投資適格）
CDX.NA.HY	100	北米のハイ・イールド[145]銘柄

ようなものがある。

CPDOのメカニズム

　典型的なCPDOは、CDS指数のなかから最も取引が活発に行われている期間5年の北米の主要企業の指数（CDX.NA.IG）とヨーロッパの主要企業の指数（iTraxxヨーロッパ）を使って[146]、最大15倍のレバレッジ投資を行う。CPDOの満期は10～15年である。CDS指数の取引期間は5年で半年ごとに新たなシリーズ[147]が設定されるので、CPDOはCDS指数取引を半年ごとにロール・オーバー[148]しながら取引を続ける（図5.10.2）。

　担保資産には主要国の短期の国債や世界的な優良銀行の短期の預金など、デフォルト・リスクや価格の変動リスクがほとんどない資産を組み入れるのが原則である[149]。現金勘定は、過去の指数取引による損益（受け取ったプレミアムと、デフォルト時の支払、ロール・オーバーによる損益など）が累積される勘定である。また、次のような指標を設けて、投資のパフォーマンスと目標値が設定される。

① 　ネット資産価値（NAV）の計算

145　格付がBBクラス以下のローンや債券のこと。債券の場合はジャンク債と同じ。
146　2つの指数を同じ金額ずつ、それぞれ最大7.5倍のレバレッジで投資。
147　各シリーズの構成銘柄はほぼ同じだが、信用事由の発生など条件に適合しなかった銘柄についての入替えが行われる。
148　CDS指数は半年ごとに新たに期間5年のシリーズが設定される。市場の取引はいちばん新しいシリーズに偏り、新しいシリーズの流動性が高い。ロール・オーバーとは、時間が経過して満期が短くなったシリーズを反対取引によって手仕舞って、新しいシリーズに乗り換えること。古いシリーズを手仕舞う際に、取引時以降の市場のスプレッドの変動が損益として発生する。
149　しかしながら、後述のように実際にはリスクや価格変動リスクの高い証券が組み入れられたケースもある。

図5.10.2　CPDOのスキーム

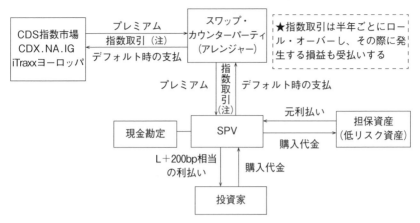

（注）　指数取引は半年ごとにロール・オーバーし、その際に発生する損益も受払いする。

　　　ネット資産価値（NAV）＝指数取引の時価＋担保資産の時価＋現金勘定
② 　償還目標価値（TRV）
　　　目標償還価値＝元本の現在価値＋クーポンの現在価値＋手数料の現在価値

元本全額をチップに替えてレバレッジ博打

　CPDOがLIBOR＋200bpというジャンク債並みの高利回りを支払うことができるのは、高いレバレッジ[150]のCDS指数取引をしているからである。たとえばCDS指数のスプレッド（年払保険料）が40bpであったとすれば、15倍のレバレッジで600bpのスプレッドを得ることができる。この600bpのスプレッドで、CPDOのクーポンの支払や手数料をまかない、さらにCDS指数のなかからデフォルトする銘柄が発生した場合の損失やその他の損失を補うことができるかどうかがポイントとなる。もし投資がうまくいって、ネット資

---

[150] 初期のCPDO（第一世代CPDOなどともいう）においては、最初から高いレバレッジがかけられていたが、その後の世代のCPDOにおいては、市場のスプレッドがタイトな場合はレバレッジにキャップが付されるように変更された。この場合、スプレッドが拡大すればするほどレバレッジを高くすることになり、いわゆるナンピンの投資戦略になることがある。

産価値が償還目標価値を超えた場合は、CDS指数への投資をやめる。

逆に、CDS指数取引の評価損失やデフォルト損失によってネット資産価値（NAV）が元本の一定水準（典型的には10％）を下回った場合に、CDS指数取引を解消してデフォルトする。この事態をトリガー・イベントと呼ぶが、10％に設定されたトリガー・イベントに抵触した場合は、元本の90％以上[151]を失うことになる。つまり、CDS指数取引によるレバレッジの高い博打に失敗した場合は、元本のほぼ全額を失うことになる。言い換えれば、CPDOとは投資元本の全額をチップに替えてCDS指数に対するレバレッジ博打をする仕組みであると見直すことができる。

CPDOの投資リスクと格付会社の評価

CPDOは将来起こるさまざまなリスク要因によって損失を被る可能性があるきわめて複雑な取引である。主なリスクに次のようなものがある。

① CDS指数のスプレッドの拡大により、ネット資産価値が減少すること。
② CDS指数の構成銘柄のデフォルトにより、ネット資産価値が減少すること。
③ 半年ごとの指数のロール・オーバーでコストが発生し、ネット資産価値が減少すること。
④ 担保資産の評価損やデフォルトなどによってネット資産価値が減少すること。

AAA格付は、格付会社の最上級の格付であり、ムーディーズの格付の定義では「信用力が最も高く、信用リスクが最小限であると判断される債務に対する格付」とされる。したがって、格付会社は上記のようなリスクに対して、めったに起こらないような市場の混乱などをストレス・シナリオとして適用して、CPDOの安全性を何重にもチェックする必要がある。

しかしながら、現実には、格付会社が行っていた評価は厳しいストレスを課すのとまったく逆に、間違ったモデルの適用や、アレンジャー金融機関からいわれるがままの甘い評価方法を、簡単な検証もせずにそのまま適用する

---

151 スプレッド取引を解消するなどの際に取引コストがかかるので、投資家の手元に残る元金は10％よりさらに小さくなる公算が高い。

という、信じられないほどずさんなものであった[152]。

実際にはたった半年で崩壊

　CPDOの取引は、2006年9月にABNアムロによるSurfという名前の取引が最初に行われ、メリルリンチ、リーマン・ブラザーズ、ドレスナー・クラインオートなどがすぐにそれに追随した。アムロのSurf CPDOはS&PによってAAA格が与えられ、翌年初頭に発表されたリスク・マガジン誌の「ディール・オブ・ザ・イヤー」を受賞する。この「画期的な発明」の利用に世界の主要な金融機関は血眼になり、UBS、JPモルガン、野村證券など合計少なくとも十数社の金融機関がCPDOのアレンジに参入した。

　しかしながら、こうして発行されたCPDOのほとんどの運用成績は悲惨な結果となった。CPDOのパフォーマンスの異変は、リーマン・ショックで市場が大混乱する1年前の2007年秋には明らかになる。

　2007年11月、UBSがアレンジしたCPDO[153]がデフォルトした[154]。このCPDOは同じ年の3月に発行されたばかりであり、その時にムーディーズはAAAの格付を与えていた。つまり、たった半年でデフォルトし、投資家は元本のほぼすべてを失った。また2008年3月には、メリルリンチがアレンジし武富士が投資家になっていたCPDOがデフォルト[155]し、その後、ほとんどのCPDOが同じ運命をたどった。2008年11月までには残存していたほぼすべてのCPDOがデフォルトに陥った。

　CPDOのデフォルトの原因は、CDSスプレッドの急拡大が大きな原因である（図5.10.3）。加えて、担保資産に主要国の短期の国債などほぼ無リスク資産とみなされるような資産ではなく、デフォルトや価格変動のリスクが比較的高い証券を組み込んだことが影響したケース[156]もある。

---

[152]　6.6で詳しく説明する。
[153]　このCPDOは金融機関のみを銘柄バスケットに組み入れたCDS指数に投資していた。
[154]　ロイター社の報道（2007年11月26日）"First CPDO unwind shows potential for volatility"
[155]　東洋経済オンライン（2008年3月12日）「武富士に巨額損失！ メリルの「責任」とは(1)」などより。

図5.10.3 CDS指数のスプレッドの推移

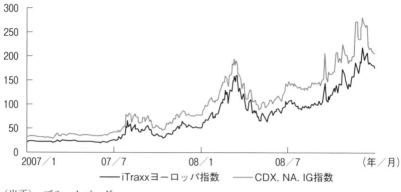

(出所) ブルームバーグ

表面化したずさんな格付

2008年5月、格付会社ムーディーズはCPDOの格付にエラーがあったことを公表する。CPDOを評価するコンピュータ・コードに小さな間違いがあり、それを修正して再評価したCPDOの格付がAAA格から最大4段階低い水準であったというのだ[157]。つまり、CPDOの格付は、コンピュータのバグがなければA^+格と評価されていた可能性がある。しかも、ムーディーズの上級社員は2007年初めの段階でその事実を認識していたという。

CPDOをめぐって世界中で裁判が起こされるが、格付会社のずさんな評価は、そうした訴訟の過程でも明らかになる。これについては次章で説明する。

---

[156] たとえば、武富士がメリルリンチから購入したCPDOでは、担保債券にSIVのシニア債券を組み込んで組成され、その担保債権の価格が大きく下落した。詳しくは前述の東洋経済オンラインの記事を参照。

[157] FT紙（2008年5月21日）"CPDOs expose ratings flaw at Moody's"などを参照。

5.11 格付会社の果たした役割（AAA格債の濫造）

バーゼルIIによって高格付債券の需要が急増

ここまで、SIVやABCPコンデュイットというシャドー・バンキングのビジネス・モデルが流行したことなどで、サブプライム・ローンを組み込んだMBSや、それをさらに証券化したABS CDOの発行がなぜ急増したかをさまざまな角度でみてきた。しかし、証券化商品の急増にはもうひとつ重要な理由があった。それは、2004年に公表されたバーゼルIIにおいて、証券の格付別に必要最低資本の水準が大きく異なる扱いになることが決まったことである。その内容の明細については次節で説明するが、バーゼルIIの新しい規制は、銀行が投資資産に高格付債券を選択する強い動機になった。

そうはいっても、高格付の社債の銘柄を急に増やすことはできない。しかし、もともと、ジャンク債のプールからAAAの債券を生み出す手法として誕生したCDOを使えば、質が低い資産の大部分を高格付の債券に変えることができた。MBSやABSのリスクの高いメザニン部分を集めてもう一度証券化してABS CDOにすれば、AAAの債券はさらに増産できる。

債券の格付は、スタンダード・アンド・プアーズ（S&P）、ムーディーズ、フィッチの3社による寡占状態であり、グローバルな投資家の理解を得るためには、この3社の格付を1つか2つ取得する必要がある。こうして、格付会社3社にとっては大変なフォロー風が吹く時代が到来した。

CDOビジネスで急激に収入を増やした格付会社

2004年前後から急増したCDOなど証券化商品の発行によって、格付会社のビジネスは急増した。CDOの引受け（起債の主幹事）を最も積極的に行ったのがメリルリンチであり、次いでシティ・グループ、さらには欧米の主要な金融機関が続いた。

ちなみに、アメリカ政府のFCICレポートには、メリルリンチがCDOビジネスを拡大した経緯が説明されている[158]。2003年、メリルリンチの投資銀

表5.11.1　CDO引受件数のランク

	2002年	2003	2004	2005	2006	2007	合計
メリルリンチ	0	3	20	22	33	18	107
シティ・グループ	3	7	13	14	27	14	80
クレディ・スイス	10	7	8	9	14	6	64
ゴールドマン・サックス	3	2	6	17	24	7	62
ベア・スターンズ	5	2	5	13	11	15	60
ワコビア	5	6	9	16	11	5	52
ドイツ銀行	6	3	7	10	16	5	50
UBS	5	2	5	10	16	6	46
リーマン・ブラザーズ	3	4	3	6	5	6	35
バンク・オブ・アメリカ	2	2	4	9	10	2	32
全取引数	47	44	101	153	217	135	588

（出所）　Barnett-Hart（2009）より

表5.11.2　CDOの格付依頼のランク（CDOの元本金額）（単位：100万ドル）

	順位（平均額）	ムーディーズ	フィッチ	S&P
メリルリンチ	1	$76,908	$31,269	$77,275
シティ・グループ	2	$28,497	$2,972	$29,109
UBS	3	$17,124	$6,962	$20,396
ワコビア	4	$20,328	$2,527	$20,337
カリヨン	5	$16,877	$4,656	$16,848
ゴールドマン・サックス	6	$22,477	$798	$22,617
ドイツ銀行	7	$12,251	$3,390	$14,471
クレディ・スイス	8	$13,330	$1,893	$14,088
RBS	9	$10,686	$1,673	$11,704
リーマン・ブラザーズ	10	$11,985	$1,085	$12,024

（出所）　Barnett-Hart（2009）より

行部門の幹部だったダウ・キム（Dow Kim）は、CDOビジネスの拡大をもくろみ、クレディ・スイスで当時だれよりもCDOをたくさん売っていたクリス・リシャルディ（Chris Rissiardi）を引き抜いた。リシャルディによってメ

158　FCICレポートの202～204ページ。

リルリンチのCDOビジネスのシェアは急上昇したが、2006年2月にリシャルディが退職してしまう。キムは、残ったチームに何としてでも（whatever it takes）市場のシェアを維持するように命じ、そのためにメリルがとった戦略が、リスクの高い証券化商品を再度CDOに仕立てることと、自社がアレンジした証券のスーパー・シニアの部分などを自分自身で保有することであった。アレンジしたCDOのスーパー・シニアを自分自身で大量に抱え込んだ金融機関は、ほかにシティ・グループがあげられる。このような、一部の金融機関の度を越した競争も、格付ビジネスを拡大した要因の1つである。

AAA格債券の濫造による巨額の格付手数料

　格付会社の、サブプライムMBSを含めた証券化商品全体の格付のビジネスの規模は、さらに大きい。2011年にアメリカ政府がまとめた金融危機のレポート[159]によれば、2000～2007年にムーディーズがAAA格と格付したモーゲージ関係の証券の数は4万5,000件近くに達した[160]。これは、AAA格の債券を濫造したといっても過言ではないだろう。

　これだけ大量の格付を行って、格付会社はどの程度の利益を得ていたのであろうか。CDOなどの格付手数料は、標準的には1件当り数十万ドル程度とされる[161]。多くの証券化商品の発行においては、投資家を安心させるために複数の格付を取得する。CDOやモーゲージ証券の発行件数を考慮すれば、この時期にどれほどの利益が、証券化商品の格付によってもたらされたかは容易に想像ができる。アメリカ政府のFCICレポートによれば、ムーディーズが得た格付手数料は、住宅関係のMBSによるものが2002年の6,200万ドルに対し、2006年には1億6,900万ドルにまで増加、またCDOの格付では2003年が1,200万ドルだったのが2006年には9,100万ドルに増加した[162]。

---

[159] National Commission on the Causes of the Financial and Economic Crisis in the United States（2011）
[160] FCICレポートの結論のXXV。
[161] アメリカ上院のレビン－コバーン・レポート（6.6を参照）によれば、S&PはCDOの格付費用として1件当り3万～75万ドルを請求していた（同レポートの256ページ）。
[162] FCICレポート（2011）の206ページ。

評価モデルを確立すれば、同じ作業の繰り返し

これほど大量の証券化商品の格付が可能だったのは、証券化商品の格付は、数理的な評価モデルによる評価方法に偏重していて、いったん評価モデルを確立してしまえば、後は基本的に数値をインプットするだけですむからである。これは、企業の格付作業において、一般的な企業の財務だけでなく、業種の特性や外部環境などさまざまな知識や経験が必要であることと対照的である。企業の格付を急激に増やすことは困難だが、証券化商品の格付は評価モデル偏重のやり方で対応が可能だと格付会社は考えたのかもしれない。

さらに、格付会社が評価に適用したモデルや手法が、高い格付が得やすいガウシアン・コピュラによるモデルに、不適切に低い相関をインプットするものであったことは、5.6で説明したとおりである。

BISに指摘された格付会社の問題点

このような、収益重視で品質軽視の格付会社のスタンスは、すぐに馬脚を現すことになった。2007年夏のパリバ・ショックによって、サブプライム・モーゲージに関連する証券化商品のパフォーマンスが著しく悪化したことが表面化すると、格付会社に対する批判が起こった。リーマン・ショックが起こる2カ月前の2008年7月、バーゼル規制の事務局機能を担う国際決済銀行（BIS）が証券化商品の格付の問題点を分析したレポート[163]を発表した。その内容は、次のように、証券化商品市場の混乱において格付会社が果たした役割について分析したものである。

(1) 証券化商品の格付に関する問題
　① 格付会社は住宅市場の深刻な下落を過小評価した。
　② 限定的なヒストリカル・データがモデル・リスクを高めた。
　③ 格付会社はオリジネーターのリスク・ファクターを過小評価していた。
(2) 証券化商品の格付に関する最近の格付会社のパフォーマンスについての

---

[163] Committee on the Global Financial System（2008）

業界の状況
① 格付を投資委任の枠組みとすることや投資配分の道具として利用することが蔓延していた。
② 投資の責任者の間では、格付は証券化商品への投資判断の出発点という傾向があった。
③ 投資の責任者からの、格付会社の評価手法への批判[164]。
④ 格付の限界に関する認識や格付会社のビジネス・プレッシャーは概して高かった。

これらの指摘はいずれも、きわめて重要である。投資家は（バーゼル規制もあって）格付に過度に依存する状況である一方で、格付会社は証券化商品の格付評価を、不十分な過去データに過度に依存した数理的なモデルに偏重した格付評価を行った。その結果、住宅市場のマクロ的なファンダメンタルズの悪化が見逃された。さらには、前述したような甘いリスクの計算方法に、格付会社がインプットしたパラメータは、住宅市況の悪化した時期のものがまったく含まれない期間のヒストリカル・データに基づくものであった。

実態はさらにずさんであった

しかしながら、金融危機後に起こされた数々の裁判などによって、格付会社の実際の仕事振りは、BISが浮き彫りにした姿より遥かにずさんであったことが明らかになる。CPDOの格付について、ムーディーズのコンピュータ・コードにエラーがあり、格付が大幅に過大評価されていたことは前節で説明したとおりである。CPDOに関する格付は、後年、オーストラリアの裁判によって、さらにずさんで無責任な実態が明らかになる。これについては、次章で詳しく説明することにする。

---

[164] 格付手法について後づけでさまざまな批判が出たが、投資の責任者が問題を正しく認識したのは概して遅かった。

第 6 章

リーマン・ショックと危機後の世界

年	出来事	章.節
1988	バーゼル委員会による銀行規制（バーゼルⅠ）が公表される	6.1
2004	バーゼル委員会がバーゼルⅡを公表	6.1
2007	パリバ・ショックが発生	6.2
2008	リーマン・ショックが発生	6.2
2009	アメリカの自動車大手のGMとクライスラーが破綻	6.3
2009	G20ピッツバーグ・サミットで危機後の金融規制の方針が示される	6.8
2010	フラッシュ・クラッシュが発生	6.12
2010	バーゼル委員会がバーゼルⅢを公表	6.8
2010	オバマ・アメリカ大統領、ドッド・フランク・ウォール街改革・消費者保護法に署名	6.5
2011	金融危機に関するアメリカ政府公式のFCICレポートが発表される	6.6
2015	ボルカー・ルールの自己勘定取引の原則禁止についての完全遵守の期限	6.5
2016	日銀がマイナス金利の導入を決定	6.13

6.1 バーゼル規制とVaR

　ここまで、ファイナンス理論と金融機関の行動の歴史をみてきたが、金融機関や監督当局は金融機関の有するリスクをどのように管理してきたのだろうか。ここでは、金融危機に至るまでの、バーゼル規制とバリュー・アット・リスク（VaR）による市場リスク管理の手法の歴史を概観する。

　バーゼル規制とは、主要国の中央銀行と金融監督当局が構成するバーゼル銀行監督委員会（BCBS[1]：以下、「バーゼル委員会」という）によって定められる国際的な金融規制であり、スイスのバーゼルに本拠地を置く国際決済銀行（BIS）が事務局機能を担っている。バーゼル委員会は1974年にドイツのヘルシュタット銀行[2]の破綻によって浮かび上がった銀行間の決済リスクの問題に対応するために、同年、G10[3]諸国の中央銀行と当局によって設立された。

　バーゼル委員会は1988年のバーゼルⅠ、2004年のバーゼルⅡを公表し、その後の銀行のあり方に甚大な影響を与える。しかしながら、これらのバーゼル規制は、2007年から始まる金融危機を深刻なものにさせた一因とみなされ、多くの批判を浴びることになる。

中南米の債務危機とバーゼルⅠ

　バーゼルⅠ導入の契機になったのは、1982年から始まった中南米諸国の債務危機[4]である。メキシコで始まった危機は、アルゼンチン、ブラジルなど多くの中南米諸国やフィリピンに伝播したが、これらの諸国、特にブラジル

1　Basel Committee on Banking Supervision
2　ヘルシュタット銀行（Herstatt Bank）は西ドイツのケルンにあった銀行。1974年6月26日に破綻するが、ドイツ・マルクの決済時間と米ドルの決済時間の間に破綻したため、ドル・マルクの為替取引の相手方の銀行はマルクの支払を行ったものの米ドルの受取りをすることができなかった。以後、このような決済の時差リスクはヘルシュタット・リスクと呼ばれる。
3　1962年から始まった国際通貨基金（IMF）の一般借入取決め（GAB）に参加した国のグループ。ベルギー、カナダ、フランス、ドイツ、イタリア、日本、オランダ、スウェーデン、スイス、イギリス、アメリカ。

とメキシコに大量の融資をしていたシティバンクをはじめとするアメリカの銀行など[5]は重大な経営危機に陥った。ブラジルは1983年と1987年に二度にわたってモラトリアム（返済の一時停止）を宣言するが、シティバンク[6]は1987年のモラトリアムの後に30億ドルの不良債権の償却を行い、チェース・マンハッタン銀行などもこれに追随して、危機に対応した。

　アメリカでは、中南米の債務問題以外にも1980年代前半に貯蓄貸付組合（S&L）の住宅ローンの焦付きの危機や、1984年の主要銀行の一角であるコンチネンタル・イリノイ銀行[7]の破綻も経験していたこともあり、1980年代前半から銀行の自己資本比率規制が強化されてきた。しかし、国内の厳しい規制によって、当時は資産規模において世界の上位を独占し存在感が急速に高まりつつあった邦銀に国際金融市場における融資のシェアを奪われた。こうした状況に、アメリカ当局はイギリスと共同で、バーゼル委員会に国際的な業務を営む銀行に対する資本規制を提案する[8]。これを日本などが受け入れて実現したのが信用リスクに対する自己資本規制（BIS規制：バーゼルⅠ）である。バーゼルⅠは1988年に発表され、1992年末から適用が開始され始めた。バーゼルⅠの規制の対象はG10諸国とルクセンブルグの銀行である。

日本を標的にしたバーゼルⅠ

　バーゼルⅠの自己資本比率の算出方法[9]は次のとおりであり、国際的に活動する銀行は、信用リスクを分母、資本を分子にした自己資本比率が8％を

4　1982年8月にメキシコの財務相が外貨準備が枯渇したと表明したことを発端とした、中南米諸国政府の債務危機。メキシコの危機はまたたく間に、エクアドル、ベネズエラ、ブラジル、アルゼンチン、チリなどに伝播した。
5　邦銀でも、東京銀行（現三菱東京UFJ銀行）が多額の不良債権を抱えて苦しんだ。
6　正式名はシティバンク、エヌ・エイ（Citibank, N. A）で、1812年にCity Bank of New Yorkとして創業を始めたアメリカの巨大商業銀行。19世紀末にはアメリカ最大の商業銀行に成長し、1976年に現在の名前に変更した。1998年、親会社の持株会社シティ・コープがトラベラーズ・グループと合併し、現在はシティ・グループの一員。
7　コンチネンタル・イリノイ銀行（Continental Illinois）は1883年創業のアメリカの商業銀行。最盛期には預金量で全米7位の大手銀行であったが、石油やガスの投資ブームに関連する融資などの焦付きにより1984年に破綻。
8　池尾和人、永田貴洋（1999）などより。
9　1996年に、トレーディング勘定に係る市場リスクが分母に加えられると一方で、Tier 3資本が分子に加えられる変更が行われた。

上回ることを要求された（表6.1.1）。

$$\frac{(\text{Tier 1}(株主資本等)+\text{Tier 2}(補完的資本))}{信用リスク} \geq 8\% \qquad (6.1.1)$$

信用リスクの算出には与信相手先別の表6.1.2のような区分が与えられた。また、保証やコミットメント・ラインに対する掛け目は5.7で示したとおりである。

バーゼルⅠの資本規制は、日本の銀行のプレゼンス増大を意識してつくられたものだけに、邦銀にとって最も厳しい内容であった。邦銀のTier 1（「ティア・ワン」と発音）自己資本比率は、規制導入前の時期の水準が軒並み2％台であり、これは欧米の銀行の半分に満たない水準だった。バーゼル規制の導入決定を受けて、日本の銀行は普通株発行等によるTier 1増資を迫られた。Tier 2資本については、当初は巨額の保有株式の含み益によって資本が押し上げられたが、バブルの崩壊とともに含み益は霧散し、邦銀は融資の抑制とともに劣後債の大量発行によるTier 2資本の増強を強いられた。バーゼルⅠによる邦銀の融資余力の低下は、日本のバブル崩壊をスパイラル的に悪化させた。

表6.1.1　バーゼルⅠの自己資本の区分

資本の区分	構成要素
Tier 1 資本	株主資本、優先出資証券（Tier 1の15％が上限）、有価証券の含み損
Tier 2 資本	有価証券や不動産の評価益の45％、残存期間5年超の劣後債等（全体でTier 1の100％まで、一部は50％までという算入上限があり）

表6.1.2　バーゼルⅠの相手別リスク掛け目

ソブリン（OECD諸国）	銀行・証券（OECD諸国）	住宅ローン	その他（事業法人等）
0％	20％	50％	100％

デリバティブ取引に係る信用リスクの算出

バーゼル委員会は資本規制の次に、当時急激に市場の取引ボリュームが増えつつあったデリバティブ取引に関する規制の導入に乗り出した。1995年にバーゼルIは改定され、新たにフォワード取引、スワップ取引、オプションの買いなど、デリバティブ取引に係る信用リスクの扱いが盛り込まれた。具体的には、為替のフォワード取引や金利（通貨）スワップ取引を行うことによって発生する与信リスクを、再構築費用（時価）にポテンシャル・フューチャー・エクスポージャー（PFE）をアドオンする方法[10]などで、デリバティブの信用リスクが計測される（表6.1.3）。

表6.1.3　バーゼルIのデリバティブ取引のエクスポージャー

エクスポージャーの種類	内容
再構築費用[11] （カレント・エクスポージャー）	時価評価。あるカウンターパーティとの取引[12]の時価評価がプラスの場合はカウンターパーティがデフォルトした場合に、それらの取引を再構築するコストが発生する。
ポテンシャル・フューチャー・エクスポージャー（PFE）	将来の市場の変動によって、時価評価のプラスが大きくなるリスク。取引の種類と満期によって一律の元本に対する掛け目が与えられる。

表6.1.4　バーゼルIのポテンシャル・フューチャー・エクスポージャーの掛け目

期間	金利関連	為替関連（および金）	エクイティ関連	貴金属（除く金）	その他のコモディティ
1年以下	0.0%	1.0%	6.0%	7.0%	10.0%
1年～5年	0.5%	5.0%	8.0%	7.0%	12.0%
5年超	1.5%	7.5%	10.0%	8.0%	15.0%

10　この方式はカレント・エクスポージャー方式と呼ばれる。バーゼル委員会は、この方式以外にも、十分な数値算出体制を構築できない銀行のために、時価を考慮しない方式を各国当局の裁量で容認した。これを、オリジナル・エクスポージャー方式という。

ポテンシャル・フューチャー・エクスポージャーは、デリバティブ取引のカテゴリーごとに、表6.1.4で示すきわめておおまかな方法で割り当てられた。

VaRによる市場リスク算出

一方、監督当局の規制であるバーゼル規制以外に、各金融機関はどのように自分たちの保有する金融商品の市場リスクを管理してきたのだろうか。金融機関が、ブラック・ショールズ・モデルの仮定と同じように、市場変動が正規分布に従っていると仮定しモデル化して確率的にリスクを求める考え方を採用するのは、まったく自然な成り行きであった[13]。仮に4.1で説明したような正規分布の限界を認識していたとしても、正規分布を使った計算の圧倒的な簡便さには抗しがたかったのだ。正規分布によるリスク額算出の手法は今日、バリュー・アット・リスク（VaR）という名で知られるものである。

VaRは、たとえば1％（または5％など）の確率で起こりうる悪い（損失が発生する）市場変動のシナリオによってどの程度の損失を被るかを、市場価格が正規分布に従うと仮定して計測するものである。もしポートフォリオが複数の市場価格のリスクを負う場合は、相関を考慮した多変量の正規分布であると考えて損失を計測する。VaRに適用する変動シナリオのイメージは図6.1.1のとおりである。

VaRの考え方自体は、非常に古い歴史があり20世紀前半からその痕跡をたどることができるが、今日のVaRの考え方を社内のリスク管理に導入したのは1986年のバンカース・トラストであったとされる[14]。

バンカースが開拓した手法を世間に広めたのはクレデリの場合と同様[15]にJPモルガンであった。JPモルガンは、1994年にVaRの手法をリスクメトリ

11　Current Replacement Cost
12　カウンターパーティとの間でネッティング（債務の相殺）契約を結んでいる場合は、再構築コストは、ネッティングの対象の商品を合算して算出できる。
13　正規分布には4.1で説明したような問題点があったが、正規分布の便利さは簡単に捨てることはできない。
14　Holton（2002）などより。バンカースでVaRの手法を開発した担当者の名前はKenneth Garbade。
15　5.4を参照。

図6.1.1 バリュー・アット・リスク（VaR）の計測に適用するシナリオ

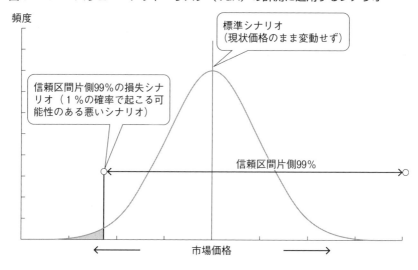

クス（RiskMetrics）と名づけて公表した。さらに、JPモルガンは、VaRの計算に必要な（多変量正規分布に適用する）分散と共分散のデータの提供サービスも開始する。リスクメトリクスのサービスは1998年にJPモルガンからスピンオフして提供されるようになった。

バーゼルⅠ：トレーディング勘定の市場リスクの追加

　1990年代に入ってデリバティブ取引の急激な増加があり、バーゼル委員会は、1995年の改定で導入したデリバティブ取引によって発生する信用リスクに対する資本賦課に続いて、翌1996年にトレーディング勘定に係る市場リスクに対しても自己資本賦課を導入する。市場リスクとは、銀行のトレーディング部門がたとえば金利や為替レートの変動によって被る可能性のあるリスクのことである。市場リスクの計測においても、当初は、信用リスク計測に用いられたポテンシャル・フューチャー・エクスポージャー（PFE）のような標準化した算出方法が検討されたが、すでにVaRによるリスク計測を取り入れていた金融機関から、PFEによる大雑把な計測は、時代遅れでリスクを過大評価する手法であるという反発の声があがり、表6.1.5のように2つ

表6.1.5　バーゼルⅠの市場リスクの計測手法

方式	内容
標準的手法（SA）	バーゼル委員会が定める、取引の種類と満期等によって区分される元本に対する一律な掛け目を適用する方法。債券および株式ポジションから生じる個別リスク（specific risk）と一般市場リスク（general market risk）を別々に計算する。
内部モデル手法（IRB）	VaRによる計測で金融当局が認めた手法。VaR計算におけるリスクの保有期間は10日間。

の手法の選択が可能になった。

バーゼルⅡの概要

　バーゼル委員会は、一連のバーゼルⅠの追加措置を終えると、バーゼルⅠの大がかりな改定作業に乗り出した。バーゼルⅠの規制では、信用リスクや市場リスクの算出がおおまかすぎるという批判を浴びたのである。新たな規制の枠組みはバーゼルⅡと呼ばれ、所要自己資本の算出方法の精緻化がなされ、事務ミスや不正などオペレーショナル・リスクの計測が盛り込まれた。さらには、バーゼルⅠ以来の、画一的な自己資本の算出（これをバーゼルⅡでは「第1の柱」と呼んだ）によるものだけではなく、新しいアプローチによる金融監督の手法を第2の柱、第3の柱として盛り込んだ（表6.1.6）。

　精緻化された最低所要自己資本比率規制の特徴は、表6.1.7に示すように金融機関のリスク管理の力量に応じていくつかの異なるアプローチを選択することが許容されたことである。

　バーゼルⅡの大きな特徴は、信用リスクについて格付に応じたリスク・ウェイト（掛け目）が用意され、高格付資産ほど必要自己資本は小さくなるように設定されたことである。標準的手法（SA）による格付ごとの掛け目は表6.1.8のとおりである。

　一方、内部格付手法（IRB）は、借り手の信用度を財務状況など定量的指標と定性的判断とを組み合わせた各金融機関独自の手法で信用格付を決定する方法である。金融機関の社内モデルをそのまま規制に利用すれば、実務上

表6.1.6 バーゼルⅡの「3つの柱」

3つの柱	内容
第1の柱	最低所要自己資本比率規制(リスク計測の精緻化)。
第2の柱	監督上の検証プロセス。銀行自身による経営上必要な自己資本額の検討と当局によるその妥当性の検証。
第3の柱	市場規律。情報開示(ディスクロージャー)の充実を通じた市場規律の実効性向上。

表6.1.7 バーゼルⅡのリスク計測手法

信用リスク	市場リスク	オペレーショナル・リスク
標準的手法(SA) 基礎的内部格付手法(FIRB) 先進的内部格付手法(AIRB)	標準的手法(SA) 内部モデル手法(IMA)	基礎的指標手法(BIA) 標準的手法(SA) 先進的計測手法(AMA)

表6.1.8 バーゼルⅡの相手別リスク掛け目(標準的手法)

格付	ソブリン	銀行・証券	事業法人
AAA〜AA$^-$	0%	20%	20%
A$^+$〜A$^-$	20%	50%	100%
BBB$^+$〜BBB$^-$	50%	50%	100%
BB$^+$〜B$^-$	100%	100%	100%
B未満	150%	150%	150%
未格付		50%	100%

の扱いと規制の扱いとが整合的になるメリットがある。また、バーゼル委員会は金融機関がより高度な信用リスク管理を行うインセンティブを与えるために、標準的手法によるリスク掛け目よりも低くなるよう設定した。先進的手法を用いればさらに掛け目を低減させることができる。

証券化商品のリスク掛け目

バーゼルⅡでは、証券化商品のリスク掛け目が非常に詳細に与えられた。内部格付手法を選択する銀行は、格付準拠手法（RBA：Rating Based Approach）という手法で証券化商品のリスク掛け目の計算を求められる。RBAでは、外部格付とともに、プールの分散度合い示すN[16]という指標を使って表6.1.9が適用される。

つまり、一定程度の分散があって最優先トランシェの外部格付AAAの証券化商品であれば、7％というきわめて低い掛け目が適用され、所要自己資

表6.1.9　証券化商品のリスク掛け目（RBA内部格付手法）

外部格付	分散指標Nが6以上、かつ最優先トランシェ	分散指標Nが6以上	分散指標Nが6未満
AAA	7%	12%	20%
AA	8%	15%	25%
A$^+$	10%	18%	35%
A	12%	20%	35%
A$^-$	20%	35%	35%
BBB$^+$	35%	50%	
BBB	60%	75%	
BBB$^-$	100%		
BB$^+$	250%		
BB	425%		
BB$^-$	650%		
BB$^-$未満	自己資本控除		
短期A1／P-1	7%	12%	20%
短期A2／P-2	12%	20%	35%
短期A3／P-3	60%	75%	75%

[16] Nはポートフォリオの各構成要素iのEAD（デフォルト時エクスポージャー）について次の式で算出される値。$N = (\sum EAD_i)^2 / \sum EAD_i^2$。

本は小額ですむ。

バーゼルIIの証券化商品に対する、外部格付偏重かつ高格付証券優遇の扱いは、後に金融危機の一因とされることになる。

6.2 パリバ・ショック（突如訪れた崩壊の兆し）

さて、いよいよ2007年からの危機の説明に入る。危機の深刻さが広く一般に認知されるのは2008年のリーマン・ショックによるが、2007年の半ばには着実に証券化市場の崩壊が始まっていた。

まずは、2007～2008年2月の状況を時系列[17]で簡単に示す（表6.2.1）が、2007年の夏を境にサブプライムを取り巻く環境が急激に悪化したことが読み取れるであろう。

表6.2.1 金融危機の推移（2008年2月まで）

2007年 2月22日	HSBCはサブプライム・モーゲージによる損失が105億ドル発生し、アメリカのモーゲージ部門のヘッドを解雇したと発表。
4月2日	アメリカの住宅ローン大手のニュー・センチュリーが資金繰りの悪化により破綻。
5月2日	UBSが社内のヘッジ・ファンドを閉鎖。サブプライム・モーゲージによる損失が原因。
6月12日	ベア・スターンズ傘下の2つのヘッジ・ファンドが危機に陥ったと報道される。
7月10日	S&Pがサブプライム・モーゲージ債権を担保とした大量の証券を、格下げの方向で見直しすると発表。
7月30日	IKBドイツ産業銀行は、管理下にあるABCPコンデュイットなどの資金調達のために発行しようとしたABCPの発行が困難になったことなどを発表。

---

17 BBCニュース（2008年5月18日）"Timeline: Sub-prime losses"などを参考にした。

8月9日	BNPパリバが同行傘下でABSを使った運用をする3つのミューチュアル・ファンドの解約凍結を発表。 欧州中央銀行（ECB）が固定金利で無制限資金供給オペを行うことを発表。
8月15日	アメリカの住宅ローンの最大手カントリーワイド、住宅市場における延滞と差押えが2002年以来の高水準であることを発表。
8月17日	FRBが金融市場の安定化のために政策金利を引き下げる。銀行割引率を6.25%から5.75%へ。
8月23日	カントリーワイドがバンク・オブ・アメリカから20億ドルの出資（優先株）を受けたと発表。
9月14日	イギリスの金融機関ノーザンロックが英中央銀行（BOE）に資金支援を要請。取付け騒ぎによる資金繰りの悪化。
9月18日	FRBが利下げ。FF金利の誘導目標を5.25%から4.75%へ。
10月5日	メリルリンチが証券化商品の評価損で55億ドルの損失を計上すると発表。
10月15日	シティ・グループがサブプライム関連資産について59億ドルの評価損を計上すると発表。
10月19日	2つのSIVがデフォルト。1つはIKBが運営、もうひとつはヘッジ・ファンドが運営。
11月5日	シティ・グループが追加の損失を発表。80億〜110億ドルの間。
11月12日	シティ・グループとバンク・オブ・アメリカ、JPモルガン・チェースの3行が800億ドル規模の「スーパーSIV」を設立で合意と報道される。
11月16日	ゴールドマン・サックスが、サブプライムによる金融界全体の損失額が4,000億ドルに達するという予想を発表。
11月26日	シティ・グループがアブダビ投資庁から75億ドルの資本注入を受けることを発表。
12月3日	格付会社ムーディーズが総額1,160億ドルの証券を格下げの方向で見直すと発表。
12月6日	ブッシュ・アメリカ大統領がサブプライム・モーゲージの借り手に対する救済策を発表。
12月11日	FRBが3度目の利下げ。FF金利を4.25%へ。

12月14日	シティ・グループが傘下の7つのSIVを救済し閉鎖し、その資産490億ドルをシティの連結資産とすることを発表。
12月19日	モルガン・スタンレー、中国投資有限責任公司からの約50億ドルの資本注入を発表。
12月24日	メリルリンチがシンガポールの政府系投資ファンドのテマセク・ホールディングスから50億ドルなどの出資を受けると発表。
2008年 1月11日	バンク・オブ・アメリカが経営難のカントリーワイドを40億ドルで買収すると発表。
1月15日	シティ・グループが、サブプライムによる損失が180億ドルに達し、大幅な赤字を計上すると発表。
1月17日	メリルリンチがサブプライムによる141億ドルの損失を計上すると発表。
1月18日	格付会社のフィッチがモノライン保険会社のアンバックを格下げ。AAAからAAへ。
1月22日	FRBが緊急利下げ。FF金利を0.75%引き下げ3.5%に。

サブプライム・ローン市場の変調

アメリカの住宅価格は、1990年代からほぼ一本調子の上昇を続け、特に2003年頃から上昇の勢いに加速がついていた。しかし、2006年の半ばをピークにその上昇がストップする（図6.2.1）。

住宅価格の停滞とともに徐々にサブプライム・ローン市場に変調が現れる。ローンの支払延滞や、差押えの割合が少しずつ増加しだしたのだ。この傾向は、まず、カリフォルニア州など特定の地域で顕著になり、2007年4月には、カリフォルニア州で積極的にサブプライムのビジネスを推進していた住宅ローン会社ニュー・センチュリー[18]が破綻する。

しかしながら、アメリカ経済全体は大変に好調で株価は上昇を続けていた。このため、2007年の半ばまでは、サブプライムの問題は特定の地域の特定のビジネスの問題だと考えられた。

---

[18] 5.8を参照。

図6.2.1 アメリカの住宅価格（ケース・シラー指数）の推移

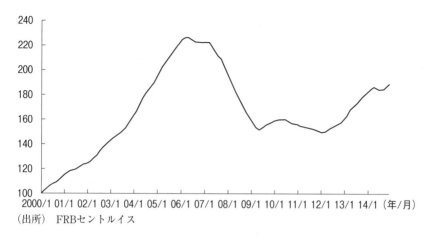

（出所） FRBセントルイス

図6.2.2 サブプライム・ローンの差押え率

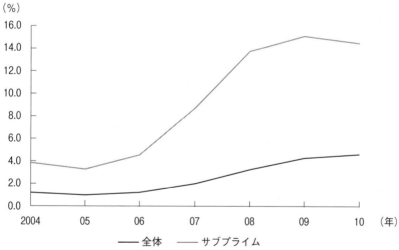

（出所） アメリカ国勢調査局（2012）の統計[19]より

---

[19] Statistical Abstract of the United States: 2012

第6章 リーマン・ショックと危機後の世界

ベア・スターンズの運営するファンドの閉鎖

　しかしながら、あまり目立たない不穏なニュースは続く。2007年5月3日には、スイスの銀行UBSが社内で運営するヘッジ・ファンド[20]が、アメリカのサブプライム・モーゲージによって大きな損失を被り、そのファンドを閉鎖[21]するというニュースが流れた。30億ドル以上の資産を運用していたそのファンドが第1四半期だけで1.5億ドルの損失を出し、ファンドの運営をやめることを決めたのだ。このニュースは、損失率自体は大きくなく、大手金融機関が時折起こす損失規模であったので、ほとんど注目されることはなかった。

　もう少しインパクトのあるニュースが現れたのは6月12日である。ウォール街の証券会社の一角であるベア・スターンズ[22]がコントロールするヘッジ・ファンドの危機的な状況が明らかに[23]になったのだ。問題のヘッジ・ファンド[24]は設立してまだ10カ月しか経っていないサブプライム・ローン関連などに比重を置いていたファンドである。ファンドは総額6億ドルの投資をしていたが、4月末現在の年初来損失を何度か下方修正した後に23％の損失であると発表したのだ。

　ベアのヘッジ・ファンドは、レバレッジを高めるために、大手の金融機関などから短期の借入れを行っていた。JPモルガンやメリルなど融資をした金融機関は、ヘッジ・ファンドの資産を市場で売却することまで検討した。しかしその案は何とか回避され、6月20日にはベアが運営する2つのヘッジ・ファンド[25]に追加の資金を投入し閉鎖させることが決まった[26]。こうし

20　ファンドの名前は"Dillon Read Capital Management"。
21　英ガーディアン紙（2007年5月3日）"UBS shuts hedge fund after big sub-prime losses"
22　ベア・スターンズ（Bear Stearns）は1923年にジョセフ・ベアなどによって創業された、ウォール街の証券会社。2007年のサブプライム危機によって急速に経営が悪化し、翌年3月にJPモルガンによって救済買収された。
23　WSJ紙（2007年6月12日）"Bear Stearns Fund Hurt by Subprime Loans"など。
24　ファンドの名前は"High-Grade Structured Credit Strategies Enhanced Leverage Fund"。
25　前述のファンドと、少し前に設定された類似のストラクチャーの"High-Grade Structured Credit Strategies fund"というファンド。
26　WSJ紙（2007年6月20日）"Two Big Funds At Bear Stearns Face Shutdown"など。

た処理によって危機の深刻度が表面化することはなかったが、この時点でCDOの価格の評価は非常にむずかしくなっており何が正しい評価であるのか、そしてそれを実際に市場で売却した場合どのような価格になるのか、だれにもわからない状況になっていた。

IKBドイツ産業銀行が運営するABCPコンデュイットの危機

　7月になると、サブプライムの投資家にとってさらに衝撃的な出来事が起こる。7月10日にS&Pはサブプライム・モーゲージ債権を担保とした612の証券（トランシェ）、総額73.5億ドルについて、格下げの方向で見直しをすると発表。翌日にはムーディーズが総額50億ドルのCDOの格下げを検討すると発表した。

　これによって、CDOなどの証券化商品を担保に組み込むABCPの発行が困難になる。7月30日、IKBドイツ産業銀行は、アメリカのサブプライム市場における利益がそれまでの見込みより著しく低下する見込みであることを発表[27]。さらには、IKBの管理下にあるABCPコンデュイットであるラインラント・ファンディング[28]が資金調達のために発行しようとしたABCPの購入を投資家によって拒否されたこと、そしてIKBが肩代わりしてクレジット・ラインを供給することになったことを明らかにした。この時、IKBは水面下で必死に資金繰りを画策していた。結局、ドイツ政府の支援で、IKBの株式を38%保有するドイツ復興金融公庫[29]（KfW）などが融資の提供をすることによって、なんとか危機をしのいだ。ちなみにKfWは、ドイツの国営の金融機関であるが、2008年8月にアメリカの投資ファンド・ローンスターにIKBを売却することになる。

　ABCPはABCPコンデュイットやSIVのもつ債券などの資産を担保にして

---

[27] ブルームバーグ（2007年7月30日）"IKB Cuts Profit Forecast Amid Rout in U.S. Mortgages"
[28] Rhineland Funding、5.7の脚注108を参照。ラインラントはしばしばSIVと説明されることがある。IKBは投資銀行から薦められるがままに、当該ビークルにおいてリスクの高いCDOを購入した。
[29] ドイツ復興金融公庫（KfW）はドイツ政府が8割、地方政府が2割の株を保有する国営銀行。

発行する短期のコマーシャル・ペーパーであり、信用力は非常に高いと考えられてきた。したがって、IKBのSIV問題で表面化した事実は、短期の資金市場においても投資家の疑心暗鬼が広がったことを意味する。ABCPコンデュイットやSIVはABCPを使った回転借入れを前提にしていたので、ABCPの発行が滞ると、直ちに流動性の危機に見舞われる。

パリバ・ショック

　IKBのSIVに関するニュースは、当初はドイツ語だけで報道されたものが多かったので市場の反応は小さかった。しかし、その翌週木曜日の8月9日にフランスの銀行BNPパリバが同行傘下の3つのミューチュアル・ファンド[30]の解約凍結を発表すると、ABCPの市場は一気にパニック的な様相を呈する。パリバはファンドを凍結した理由として「アメリカの証券化商品市場の特定の市場で流動性が完全に枯渇したことによって、特定の資産の評価が、その質や格付にかかわらず不可能になった[31]」とした。これが、パリバ・ショックである。

　パリバの3つのファンドはAAA格を中心にした高格付のABSに投資するという投資戦略を採用していた。そして、ABSの3分の1程度はアメリカのサブプライム・モーゲージに関連する証券であった[32]。つまり、パリバのファンドの投資戦略はSIVのとる戦略に似ていたのだ。パリバ・ショックが起きるまでは、ABCPの調達コストは、FRBの翌日物政策金利（FFレート）に0.1％程度上乗せした程度であっが、ショックをきっかけにABCPによる調達コストは一気に跳ね上がり、上乗せスプレッドは1％近くになった。そして、実際には、どんなに上乗せレートを引き上げても投資家から購入を拒否されることもあった。

---

[30] 3つのファンドの名前は、"Parvest Dynamic ABS"、"BNP Paribas ABS Euribor"および"BNP Paribas ABS Eonia funds"。

[31] NYT紙（2007年8月9日）"BNP Paribas suspends funds because of subprime problems"

[32] パリバが8月末に公表した声明文"Background information on suspension and re-opening of ABS funds in August"より。

短期金融市場の大混乱

パリバ・ショックの及ぼした重大な影響は、それまでサブプライム・モーゲージの市場だけに封じ込められていた危機が、サブプライムと直接関係のない短期の金融市場を突然大きな混乱に巻き込んだことである。図6.2.3は、パリバ・ショック前後の3カ月物TEDスプレッドのグラフである。TED(「テッド」と発音)スプレッドとはアメリカ政府の短期証券(T-ビル)と銀行間の市場金利LIBORの金利差である。

8月9日のパリバ・ショック前までは、TEDスプレッドは0.5％前後で安定していたが、8月9日を境にスプレッドは急上昇し始める。TEDスプレッドの拡大は銀行の信用リスクの高まりを示し、銀行取引を中心にした短期の金融市場の混乱を示すものである。8月15日にはスプレッドはさらに拡大しTEDスプレッドは2％を突破する。これは住宅ローン最大手のカントリーワイド[33]が住宅市場における延滞と差押えが2002年以来の高水準であることを発表したことによる。TEDスプレッドのこれほどの広がりは、ABCPに限らず、金融機関やファンドのあらゆる資金調達が困難になったことを意

図6.2.3　パリバ・ショック前後の3カ月物TEDスプレッド

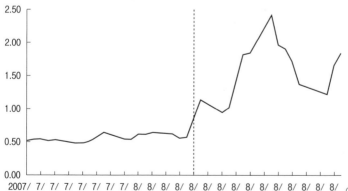

(出所)　FRBセントルイス

---

[33] Countrywide Financial Corpは1969年創業のアメリカ最大の住宅ローン金融機関。2008年1月にバンク・オブ・アメリカに買収された。

味する。

最初のSIVの破綻

　パリバ・ショックをきっかけに短期の金融市場全体がパニック的な様相を呈し、パニックの元凶であるABCPコンデュイットやSIVによるABCPの発行は一段と困難になった。2007年9月には、サブプライムとは直接関係ないが、イギリスのノーザンロックが取付け騒ぎの末に政府に救済を求め、さらには10月初めには多くの金融機関がサブプライムによる損失計上を発表する。そしてとうとう10月19日には、2つのSIVが、SIVとして初めての破綻をする。破綻したのはIKBの運用するSIVであるラインブリッジ・ファンディング[34]と、ロンドンに拠点を置くヘッジ・ファンドが運営するチェーン（Cheyne）・ファイナンス[35]である。2つのSIVは、発行したABCPの返済期限に支払資金を準備することに失敗して破綻した。これらのSIVは、比較的新しく設立された、サブプライム関連のCDOなどに集中的に投資をするリスクの高いSIVであった。

モノライン問題の浮上

　10月後半には、サブプライム問題がモノライン（Monoline）保険会社にまで飛び火して、モノライン各社の株価の急落が始まる。モノライン保険会社とは、伝統的に地方公共団体の発行する債券に対する保証を行ってきた債務保証会社で、伝統ビジネスにおいては政治との結びつきが強い業態であった。モノラインの業界最大手はMBIA[36]、二番手のアンバック[37]であり、この2社が大きなシェアを握っていた。

---

[34]　Rhinebridge Fundingは、運用資産11億ドルを有していた。
[35]　チェーン・ファイナンス（Cheyne Finance）はロンドンを拠点とするヘッジ・ファンドのチェーン・キャピタルが運営するSIV。デフォルト前には60億ドルを超える資産規模であった。
[36]　MBIA, Inc.は1973年に"Municipal Bond Insurance Association"という名で創業したアメリカのモノライン保険会社。
[37]　アンバック（Ambac Financial Group, Inc.）は1971年に"American Municipal Bond Assurance Corporation"という名で創業したアメリカのモノライン保険会社。2010年10月の連邦破産法11条の適用を申請した。

モノラインは自身が格付会社から最上級の格付を得ることで、保証をビジネスとする大前提であったので、保証する債券は通常は信用力の高い債券に限られ、さらに銘柄や期間などを分散させていた。両社の創業当時のビジネスは地方債の保証であったが、たとえばMBIAは20世紀の終わり頃からCDOに関する保証ビジネスを始めた。当初は通常のCDOであったが、やがてサブプライムRMBSも含む広範囲なABSを担保にするABS CDOの保証ビジネスに乗り出し、2004年頃にはメザニンABS CDOの保証ビジネスも始めた[38]。そして2005年から06年にかけてはさらにそのビジネスを加速する。モノラインに保証を求めたのは、証券化ビジネスを積極的に手がけてきた金融機関が中心であり、金融機関はAAA格のモノラインから保証を得ることで、バーゼル規制の所要自己資本額を削減していた[39]。その結果、MBIAとアンバックの２社が保証したMBSやその他の証券化商品は合計2,650億ドルにまでふくらんだ[40]。

　モノラインの株価の下落の原因は、格付会社によるCDOなどの大量格下げである。ムーディーズとS&Pは７月にCDOなどの格下げの方向性を発表して10月には実際に大量の格下げを実施し始める。そして、格下げの動きはその後も継続し、2008年１月までにS&Pが格下げした証券化商品は3,389トランシェに及んだ[41]。ムーディーズもほぼ同様である。

　モノラインが、CDOなどの保証業務を積極的に行っていることは、各社が公表するレポートなどで、市場関係者には知られていた。こうしたことから、市場はモノライン各社の先行きに不安をもったのだ。しかしながら、この時点では、モノラインの経営陣は自身の直面している危機の大きさを甘くみていたようである[42]。

資本調達に奔走する金融機関、シティはSIVを救済

　CDOなどの大量格下げによって、メリルリンチやシティ・グループなど

---

[38] MBIA社（2008年２月14日）"MBIA Written Testimony"より。
[39] 保証する会社の格付が高くなければ、必要自己資本額を削減できない。
[40] FCICレポートの276ページ。
[41] FCICレポートの276ページ。
[42] FCICレポート第14章 "MONOLINE INSURERS: "WE NEVER EXPECTED LOSSES""

も厳しい対応を迫られた。10月に入ってから、メリル、シティなどのいくつかの有力金融機関は、サブプライムによる巨額の損失を相次いで発表し始める。そして、11月から12月にかけては、彼らは文字どおり世界中を駆け回って資本調達に奔走した。奔走のフィールドは中東やアジア、中国など、資金豊富でサブプライム問題と縁が薄い地域であった。SIVの最大の運用者であったシティはこの時点における最も損失が大きい金融機関と考えられていたが、11月26日にアブダビ投資庁から75億ドルという巨額の出資を取り付けた。

　シティはこの資本増強を取り付けたうえで、12月14日には傘下の7つのSIVの救済策を発表する。もともと、連結対象外として設立したSIVであったが、SIVのシニア債務の返済を確実にするために、自社のバランスシートに取り込まざるをえなかったのだ。シティはポールソン財務長官の関与[43]のもとで11月にJPモルガンなどとともにスーパーSIVをつくって金融界が共同でSIV業界全体の資金繰りを救済するプランを発表していたが、事態の悪化のスピードが速く、単独で救済せざるをえなくなった。

　シティの後を追って、モルガン・スタンレーとメリルリンチがそれぞれ中国とシンガポールの政府系ファンド（SWF）などから50億ドルの出資を取り付ける。市場はこうしたニュースに一喜一憂し、不安定な状態が続いた。この不安定さの度合いをよく示す尺度の1つとして、図6．2．4に短期の金融市場の信用リスクのパラメータであるTEDスプレッドを示す。

2008年年初、モノライン問題の深刻化

　シティなどの大手金融機関は、アラブやアジアなどからの一連の資本増強によって一息ついたが、モノラインの問題は年末にかけて一段と深刻さを増した。格付会社フィッチは12月26日にモノライン保険会社アンバックが保証する債券を格下げ方向で見直すと発表し、2008年1月18日にアンバック自体

---

[43] Henry Paulson（1946〜）はアメリカの実業家、政治家。アメリカ国防総省等で数年勤務した後、ゴールドマン・サックスに入社し1998年からは会長兼最高経営責任者を務めた。その後、リーマン・ショック前後の2006〜2009年にかけてアメリカの財務長官を務めた。米財務省が関与した背景には、MMFがSIVのシニア債を大量に保有しており、MMFに損失を発生させることが政治的に不可能だったことも1つの要因である。

図６．２．４　３カ月ものTEDスプレッドの推移（2007年7月〜2008年3月）

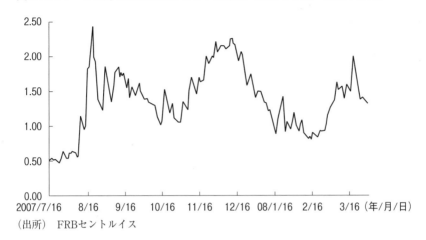

（出所）　FRBセントルイス

図６．２．５　モノライン（アンバック社）の株価の推移

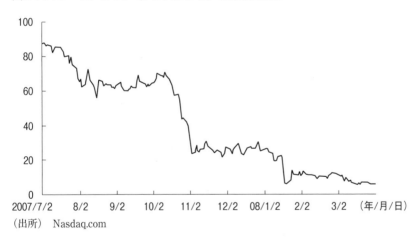

（出所）　Nasdaq.com

の格付を実際に２段階引き下げたのだ。モノラインにとってAAAの格付は事業を継続するうえで必須の条件であるため、格下げはビジネス・モデルの崩壊を意味する。モノラインは身売りを余儀なくされるという観測を生んだ。

　一方のS&Pとムーディーズは、最終的に大手モノライン２社の格付を

AAAから引き下げるのを2008年6月まで引き伸ばすが、これによって金融危機は一段と拡大することになる。

6.3 リーマン・ショック（大崩壊）

　次は金融危機のクライマックスであるリーマン・ショックとその前後の出来事を説明する。金融危機は、一般にはリーマン・ショックという名で呼ばれることが多いが、実際に世界経済に最も大きなインパクトを与えた出来事は、ピカピカの信用力を誇っていた保険業界の巨人であるAIGの崩壊である。リーマン・ブラザーズはリスクの高いビジネスを行う証券会社だが、AIGは信用力が遥かに高い手堅い保険会社とみなされており、このような会社の破綻は一般にはまったく想定外の出来事であった。

　1年前のパリバ・ショックによって、サブプライム危機が短期金融市場全体に拡大したが、AIGの崩壊によって、今度はグローバルな金融システム全体がマヒ状態になる危機に直面する。この事態に、それまで民間金融機関の救済は行わないというスタンスだったアメリカ政府も急きょ方向転換し、7,000億ドルという巨額の不良資産買取プログラムTARPを紆余曲折の末に発動することになる。しかし、時すでに遅しであり、危機は世界経済全体に伝播した。

表6.3.1　金融危機の推移（2008年3月〜）

2008年3月14日	ベア・スターンズがニューヨーク連銀とJPモルガンから緊急融資を受けると発表。
3月16日	JPモルガンがベア・スターンズを買収すると発表。
同日	FRBが緊急利下げ、FF金利を3.5%から3.25%へ。
3月18日	FRBが利下げ、FF金利を3.25%から2.5%へ。
4月1日	UBSがサブプライム問題関連の190億ドルの損失を追加で計上すると発表。

4月17日	メリルリンチが45億ドルの追加損失を発表。
4月18日	シティ・グループが120億ドルの追加損失によって損失の合計が400億ドルに達したと発表。
4月19日	イギリスのRBSが信用危機によって59億ポンドの損失を計上すると発表。
4月30日	FRBが利下げ、FF金利を2.5％から2.25％へ。
5月8日	AIGが125億ドルのモーゲージ関連の赤字で、1～3期決算が59億ドルの赤字になったと発表。S&PはAIGの格付をAAからAA⁻に引き下げた。
6月5日	S&Pがモノラインのアムバックとドル資金2社を格下げ、AAAからAAへ。
6月25日	FRBが利下げ、FF金利を2.25％から2％へ。
7月11日	アメリカ財務省は、ファニー・メイとフレディ・マックの2社に対する支援策を発表。資金支援および必要に応じて国有化。
7月30日	ブッシュ・アメリカ大統領が住宅・経済回復法に署名。
9月7日	ポールソン財務長官は、ファニー・メイとフレディ・マックの2社を公的管理下で業務の継続を図ると発表。
9月14日	メリルリンチがバンク・オブ・アメリカに買収されることが発表される。
9月15日	リーマン・ブラザーズが連邦破産法11条の適用申請。
9月16日	格付大手3社がそろってAIGを格下げ、S&PはAA⁻からA⁻へ、ムーディーズはAA3からA2、フィッチはAAからAへ。
同日	ニューヨーク連銀がAIGに対し最大850億ドルの資金供給すること、その対価として政府が約8割の株を保有し国有化すると発表。
9月18日	日米欧の6中央銀行が協調して総額1,800億ドルのドル資金を自国市場に供給すると発表。FRBと日銀などとの通貨スワップ協定締結。
9月19日	アメリカ政府、金融機関が抱える住宅ローン関連の不良資産について公的資金で最大7,000億ドルを買い取るプログラム（TARP[44]）などを盛り込んだ法案を議会に提示。

---

[44] Troubled Asset Relief Program

9月21日	ゴールドマン・サックスとモルガン・スタンレーが銀行持株会社に転換。FRBの支援が可能になる。
9月22日	三菱UFJがモルガン・スタンレーに最大85億ドルの出資をすると発表。
9月23日	バフェットがゴールドマン・サックスに50億ドルの出資をすると発表。
9月24日	ブッシュ・アメリカ大統領が国民向けにテレビ演説し、アメリカは深刻な金融危機にあるとして、7,000億ドルの金融安定化策を支持するよう訴えた。
9月25日	貯蓄貸付組合の最大手のワシントン・ミューチュアルが破綻。
9月29日	アメリカ下院で7,000億ドルのTARPなどを盛り込んだ緊急経済安定化法の採決が行われ、205対228で否決される。これを受けて株価は暴落。
10月3日	修正した緊急経済安定化法が下院で可決され、大統領の署名を経て成立。
10月6日	ドイツ政府は商業用不動産金融ドイツ2位のヒポ・レアルエステート・ホールディング を対象にした500億ユーロの救済措置で合意。同行は傘下のデプファ銀行の資金繰りが悪化していた。
10月6日〜10日	株価が暴落。S&P500指数は1週間で18.2%の下落。他の指数も同様。
10月8日	FRBが緊急利下げ、FF金利を2%から1.5%へ。
10月14日	アメリカ政府が大手9行に総額2,500億ドルの資本注入を発表。シティ・グループ、バンク・オブ・アメリカ、ウェルズ・ファーゴ、JPモルガン、ゴールドマン・サックス、モルガン・スタンレーなど。
10月20日	フランス政府、大手5行に総額105億ユーロの資本注入を発表。
11月23日	アメリカ政府、シティ・グループへ2度目の資本注入。200億ドル。
12月19日	アメリカ政府、自動車大手のGMとクライスラーに134億ドルを緊急融資
2009年 1月16日	アメリカ政府、バンク・オブ・アメリカへ2度目の資本注入。200億ドル。
2月27日	シティ・グループへ3度目の資本注入250億ドルでアメリカ政府の保有比率36%となり部分国有化。シンガポール政府ファンドとサウジ王子も出資。

4月30日	自動車大手クライスラーが連邦破産法11条を適用申請。
6月1日	自動車大手GMが連邦破産法11条を適用申請。

ベア・スターンズの崩壊

　2007年夏に傘下の2つのヘッジ・ファンドが危機に陥って以来、ベア・スターンズを取り巻く環境は厳しかった。2007年12月には、サブプライム住宅ローン関連で19億ドルの損失を計上することを表明する[45]。

　ベア・スターンズが抱えていた問題は、モーゲージ関連証券などで自己資産の30倍以上にふくらませた総額400億ドルの資産を維持するための資金繰りである。証券会社であるベア・スターンズは、銀行のように預金によって安定した資金調達ができず、大量に保有する有価証券を使ったレポ[46]取引、特に3者間のトライパーティ・レポ取引[47]に依存していた。実質的には、保有する有価証券を一時的に貸し出すことによって資金を得る方法である。ベアは2007年の傘下のファンドの資金繰り問題は何とか切り抜けたが、2008年になっても一向に改善されない短期金融市場の混乱で、自転車操業の資金繰りはお手上げの状態になりつつあった。

　こうした状況を受け、ニューヨーク連銀総裁のティモシー・ガイトナー[48]はベアの救済合併を模索する。JPモルガンとイギリスのバークレイズに打診したのだ。結局、前向きな反応を示したJPモルガンがベアの資産を調査したうえでベアの株を1株2ドル[49]で買うことに合意した[50]。

---

[45]　ロイター（2007年12月20日）"Bear Stearns posts huge loss"
[46]　レポ（REPO）とはRepurchase agreementの略。法的にはアメリカでは買戻し条件付債券取引を意味するが、実務的には、債券を担保にした資金調達、あるいは債券と現金の一時的な交換と考えればよい。
[47]　トライパーティ・レポとは、レポ取引のうち、債券の出し手と資金の出し手の間に第三者のクリアリング・バンクが入る形態。クリアリング・バンクは受渡処理や担保管理などのサービスを提供する。リーマンのレポ取引には、JPモルガンがクリアリング・バンクとして関与していた。
[48]　ティモシー・ガイトナー（Timothy Geithner、1961〜）はアメリカの官僚、政治家、銀行家。2003年にニューヨーク連銀総裁、2009〜2013年、財務長官も務めた。駐日本アメリカ大使館に勤務した経験もある。

第6章　リーマン・ショックと危機後の世界

AIGファイナンシャル・プロダクツのスーパー・シニアのポジション

ベア・スターンズの救済劇によって、危機の深刻化はいったん回避されたかのように思われた。しかしながら、5月にはまたしても不穏な出来事が発生する。5月8日、保険業界の巨人であるAIG[51]が1〜3月期の決算を発表し、モーゲージ関連の評価損125億ドルの計上により大幅な赤字になったことを明らかにしたのだ。そして、これを受けて、S&PはAIGの格付をAAからAA⁻へ引き下げた。

ここで、保険会社のAIGがなぜサブプライム問題に大きく関与したかを簡単に説明する。世界各国で生保と損保事業を展開する世界最大級の保険会社だったAIGが、デリバティブ商品のビジネスを開始したのは1987年に子会社AIGファイナンシャル・プロダクツ（AIGFP）を設立してからである。AIGFPの創業当時に同社を率いたのは、ルック・バック・オプションの開発をしたハワード・ソーシン[52]であり、当初は金利や為替のデリバティブについて高度な金融工学に基づいた特色ある商品やAIGの高い格付を生かした超長期のデリバティブ商品などを武器にしていた。

AIGFPがクレジット・デリバティブに関与するようになるのは、ソーシンが会社を去った後の1998年、JPモルガンが最初のシンセティックCDOであるBISTROを発行した際に生まれたスーパー・シニア部分のCDSをジョセフ・カッサーノ[53]が引き受けてからである。カッサーノは2001年にAIGFPのCEOになるが、彼の経営のもとで同社は、天文学的な規模のスーパー・

49　その後、安すぎるという批判を受け10ドルに修正した。
50　『愚者の黄金』（Tett（2009））などより。
51　AIG（American International Group）の歴史はカリフォルニア出身の企業家コーネリアス・バンダー・スター（Cornelius Vander Starr）が1919年に中国の上海で創業した損保会社が出発点であり、1926年にAIUという名でアメリカ本土の損保ビジネスを開始する。第二次世界大戦後は日本やドイツなど各国で損保ビジネスを展開した。1967年、経営を任されたモーリス・グリーンバーグ（Maurice Greenberg）は持株会社AIGを設立し経営を多角化し、アメリカ本土における生保事業にも参入する。グリーンバーグの経営のもとでAIGは急成長し、アメリカ国内の最大級の生保事業を含む世界最大級の多角的保険会社に成長した。
52　3.6を参照。
53　ジョセフ・カッサーノ（Joseph Cassano、1955〜）はアメリカの保険会社の幹部。1987年のAIGFPの創業時からのメンバーで、2001年にAIGFPのCEOに就任する。AIGを破綻に導いた大量のCDS取引を主導した人物として、金融危機後に強い非難を浴びる。

シニアCDSのリスクを引き受けることになり、そこにはサブプライムのリスクを含むものも多数あった。2006年2月にカッサーノは、部下たちからサブプライムを含むABS CDOの保険の引受けの中止を進言されるが、CDS取引をやめることはなかった[54]。カッサーノはスーパー・シニアの安全性を過信していたのだ。

AIGが大量のCDS取引を行った相手はアメリカとヨーロッパの主要な金融機関のほとんどであったが、なかでも最大の取引相手はゴールドマンであった。また、AIGは自身の格付が下がった場合には担保を差し出す約束をしていた。実際にAIGに対しては、ゴールドマンなどから執拗に担保差入れの要求があった[55]が、AIGはこうした要請に応えられるだけの十分な流動資産をもっておらず、さらなる格下げが行われた場合には危機的な事態になることは明白であった。ただし、AIGのCDSポジションとそれ以外のエキゾチック・デリバティブの本当の内容や、それが生み出す可能性のある損失がどれほどの規模になるかについて、部外者は知る由もなかったので、こうした事実は9月になってから明らかにされることになる。

ファニー・メイとフレディ・マックの株価の急落と国有化

AIGの危機が水面下で進行している2008年の夏、政府支援機関（GSE）であるファニー・メイとフレディ・マックの危機が表面化していた。6月下旬から株価が急落し、経営破綻を織り込みにいく水準まで下げたのである。

5.1で説明したように、ファニーとフレディは、自分自身で住宅ローンの供給を行うのではなく、市中の金融機関から住宅ローンを購入し、信用保証をつけて証券化するビジネスをしている。つまり、保証というかたちで大量の住宅ローンの信用リスクを抱えているのである。両社は、通常のローンだけでなく、Alt-Aやサブプライムのモーゲージも社内の一定の基準を満たせば購入していた。こうしたことから、市場の不安が高まったのだ。

ファニーとフレディの株価は一時的にリバウンドをする局面もあったものの、夏を通じて水準を下げ続けた（図6.3.1）。9月7日、ポールソン財務

---

[54] FCICレポート（2011）の第10章より。
[55] FCICレポート（2011）の第14章より。

図6.3.1　ファニー・メイの株価の推移（2008年年初〜年末）

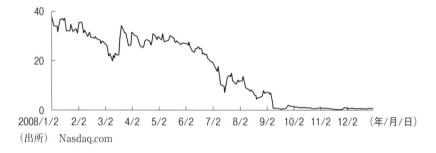

（出所）　Nasdaq.com

長官は両社の優先株をそれぞれ最高1,000億ドル購入し、両者を公的管理下で業務の継続を図ると発表した。

　ファニーとフレディは実質的に破綻状態に陥っていたが、両者が発行する大量のMBSや社債は政府系金融機関として米国債に次ぐ信用力と流動性があると、長年考えられてきた。そうした債券がデフォルトすることは、あまりにも金融市場に対する悪影響が大きく、ポールソン財務長官も動かざるをえなかった。ポールソンは、GSEの救済について、議会で「われわれがバズーカ砲をもっていて、そのことを人々が知っていれば、実際にバズーカを使わなくてすむかもしれない」と説明した[56]。

まな板の上のコイ状態のリーマン、メリル、AIG

　政府支援機関であるファニーとフレディへの救済は、政府の役割として自然な対応として受け止められた。しかしながら、純粋に民間の金融機関の救済は事情が異なる。アメリカ政府は1990年代の日本の金融危機の際には、しきりに公的支援を促したが、1998年のニューヨーク連銀主導によるLTCM救済への根強い批判もあり、政府による「モラル・ハザード」を招く公的救済は絶対避けるべきだという世論が強かった。そうしたなか、モーゲージの損失による破綻懸念先として、市場から次のターゲットにされたのは、リーマン・ブラザーズとメリルリンチであった。リーマンはモーゲージ・ビジネス

---

[56] NYT紙（2008年9月8日）"Paulson's Itchy Finger, on the Trigger of a Bazooka" など。

に積極的であった一方で、ウォール街の証券のなかでは経営基盤や会社としての力量に関する信頼感が劣り、LTCMの危機の際にも破綻の一歩手前までいったと認識されていた。ベア・スターンズの次はリーマンというのがウォール街の一般的な認識であったのだ。一方のメリルのその規模や経営基盤はリーマンより遥かに強固であったが、5.11で示したように、2004年以降にCDOのビジネスを世界中のどの金融機関よりも積極的に進めたのがメリルであった。そして、メリルがCDOに深くかかわっていたことは、市場はよく承知していた。

AIGは、サブプライム・モーゲージの最終的な引受け手であり、最大規模のリスクを抱えていたが、モーゲージ関係の債券の引受けに直接関与しているわけでなかったので、危機の実態を認識している人間は限られていた。いずれにしても、この3社は、ファニーとフレディの処理後のまな板の上のコイ状態であり、金融当局とウォール街の銀行団はこの3社の危機にどのように対処するのか、決断を迫られる状況であった。

運命までの最後の1週間

3社のなかで、特に状況が逼迫していたのはリーマンである。リーマンは、大量の問題証券を抱えていたにもかかわらず、それまで楽観的な時価評価しかしておらず、損失の処理がまったく不十分であった。ただし、9月3日には韓国産業銀行（KDB）による買収検討という観測報道がなされた影響もあり、ファニーとフレディの救済発表の翌日の8日（月）の株価は比較的小幅な下落にとどまり、14.15ドルという水準を保っていた。しかし、翌日の9日（火）にはKDBが出資協議を打ち切ったというニュースが飛び込み、リーマンの株価は45％も下落し、一気に7.79ドルまで下げる（表6.3.2）。さらに、10日の朝のニューヨーク・タイムズ紙[57]が、リーマンの危機を伝える記事を掲載し、そこには、アメリカ政府は納税者の負担に配慮して今回は救済に動かないのではないかというアナリストのコメントも添えられた。

こうした切迫した状況に、ポールソンとガイトナーは何とか民間の金融機

---

[57] NYT紙（2008年9月9日）"Wall Street's Fears on Lehman Bros. Batter Markets"

表6.3.2　リーマン・ブラザーズの最後の1週間の株価の推移

	9月5日	9月8日	9月9日	9月10日	9月11日	9月12日
株価	16.2	14.15	7.79	7.25	4.22	3.65
前日からの変動率	6.8%	▲12.7%	▲44.9%	▲6.9%	▲41.8%	▲13.5%

関によって救済案をまとめさせようと奔走した。結局9月12日までの1週間で、リーマンの株価は80%近く下げ、資金繰りはいよいよ悪化したが、リーマンに関する救済案は週末までにはまとまらなかった。リーマンを救済する候補は、その時点でバンク・オブ・アメリカとイギリスのバークレイズの2社に絞られていた。また9月12日にS&PはAIGの格下げを示唆し、AIGの株価も30%の急落をしてこの週を終えた。

リーマン破綻[58]とメリルの身売り

　週末土曜日の9月13日、ポールソンとガイトナーはアメリカの主要な銀行と証券会社の全CEOをニューヨーク連銀に招集して、最後の救済の試みをした。実際に各社が手分けをしてリーマンの資産を精査する過程で、バンク・オブ・アメリカはメリルの買収に鞍替え、最後まで買い手の候補として残ったのはバークレイズだけであった。しかしながら14日の日曜日、イギリスの金融当局から株主による議決なしに買収することができないと連絡があり[59]、最後の望みであったバークレイズによる買収が頓挫する[60]。こうして、リーマンの破綻が確定する。

　一方のメリルは週末中に、何とかバンク・オブ・アメリカへの身売り策をまとめ上げ、日曜日の夜、株式交換による買収を発表する。それはメリルの株1株をバンク・オブ・アメリカの株0.8595株と交換するというもので、12

---

[58] リーマンが破綻するまでの数日間の出来事は、『リーマン・ショック・コンフィデンシャル』（Sorkin（2009））に大変詳しく描かれている。
[59] この決断を下したのは、イギリスのダーリング財相であったことが後年明らかになる。FT紙（2010年1月30日）"Darling 'blocked' Lehman takeover"を参照。
[60] バークレイズはリーマン破綻後に、リーマンの北米の投資銀行事業などを二束三文で買収することになる。

日のメリル株の終値17.05ドルに70%のプレミアムが上乗せされていた。これは、破綻の危機に直面していたメリルにとっては非常に有利な条件であった。さらに、メリルはこの買収が実際に実行される直前の2008年末に、総額36億ドルという巨額のボーナスを幹部と社員に支払い、世間から大顰蹙を買うことになる。

リーマンの破綻は、市場の混乱を避けるために、その晩遅く日付が9月15日に変わって2時間足らずの間に発表された。

AIGの破綻：トゥー・ビッグ・トゥ・フェイル

リーマンが破綻した15日の月曜日、市場は次のターゲットをAIGに定め、新聞は破綻の懸念を書き立てた。さらに、3大格付会社はAIGの格付を一斉に2から3段階引き下げ、AIGの株価は急落し、65%下げた4.76ドルで引けた。この格下げによって、AIGはさらに、130億ドルの追加担保の拠出を迫られた。ガイトナーはJPモルガンとゴールドマンにAIGを救済させようと試みていたが、AIGのCDSポジションの総額が4,000億ドルを超えることに加え、AIGはほかにも2.7兆ドルのエキゾチック・デリバティブのポジションを抱えており、そのうち1兆ドル以上は欧米の主要な金融機関相手の取引[61]であることが判明し、そのプランは簡単には前に進まない。ガイトナーは今度はさらに多数の銀行団による救済案を模索するが、この混乱した時期に政府の支援なしで支援策をまとめることは不可能であるという結論に達する。もしAIGが破綻した場合、CDSや他のデリバティブ取引の取引相手に与える混乱は計り知れない。バーナンキFRB議長とポールソン、ガイトナーの3人は、モラル・ハザードの懸念を押し切って政府による救済を決断する。トゥー・ビッグ・トゥ・フェイルという事態の発生である。

16日の夜発表された救済策は、AIGを救済し健全な保険事業を存続させる一方で、株主には泣いてもらうというものであり、政府は最大850億ドルの資金供給をするが、その対価として政府が最大79.9%の株を保有するという内容であった。

61　FCICレポート（2011）の348ページ。

TARPの法案の議会承認

　AIGを救済しても、市場の動揺は終息することはしなかった。次の標的にされたのがモルガン・スタンレーであったが、同社は22日に三菱UFJフィナンシャル・グループからの出資を取り付ける。また、9月25日には貯蓄金融機関の最大手のワシントン・ミューチュアル[62]が破綻し、JPモルガンに吸収される。

　アメリカ政府は、ポールソン財務長官を中心に、これ以上の連鎖的な金融機関の破綻を防ぐために前代未聞の金額の税金を投入して、金融システム全体を救済する案を模索する。そして9月19日、ポールソン長官は7,000億ドル規模の問題資産救済プログラム（TARP[63]）を発表する。TARPは、金融機関が保有するモーゲージ関連資産を公的資金で買い取ること、およびMMF市場の救済を柱とするものである。ポールソンは2週間前には「みせるだけで十分」といった「バズーカ」を実際に発射する必要に迫られたのだ。

　TARP法案の議会承認は、もめにもめ、下院は一度否決するが、最終的には10月3日にオバマ大統領の承認を得て、法案は成立する。その後、アメリカ政府は主要な金融機関のすべてに公的資本を注入した。特にシティ・グループとバンク・オブ・アメリカには数度にわたって資金を注入し、シティは実質国有化された。

世界経済は大混乱しGMとクライスラーは破綻

　2007年夏のBNPパリバ危機は、金融界という一産業の内部の出来事であったが、リーマン・ショックは世界経済全体に深刻な影響を及ぼした。危機を伝播させたのは株価の急落であり、2008年10月6〜10日の1週間は世界の株式市場で大きく株価が下落し、この1週間で日経平均株価は25％近くも下落した（表6.3.3）。

　世界の株価はその後も下がり続け、ショック前の8月末〜年末の株価の下げ幅は、日米で3割前後に達した。この結果、2008年の終盤から世界経済は

---

[62] 6.6を参照。ワシントン・ミューチュアルの破綻は、無謀な銀行経営と、金融当局の監督の失敗の典型的な事例として、危機後の上院の調査レポートに取り上げられる。
[63] Troubled Asset Relief Program

表6.3.3 リーマン・ショック前後の主要な株価指数の変化

	S&P500	日経平均	ドイツDAX指数
10月3～10日までの株価変動率	▲18.2%	▲24.3%	▲21.6%
2008年8月末～年末までの株価変動率	▲29.6%	▲32.2%	▲25.1%

(出所) ブルームバーグのデータよりRPテックが算出

表6.3.4 リーマン・ショック前後の主要国の実質GDP成長率

	世界	アメリカ	日本	ドイツ	イギリス
2007年の成長率	3.9%	1.8%	2.2%	3.4%	2.6%
2008年の成長率	1.5%	▲0.3%	▲1.0%	0.8%	▲0.3%
2009年の成長率	▲2.0%	▲2.8%	▲5.5%	▲5.6%	▲4.3%
2010年の成長率	4.1%	2.5%	4.7%	3.9%	1.9%

(出所) IMF

激しく停滞し、貿易活動は激減、2009年には主要国のGDPが軒並み大幅なマイナスになった(表6.3.4)。

こうした経済環境に、2005年の危機は何とか乗り越えたアメリカの大手自動車メーカーのクライスラーとGMは2009年の4月と6月に相次いで破綻する。

6.4 批判を浴びた金融工学(ウィルモットのマニュフェスト)

2007年に始まったサブプライム関連資産の崩壊は、とうとう世界経済を大混乱に陥れる事態にまで発展した。その結果、破綻の直接的な原因となった、サブプライムのリスクを組み込んだCDOや、AIGを崩壊させたCDSを生み出した金融技術(金融工学)は大きな批判を浴びた。高名な投資家バ

フェットは2002年の時点で「デリバティブは金融版の大量破壊兵器」と指摘[64]していたが、危機後にバフェットの先見の明が称賛され「大量破壊兵器」という単語が多くの記事や論文で使用された。また、数理ファイナンスの歴史に名を刻んだサミュエルソンは「「悪魔的でフランケンシュタイン的怪物のような金融工学」が危機を深刻化させた」と語った[65]。一方、金融工学の関係者などからは危機と金融技術自体の問題ではなく、それを使った人間の問題だといった主張もなされた。

批判の多くは、メディアや政治家など、金融技術の部外者によるものであったが、最も激しく金融界のクオンツたちを非難したのは、金融工学のカリスマ的存在であり、長年クオンツ養成に尽力してきたポール・ウィルモットと、スーパー・クオンツのエマニュエル・ダーマンであった。

〔ポール・ウィルモット（Paul Wilmott）〕（1959〜）
　イギリスの数理ファイナンスの専門家。オックスフォード大学で学士を取得後、1985年同大学で流体力学の博士号を取得。いくつかの業界で数理モデル開発の仕事をした後、数理ファイナンスのコンサルタントになり、ロンドンのフィッチ・ラーニング社[66]で数理ファイナンスのコースを開設した。さらには、ウィルモット.コムというクオンツのコミュニティーのウェブサイトを運営した。このウェブサイトには多くのクオンツが参加している。

〔エマニュエル・ダーマン（Emanuel Derman）〕
　4.3を参照。

【紹介する論文】Derman and Wilmott（2009）
「フィナンシャル・モデラー宣言」（The Financial Modelers' Manifesto）

ウィルモットとダーマンは、クオンツたちが市場の動きから物理現象のよ

64　バフェットが経営する持株会社バークシャー・ハサウェイの2002年のアニュアル・レポートに現れた。
65　2008年10月25日に朝日新聞に掲載されたインタビュー記事のなかでの発言。
66　格付会社フィッチのグループ会社の1つ。

うな数学的法則が導けるかもしれないという幻想をもつことを強く戒め、危機の原因となったCDOのモデルにおいて自分の知らないすべてのダイナミクスを切り捨てた（1ファクター・ガウシアン・コピュラ[67]を使った）ことについては、本当のリスクを暴くどころか目隠しすることになると激しく非難する。一方で、シンプルで前提条件が明確なブラック・ショールズ・モデルは、何が前提条件であるかを知っているし、何が視界に入っていないのかを正確に知ることができるので、知性的なトレーダーがそのミスマッチを定量的に調整する余地があるところがすばらしいと賞賛している。

彼らがどんな批判をしたのかは、宣言を読むのがわかりやすいので、つたない訳で恐縮だが、次にフィナンシャル・モデラー宣言の主要な部分を記す。

- ファイナンスの世界ではどのようにしてファンド―単純なドル建てや円建ての株式や債券から、先物、オプション、サブプライムCDO、CDSのような複雑なもの―を管理するかを研究している。われわれは、証券の公正価値やリスクを推定し、そのリスクをどのようにコントロールするかを示すため金融モデルをつくる。モデルはどうやって証券の価値を教えてくれるだろうか。そして、これらのモデルはどうしてサブプライムCDO市場でとんでもない間違いをしたのだろうか。
- 物理学は、物質が現在の状態から将来どのように振る舞うかを驚くほど正確に予想することができたため、ほとんどの金融モデルの設計者を触発した。物理学者は、同じ実験を何度も何度も繰り返し、物質に作用する力やほとんど魔法のような数学的法則を発見することによって、世界を研究している。ガリレオは傾いている塔から何度もボールを落とし、ジュネーブの大規模なチームは陽子と陽子を何度も何度も衝突させるのだ[68]。もしなんらかの法則が提案され、その予想が実験と矛盾するのであれば、最初からやり直しである。この手法は機能している。原子物理学の法則は少数第10位よりも正

---

[67] 5.6を参照。
[68] スイスのジュネーブ郊外に陽子と陽子を衝突させるための巨大な加速器がある。

確である。

- しかしながら、金融や経済では、貨幣価値に対する心理的要素が関係するため、話が違ってくる。金融理論は、その独自の法則を発見するために、物理学のスタイルやエレガントさを熱心に模倣してきた。しかし、市場は、人間がつくるものであり、人間は事象に対する一時的な感情や他の人間の感情に対する期待というかたちでいろいろな事象の影響を受ける。本当のところは、金融には基本法則は存在しないのだ。そして、もし仮に法則があったとしても、再現可能な実験として立証する手立てはない。

- 錯乱したエレガントさをもつモデルとしてはCDOのモデルよりふさわしい例を探すことはできない。CDOの研究論文では抽象的な確率理論を数え切れないほどの数のモーゲージの相互の価格変動に適用する。それほど多数のモーゲージの相互関係はきわめて複雑かもしれない。モデルの設計者は、すばらしい理論をつくりあげたのだから、それを実用化する必要がある；彼らはまだ知られていないすべてのダイナミクスをモデルの隅に掃き捨てる手段に出て；掃き捨てたゴミを無視し、たった1つだけ残した数値を、デフォルト相関[69]と呼んだ[70]。サブプライム（モーゲージ）からエレガントなほどばかげた；トレーダーがモデルを使う際には、すべての不確実性を単一のパラメータに集約した、CDO価格を算出した。この確率と統計学に対する過信は、深刻な問題である。統計学は、物理学における根本的な原因や効果とはまったく違って、表面的な説明にすぎず、複雑なデフォルトの動学を簡単にとらえることはできない。

- モデルはおおよその判断をするための最低限のツールにすぎない；それは、将来に対する直観を現在の証券価格に変換する役目を果た

---

[69] 金融危機が起こる前に、金融界ではCDOの価格を簡便に計算するために、プール内の資産のすべてのペアの相関がすべて同一であると仮定して算出する方法が行われていた。それがデフォルト相関である。

[70] この前後の部分は、ウィルモットとダーマンが、クオンツたちがCDOの評価に1ファクター・ガウシアン・コピュラを採用したことを非難したもの。1ファクター・ガウシアン・コピュラについては5.6を参照。

す。将来の住宅価格や、デフォルト確率や相関を直感的に考えることのほうが、CDOの価格を（直感的に）考えるよりずっと簡単なのである。CDOモデルは、将来の住宅価格、デフォルト確率や単純化したデフォルト相関に関する推測を、現在のCDO価格というモデルのアウトプットに変換する。ファイナンスの領域におけるわれわれの経験から、市場に数学を適用することにはもっと謙虚になるべきであり、最終的には人間の振る舞いをモデル化しようとする野心的な理論に対しては、きわめて慎重になるべきだと教え続けてきた。われわれはシンプルさを好むが、シンプルなのはモデルであって、現実の世界ではないことも忘れてはならない。

- 不幸なことに、ファイナンスの教師たちはこうした教訓を学ばなかった。ビジネス・スクールのテキストをちょっとみるだけで、番号づけされた定理や補題や結果の建築物を支える形式張った数学の公理（axioms）を見つけることができる。その教科書は根本的には人間や金を扱っていると、いったいだれが考えるだろうか。常識のあるすべての人にとって、すべてのファイナンスの公理が間違いであることと、ユークリッドになるというファイナンスの野望は決して実現しないことは明らかである。アリストテレスが記したように、異なる試みには、異なる次元の精密さが要求される。ファイナンスは自然科学の1つではなく、そこには数学的エレガンスさと厳密さに対する密かな恋心（secret love）を抱く目に見えない寄生虫（worm）が住み着いているのである。

- われわれは、モデルと数学を必要とする—それらなしのファイナンスや経済は考えられない—しかしながら、モデルが現実の世界ではないことは決して忘れてはならない。人間が関与するようなモデルを開発するときはいつも、われわれは義姉妹の醜い足にシンデレラの美しい靴を無理に履かせようとしているのだ。それは、どこか重要な部分を切り落とさなければフィットしないのである。そして、美しさと精密さのために部品を切り落とすことで、モデルは必然的に本当のリスクを暴くどころか目隠しすることになる。すべてのモ

デルに対する最も重要な質問は、どれほどの間違いをしている可能性があるのか、そして、そうした前提条件にもかかわらずどれほど有用であるかという問いである。モデルを使い始めたら、常識と経験をそれに重ね合わせる必要がある。

- 多くの学者は「正しい」モデルを発見するすばらしい日が来ることを夢みる。しかし、そのモデルを使うことによって世界が変化するから、正しいモデルなど存在しない。ファイナンス・モデルの進歩はつかの間で一時的なことである。市場が変化すれば新しいモデルが必要になる。そうであるから、少ない変数に関して明確な仮定を設定したシンプルで明晰なモデルの利用は、利用者が自己欺瞞に陥ることなく、直観を活用するのに最適な方法となる。

- すべてのモデルはホコリを隅に掃きやる。よいモデルは目にみえるホコリをなくすモデルだ。その意味で、オプション評価のブラック・ショールズ・モデルは、しばしば不当な中傷を受けているが、モデルの手本であり、明快で頑健である。それが明快であるのは、ホコリのない理想的な環境で定義され、株価や債券や費用からどのようにオプションを製造すればよいかを教えてくれるような、本当の工学をベースにしているからである。その手法は、果物、砂糖、労働力や輸送のコストから、1つのフルーツ・サラダ缶の価格を見つけだす方法と似ている。市場の世界はブラック・ショールズ・モデルが要求する理想的な環境とは必ずしも完全には一致しないが、このモデルは、知性的なトレーダーがそのミスマッチを定量的に調整する余地があるところがすばらしい。あなたがモデルを使うときに、あなたは何が前提条件であるかを知っているし、何が視界からみえていないのかを正確に知っているのだ。

- ファイナンス・モデルの作成はチャレンジングでやりがいがある仕事である：定性的と定量的、想像力と観察力、アートと科学の結合が要求され、それらのすべてが市場や証券の振る舞いの近似的なパターンを探し出すことに役に立つ。最大の危険は昔からの過ちである偶像崇拝である。ファイナンシャル・マーケットは生き物である

が、モデルは、たとえどんなに美しくても人造品である。どんなに努力しても、そこに命を吹き込むことはできない。モデルと現実の世界を取り違えることは、人間が数学的なルールに従うという考えによって導かれる将来の惨事を招き入れることになる。

ガウシアン・コピュラがウォール街を殺した

　金融危機において最大の凶器になったのは、サブプライム・モーゲージのリスクを内包するMBSやCDOであった。2009年2月23日、イギリスのジャーナリストであるフェリックス・サルモン[71]は「大惨事のレシピ：ウォール街を殺した数式」と題する記事[72]を発表した。その数式とは、ガウシアン・コピュラのことであり、記事は次のような一文で始まる。

　　　1年前には、数学の天才であるデイビッド・リーがいつの日かノーベル賞をとることは、考えられないことではなかった。なにしろ、金融エコノミスト（ウォール街のクオンツでさえも）過去にノーベル賞を受賞したことがあるし、リーのリスク計測に関する業績は、過去のノーベル賞を得た仕事よりも、より迅速に、より大きなインパクトを与えたからだ。しかしながら、今日、多くの銀行家、政治家、監督当局者や投資家が、大恐慌以来最大の金融メルトダウンの廃墟を調査している状況において、リーはファイナンスの仕事をまだ続けていられることに感謝しているだろう。……。

この記事においてサルモンがいわんとすることは、リーが提唱したガウシアン・コピュラが金融危機を破滅的に深めたということである。そして、上記の出だしの文章のせいで、サルモンはリー個人に危機の責任を帰しているようにも受け取られる。

　ガウシアン・コピュラの利用方法に大きな問題があったことは、まったくそのとおりであり、これは本書でも5.6を中心に第5章で説明した。しかしながら、金融界がこぞってガウシアン・コピュラを使ってCDOのリスク計

71　フェリックス・サルモン（Felix Salmon、1971〜）。
72　"Recipe for Disaster : The Formula that Killed Wall Street" http://archive.wired.com/techbiz/it/magazine/17-03/wp_quant（参照日2015年7月29日）

測をしたことをリー個人の責任に帰するのは間違いであろう。リーは単に1つの数学的手法を提案しただけである。本当に問題があるのは、リーの提案したモデルを、あたかも「正しいモデル」として無批判に利用した多くのウォール街や格付会社のクオンツや、モデルを金のなる木として利用したクオンツの上司や経営者たちである。そうしたクオンツたちの仕事振りは、クオンツ養成に尽力したウィルモットをして「どこか重要な部分を切り落とさなければフィットしない」靴を、シンデレラの義姉妹の醜い足に無理に履かせたと非難させることになった。

6.5 リーマン・ショック後当局の対応

　アメリカの政府・金融当局は、リーマンを自己責任というスタンスで破綻させたが、AIGに対しては国有化という処理をせざるをえなかった。そして、その後はシティ・グループやバンク・オブ・アメリカをはじめとした主要な金融機関すべてに政府の資金で資本注入することになり、その政策はトゥー・ビッグ・トゥ・フェイル（大きすぎて潰せない）といわれた。

　トゥー・ビッグ・トゥ・フェイルの事態に至らせた政府と監督当局を痛切に批判したのは、元FRB議長のポール・ボルカーであった。ボルカーは、大きすぎて潰せない金融機関に厳しい規制を課すことを主張し、その規制はボルカー・ルールと呼ばれた。ボルカー・ルールはウォール街から激しい反発を受けたが、オバマ・アメリカ大統領の決断で、ドッド・フランク法の一部として盛り込まれる。

〔ポール・ボルカー（Paul Volcker）〕（1927～）
　アメリカの中央銀行家で元FRB議長。プリンストン大学で学士号、ハーバード大学で政治経済の修士号をそれぞれ取得後、1952年ニューヨーク連銀に入行。その後、1969年からの財務省の通貨担当事務次官、1975年にニューヨーク連銀総裁を経て、1979年にカーター政権の指名を

受けFRB議長に就任した。1970年代のアメリカでは、景気低迷と高インフレが同時に進行するスタグフレーションに陥っていたが、FRB議長に就任したボルカーは当初、マネーサプライを政策目標にする方針をとり、政策金利は激しく変動を伴いながら急激かつ大幅に上昇した。その結果、政策金利（FF金利）は一時20%を超え、株は急落し「ボルカー・ショック」と呼ばれた。しかし、この政策によって、やがてスタグフレーションが終息すると、1982年の秋以降、ボルカーは金融政策の手法を転換し、金利の変動を抑制しつつ景気の回復を持続させることに成功した。ボルカーの激しい引締め政策は、1981年に誕生したレーガン政権から激しい政治的圧力を受けたが、そうした圧力に屈せず自らが信じる金融政策を貫いたため、レーガンは1987年にボルカーからグリーンスパンに議長を交代させた。

　FRB議長退任後は、投資・アドバイザリー会社の会長や、いくつかの企業の社外取締役やアドバイザーなどを務め、2004年にはイラクに対する国連「石油・食糧交換プログラム」における不正需給問題を調査する独立調査委員会委員長にも就任している。

　リーマン・ショック後の2008年11月、年明けに大統領就任を控えるオバマは、ボルカーを大統領経済回復諮問委員会委員長に据えることを決定。ボルカーは金融機関の投機に対する強い規制を訴え、その規制政策は2010年1月にオバマによってドッド・フランク法案の一部として盛り込まれ、ボルカー・ルールと呼ばれた。ボルカー・ルールの適用は、金融機関の反発などによって遅れに遅れたが、2015年7月に一部の実施が始まった。

G30におけるボルカーたちの提言

　リーマン・ショックが起こる直前の2008年7月、ボルカーは官民トップの経済人からなる30人委員会[73]（G30）の金融改革を検討するワーキング・グ

73　主要国の中央銀行、政府関係者、学者などによって構成され、経済と金融についての提言を行う会合。1978年にロックフェラー財団主導で設立され、不定期に開催される。

ループの座長に就任する。そして、2009年1月15日、ワーキング・グループは1つのレポート[74]を取りまとめ、次の4つの改革項目[75]を柱にした金融改革の提言をした。

① プルーデンス規制[76]と監督する対象範囲に関する弱点の克服（すべてのシステム上に重要な金融機関は、その形態にかかわらず、適切な水準の規制監督のもとに置かれなければならない）。

② プルーデンス規制と監督の質と効率性の向上（その実現のためには、規制当局と中央銀行は、国内的・国際的な協力の枠組みを大幅に改善し、より高い能力を備えることが求められる）。

③ 金融機関の方針や基準の強化、特にガバナンス、リスク管理、資本および流動性について（規制政策と会計基準は、景気循環効果に耐え、健全（prudent）なビジネス慣行と整合的でなければならない）。

④ 金融市場と金融商品は、リスクと健全なインセンティブのよりよい調和のもとで、さらに透明性を高める必要がある。その市場を支えるインフラは、堅固で、大きな金融機関が破綻にも耐えうるものでなければならない。

少人数ワーキング・グループには、主要な金融機関も参加していたが、このレポートにすでにボルカーの基本的なスタンスが表れて、その後の金融規制改革に大きな影響を与えることになる。

オバマ政権の金融改革の提案

発足したばかりのオバマ政権は、ボルカーたちの提言を受けて具体的な金融改革案を素早くまとめ、2009年6月17日に金融規制改革案の骨子[77]を発表する。それは次のような5つの柱による改革である。

① 規制体制の強化（当局の統合、システミック・リスクに対応した監督機関の設立など）

---

[74] The Group of Thirty (2009)
[75] G30レポートThe Group of Thirty (2009) の21ページ。
[76] 金融機関の破綻防止や金融システムの安定化に向けた諸施策のこと。
[77] U.S. Department of Treasury (2009), "Financial Regulatory Reform, A New Foundation: Rebuilding Financial Supervision and Regulation"

② 金融市場に関する規制の強化（デリバティブ取引の透明性向上など）
③ 消費者と投資家保護のための改革
④ 政府に対する危機管理の手段の提供
⑤ 国際的な基準と協力体制の強化（格付会社の問題も含む）

　この提案は、下院の金融サービス委員会（バーニー・フランク[78]委員長）と上院の銀行委員会（クリス・ドッド[79]委員長）によってそれぞれ議論が進められ、ドッド・フランク・ウォール街改革・消費者保護法（以下、「ドッド・フランク法」という）という名前の法律として、まとめられることになる。

ボルカー元FRB議長と英中銀キング総裁のトゥー・ビッグ・トゥ・フェイルへの批判

　2007年からの金融危機において、リーマン・ブラザーズは自己責任として破綻させたが、保険界の巨人AIGの危機に対してはトゥー・ビッグ・トゥ・フェイル（TBTF：大きすぎて潰せない）問題に直面し、それ以後、欧米の政府は主要金融機関の国有化や資本注入する対応を余儀なくされた。

　リスクの高いビジネスをしながら危機に陥った際には政府に救済される金融機関のあり方を、ひときわ激しく批判したのがボルカーとイングランド銀行（英中銀）総裁のマーヴィン・キング[80]であった。2009年10月20日、キングとボルカーは計ったようにTBTFの問題に関するコメントを出した。

　キング総裁の発言は、エジンバラで行ったスピーチ[81]に現れた。そのスピーチでキングはTBTFの問題を「重要すぎて潰せない（トゥー・インポータント・トゥ・フェイル）」と表現して、次のように、「歴史上最大のモラル・ハザード」であると語った。

　　　　重要すぎて潰せない銀行の存在は、彼らが民間セクターの企業であ

---

[78] バーニー・フランク（Barnett "Barney" Frank、1940〜）はアメリカの政治家で、1981〜2013年、下院議員（マサチューセッツ州選出）を務めた。
[79] クリス・ドッド（Christopher "Chris" Dodd、1944〜）はアメリカの政治家で、1991〜2011年、上院議員（コネチカット州選出）を務めた。
[80] マーヴィン・キング（Mervyn King、1948〜）はイギリスのエコノミスト、中央銀行家。2003〜2013年、イングランド銀行（英中銀）の総裁を務めた。
[81] King（2009）

ることと整合させるのはむずかしい。それは銀行にリスクをとることを奨励し、もしうまくいった場合には大きな株の配当と報酬を得る一方で、逆の場合は納税者の負担となるから、リソースの配分とリスク管理をゆがめている。これは経済学者が「モラル・ハザード」と呼ぶ状況である。世界中の銀行セクターに対して提供された莫大な支援は、たとえ経済の大惨事を避けるために必要だったとしても、おそらく歴史上最大のモラル・ハザードを生み出した。「重要すぎて潰せない問題」は重要すぎて無視できない（The "too important to fail" problem is too important to ignore.）。

さらにキングは、銀行業務には経済全体に不可欠な公益的（utilities）な機能があり、これはリスクの高い金融機関が行うプロップ・トレーディング業務などとはまったく性質が違うと指摘する。キングはナロー・バンク[82]（narrow bank）理論に言及し、重要すぎて潰せない銀行の業務の制限を提言した。

同じ10月20日、ボルカーもキングとほぼ同様の発言をする。ボルカーは下院で「銀行は公共にサービスを提供するために存在する」「銀行はその使命に集中すべきであり、他の活動は利害の衝突を生む」「政府の保護はあらゆる種類の金融機関でなく、金融システムの背骨である経済への信用供給という重要な役割を担う商業銀行に対してのみ供給される枠組みが望ましい」などと証言した[83]。さらにボルカーは多くの人々は「銀行を分離することは、古い考えで、いまや本来の銀行業務とそうでない業務を分離することはできない」といいつつも「まさにその議論が今日の金融危機を引き起こした」と述べている。

オバマ大統領の決断：ボルカー・ルールの採用

ボルカーやキングが主張する銀行業務の制限のインパクトは、10年前のク

---

[82] 金融機関の健全性を維持するために、預金部門と貸付部門とを分離すること。ブルッキングス研究所のロバート・ライタンが1986年に提案し、金融危機後、イギリスのエコノミストであるジョン・ケイがこのアイデアを復活させていた。
[83] ニューヨーク・タイムズ紙（2009年10月21日）"Volcker Fails to Sell a Bank Strategy"

リントン政権で事実上廃止されたグラス・スティーガル法を修正して復活させることに近い。こうした提案に対し、金融界からは強い反発があり、金融界と関係の深い政治家も同様であった。アメリカではバーナンキFRB議長、ガイトナー財務長官、サマーズ[84]国家経済会議（NEC）委員長の3人（当時3人組などと呼ばれた）のウォール街寄りのスタンスは鮮明で、金融規制改革として大胆にメスを入れるのではなく資本の増強策などでお茶を濁そうとした。また、イギリスではブラウン首相やダーリング財務相などが露骨に否定的なスタンスを示した。

こうした状況で、ボルカーの提案はこのまま葬られてしまうかと思われたが、2010年1月22日、オバマ・アメリカ大統領は突如、自ら「ボルカー・ルール」と呼ぶ銀行規制案を提案した。そして、1月30日にはボルカー自身がボルカー・ルールを説明する「金融システム改革の方法」という原稿をニューヨーク・タイムズ紙に寄稿する[85]。そこでボルカーは次のように語る。

「大きすぎて潰せない（トゥー・ビッグ・トゥ・フェイル）」というフレーズはわれわれの日常用語になった。そのフレーズは、本当に大きく、複雑で高度に相互連結した金融機関は、公的なサポートを期待できることを含意する。この不公平にみえる扱いに、世間が激怒することはもっともである。しかし、そうした感情を抜きにしても、このような金融機関の資金調達や、リスクをテイクし吸収するサイズや能力において、競争上の有利さを与える結果になる。

……

商業銀行の基本的な業務は、民間の金融システムが正常に機能するのに不可欠であることを認識する必要がある。われわれ皆が依存する基本的な決済システムを運営し保護しているのは、結局のところ、こうした組織なのだ。……。

つまり、ボルカーの主張は「銀行は産業界に資金を潤滑させるという昔ながらの役割に戻れ」という理念であり、ボルカーの主張は次の2つからなる。

---

[84] 2.9を参照。
[85] NYT紙（2010年1月30日）"How to Reform Our Financial System"

① 銀行の自己勘定取引の原則禁止（ボルカー・ルール）
　(a)　銀行のヘッジファンドやプライベート・エクイティの保有禁止
　(b)　自己勘定取引の禁止
② 規模拡大の原則禁止

ドッド・フランク法の成立

　オバマが採用を決断したボルカー・ルールはドッド・フランク法の一部に盛り込まれることになった。ドッド・フランク法は、何度か修正を重ねら

表6.5.1　ドッド・フランク法の重要な規定

	タイトル	主な内容
第1編	金融の安定	金融安定監督評議会（FSOC）と金融調査局を新設し、金融システムの安定に対するリスクなど
第2編	秩序ある清算の権限	破綻した金融機関の連邦預金保険公社（FDIC）による清算
第3編	通貨監督庁、FDICおよびFRBへの権限移転	貯蓄金融機関監督庁（OTS）を廃止し、FDIC、FRBに権限移転
第4編	ヘッジファンド等に対する助言業者の規制	助言業者（ベンチャー・キャピタル等は除く）のSECへの登録、報告義務
第5編	保険	保険会社に対するモニタリングの強化
第6編	銀行等への規制改善	ボルカー・ルール等
第7編	ウォール街の透明性と説明責任	店頭デリバティブに対する規制[86]（中央清算、報告の義務等）
第8編	支払・清算・決済の監督	支払・清算・決済に関するシステム・リスクの軽減
第9編	投資者の保護および証券規制の改善	リテール投資者などに対する保護の強化、格付会社の規制の改善、資産担保証券化のプロセスの改善、経営者の報酬制限など
第10編	消費者金融保護局（CFPB）	CFPBの設立

れ、2010年7月21日にオバマの署名によって成立した。この法律は16の編（Title）からなるが、主要な規定である最初の10編を表6.5.1に示す。

ボルカーの主張のうち、ボルカー・ルール[87]（銀行の自己勘定取引の原則禁止）について同法619条、規模拡大の原則禁止については622条として定められた。ドッド・フランク法は成立の1年後の2011年7月22日から適用が開始された。

2015年にようやく発効したボルカー・ルール

ボルカー・ルールを定めたドッド・フランク法619条は、金融安定化監督協議会による検討・勧告やFRBやSECなどによる細目に関する規則の制定というステップが必要であり[88]、さらに銀行がそれを遵守するにはそれなりの時間が必要であった。こうしたことから、当初から規制発効までには大幅な猶予期間が想定されていたが、実際にかかった時間はその最終期限、ないしはそれよりもさらに遅れ、自己勘定取引の禁止については2015年7月にようやく発効し、ファンド保有に関する規制の遵守期限は2017年が予定されている。表6.5.2に、ボルカー・ルール適用までの道のりを簡単に示す[89]。

自己取引禁止の規則とその影響

ボルカー・ルールの適用開始に先立って、ウォール街の主要金融機関は、2010年の秋以降、自己勘定部門を相次いで閉鎖や分離する旨を発表した。ボルカー・ルールでは米国債の取引などを例外として許容しているが、危機時の損失の原因になった自己勘定での証券化商品やCDSへのレバレッジ投資は大きな制約を受けることになる。また、銀行によるファンド投資については、細目の規制制定の過程で内容が緩和[90]されたが、2017年7月に遵守期限

---

[86] この規制については6.8で説明する。
[87] FRBはドッド・フランク法619条をボルカー・ルールと呼んでいるので、ここではそれに従う。
[88] 細目に関する規則の制定の必要性は、ボルカー・ルールに限らず、ドッド・フランク法の多くの条項でも同様であり、そうした条項では適用が遅れた。
[89] FRBのHPなどを参照した。
[90] 銀行の中核的自己資本の3％までのヘッジファンド等への投資が認められた。

表6.5.2　ボルカー・ルール適用までの経過

2010年7月	ドッド・フランク法の成立
2011年7月	ドッド・フランク法の適用開始（準備が整った条項について）
2011年10月	ボルカー・ルール（619条）の規則の初案の発表
2012年4月	FRBなどがボルカー・ルール（619条）の遵守期限の2年間延期を発表
2013年12月	FRBなどがボルカー・ルール（619条）の最終規則の発表
2014年11月	FRBが銀行のファンド投資売却の遵守期限の2年間延長（2017年7月へ）を発表
2015年7月	ボルカー・ルール（619条）の自己勘定取引の原則禁止のついての完全遵守の期限

が到来する。

6.6　次々と明らかになった当局、金融機関、格付会社の行状

　2007年からの金融危機に関しては、多くの本が出版され、金融機関や格付会社の強欲さやずさんさ、それに金融当局の無能さなどを伝えている。

　こうしたレポートのなかで、最も大がかりで体系的、かつ信頼性の高いものは、本書でもすでに何度も引用している2011年のアメリカ政府の公式調査結果であるFCICレポートと上院のレビン－コバーン・レポートである。本節では、この2つのレポートのさわりと、オーストラリアの裁判で明らかになった、CPDOの格付に関する格付会社のずさんな実態、そしてバンク・オブ・アメリカがアメリカ司法省などに1.7兆円もの巨額の和解金を支払って解決したMBS等のずさんな販売について、ごく簡単に説明する。

アメリカ政府のFCICレポートと上院のレビン－コバーン・レポートについて

　2009年5月、オバマ大統領は金融危機の実態調査をするための法に署名し、下院に金融危機調査委員会（FCIC[91]）が設立された。委員会は民主党から6名、共和党から4名の合計10人で構成され、委員長には民主党のフィル・アンジェリデス議員が任命された。FCICはさまざま事実関係の数値を収集し、多くの関係者から直接証言を得るなどして貴重な分析を行い、アメリカ政府の公式見解という位置づけの、膨大なレポートにまとめ上げた。ただし、ウォール街や格付会社の責任などに関して民主党の委員と共和党の委員の間で見解が分かれ、多数決で採決された本編に加えて、共和党委員の見解を対立する見解（dissenting view）として掲載している。

　一方、上院における金融危機の原因究明は、上院常設調査小委員会（PSI[92]）によって担われた。2008年11月以来、PSIは金融危機に150のインタビューを含む広範囲な調査を行い、2010年4月には4つの公聴会も実施した。2011年4月、PSIはこうした調査結果を1つのレポートにまとめ上げた。こちらのレポートでは、民主党と共和党という対立はなく、レビン（Levin）議員（民主党、小委員会委員長）とコバーン（Coburn）議員（共和党）の2人の名をとってレビン－コバーン・レポートと呼ばれる。レビン－コバーン・レポートは、ワシントン・ミューチュアル、監督当局、S&P、ムーディーズとゴールドマンという少数の具体的な会社に焦点を当て、その行状を徹底的に追及したことに特徴がある。このレポートによって明らかになったゴールドマンの行状は、世間に大きな反響を生んだ。

アメリカ政府公式のFCICレポートの結論

　FCICレポートでは、次のような結論が示された。

① 「われわれは、金融危機は避けることができたと結論づける」
　　金融危機は人間の行動と無為によって生まれたのであり、自然災害や、コンピュータ・モデルの暴走ではない。たとえば、FRBは有害な（toxic）

---

[91] Financial Crisis Inquiry Commission
[92] Senate Homeland Security Permanent Subcommittee on Investigations

モーゲージが出回る芽を摘むことに失敗した。

② 「われわれは、規制・監督当局の広範な失敗が金融市場の安定性を崩壊させたと結論づける」

グリーンスパン前FRB議長が先頭に立ち、下院などに支持された過去30年間の規制緩和と金融機関の自己規制を信用することよって、至るところで重要なセーフ・ガードが取り外され、大惨事を阻止することができなかった。

③ 「われわれは、多くのシステム上重要な金融機関のコーポレート・ガバナンスとリスク管理の劇的な失敗が今回の危機が発生した鍵であると結論づける」

あまりにも多くのシステム上重要な金融機関が、過小な資本しか有していないのに、向こう見ずに過大なリスクをとり、短期の資金調達に過度に依存をした。

④ 「われわれは、政府は危機に対して不適切な準備をしたうえ、その一貫しない対応は金融市場の不確実性とパニックを増幅させたと結論づける」

当局が、ベア・スターンズやGSEを救済したが、リーマン・ブラザーズを救済せず、AIGを救済したことが不確実性とパニックを増加させた。

⑤ 「われわれは、説明責任と倫理にシステマチックな機能不全があったと結論づける」

主要な金融機関は不十分なサンプリングしかしていないローンを購入し、証券化して投資家に売却した。彼らは、著しく高い比率のローンが、彼ら自身やオリジネーターの引受基準に合致していないことを知っていた。

⑥ 「われわれは、モーゲージ貸付の規範と証券化パイプラインの荒廃が危機拡散の炎を点火し拡散させたと結論づける」

モーゲージ・ブローカーがローンを探し出し、貸し手が金融機関にモーゲージを渡し、金融機関はMBS、CDO、CDOスクエアード[93]、シンセ

---

[93] CDOの2乗という意味で、CDOを担保資産に組み入れたCDOのこと。ABS CDOの一種。金融危機が発生した当初、行き過ぎた金融エンジニアリングの象徴的な存在として、CDOスクエアードという名称がメディアに登場した。

ティックCDOなどをつくりだしたが、こうしたパイプラインの関係者のだれもが、十分な責任を請け負うことができなかった。

⑦「われわれは、店頭デリバティブが今回の危機に重大な役割を果たしたと結論づける」

店頭デリバティブは次の3つの方法で重大な役割を果たした。第1にCDSがモーゲージの証券化の増大を煽ったこと。第2にCDSはシンセティックCDO組成に欠かせない要素であること。第3にAIGが危機に瀕したとき、政府はAIGの崩壊がグローバルな金融システムの連鎖的な崩壊につながらないようにするために、巨額のコミットメントをする必要があったこと。

⑧「われわれは、格付会社の失敗はすべての金融崩壊に関して必要不可欠な歯車だったと結論づける」

投資家は、しばしば盲目的に、格付会社を信頼し、またある場合では、規制上の理由で格付会社を使う必要性があった。また、たとえばムーディーズの機能停止の裏には、欠陥のあるコンピュータ・モデル、格付費用を支払う金融機関のプレッシャー、市場シェアへの執着、人材の不足、外部からの有効な監視の欠如などの要因があった。

実名があげられた金融機関や格付会社

FCICレポートの本文では、実名の金融機関や格付会社と実名の人物を登場させ、ノンフィクション文学のようなタッチで描写していることに特徴がある。各章の見出しは次のように気が利いて、本質を突いたフレーズをちりばめている。本書では、詳しく説明する紙幅はないが、以下にいくつか見出しの例を示す。これによって、危機の本質と、各機関が果たした役割や当時の事態の切迫感を垣間みることができるだろう。

■CDOマシーン（第8章）
・CDOs：「われわれは投資家をつくりだした」
・ベア・スターンズのヘッジファンド：「ある日突然うまくいかなくなるまで、とてもうまくいっていた」
・シティ・グループの流動性プット[94]：「潜在的な利益相反」

- AIG：「ウォール街全体の金の卵を産むガチョウ（Golden Goose）」
- ゴールドマン・サックス：「サブプライム崩壊の効果を増幅した[95]」
- ムーディーズ：「錬金術によって成功を収める」
- SEC（証券取引委員会）：「とんでもなくひどい事態になりそうだ」

■狂気（第10章）
- AIG：「こうした役割なのに十分報われていない[96]」
- メリルリンチ：「何としてでも（Whatever it takes）[97]」
- 監督官：「過度のリスク集中が進んでいるのか？[98]」
- ムーディーズ：「儲けこそすべて」

■2007年初旬：サブプライムへの懸念の拡大（第12章）
- ゴールドマン：「積極的にばら撒こう[99]」
- ベア・スターンズのヘッジファンド：「どうやらクソ悪いようだ」
- 格付会社：「ありえない……突然」
- AIG：「われわれが想定したより遥かに大きい[100]」

■2007年夏：資金調達の混乱（第13章）
- ドイツのIKB：「リアル・マネー投資家[101]」
- カントリーワイド：「これはわれわれの9.11だ」
- BNPパリバ：「鳴り響く鐘」

---

94 シティはCDOビジネスを行うにあたって、中長期のCDOを販売するかわりに、短期のABCPを発行し、もしABCPが売れなかった場合や利回りが上昇した場合に、シティ自身が購入する条件（流動性プット）を付した。
95 後で説明するように、ゴールドマンはCDOのショート・ポジションを大量に構築した。
96 AIGの社内でAIGが保有するCDSのリスクを警告した幹部（Gene Park）のコメント。
97 5.11を参照。メリルの幹部は何としてでもCDO市場のシェアを維持しろと命じた。
98 この疑問に監督当局は「多分違う」と考えた。
99 ゴールドマンは2006年年末にサブプライム・モーゲージのCDS指数であるABX-BBB指数の下落が始まると、この指数を積極的に顧客に販売（ばら撒き）し、自身はショート・ポジションを構築した。
100 AIGがゴールドマンに差入れを要求された担保の金額のこと。
101 ヘッジファンドなどの投機的な資金を集め、しばしば高いレバレッジをかける投資家でなく、年金や保険などの伝統的であまりレバレッジをかけない機関投資家のことを指す業界用語。

- SIVs：「静寂のオアシス[102]（An Oasis of Calm）」
- マネー・ファンドや他の投資家：「消火ホースから水を飲む[103]」

■2007年末〜2008年初旬：膨大なサブプライムの損失（第14章）
- メリルリンチ：「夏の間の目覚め[104]」
- シティ・グループ：「それはちっとも私の注意を喚起しなかった[105]」
- AIGとゴールドマンの紛争：「損をするはずがない[106]」
- FRB：「ディスカウント・ウィンドウ[107]は機能していない」
- モノライン保険会社：「損失は想定していない」

■2008年3〜8月：システミック・リスクの懸念（第16章）
- FRB：「みんなが恐れている時は」
- FRBとSEC：「流動性に欠けるポジション」
- デリバティブ：「潜在的なシステミック・リスク評価の初期段階」
- 銀行：「市場は本当に、本当に当てにできない（dicey）」

■危機とパニック（第20章）
- マネー・マーケット・ファンド：「ディーラーたちは電話をとることさえしなかった」
- モルガン・スタンレー：「次はうちの番だ」
- 店頭デリバティブ：「身動きがとれない」
- ワシントン・ミューチュアル：「イッツ・ユアーズ[108]」
- ワコビア：「他のドミノは倒れたが、ドミノの先頭にいる[109]」

---

[102] 危機が表面化する直前の2007年の夏に、ムーディーズが公表した「SIV：サブプライムの嵐のなかの静寂のオアシス」というレポートを皮肉ったもの。夏以降、SIVは大混乱に巻き込まれる。
[103] 危機前後のマネー・マーケット・ファンドには、急激な資金の流入と、その後の急激な流出に見舞われた。これは、その様子を比喩したもの。
[104] 2007年の夏になって、ようやく自身が抱えているリスクの大きさに気づいたこと。
[105] シティが抱えていたAAA格付の証券に関するリスクのこと。
[106] AIGの社内ではそのように信じられていた。
[107] FRBが流動性を供給するために、金融機関の資金繰りが困難になった場合に直接資金を供給する制度。
[108] ブローカーが取引の成立時に買い手にいうフレーズ。JPモルガンがワシントン・ミューチュアルの買収を提案した際に、当局の担当者がJPモルガンのダイモンCEOにこのフレーズで取引成立を告げた。

- TARP:「包括的アプローチ」
- AIG:「この患者の開放性胸部創を治す必要がある[110]」
- シティ・グループ:「世界にわれわれがリーマンの轍を踏まないことを知らせる必要がある」
- バンク・オブ・アメリカ:「ショットガン・ウェディング[111]」

上院のレビン－コバーン・レポート

一方、上院のレビン－コバーン・レポートでは、ムーディーズとS&Pと、ゴールドマンが最大の標的としてその行状が糾弾されている。

① ハイ・リスクな貸付:ワシントン・ミューチュアル[112](WaMu)のケース

全米最大の貯蓄金融機関で、6位の商業銀行でもあるWaMuは、2004年から、利益を増加させるためにハイ・リスクのローンに傾斜した。そうしたローンは2006年までには延滞や貸倒れが増加、2007年にはそうしたローンを組み込んだMBSが格下げや損失を被るようになった。

② 規制当局の失敗:貯蓄金融機関監督局(OTS[113])のケース

WaMuを監督する立場にあったOTSは、WaMuが破綻するまでの5年間にわたり、検査で、貸出慣行、リスク管理、資産の質、承認慣行などの重大な問題点を発見し、WaMuにその是正を求め続けた。WaMuは是正を約束したが、結局その約束は履行されなかった。

---

109 2008年9月、カントリーワイドなどと並んでモーゲージ・ビジネスを積極的に展開した大手銀行のワコビアは破綻の危機に直面した。ワコビアのCEOは、ワコビアの倒産によってさらなるドミノ倒しが起こると説明し、最終的に金融当局の救済を取り付けた。

110 金融当局の幹部が、AIGのCDS取引のカウンターパーティ・リスクを保護しないと、アメリカ政府がAIGに投入した850億ドルより遥かに巨額な税金投入が必要になるリスクを表現したフレーズ。

111 メリルリンチとバンカメの合併について。合併発表後も損失がふくらみ続けるメリルの姿をみてバンカメ首脳は合併解消を口にするが、金融当局がバンカメの首脳を解任すると脅して合併を実現させた。

112 Washington Mutual Inc.は金融危機当時のアメリカ最大の貯蓄金融機関。リーマンの破綻直後から資金流出が続き、2008年9月25日にOTSから業務命令を受けて事実上破綻し、JPモルガンに買収された。

113 Office of Thrift Supervision

③ インフレされた格付：ムーディーズとS&Pのケース

2004年から2007年にかけて、2つの格付会社は膨大な数のRMBS[114]とCDOの格付を行った。2006年の後半には、ハイ・リスクのモーゲージの延滞や貸倒れが増加していたが、ムーディーズとS&Pはそうした兆候にもかかわらず、RMBSとCDOに高い格付を与え続けた。そして2007年7月になって、大量の格下げを実施した。これによって、RMBSとCDOの流通市場の価格は崩壊し、金融危機の最大の引き金となった。

④ 投資銀行の不適切な行動：ゴールドマン・サックスとドイツ銀行の場合

2004年から2008年にかけて、ゴールドマンはモーゲージ市場の主要なプレーヤーの一角であり、97件のRMBSと27件のモーゲージ関連のCDOの引受けを行い、その金額はおよそ1,000億ドルに達した。しかし、2006年の12月に、ハイ・リスクのモーゲージの劣化を確認すると、ゴールドマンは手持ちのRMBSとCDOをバルクで売却するとともに、2007年を通じてモーゲージ関連のショート・ポジションを構築し続けた。

モーゲージのショートをつくるにあたって、ゴールドマンは自身がアレンジしたCDOを利用して[115]、顧客と正反対のネット・ポジションをとることもあった。上院の小委員会はこれが利益相反に当たるとした[116]。このようなCDOの組成において、ゴールドマンは品質が低い資産を大量に選択したというのだ。

また、ゴールドマンは2007年4月に、ヘッジファンドのポールソン[117]

---

[114] 住宅ローンを担保資産とするMBS。

[115] ゴールドマン自身がCDOに組み入れるABSの売り手となったり、CDOに組み入れるABXというサブプライムローン証券化商品のCDS指数の構成銘柄などの（プロテクションの）買い手になること。

[116] 金融機関が顧客と逆サイドのポジションをとること事体は珍しいことではないが、たとえば、多数の複雑な証券化商品を担保資産に組み入れたABS CDOの場合は、顧客と金融機関の保有する情報の非対称性と、分析能力の差が著しい点で大きな問題がある。つまり、金融機関は担保に組み入れられたABSの品質をよく知っているが、顧客にとっては担保に組み入れられたABSの品質を一つひとつ精査するのは、保有している基礎的な情報の量と質、分析能力、それに分析に必要な労力などの要因によってきわめて困難である。

[117] Paulson & Co. Inc.は著名な投資家ジョン・ポールソンが1994年に設立した、ニューヨークを拠点とするヘッジ・ファンド。金融危機時に住宅バブルの崩壊や、金融機関の株の下落に賭け巨額の利益を得た。

の要求に従ってアバカス（Abacus）2007-AC 1というシンセティックABS CDOを発行したが、このCDOに組み入れる資産の選定にポールソンが関与し、一方で、ポールソン自身がCDOと逆サイド（ショート）のポジションをとった。ゴールドマンは、こうした事情を知りながらCDOの投資家にその事実を説明しなかった。

　ドイツ銀行では、CDOのトップ・トレーダーであったグレッグ・リップマン（Lippmann）は、同社の同僚や一部の顧客に対し、CDOのショート・ポジションをつくることを何度も勧めた。ある時点で、リップマンは、ドイツ銀行自身が運用するファンドが買うCDOを使って自分の運用する自己勘定取引ブックで逆のポジションをつくった。このCDOのショートなどによって、リップマンのブックは15億ドルの利益を得て、リップマンは過去同社でだれも手にしたことのない額のボーナスを請求したが、一方でドイツ銀行自身はモーゲージ関係の自己勘定取引で45億ドルの損失を出した。

オーストラリアの裁判で明らかになったずさんな格付と癒着関係

　格付会社のずさんな実態を暴露した出来事として、2012年にオーストラリア連邦裁判所によって判決が下されたCPDO[118]による損失事件の裁判があげられる。この事件は2006年11月にABNアムロのアレンジで組成されたレンブラント[119]という名のCPDOに、S&PがAAAの格付を与えたことに関するものである。アムロはこのCPDOをオーストラリアの13の地方自治体に総額1,600万豪ドル販売したが、2007年夏からの金融危機によってCPDOの価格は下落し、2008年10月にCPDOはデフォルトし、投資家は元本の90％以上を失った。

　問題の裁判は、投資家がS&Pなどを相手どって損害の賠償を求めて起こしたものであるが、オーストラリア連邦裁判所は2012年11月5日、原告の主張を全面的に認めて格付会社に損害の賠償を命じた[120]。

118　5.10を参照。
119　Rembrandt 2006-3
120　2014年6月にオーストラリアの最高裁判所はこの判決を維持し、S&Pの賠償責任が確定した。

判決に関する1,500ページにも及ぶ膨大なドキュメントとそのサマリー[121]が公表されているが、そこで浮き彫りになったのは、格付会社と金融機関の癒着関係と、格付会社によるずさんな格付作業である。具体的には、S&Pはアムロの持ち込んだCPDOのリスク評価モデルを、ほとんどそのまま用いて、簡単な過去の変動率の確認などを怠ったことや、シミュレーションのちょっとした変更によってAAAが失われてしまう可能性がある不安定な評価であったことが明らかにされた。

　サマリーでは、CPDOのAAAという格付が次のような前提条件で格付されたと認定している[122]。

- ABN アムロによる虚偽説明と、S&PがCDS指数[123]の導入時以来の実際の平均ボラティリティを独自に計算しなかったために導き出された、15%という不当かつ不合理に低い水準に想定されたボラティリティ。
- 指数の長期平均スプレッド（LTAS）について0.4%という低い水準を1年間適用する場合と0.4%を2年間適用する場合について、S&Pは恣意的、不合理かつ不当な区別をしたこと。
- ストレスがかけられていない平均リカバリー・レート（MR）40%を適用したこと。
- 適用するロール・ダウン・ベネフィット[124]（RDB）にストレスがかけられていなかったこと。この前提条件がなく、かつ、他のすべてのインプットは同じだった場合は、モデルが示すCPDOのパフォーマンスはAAA格付でなくBBB以下であった。
- 格付の推移によるCPDOへの潜在的な悪影響について、考慮が払われていなかった。

121　Federal Court of Australia（2012）
122　サマリーの8ページ。
123　具体的にはGloboxx指数。
124　5.10で説明したようにCPDOの運用では、半年ごとに新たなシリーズの指数にロール・オーバーする。ロール・オーバーの際には新旧シリーズ間の年限の差（6カ月）に起因して利益が出ることが多いので、この裁判ではロール・ダウン・ベネフィットという用語を使っている。

細かい説明は省略するが、要は、S&Pはいくつもの項目で不適切な格付を行っており、たとえばRDBという1つのパラメータについてだけでも適切な設定をしていれば、この債券はAAA格でなくBBB格以下であったというのだ。こうした不適切な計算のうち、裁判官が特に問題視したのは、ABNアムロが虚偽の説明をしたボラティリティをそのまま使ったことであり、それについて次のように記している[125]。

> S&Pは、CDS指数の導入時からの実際の平均（ヒストリカル）ボラティリティが15%だというABNアムロの主張を信頼した。S&Pは、独自にボラティリティを計算することは容易であったにもかかわらず、それをしなかった。私の考えでは、このような計算は、それなりに能力を有する格付会社としては行う義務があった。

もしS&Pが過去のスプレッドのデータを実際に測定していれば、ボラティリティ28〜29%はあったという。しかしS&Pはその測定を怠り、銀行が（意図的に？）主張した、15%という、実際より遥かに低いボラティリティをそのまま鵜呑みにして適用した。本来、格付会社は過去の観測値にストレスを加えたより厳しいスプレッドを適用して、慎重にリスクを計測すべき立場にある。このような正常な格付プロセスを踏んでいれば、15%という誤った数値を入れた場合との違いは遥かに大きなものであったはずである。

この事実に関して驚きを禁じえないのは、こうした分析をするにあたって過去のスプレッドのボラティリティを計測することは基本中の基本であり、データを保有しているプロであればきわめて短時間にできる作業であるからだ。したがって、格付会社のこの不適切な仕事振りは、面倒な作業の一部に手抜きをしたという生易しいものではなく、最初から意図的に、適切なリスクの計測をするつもりがなかったというしかない。

過去最高の1.7兆円の和解金を支払ったバンク・オブ・アメリカ

2014年8月21日、アメリカ司法省は、2008年の金融危機の引き金となったMBSやCDOの不正販売問題について、バンク・オブ・アメリカと和解に達

---

[125] サマリーの6ページ。

し、同社が166.5億ドル（当時のレートで換算して約1.7兆円）の和解金を支払うことで合意したと発表[126]した。これは、バンク・オブ・アメリカが金融危機前後に買収した、カントリーワイドとメリルリンチの2社が行った取引に関する和解であるが、和解の金額として過去最高のものである。

　司法省などとトラブルが発生した原因は、カントリーワイドとメリルがファニー・メイやフレディ・マックに販売したローンの品質に関する虚偽説明である。たとえば、メリルはモーゲージの証券化ビジネスにおいて、投資家に販売したローン・プールの大きな部分に引受けやコンプライアンス上の瑕疵があることを知りながら、あるいは品質の検査をしていないのにもかかわらず、問題のないローンであると偽って証券化を進めたという。あるプールにおいては、瑕疵のあるローンの比率が55%に達した。また、メリルはデュー・デリジェンスをせずに証券化を行ったという。

6.7 再び明らかになったデリバティブの暴走（ドイツ、日本、その他）

　デリバティブの暴走の最初の有名な事例である、1990年代にバンカースが勧誘した取引については、すでに4.5で説明したが、悪質な商売をしたバンカースの社会的信用力は失墜し、バンカースは実質的な身売りを余儀なくされた。しかしながら、金融機関がこの事件の貴重な教訓が生かした期間はさほど長くはなかった。バンカース事件から十数年の月日を経て、バンカースが行った取引より遥かに商品的な合理性や倫理性に問題があり顧客にとって適合しないデリバティブ取引による社会的な問題が、ドイツ、イギリス、日本や世界中の新興国などで起こり、社会的な不祥事となった。こうしたデリバティブ商品を用いた不祥事は、リーマン・ショック以前の数年間に集中的に起こっている。本章でこれまで説明してきたような、この時期の、金融機関の短絡的な利益を追求する文化は、こうした側面でも大きな影響を及ぼし

---

[126] アメリカ司法省のHP（2014年8月21日）"Bank of America to Pay $16.65 Billion in Historic Justice Department"

たのだ。

IMFの報告書に示された、新興国で流行した為替エキゾチック・デリバティブ

　デリバティブの商品設計の自由度を悪用し、顧客の負担になるようなリスク構造のエキゾチック・デリバティブの勧誘によって顧客との間に大きなトラブルを引き起こすという事態は、主要国だけでなく、新興国を含めた世界中で観察された。特に、リーマン・ショックまでの数年間には、エキゾチック・デリバティブによって多数の企業が経営危機に陥るという事態が世界中で発生し、2009年にはIMFが新興国におけるその実態の調査報告書[127]を作成するに至った。これらの国で問題になったのは、ドイツやイギリスのような金利デリバティブでなく、為替のデリバティブである。報告書によれば、IMFが問題を把握したのは12の経済圏[128]あり、それらの国の非金融機関のうち5万社が損失を被り、その直接的なコストは5,300億ドルにのぼったという[129]。

　報告書ではレシオ[130]やノックアウトなどの条件が付されたデリバティブの事例が取り上げられており、こうした商品が為替リスクのヘッジという名目で勧誘されたが、実際には「エキゾチック・デリバティブは、非金融の企業がさらされているリスクに密接にマッチしたものではないため、不適切なヘッジ手法である[131]」としている。

　報告書では、問題のエキゾチック・デリバティブの名称は国によって異なるものの、取引の基本的な経済構造は同じであり、次の4つの重要な特徴を共通して有しているとする。

---

[127]　IMF（2009）
[128]　インド、スリランカ、マレーシア、インドネシア、日本、韓国、香港、台湾、中国、ブラジル、メキシコ、ポーランドの12カ国。新興国に関するレポートだが、日本の事例も取り上げられている。
[129]　IMF（2009）の3ページ。
[130]　為替デリバティブにおいて、一定の為替水準よりある通貨が安く（または高く）なった場合に、交換金額が増加する条件。多くの場合は、顧客に損失が出る局面で交換金額が増加する。
[131]　IMF（2009）の22ページ。

① 自国通貨の買いポジションを提供し、毎月あるいは時にはそれ以上の頻度で決済がなされること[132]。
② 取引時の潜在的な利益にキャップまたはリミットが設けられていること。そのリミットは、バリア・オプションにおけるノックアウト条項として実現される場合もあれば、利益の総額が、ターゲット額（「償還ターゲット」ともいわれる）に達すれば契約が終了するという場合もある。
③ 損失面にはリミットがないこと。実際、損失サイドは、基準となる為替レートや参照する価格の一定の変動に対しそれよりも急速な割合で（通常は2倍の割合で）損失が発生するように設定されていた。
④ 顧客が当初のコストをかけずにこうした契約を締結できるようにゼロ・プレミアムまたはゼロ・プレゼント・バリュー[133]の取引であった点である。

これらの特徴は、ドイツやイギリスの事例、さらには4.5で示したバンカースの事例にも共通するものであり、ドイツの最高裁が「リスク構造を故意に顧客の負担になるように設定した」と表現した商品性の問題点である。

IMFでは、こうした事例を不祥事（scandal）と呼び、このような不祥事の再発を防止するため投資家保護規制の提言をしているが、その冒頭で「投資家保護規制は、あまり精通していない（less sophisticated）投資家らを精通している金融機関の抜け目なく、かつ誤解を招くような営業活動から護るためものである」としている。そして、「エキゾチック・デリバティブ取引の価格評価は、その複雑さゆえに、自らリスクや価格を評価する能力がない精通しない投資家には、適合しないと考えてよいだろう。透明性の欠落がさらにこの事態を悪化させる」という基本的な見解を示している。IMFの指摘のとおり、商品の透明性はきわめて重要な事項である。

132　ただし、日本の事例の場合は自国通貨の売り。
133　「ゼロ・プレミアムまたはゼロ・プレゼント・バリュー」とは、日本では通常「ゼロ・コスト・オプション」と呼ばれる取引で、顧客のオプションの買いと売りを組み合わせ、支払オプション料と受取オプション料を相殺してオプション料をゼロとしたオプション取引のこと。ただし、支払オプション料と受取オプション料が相殺しているというのは金融機関の言い値ベースであり、合理的に算出された公正価値ベースでは顧客に一方的に不利なケースが多い。

ドイツ銀行が行ったCMSスプレッド・ラダー・スワップ

2011年3月22日、ドイツの最高裁判所（BGH）はドイツ銀行が衛生関連の事業を営む中堅企業と行った複雑なデリバティブ取引による損失事件について、下級審の判決を覆して、顧客の損害賠償請求を全面的に認める判決を下した。

この裁判で問題になった取引は、CMSスプレッド・ラダー・スワップという名の金利スワップであり、その取引の条件は表6.7.1のとおりである[134]。

この取引の特徴は、変動金利の払い手である顧客にとって、10年のスワッ

表6.7.1　ドイツ銀行が敗訴した金利スワップ取引

契約日：2005年2月16日
開始日：2006年2月20日
想定元本：200万ユーロ
契約期間：5年半
金利の交換：2006年8月から半年後に合計9回
固定金利の払い手：ドイツ銀行
変動金利の払い手：Ille Papier Service GmbH（清掃業を営むドイツの中堅企業）
固定金利：3％（年率）
変動金利：次の式で算出される金利 　　　　1回目（2006年8月）の変動金利 　　　　　　$1.5\% + [1\% - (CMS10 - CMS2)]$ 　　　　2回目（2007年2月）の金利 　　　　　　1回目の変動金利 $+ [1\% - (CMS10 - CMS2)]$ 　　　　3回目から9回目まで（2007年8月から半年ごと）の金利 　　　　　　前回の変動金利 $+ [x\% - (CMS10 - CMS2)]$ 　　　　　　x：3回目は1％、4〜5回目は0.85％、6〜7回目は0.7％、 　　　　　　　　8〜9回目は0.55％
$CMS10$：期間10年のEURIBORスワップ[135]金利
$CMS2$：期間2年のEURIBORスワップ金利

---

[134] ドイツ最高裁の判決文などを参照した。
[135] EURIBORは欧州銀行連盟が発表している指標金利でEuro Interbank Offered Rateの略。

プ金利と2年のスワップ金利のスプレッドが縮小すれば金利が増加し、さらに前回の変動金利が足される算式であるため、いったん相場が顧客の不利な方向に進むと雪だるま式に損失がふくらむことである。このような仕組みをもつデリバティブはスノーボールとも呼ばれる。

　この取引の約定時点では、10年と2年のスワップ金利のスプレッドは1.1%以上あったので、顧客はそのままの状態が続けば自分の金利負担が減少すると期待したのであろう。しかし、当時のフォワード金利の形状からは、実際には顧客の期待どおりになる蓋然性は低く、この取引の約定当初の時価は大きなマイナスであり、想定元本200万に対して、4%（約8万ユーロ）の約定時点の時価のマイナスであった。

当初のマイナスの時価の意味を明らかにしたドイツの最高裁判決

　顧客が起こした訴訟は、下級審では顧客が敗訴したが、2011年3月22日の最高裁の判決では逆転して全面勝訴を得る。この判決の特徴は、取引条件の特殊性がリスク構造を故意に顧客の負担になるように設定したことが原因であること、そして約定時の8万ユーロのマイナスはその結果であると認定したことである。ドイツの最高裁の判示の特徴をまとめると、表6.7.2のとおりである。

　さらに判決では、顧客の負担になる特殊な条件を組み込むことによって約定時に銀行が得た利益について、銀行はヘッジ取引を行うことによって、約定時のマイナスの時価を利益として確定することができるので、約定後の取引の価値の変化に無関心でいられるという、デリバティブのプロ以外はなかなかわかりにくい構造を解明している。このように、複雑なデリバティブの問題の根本的な原理を解明した判決として、このドイツの裁判は、前節で説明したCPDOに関するオーストラリアの裁判とともに、画期的な事例といえる。

イギリスの金利デリバティブ問題

　2012年7月、当時のイギリスの金融監督当局であった金融サービス機構（FSA[136]）はデリバティブ販売に関する声明文の発表をした。そこでは、金

利リスクのヘッジのためという名目で販売された商品は、本来であれば将来の金利変動の不確実性に対して顧客のリスクのプロテクションになるはずのものが、実際には著しく複雑な商品が用いられた可能性があり、それによって不適切な販売（mis-selling）が行われたと指摘し、主要行に被害を受けた中小企業などに対する補償などの措置を求めた。

　FSAがどうしてこうした措置をとったのかを簡単に説明しよう。イギリスは1990年代前半に、ポンドの下落から短期金利が10％を超えるような状況を経験した。こうしたことから、イギリスの企業は金利の上昇による借入コ

表6.7.2　ドイツ最高裁の判断の特徴[137]

商品性の認定	・単純な構造のデリバティブと比較して非常に複雑でハイ・リスクな商品であると認定。 ・リスク構造を故意に顧客の負担になるように設定したと認定。
商品性認定の判断基準	・商品の複雑さや、市場の変動次第で破滅的になる可能性などを判断基準にしている[138]。
説明責任の範囲	・複雑な金融商品においては、顧客を助言する銀行と同じ知識状態にする必要がある。 ・リスク構造を故意に顧客の負担になるように設計した場合は、単独の説明義務が発生する。
時価の意味	・約定時の一方の利益が鏡像のように同額の他方の損失であることが非常に重要な問題。 ・マイナスの当初の市場価値は重大な利益相反がある。 ・銀行はヘッジ取引をすれば、その後の（CMSの）スプレッドの変移に無関心でいられる。
利益相反	・マイナスの当初時価は、故意に顧客の負担になるように設計したリスク構造を付した結果である。 ・銀行が顧客に与える投資助言は顧客の利益のみを考慮しているのではない。

---

[136] Financial Services Authorityは当時のイギリスの金融監督当局。2013年からFCA（Financial Conduct Authority）とPRA（Prudential Regulation Authority）の2つに改編された。
[137] 判決文および川地宏行（2014）を参照した。
[138] ただし、具体的な数値基準などは示していない。

ストの上昇のリスクには敏感であった。こうした状況で、多くの銀行が金利変動リスクのヘッジと称して、中小企業にデリバティブ取引を勧誘した。しかし、勧誘した商品に大きな問題があった。中小企業が金利上昇をヘッジしたいなら、本来は、LIBORなどの短期金利に上限を設定する金利キャップを買えばよいのだが、銀行がとった戦略は、顧客が金利上昇ヘッジのためのキャップを購入するのと同時に、金利が低下した場合に企業が損失を被る金利フロアーを同時に売りつけて「ゼロ・コスト」とする勧誘政策をとった。キャップとフロアーの買いと売りの組合せは、金利の上限(金利上昇リスクのヘッジ)と下限(つまり金利低下のメリットを享受できないという代償)があるので、グラフにした場合の2本の平行性が(ワイシャツなどの)襟のかたちに似ているのでカラー(Collar)取引と呼ばれる。この金利のカラー取引が、結果的に大きな問題となった。

2008年9月のリーマン・ショックによって、イギリスの金利も急低下をする。それまで5%前後だった3カ月LIBORは、2008年の年末には1%を下回るほど急激に下落した。もし、キャップとフロアーの元本の比率が1対1のカラーであれば、金利がこれほど激しく低下しても、中小企業は金利低下の恩恵を受けられなかっただけですむ。しかしながら、実際に銀行が勧誘したカラー取引の多くは、顧客が売るフロアーの数量が購入するキャップの数倍大きいレバレッジや、場合によってはさらに複雑な仕組みが付せられたりした。このような取引はストラクチャード・カラーと呼ばれる。イギリスでは、2001~2008年に、こうした2,800契約もの金利デリバティブが中小企業に販売され、特に2005~2008年にその多くが販売されたという。

FSAがこうした商品によって多くの中小企業が苦しむ状況を調査した結果、次のような不適切な販売慣行が確認された。

① 貧弱な取引解消コストの説明(取引をキャンセルするときに発生する多額の取引解消コストが発生する可能性があることを、多くの中小企業は認識していなかった)
② 顧客がリスクを理解していることの確認不足
③ オーバー・ヘッジ(ヘッジの対象である融資の額を超えたヘッジ)
④ 上記の慣行がセールス担当者への報酬やインセンティブによって引き起

こされたこと

FSAはこの問題について、主要なプレーヤーである、バークレーズ、HSBC、ロイズ、RBSの４行と次のような合意に達した。

① 2001年以降に精通しない（non-sophisticated）顧客に販売したストラクチャード・カラーの補償（redress）措置をとること。
② 2001年以降に精通しない顧客に販売した他の金利デリバティブ取引（ストラクチャード・カラーとキャップ以外）について再調査（review）すること。
③ 精通しない顧客キャップ取引について、もし顧客から苦情を受けている場合は再調査すること。

さらにこの４行は、将来リテールの顧客にストラクチャード・カラーの販売を中止することも合意した。このFSAの措置は２つの点で画期的な措置であった。１つ目は金融商品の複雑さに応じた対応をして、ストラクチャード・カラーという特定の商品に関して特別に厳しい措置をしたこと、もう１つは顧客の商品への精通の度合いに応じて救済措置をとることを求めた点である。精通しない顧客の保護は2009年のIMFのレポートでも指摘されたところでもある。ただし、具体的な顧客の区分については、形式的にならざるをえない[139]という問題が残ることは指摘しておく必要がある。いずれにしても、イギリスでは、監督当局の主導によって、問題取引の大量の被害者に対して一括的な救済措置がとられた。

IMFの報告書で紹介された日本のスノーボール取引

IMFのレポートでは、日本における事例として、唯一具体的な取引内容が説明されているものがある。それは外食チェーンを運営するサイゼリヤがBNPパリバと行った２つのきわめて特殊な取引[140]であり、たった２つの取引で153億円以上の解約による損失を計上することになった。２つの取引はほぼ同じストラクチャーであるが、IMFが取引内容を説明したのは表

---

139 FSAは精通した顧客か否かの判断に、企業規模が主要な基準として採用した。
140 サイゼリヤのHPに取引の内容と損失額が開示されている。 http://www.saizeriya.co.jp/PDF/irpdf000109.pdf （参照日2015年９月19日）。

表6.7.3　サイゼリヤとBNPパリバとの間のスノーボール取引

約定日：2007年10月22日 支払日：2008年12月1日～2010年11月1日、毎月1日 豪ドル約定金額：100万ドル 約定レート：第1回約定レート　78.00円／豪ドル 　　　　　　ただし、FXが78.00円以下の円高になった場合、それ以降の約定レートは以下の式で計算される。 　　　　　　【前回約定レート】×【78.00／FX】 　　　　　　下限＝78.00円、上限＝600.00円 FX：各為替参照日の豪ドル円の為替レート 為替参照日：各支払日の5営業日前

6.7.3の取引である。

　この取引の、特徴は豪ドル円の為替レートが78円より円高になった場合は、それ以降の為替レートが前回の約定レートと【78.00／FX】の掛け算になることである。78円より円高の場合は【78.00／FX】は1より大きい値になるから、その状態が継続すれば、各利払日ごとに、約定レートが雪だるま式に大きくなっていく。つまり、参照する指標が金利か為替かという違いはあるものの、先ほど紹介したドイツの取引と同じスノーボールと呼ばれるリスクを有している。ただし、ドイツの取引の場合は、足し算によって金利が増加したのに対し、この取引は掛け算によって文字どおり雪だるま式に交換レートが大きくなる。さらにドイツの例では金利の交換が9回しかないのに対し、この取引は毎月3年間の36回の交換があるので、雪だるまが大きく成長するリスクがある。つまり、ドイツの取引より、相場が不利に動いた場合の損失が遥かに大きくなるリスク構造である。実際に、取引は、合計3,600万豪ドル（＝100万×36回）の取引しかないのに、この取引だけで71億円[141]の損失を出した。

　IMFが新興国のデリバティブの問題のレポートに、あえて日本のこの取引を紹介したのは、異常ともいえるような大きなリスクを有する特異な取引で

---

[141] 前脚注と同じHPを参照。

あるからだろう。上記のように、ドイツやイギリスでは、顧客に大きな負担を強いるリスク構造をもつデリバティブへの対応がとられたが、日本では今後どのような対応がとられるのか、注目されるところである。

6.8 危機後の金融規制の概要（バーゼルⅢ、店頭デリバティブ規制等）

2008年11月のG20ワシントン・サミット：G20主導の規制づくりの方向性

　リーマン・ショック直後の2008年11月、フランスのサルコジ大統領やイギリスのブラウン首相などからの金融危機に関する首脳会合（サミット）の開催の提案を受けたブッシュ大統領は、ワシントンでG20の金融・世界経済に関する第1回目のサミットを開いた。G20諸国は、1999年から財務相・中央銀行総裁会議を毎年開いていたが、未曾有の危機によってサミットの開催が必要になったのである。

　最初のサミットでは、「危機の根本原因」や「とられた措置およびとるべき措置」についての議論がなされたあと、「金融市場の改革のための共通原則」として次のような内容が宣言文に盛り込まれた。

① 透明性および説明責任の強化
② 健全な規制の拡大
③ 金融市場における公正性の促進
④ 国際連携の強化
⑤ 国際金融機関の改革

　サミットで特に強調された点は、金融機関の規制・監督について国際社会が協調して取り組む必要性である。これによって、以後の金融規制はG20の主導で行われていくことが決まった。

2009年9月のG20ピッツバーグ・サミット

　リーマンの破綻から1年後の2009年9月に開催されたG20の第3回ピッツ

バーグ・サミットでは、金融改革に関するより具体化された目標が定められ、首脳声明に次のような文章が盛り込まれた。ピッツバーグ・サミットで合意された方針は、その後の世界の金融規制の全体的な方向性を定めることになった。

> 銀行およびその他の金融機関に対する規制体系が危機へと導いた過度な行動を抑制することを確実にすること。無謀な行動と責任の欠如が危機へと導いたところでは、われわれは、通常の銀行業務に回帰することを許さない。
>
> われわれは、資本基準を引き上げ、過度なリスク・テイクへと導く報酬慣行を終了させることを目的とした強力な国際的な報酬基準を実施し、店頭デリバティブ市場を改善し、大規模な世界的金融機関が自らとるリスクへの責任を有するためのより強力な手段を創出するためにともに行動することにコミットした。大規模な世界的金融機関のための基準は、当該機関の破綻のコストに見合ったものであるべきである。これらすべての改革について、われわれは自分たちのために厳格かつ精密な予定表を策定した。
>
> （外務省による仮訳[142]）

特に重要なのは、金融危機の元凶とされたCDSを含む店頭デリバティブに対する規制が具体的に示されたことだ。店頭デリバティブ取引について、次のような規制案が示された。

① 2012年末までに、標準化されたすべての店頭デリバティブ契約は、適当な場合には取引所または電子取引基盤を通じて取引され、中央清算されるべきである。

② 店頭デリバティブ契約は、取引情報蓄積機関に報告され、中央清算されない契約は、より高い自己資本賦課の対象とされるべきである。

G20のもとで改革の中枢を担うために設立されたFSB

G20首脳によってトップ・ダウン的に推進されるようになった規制改革を

---

[142] http://www.mofa.go.jp/mofaj/gaiko/g20/0909_seimei_ka.html（参照日2015年8月17日）

具体化する役割を担う組織として設立されたのが、金融安定理事会（FSB：Financial Stability Board）である。FSBは、1999年に設立された金融安定化フォーラム（FSF[143]）という組織を強化・拡大することがワシントン・サミットで決められ、2009年4月に設立されたものである。FSFがG7を中心とした組織であったのに対し、FSBは新興国も構成員に交えたG20を主体とする組織に拡大された。また、FSBは、バーゼル委員会と同じスイス・バーゼルにある国際決済銀行（BIS）を事務局とする。ピッツバーグ・サミットではFSBの機能をさらに強化することが決めたれた。

FSBの主な役割は、G20のメンバーと規制の課題等について議論するとともに、G20が示した方向性を、銀行、証券、保険といった各業態の規制設定機関や各国の当局が具体的な規制に落とし込むことをコーディネートし、モニターすることである。具体的には、FSBは銀行規制を担当するバーゼル委員会、証券取引の規制を担当する証券監督者国際機構[144]（IOSCO）、保険会社を担当する保険監督者国際機構[145]（IAIS）および各国当局の規制作成等の作業をコーディネートするとともにモニターする。

2011年11月のG20カンヌ・サミット（大きすぎて潰せない問題、シャドー・バンキング問題）

ピッツバーグから2年後の2011年11月に開催されたカンヌのG20サミットでは、再び金融規制が大きなテーマの1つとして取り上げられた。そのなかで重要な項目の1つは、「大きすぎて潰せない」金融機関の問題についてであり、FSBが、グローバルなシステム上重要な金融機関（G-SIFIs）の最初のリストを公表した。G-SIFIsは、強化された監督、破綻処理枠組みに関する

---

[143] Financial Stability Forum
[144] 証券監督者国際機構（IOSCO：International Organization of Securities Commissions）は世界各国・地域の証券監督当局や証券取引所等から構成されている国際的な機関であり、投資家保護、証券市場の公正性を高めることなどをその目的とする。IOSCOは1974年に設立された米州証券監督者協会をその前身として、1983年にグローバルな組織に発展し、1986年に現在の名称になった。
[145] 保険監督者国際機構（IAIS：International Association of Insurance Supervisors）は1994年に設立された国際機関であり、効果的かつ国際的に整合的な保険監督の促進や世界の金融安定への貢献をその目的とする。

図6.8.1　国際金融監督体制

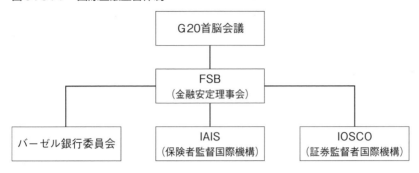

新たな国際基準、および2016年からは、追加的な資本要件に服することが合意された。

　もう1つの重要な項目は、シャドー・バンキング問題で、声明文では「われわれは、シャドー・バンキングに対する規制・監視を発展させることを決定した」と述べ、FSBがサミットに先立って報告書で示した、マネー・マーケット・ファンド（MMF）、証券化、証券貸借・レポ取引などを対象にした規制・監視を強化するという方向性が確認された。

国際的な規制の概略

　G20が打ち出した金融規制の方向性は、このような体制で、次々に具体化されていった。表6.8.1にその概要をまとめた。

バーゼル委員会の銀行規制の強化

　バーゼル委員会による銀行規制は、危機以前の国際的な金融規制の中核であったが、バーゼルⅢまでの規制では、外部格付への過度な依存や、規制のループホールの存在が危機を引き起こした重大な要因の1つになったという強い批判を浴びた。

　こうした批判に対して、バーゼル委員会は2009年7月に、危機の元凶となった証券化商品などについての応急的な規制強化策を発表した。これは、ABS CDOなど再証券化商品のリスク・ウェイト引上げなどを、その内容とする規制であり、バーゼルⅡの修正という意味でバーゼル2.5と呼ばれる。

第6章　リーマン・ショックと危機後の世界　497

表6.8.1　G20による金融規制

項目	目的・内容	担当機関・施策名称
バーゼル銀行規制	・銀行が金融と経済のストレスによって起こるショックを吸収する能力の向上 ・銀行のリスク管理とそのガバナンスの向上 ・銀行の透明性とディスクロージャーの強化	バーゼル2.5 （証券化商品の規制強化） バーゼルⅢ[146] （銀行セクターの強靱性の強化、流動性規制）
「大きすぎて潰せない」金融機関の問題	・銀行のリスク・テイクの制限 ・銀行の規模拡大の制限 ・システム上重要な金融機関の規制強化	・FBSによる対象金融機関（G-SIFIs）の選定と規制 ・バーゼル委員会のサーチャージ ・ボルカー・ルールその他（米） ・欧州委員会の銀行構造改革
店頭デリバティブ規制	・店頭デリバティブ市場の安全性・透明性の向上 ・システミック・リスクの低減	・FSBが作成する規制の枠組みを各国当局が法制化（たとえば、ドッド・フランク法の第7編） ・バーゼル委員会の証拠金規制[147]
シャドー・バンキング問題	・シャドー・バンキングによるループホールの回避	・FSBによるレポ取引の規制 ・IOSCOによるMMF、証券化商品の規制

　さらに、2009年12月、バーゼル委員会はピッツバーグ・サミットで国際的に合意された内容を盛り込んだ抜本的な規制改革の素案（市中協議文書）を発表した。これはバーゼルⅢと呼ばれる規制であるが、その骨子は次のとおりである。
① 　銀行セクターの強靱性の強化
　（a）　自己資本の質の強化　（普通株式資本の増強等）
　（b）　リスク捕捉の強化（カウンターパーティ・リスクの取扱いの強化等）

 (c)　レバレッジ比率規制（補完的指標）の導入
 (d)　プロシクリカリティ（景気変動増幅効果）の抑制
② 流動性リスク計測、基準、モニタリングのための国際的枠組み
 ・流動性規制の導入

大きすぎて潰せない金融機関の問題への対応

　ボルカーによって熱心に提起された、大きすぎて潰せない金融機関の問題についてのアメリカの対応は6.5で説明したとおりである。そして、この問題を国際的な規制でも対応することは、先ほど説明したように2011年のカンヌ・サミットで決められ、FSBが中心になって進めることになる。FSBは2011年11月のカンヌ・サミットに先立って「金融機関の実効的な破綻処理の枠組みの主要な特性」を発表した。これはFSBとバーゼル委員会が具体的にステム上重要な金融機関（SIFIs[148]）に属する29の金融グループを特定[149]し、こうした金融機関が破綻した場合の処理の計画や、破綻防止のための追加的な資本増強（資本サーチャージ）をする方向性などを盛り込んだ施策である。

　具体的な資本増強策は、G-SIFIsに認定された金融機関は、さらに重要度

---

[146] バーゼル委員会は、2010年のバーゼルⅢの骨子に関する規制の公表以降も次々に新しい規制やその案を公表し続けている。それらは、次のような内容を含む。
- 「トレーディング勘定の抜本的見直し」（FRTB：Fundamental review of the trading book）
- 「証券化商品の資本賦課枠組みの見直し」（Revisions to the Basel Securitisation Framework）
- 「カウンターパーティ信用リスクエクスポージャーの計測に係る標準的手法」（SA-CCR：The standardised approach for measuring counterparty credit risk exposures）
- 「オペレーショナル・リスクに係る標準的手法の見直し」（Operational risk-Revisions to the simpler approaches）
- 「銀行勘定の金利リスク」（IRRBB：Interest rate risk in the banking book）
- 「信用リスクに係る標準的手法の見直し」（Revisions to the Standardised Approach for credit risk）
- 「CVAリスクの枠組みの見直し」（Review of the Credit Valuation Adjustment Risk Framework）

[147] 中央清算されないデリバティブ取引に証拠金を課す規制。
[148] Systemically Important Financial Institutions
[149] 「グローバルな活動」「規模」「相互連関性」「代替可能性／金融インフラ」「複雑性」の5つの項目で判定。

表6.8.2　G-SIFIs

バケット	上乗せ水準	金融グループ名
5	3.5%	該当なし
4	2.5%	HSBC（英）、JPモルガン・チェース（米）
3	2.0%	バークレイズ（英）、BNPパリバ（仏）、シティ・グループ（米）、ドイツ銀行（独）
2	1.5%	バンク・オブ・アメリカ（米）、クレディ・スイス（スイス）、ゴールドマン・サックス（米）、三菱UFJ（日）、モルガン・スタンレー（米）、RBS（英）
1	1.0%	中国農業銀行（中）、中国銀行（中）、BNYメロン（米）、BBVA（西）、BPCE（仏）、クレディ・アグリコール（仏）、中国商工銀行（中）、ING（蘭）、みずほ（日）、ノルディア（スウェーデン）、サンタンデール（西）、ソシエテ・ジェネラル（仏）、スタンダード・チャータード（英）、ステート・ストリート（米）、三井住友（日）、UBS（スイス）、ウニクレディト（伊）、ウェルズ・ファーゴ（米）

に応じ5つのグループ（バケット）に区分され、それぞれの区分に従い、バーゼルⅢの規制水準に自己資本を上乗せされる。この上乗せを資本サーチャージという。2014年11月時点における、SIFIsに属する銀行グループ（この時点で30グループ）と、それぞれのバケットは表6.8.2のとおりである。

FSBが主導し各国が店頭デリバティブ規制を導入

　店頭デリバティブの規制改革は、AIGやモノラインの破綻の原因がクレジット・デフォルト・スワップ（CDS）取引が原因であったこと、さらにCDSのカウンターパーティ・リスクを通じて、AIGなどの破綻が他の重要な金融機関まで破綻の危機につながった反省から生まれたものであり、危機後の規制の目玉である。

　店頭デリバティブの改革の具体的な内容は、先ほど説明したように2009年のG20ピッツバーグ・サミットで合意された。その後はFSBが詳しい規制の

方針を示し、それを各国の当局が実際の規制として導入するという手法がとられた。FSBが示した規制の方針は次のとおりである。
① 取引情報蓄積機関（TR）への報告の促進
② 中央清算機関（CCP：Central Counterparty）を通じた清算集中の促進
③ 資本規制および証拠金規制の実施
④ 電子取引基盤（ETP）を通じた取引の促進

　このうち②の清算集中とは、取引所に類する機能を有したCCPが、金融機関同士のデリバティブ取引によって発生する債権債務をカウンターパーティとして引き受け[150]、これを履行することである。CCPは各金融機関から必要な証拠金や担保を徴収することによって、自身の負担する信用リスクを軽減する一方、金融機関はカウンターパーティのリスクがCCPに集約されることによって、カウンターパーティの信用リスクが伝播するのを防ぐことができるのだ。

　FSBの規制方針のうち、①、②、④はデリバティブ取引の透明性や流動性を確保するうえできわめて大きな意味をもつ。これらのFSBの方針に従って、G20加盟国は各国が独自に法制化をし、FSBは毎年その進捗状態を公表している。各国の規制は、たとえばアメリカではドッド・フランク法の第7編、日本では金融商品取引法の改定として盛り込まれている。

シャドー・バンキング問題

　金融危機において、規制のループホールでリスクをふくらませたシャドー・バンキングの対処については、2011年のG20のカンヌ・サミットで初めて具体的な方向性が打ち出された。それは、リーマン・ブラザーズが資金調達に使ったレポ取引、ABCPの買い手であったMMF、さらに危機の最大の要因となった証券化商品についての規制をFSBとIOSCOが取りまとめていくという方針である。

　そして、この２つの機関によって2012年に、MMFと証券化商品の規制の強化に関する最初の包括的な提言の協議文書が示された。そこでは、たとえ

---

[150] 次節で具体例を説明する。

ばMMFについては、基準価格の算出をより時価評価を反映させた方法にする方向性などが、また証券化商品については、オリジネーターの無責任な証券化を抑制するために、証券化取引のオリジネーターに対するリスク保有義務などが、それぞれ提言されている。こうした規制は2015年秋現在、規制内容の最終化に向けた検討が継続している状況である。

6.9 市場慣習の変化とその意味（無リスク金利、完備性）

　金融危機とその後の当局の規制強化によって、デリバティブ取引の市場慣行に大きな変化が生まれた。たとえば、デリバティブ取引のリスク中立価格算出において重要な役割を果たす無リスク金利について、長い間、擬似的な無リスク金利として扱われ続けてきたLIBOR金利にとってかわって、実際により無リスクに近い金利指標が使われるようになった。また、前節で説明した取引の報告義務や中央清算化によって、その対象になったデリバティブ取引については透明性や流動性は大きく向上する期待がある。

　こうした慣習や制度の変更は、見方を変えれば、現実の市場を、ブラック・ショールズ・モデル（BSモデル）前後の時代から数理ファイナンスが前提としていた、透明で十分な流動性（完備性）がありコストがかからない市場に近づける動きと考えることができる。

LIBOR金利の問題[151]

　BSモデルについて、モデルを共同で研究したマートンの論文[152]では、適用する金利は無リスク債券の金利とした。そして、3.2で説明したように、数理ファイナンスでは、BSモデルの価格導出の原則を引き継いでリスク中立価格評価を確立して、無リスク金利を割引率として適用する手法が定着した。では、実務の現場では、何を無リスク金利としてインプットしてきたのだろうか。金融界では、長年にわたり、大手銀行間の短期の資金取引であるLIBOR[153]と、LIBOR金利の延長とみなすことができる金利スワップ[154]の

カーブから計算されるゼロ・クーポン金利[155]を、無リスク金利の代替として使用してきた。

LIBORの金利を代替的な無リスク金利として使ってきた理由は3つある。1つは世界の有力銀行の3カ月程度の短期間の信用リスクはほとんどゼロに近いと考えられてきたことであり、第2の理由は、金利スワップの市場は非常に流動性と透明性に優れているので、イールド・カーブを推定することが容易であったこと[156]。そして第3に、LIBORは主要行の実際のファンディング・コストに近かったからである。

パリバ・ショックによるLIBOR──OISスプレッドの拡大

しかしながら、2007年8月にパリバ・ショックが起こるとLIBORを無リスク金利であるとみなしてきた習慣に大きな問題が発生した。6.2で説明したように、それまではほとんど信用リスクがないとみなされてきた大手銀行の短期資金取引に、突然信用リスクが強く意識されるようになったのだ。

LIBOR金利に織り込まれ始めた信用リスクの大きさの推定には、しばし

---

151 LIBORには本節で説明するのと別の問題が発生している。2012年6月、LIBORのレート呈示（レファレンス）銀行の1つであったバークレイズのトレーダーが他の金融機関のトレーダーやマネー・ブローカーと共謀してLIBORを不正操作し、自己の取引ポジションで利益をあげていたことが発覚したのだ。さらに同年12月には、UBSの東京在住だったトレーダーが円のLIBORの不正操作に関してアメリカの当局から刑事告発された。これは金融界の大きなスキャンダルであり、LIBORの信頼性を揺るがす出来事であった。

152 Merton（1973）、2.11を参照。

153 London Interbank Offered Rate。ロンドンで、世界的な有力銀行が提示する銀行間貸出レート。Offered Rateは貸し手側が提示するレートという意味。

154 米ドルや日本円などの標準的な（LIBOR）金利スワップは、3カ月（または6カ月）LIBORと固定金利を数年間にわたって交換するものである（標準的な金利スワップのコンベンションは通貨ごとに少しずつ異なる）。したがって、スワップの固定金利（これをスワップ金利という）は、おおまかには銀行間の資金取引の金利であるLIBORのフォワード金利を平準化したものとみなすことができる。

155 債券やスワップの金利水準は、途中の利払いの頻度によって変化するが、ゼロ・クーポン金利とは満期まで利払いが行われない場合の金利である。

156 国債の金利も、流動性と透明性に優れているが、国債にはさまざまな理由で強い需要があることが多いため、一般的には国債金利は無リスク金利より低いと考えられている。さらには、国債の各銘柄にはいくつかの理由で需給のばらつきがあり、イールド・カーブの推定はLIBORや金利スワップのカーブより不安定になることがある。

ばOIS金利との利回りの差が用いられる。OISはOvernight Index Swapの略であり、変動金利の参照金利としてLIBORでなく銀行間の翌日物（オーバーナイト）金利を適用[157]したスワップ取引である。OISは主要国では1990年代頃から取引が行われてきており、標準的な取引に適用する翌日物金利は各通貨の代表的な翌日物金利の指標が使われる[158]。OISが参照する翌日物の貸出の信用リスクは、3カ月間の貸出の信用リスクに比べて遥かに小さい[159]ので、たとえば3カ月間のOISと3カ月LIBORを比較すれば、その差はほぼ3カ月間の銀行間の信用リスクの市場価格（スプレッド）とみなすことができる。

2007年8月のパリバ・ショックの発生により、米ドルの3カ月のLIBOR－OISスプレッドは、ほぼ0.1％以下で推移していた状態から1％近い水準まで一気に上昇した。

OIS金利カーブによる割引とマルチ・カーブ

期間がたったの3カ月の金利に1％近い信用リスクのスプレッドがあるLIBORはもはや無リスク金利であるとは言いがたい。そこで、金融界が新たに代替的な無リスク金利とみなしたのがOISであり、デリバティブの標準的なリスク中立評価の手法の割引金利としてOIS金利が使われるようになった[160]。

株や為替のデリバティブの場合は、それまでLIBORと金利スワップのレートから算出していたゼロ金利カーブを、OISのタームストラクチャーから算出したゼロ金利カーブに置き換えればよい。したがって、評価方法に大きな変化はない。

しかしながら、LIBORを参照金利とする金利スワップの評価は、少々複

157　翌日物金利を日次の複利計算（デイリー・コンパウンド）をして、変動金利として適用する。
158　たとえば、円では日銀が公表する無担保コール・レート、ユーロではEONIA（Euro OverNight Index Average）金利が適用される。ユーロのOISはEONIAスワップとも呼ばれる。
159　翌日物金利取引では、借り手の信用リスクを負うのは翌日までである。
160　ただし、今後、国によってはOISにかわってレポ取引の金利などを参照したスワップ取引などが標準的になる可能性もある。

雑な状況になる。リスク中立評価の割引金利としてOISを適用しながら、LIBORを参照金利にした金利スワップの評価が必要になるのだ。具体的には、LIBORスワップの金利を反映したフォワード金利を使って算出されるキャッシュフローをOIS金利のカーブから算出された割引金利で割り引くことによって、金利スワップのリスク中立価格を算出することができる。適用するフォワード金利と割引金利を異なる金利カーブから算出することがポイントである。この評価方法は、1つの取引を評価するのに、2種類の金利カーブが関連するという意味で、マルチ・カーブ評価などといわれる。

CVAによるカウンターパーティの信用リスクの計測

　もうひとつ、金融危機後に広く知られるようになった金融数理の概念にCVA（Credit Valuation Adjustment）というものがある。CVAはデリバティブ取引にカウンターパーティの信用リスクを時価評価したものである。もう少し具体的にいうと、CVAはカウンターパーティが取引の満期前にデフォルトした場合に被る損失の期待値であり、次の式で表現できる。

　　CVA＝デフォルト時エクスポージャー（EAD[161]）×期待損失率　(6.9.1)

ただし、

　　期待損失率＝デフォルト確率（PD）×（1－リカバリー・レート[162]）

　CVAという概念自体は危機以前から存在し、先進的な金融機関ではCVAを使って信用リスク管理をしていた。また、CVAという言葉自体は使わなかったが、カウンターパーティの信用リスクはバーゼルⅠ以来捕捉され続けている。しかし、金融危機において多くの欧米の主要金融機関がカウンターパーティの信用スプレッドの拡大を原因として、店頭デリバティブのポジションで大きな評価損失を計上した。カウンターパーティのデフォルト確率

---

[161] Exposure at Default。カウンターパーティがデフォルトした場合のその取引に関する債権額の期待値（デフォルトしたときのデリバティブの時価評価がプラスであれば、その金額が債権額になる）。
[162] 5.3を参照。

が上昇したことでCVAが急増したのである。こうした経験からバーゼル委員会は2010年に公表したバーゼルⅢの「銀行セクターの強靭性の強化」において、CVAの変動リスクを新たに捕捉して資本賦課する案を盛り込んだ。この措置によってCVAという言葉と概念が広く認識されるようになった。

中央清算化による透明性と流動性の向上

前節で説明したように、金融危機後の金融規制改革の柱の1つが店頭デリバティブの規制改革であり、その主要な施策の1つが中央清算機関（CCP）を通じた清算集中の促進である。

中央清算化という規制の導入によって、主要な金融機関は、プレーン・バニラ[163]の金利スワップなどの取引をCCPに集中する義務が生まれた。CCPに集中するとは、たとえば、A銀行とB証券が金利スワップの取引をした場合、この両社の間にCCPが入って、A銀行とCCPの取引とCCPとB証券の取引という2つの取引に分解するのである。そうすることによって、図6.9.1に示すように、各金融機関のカウンターパーティがCCPに集約される。

CCPが取引の相手方となることによって、各金融機関が多くのカウンターパーティとの間で行ったさまざまなデリバティブ取引によって発生していた信用リスクが、CCPへの信用リスクに集約される。その場合、すべての中央清算対象取引の信用リスクがネットされるため、デリバティブ取引の信用リ

図6.9.1　デリバティブ取引の中央清算化

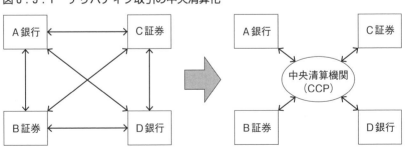

---

[163] 仕組みなどが組み込まれていない、通常のコンベンションの取引という意味。

スクの総額は一般に大幅に削減される。

　中央清算化には、信用リスクの低減だけでなく別のメリットもある。たとえば、中央清算される取引は、CCPが公表する共通の計算方法と共通の指標を用いて時価評価されるので、市場価格の透明性が大きく高まる。さらには、市場の取引の残高に関するデータなどがCCPの公表する情報などによって、取引実態の透明性も高まる。つまり、中央清算化の対象になる取引[164]については、これまで欠けていた店頭デリバティブの取引の透明性、ひいては流動性を大幅に改善する期待がある。

金融危機は数理ファイナンスの原点を見直す機会になった

　本書の第2章で説明した現在の数理ファイナンスの土台の1つになったMM理論やBSモデルの市場に関する前提条件を思い出してほしい。そこでは、たとえば「すべての市場参加者は市場の価格や株式に関連するすべての情報を無料で平等に保有している」（MM理論の「完全市場」の前提条件の1つ）や「取引に関する費用はいっさいなく、株式とオプションは自由に売買できる」（BSモデルの前提条件の1つ）ことなどが仮定されていた。しかしながら、現実の店頭デリバティブ市場において[165]は、顧客と業者の間でしばしば著しい情報の非対称性が存在し「すべての市場参加者は市場の情報を共有する」には程遠い状況であった。つまり、これまでの店頭デリバティブ取引においては、実際には価格評価理論の前提条件は満たされていなかったのである。4.5や6.7で説明したようなリスクの高い商品で顧客を騙すというデリバティブの暴走は、情報の非対称性がなければ発生しない出来事だった。

　デリバティブ取引の中央清算化や取引の報告義務は、店頭デリバティブ取引を取引所の取引の透明性に近づける効果が期待できる。情報の透明性は、流動性の向上に結びつき、流動性は数理ファイナンスが仮定する完備性を担保するために不可欠な要素である。

　以上のように、OIS金利による割引や、店頭デリバティブの中央清算化などの金融危機後の新たな規制や市場慣習の変化は、デリバティブ取引の実務

---

[164] CDSやプレーン・バニラの金利スワップなど。
[165] 取引所取引については一定の情報の透明性がある。

を無リスク金利の適用や、市場の完備性という仮定どおりの状態により近づけるとみることもできよう。これは、遅ればせながらではあるが、数理ファイナンスにとって歓迎すべき状況である。

6.10 実測度の見直し

　数理ファイナンスにおける価格算出の基本的な原理にリスク中立測度を利用する方法が一般化したいきさつについては、3.2と3.3で詳しく説明した。しかし、金融危機によって生まれた、それまでの「数理ファイナンスの定説」を疑う機運は、デリバティブなどの評価の背骨であったリスク中立評価方法にも及んだ。

　その1つのきっかけは、金融危機後のリスク管理からの視点である。金融危機ではデリバティブのカウンターパーティ・リスクの信用リスクが甚大な影響を与えたが、それを教訓にして、取引によって発生する信用リスクをCVAという指標によって計測するようになったことは、前節で説明したとおりである。CVAの算出過程における信用リスクの算出には、これまでの数理ファイナンスの標準的な方法では、リスク中立測度を用いる。しかしながら、信用リスクは、社債などが織り込むリスクの大きさと、過去のデフォルトの実績値が大きく異なる場合が多いことが知られている。

　リスク中立の立場では、市場で観測される社債やCDSのスプレッドからカウンターパーティのデフォルト・リスクを推定する。一方、過去のデフォルトの実績値は実世界の測度による信用リスクの1つの計測値である。信用リスクにおいては、このリスク中立測度で計測した数値と実測度で計測した数値に、しばしば大きな違いがあることが以前から知られていた[166]。こうした事情から、CVAの計測について、どちらの測度で計測した信用リスク、つまりデフォルト確率を用いるのが適切であるか議論が生まれた。

　さらに、もうひとつ、リスク中立測度と実測度の違いを再考させる金融の分野がある。それは保険の分野である。一般的な保険商品はほとんど市場性

がないため、長年、保険商品の評価やリスク管理は経験的（統計的）な確率に基づく実測度による評価が行われてきた。しかしながら、近年のリスク管理の要求の高まりや、時価会計の要請から、保険の世界ではリスク中立測度による市場整合的な保険商品の評価が求められてきている。つまり、デリバティブ商品などとまったく逆の方向のニーズがあるわけだ。

しかしながら、デリバティブ商品と保険商品のどちらにとっても、2つの測度の橋渡しとなるリスク・プレミアムの推定が簡単でない。これまでと違う測度による評価は、今後しばらくの間、数理ファイナンスの1つの重要な研究テーマになるかもしれない。

再考：リスク中立確率（測度）と実確率（測度）の違い

ここで、リスク中立確率[167]と実確率の違いをもう一度考えてみる。本書の前半部分を思い出してほしい。ルイ・バシュリエ以来の数理ファイナンスによるデリバティブ商品の価格理論の真髄は、リスク中立測度による評価方法の確立と、その数理的な性質の分析にあった。もう少し具体的に説明しよう。株価のオプション価格の算出にあたって、株価自身の期待収益率をインプットして計算するのでなく、無リスク金利を割引金利に適用して計算すべきであるという大原則を明確に確立したのはブラック・ショールズ・モデルの出現であり、その原則はコックス、ハリソン、クレプスなどによってリスク中立測度という理論体系に発展した。そして、リスク中立測度を使ったリスク中立評価法が、資産価格の評価の標準的な方法になった。

これに対して、実確率は、たとえば株を例にとれば、将来の株価が実際にどのような分布に従うかを予想した分布である。ただし、その分布は、リスク中立確率の場合と違って、市場の価格からだけでは推定することができない。2.5ではサミュエルソンなどが個々の株式の期待収益率を使って、オプション価格を導出しようとしてうまくいかなかったことを説明したが、株式

---

[166] 詳しくは後で説明する。また、本書の5.3で1972年のゴードン・パイの研究を紹介したが、この論文が発表された時代では、社債のスプレッドが織り込むデフォルト確率と過去のデフォルト実績には大きな違いがなかったようである。
[167] リスク中立測度で算出される確率をリスク中立確率という。実確率も同様である。

の実際の株価の分布には、個々の銘柄のリスク・プレミアム（またはリスクの市場価格[168]）が反映されているからである。

リスク中立確率と実確率の違いを簡単にまとめると次のとおりである。

〔リスク中立確率（測度）とは〕
　市場で観測される金融商品の価格を使って計算できる仮想的な世界の確率（測度）。この確率を適用すればデリバティブの裁定機会のない価格を得ることができる。

〔実確率（測度）とは〕
　ハリソンとクレプスの定義（3.3を参照）に従えば「（市場で）異論なく受け入れられている世界の状態に関する客観的確率」を意味する。リスク中立確率は市場で観測される金融商品の価格を使って計算できるのに対し、実確率は、リスク・プレミアムという客観性のある市場価格だけから観測できず、かつ客観的な推定が一般には困難な要素を含んでいる。したがって、リスク中立評価法が標準化した数理ファイナンスでは、長い期間にわたって実確率はほとんど利用されることはなかった。
　ただし、保険商品の評価のように、リスク中立評価法が一般的でない分野では、伝統的に経験的（統計）な実確率による評価が行われてきた。

実確率による株価の分布は、リスク中立確率の価格より高くなる

　リスク中立確率と実確率の違いをもう少し具体的に考えてみよう。たとえば、1年後の株価のフォワード価格を考えてみる。もし、その株式の配当がゼロであったとすれば、3.2で説明したように、1年後のフォワード価格は、現在の株価を無リスク金利で運用したものと同じになる。これがリスク

---

[168] 3.5を参照。

中立測度による価格であり、リスク中立測度による株価の期待値でもある。

では将来の実際の株価の期待値はどうなのだろうか。株価にリスク・プレミアムがあるならば、その分だけリスク中立の価格の期待値より高くなる。つまり、株価のフォワードで買うということは、株価の変動リスクを負うことになるが、そのリスクに対する対価としての無リスク金利にリスク・プレミアムが上乗せされるのである。逆にいうと、もしリスク・プレミアムの上乗せがなければ、株式と無リスク資産を比較した場合に、リスクのある株式を買う合理性はまったくない。

一点だけ誤解がないように補足すると、オプションの価格は実測度を使った価格と、リスク中立測度による価格に違いはない。これは、株価の期待値が異なるが、適用すべき割引率も2つの測度によって異なるからである。

ただし、リスク・プレミアムの推定は容易でない

しかしながら、実際のリスク・プレミアムの推定は容易でない。なぜならば、リスク・プレミアムは市場の価格から観測することは通常はできないからである。もし株価のリスク・プレミアムを推定する必要がある場合は、過去の株価のデータを使って統計的に推定するのが一般的である。しかし、その場合は、推定に用いる商品や期間などの推定条件を主観的に決める必要があるので、客観的な推定とは言いがたい。そうであるからこそ、株式オプションの評価モデルについて、2.5で説明したサミュエルソンのモデルは受け入れられず、リスク・プレミアムをインプットする必要がない、便利なブラック・ショールズ・モデルが普及したのである。

リスク・プレミアムの推定が容易でなかったので、実確率の推定も容易でない。危機以前から、リスク管理については実確率を使ったほうがよいという声はあったが、実際には、実確率はほとんど使われることはなく、その研究も進まなかった。

信用リスクの場合

信用リスクの場合、たとえば社債やCDSのスプレッドから算出されるデフォルト確率は、リスク中立測度で算出したデフォルト確率である。たとえ

ばCDSの売り手は、デフォルト・リスクを引き受けるが、売り手に支払われるプレミアムには市場が評価するリスク・プレミアムが加算されているからである。一方、過去のデフォルトの実績は実確率に相当するのである。つまり、CDSから算出されるデフォルト確率のほうが、実確率よりリスク・プレミアムの分だけ大きいはずである。

　しかしながら、実際には、信用リスクでは2つの確率の差は、リスク・プレミアムだけでは説明がつかないほど大きいことがあるという。金融工学のバイブルといわれる『フィナンシャル・エンジニアリング』[169]（邦訳名）を出版したジョン・ハル（John Hull）は、その本のなかで、リスク中立確率として算出されるデフォルト率は実確率で算出されるデフォルト率より遥かに大きく、それはリスク・プレミアムだけでは説明がつかない大きさであるとしている[170]。ハルは、考えられる理由として、相対的に流動性の低い社債には流動性プレミアムが加算されている可能性や、経済にはデフォルト率が高い時期や低い時期があることに関するリスク・プレミアムがある可能性などをあげている。

実測度の見直し

　金融危機後に普及したCVA計測は、使用する測度によって大きく違う問題を浮き彫りにした。こうした声を集約した論文の1つが、ハルとアラン・ホワイトがもう1人の研究者[171]と共同で2014年に発表した論文[172]である。その論文の概要の出だしで、次のように記している。

> 伝統的に、デリバティブ・リサーチャーはプライシングという役割のために（リスク中立）のQ測度に集中する傾向があった。金融危機後に信用リスクや流動性リスク管理に焦点が当たるようになったことに伴い、多くのクオンツの間で（実世界の）P確率にもっと注目すべきだと認識された。……。よく知られているように、条件付請求権

---

[169] 『フィナンシャル・エンジニアリング　第7版』（Hull（2008））
[170] 『フィナンシャル・エンジニアリング　第7版』（Hull（2008））の22.5
[171] Alexander Sokol
[172] Hull, Sokol and White（2014）

の市場のリスク価格は投資家の選好とは独立である。これは、リスク選好、そしてそれゆえ実世界の確率過程は、市場の価格だけからでは得られないことを意味する。……

危機後には、CVA計測の必要性が認識されるようになったが、CVAを含め、リスク管理という目的であれば、リスク中立確率でなく実確率を使うべきだと主張している。

ちなみに、ハルたちの論文は、金利のモデルについて、リスク中立測度と実測度の確率分布を両方で計算できるモデルを提案したものである。ただし、実世界の確率過程の推定には、リスク・プレミアムをヒストリカル・データから推定する必要があること、そして、その推定には、いくつかの解決すべき問題[173]が残されていて、そうした問題を完全に解き明かすにはさらなる研究が不可欠であるとしている。

ロスのリカバリー理論

本書の第3章でたびたび登場した、スティーブン・ロスも、実確率を推定するためのユニークなアイデアを示した。ロスは2011年に「リカバリー理論」という論文[174]を発表する。これは、リスク・プレミアムは市場価格からは推定できない、というこれまでの常識を覆し、市場で観測されるオプションのボラティリティのサーフェス[175]から、リスク・プレミアムを導き出そうという試みである。これは、大変興味深いアプローチであるが、ここでは紙幅の関係で詳しい説明は省略する。

保険の世界における実確率とリスク中立確率

以上のように、デリバティブの世界では、1970年代に確立されたリスク中立確率から、近年になって実確率が見直されてきたが、それとまったく逆のコースをたどっている金融分野がある。それは保険業界である。

---

[173] たとえば、債券のリスク・プレミアムの推定結果が、その推定に使用した債券の満期に依存することなど。
[174] Ross (2011)
[175] 満期の違いと行使価格の違いを反映した市場のオプションのボラティリティ。

保険商品は伝統的に、「予定利率」という金利を使って保険商品の現在価値（責任準備金）を評価する方法が採用されてきた。予定利率とは、保険の契約者に対して約束する運用利回りのことであり、保険会社は資産の運用によってどの程度の運用利回りを確保できるかという経験的な予測などに従って設定する。この伝統的な保険商品の評価方法では、保険商品の経験的なリスク、つまり実確率で算出した保険商品のペイオフの確率を、経験的な予定利率で割り引かれるので、実測度による評価方法であると分類される。ただし、市場性のない保険商品の伝統的な評価方法においては、割引率などを恣意的に決める余地があり、異なる実確率が多数存在することもある。

　このような保険商品の評価の恣意性などの問題に対し、金融界のリスク管理や会計の観点からの時価評価重視の潮流によって、次第に、市場性のある他の金融商品の評価と整合的な評価方法を取り入れることが要請されるようになってきている。そうした状況で生まれた保険商品の評価方法の1つに、「最良推定（Best Estimate）」と呼ばれる方法がある。これは、保険商品をスワップ金利などを割引金利として評価する方法であり、これによって保険会社が保険負債（保険商品）の見合いとして保有する運用資産と同じ割引率で評価することができる。欧州の保険会社を中心に、1990年代から伝統的な保険の会計方法だけからは判断できない保険会社の価値を、潜在価値（EV：エンベディッド・バリュー）という数値を使って公表するようになってきたが、2004年、欧州主要保険会社のCFOフォーラムでは、最良推定を利用するヨーロピアン・エンベディッド・バリュー（EEV）という計測方法をガイドラインとして公表した[176]。

　最良推定は、割引率についてはリスク中立評価法と同じものを適用するが、完全なリスク中立評価ではない。なぜならば、保険商品のペイオフは経験をベースにした実確率[177]によって推定しているからである。しかし、もし保険商品のリスク・プレミアムをなんらかの方法で実確率に加えることができれば、保険商品をリスク中立評価法で評価することができる[178]。そうした評価をすれば、完全に市場整合的な保険商品の評価と呼べるかもしれな

---

[176] 2008年には市場整合的エンベディッド・バリュー（MCEV）の公表をしている。
[177] 過去の経験値に加え、経験値が変化する予測などを反映させる場合もある。

表6.10.1 保険商品の価値評価方法と測度

手法	内容	実測度orリスク中立測度
伝統的責任準備金	経験的な予定利率で割引	実測度
最良推定	市場金利（スワップ金利など）で割引	実測度とリスク中立測度の中間（割引率のみリスク中立評価法と整合）
市場整合的評価	最良推定に、保険商品のリスク・マージンを加味	リスク中立測度

い。現在保険界ではこのような評価方法の研究が進められているが、表6.10.1は、保険における実測度とリスク中立測度の違いの意味や計測方法について体系的に整理した、Merz and Wüthrich (2013) の分類方法を簡単にまとめたものである。

以上のように、保険業界ではデリバティブとまったく逆の方向で、これまで定着した実測度の評価から、リスク中立の評価の試みがなされている。ただし、2つの測度の橋渡しになるリスク・プレミアムの推定が容易でないという共通の課題を抱えている。

6.11 スマート・ベータ（ファクター運用の新たな機運）

本書では、資産運用モデルのパイオニアであるCAPMや、それを修正したファーマ・フレンチの3ファクター・モデルなどを説明してきた。ここでは、その流れが金融危機後の資産運用の世界で新しい機運として受け継がれるようになったことを説明する。

金融危機後の新たな機運とは、4.4で説明したさまざまな株式市場のアノマリーに関する研究をさらに推し進めて、インデックス運用として活用しよ

---

178 そうはいっても、保険の場合は、市場の完備性を想定することは一般にはむずかしく、一物一価の原則は成り立たないケースが多いと考えられる。

うという機運である。こうした運用手法自体は新しいものではないが、その特徴は、スマート・ベータという新しい名前のもとで、まるで新しい運用手法の発見があったかのように指数投資に対する関心が高まったことである。

EDHECが行った投資家サーベイ（時価総額ベースの指数に対する不満）

資産運用業界に新しいブームを生む1つのきっかけになったのが、フランスのビジネス・スクールEDHECリスク・インスティテュートが2011年から翌年にかけて行ったヨーロッパと北米の機関投資家に対するアンケート調査[179]である。これらの調査によって、多くの機関投資家が株式運用の手法として、株式指数を使ったパッシブ運用を行っている一方で、投資家の半数以上（ヨーロッパ67.7%、北米53.2%）が時価総額加重の指数による、標準的なパッシブ運用のあり方に大きな問題があると考えていることが明らかになった。

レポートでは、こうした結果の背景としてパッシブ運用において標準的に用いられる時価総額加重平均型の指数に対する不満をあげている。時価総額加重平均型の指数が、投資家の見本とすべき市場であるとは必ずしも考えられていないのである。EDHECのさらなる調査では、時価総額以外の代替的（alternative）指数を採用している投資家の割合が欧米ともに機関投資家の4割以上にのぼることが明らかになった。

スマート・ベータという再ネーミング

4.4で説明したとおり、CAPMのベータが株式運用をするうえでの最良のパラメータでないという議論は、CAPM誕生の直後から指摘され続けてきた問題であり、株式市場にさまざまなアノマリーがあることも、古くから研究されてきた。そして、1990年代に生まれたファーマ・フレンチの3ファクター・モデルや、各種のアノマリーを組み込んださまざまな株式指数の登場など、CAPM以外のファクターのベータの有用性は実務界で広く受け入れられてきた。したがって、EDHECの調査結果自体は、新しいことでも意外

---

[179] EDHEC-Risk Institute (2011) およびEDHEC-Risk Institute (2012)。

なことでもない。

　しかしながら、このEDHECの調査結果などによって代替的な指数を使った株式運用への強いニーズの存在を知った資産運用業界は、代替的指数を使った運用に新しい名前をつけてあたかも新しい運用手法であるかのようにアピールをした。新しい名称は、たとえば「スマート・ベータ」「アドバンス・ベータ」「サイエンティフィック・ベータ」などである。こうした名称のなかから「スマート・ベータ」が現状ではよく使われるようになっている。EDHEC自身、2013年に「スマート・ベータ2.0」というレポートを発表し、代替的な指数探しの状況を伝えている。

さまざまなアノマリーを組み込んだ指数の登場

　さて、新しい名前がつけられたファクター（アノマリー）運用の機運を利用して、さまざまな新しい株式指数（スタイル指数などともいわれる）が開発された。こうした指数によく利用されるアノマリーは、ファーマ・フレンチの3ファクター・モデルに組み込まれたアノマリーである小型株効果やバリュー効果のほかにモメンタム効果、高配当効果、低ボラティリティ効果、利益の質（ROE等）などである。新しい指数では、こうしたアノマリーのなかから複数を選択し組み合わせることが多い。

　こうした機運のもとでつくられた新しい指標の一例に、2014年1月から公表が始まったJPX日経インデックス400指数（日経400）があげられる。日経400は企業のサイズ（大型）、過去3年間の利益水準（赤字企業を除く）、自己資本利益率（ROE）などでフィルターにかけた400の銘柄を指数化したものである。

ファーマ・フレンチの5ファクター・モデル

　1993年に3ファクター・モデルを提案したファーマとフレンチも、こうした時流に乗って、20年後の2013年に5ファクターに拡大したモデルを発表[180]する。これは従前の3ファクターに加えて、企業の収益率と企業の投

---

[180] Fama and French（2013）

資パターンの違いという2つの新しいファクターを組み入れたものである。収益性のファクターは頑健（Robust）マイナス（Minus）弱い（Week）として測定するRMWファクターと、一方企業の投資パターンを保守的（Conservative）マイナス（Minus）積極的（Aggressive）として測定するCMAファクターと名づけた。従前からのCAPMのβ、大型株効果（SMB）、バリュー株効果（HML）という3ファクターにこの2つを加えたものが5ファクター・モデルである。

新しい運用手法を生む可能性

上記のように、時価総額加重以外のなんらかのアノマリーを取り入れた指数を使った運用自体は新しいものではなく、スマート・ベータは単なる再ネーミングととらえることもできる。しかしながら、業界全体がより有効（効率的）なアノマリー探しや、アノマリーの組合せ研究に熱中する事態は異例のことである。新しい運用方法の実際のパフォーマンスが明らかになるには、ある程度の時間が必要だろうが、こうした時代の熱気や新しい試みによってアノマリーに関するなんらかの有用な研究結果が生み出されることが期待できるかもしれない。

6.12 ロボット運用とフィンテック（テクノロジーが主役の時代へ）

さて、本書では、これまでコンピュータを中心にしたテクノロジーについては、あまり詳しく触れてこなかった。しかしながら、近年はファイナンスの世界におけるテクノロジーの果たす役割が急激に高まりつつある。本節では、ファイナンスとテクノロジーの新しい関係について簡単に触れる。

フラッシュ・クラッシュ（超高速取引に振り回される金融市場）

2010年5月6日の午後2時32分、アメリカの株式市場は突然激しい下落を開始した。下落のスピードはみるみる加速し、取引量が急拡大しながらあっ

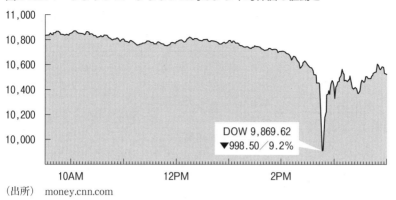

図6.12.1　フラッシュ・クラッシュ時のダウ平均株価の値動き

(出所) money.cnn.com

という間に大幅下落した。特に2時41分からのたった4分ほどの間に、ダウ平均指数など主要な指数価格は5〜6％も下落し、前日の終値からの下落幅は9〜10％に達した。そして、驚くべきことにその後20分間ほどで株価は急速に回復し、3時過ぎにはほぼ下落前の水準に戻した。このような激しい値動きは、大荒れの相場環境においても通常は1週間ほどの時間がかかる出来事であるが、この暴落と急回復はたった30分超で完結し、打合せのために席を外した投資家はこの異常事態が起こったことにまったく気がつかなかったかもしれない（図6.12.1）。

これが、いわゆる「フラッシュ・クラッシュ」である。アメリカの証券取引の監視当局のSECなどは、9月になってこの事件に関するレポート[181]（SECレポート）を発表した。SECレポートは、暴落の直接的な原因を大手のミューチュアル・ファンドがS&Pミニ市場に異例の大口の売り注文をしたことに帰しつつ、下落を加速させた大きな要因として超高速取引（HFT[182]）と呼ばれるコンピュータのアルゴリズムを利用した取引（アルゴリズム取引、またはロボット取引）が大きな役割を果たしたことを明らかにした。報告書が発表されると、たった1つのオーダーが急落を招いたという結論はばかげ

---

[181] SECレポート（2010）
[182] High Frequency Trade、直訳すると「高頻度取引」になるが、「超高速取引」と呼ばれることが多い。

表6.12.1 超高速取引の主な戦略

マーケットメイク	市場の動きに連動して継続的に売りと買いの価格提示をすること。売りと買いの売買幅や、マーケットメイクに手数料を支払う取引所からの収入をベースにする。対象の株式だけでなく、株式指数の動きなどを瞬時に分析して提示の調整を行う。ポジションの保有時間は極力少なくするのが原則。
イベント戦略	経済指標やニュースの発表後の短期的な相場の動きを予想し、超高速取引でポジション・メイク。
ロー・レイテンシー取引[183]。または裁定取引	レイテンシー(latency)とは遅延時間のこと。足回りの遅い提示など市場の不整合を超高速取引によって裁定する。
ティッカー・テープ取引	価格の提示履歴から、将来の価格提示を予想する（執行完了に長時間を要する大口オーダーの存在など）。

ているという反論が殺到したが、いずれにしても、目にもとまらぬ間の乱高下に人間の意思はほとんど関与する余地もなく、アルゴリズム取引同士が激しく撃ち合って招いた結果であることは確かであろう。このフラッシュ・クラッシュは市場関係者に新たな時代の到来を印象づけた。

超高速取引のテクノロジー

　超高速取引とは、取引所のシステムと接続する回線、ハードやソフトウェアなどを磨き上げ、最近では数百ナノ秒（1ナノ秒＝1億分の1秒）単位の時間を争うような速さを武器に利益をあげようとする取引手法である。超高速取引は、フラッシュ・クラッシュの時点で、アメリカの株式市場の取引量の6、7割程度を占めるようになっていた。超高速取引の戦略は、2014年に発行されたマイケル・ルイスの『フラッシュ・ボーイズ』で描かれ世界中に衝撃を与えた。実際には、超高速取引の戦略は多様であり、表6.12.1に示すような戦略などがあげられる。

---

[183] Low latencyとは低遅延、レスポンスが速いという意味で、プライシングや注文執行の要求に応答するまでにかかる必要な時間（ロスタイム）をできるだけ短縮した取引。ウルトラ・ロー・レイテンシーの場合1ミリ秒（1000分の1秒）以下の反応時間。

取引所のイノベーションと超高速取引業者

　超高速取引の基盤になるインフラは、電子取引ネットワーク（ECN[184]）と呼ばれる代替的な市場を提供する業界において、1990年代の後半頃から革新的な技術を有するベンチャー企業などが出現したことで整備され始めた。ECNは証券取引所を介さずに金融商品を売買する私設証券取引所である。少人数で起業し、高速性や利便性を武器とした完全電子化された取引基盤を提供したECNのなかには、成功して有力な取引所に買収されたり、自身が取引所として進化を遂げるようなものが現れた。たとえば、1996年に２人の創業者によって設立されたアイランド（Island）ECNは、2002年に大手のECNに買収され、2005年はナスダックに組み込まれた[185]。同じ1996年に創業したアーキペラゴ（Archipelago）ECNは取引所化した後に2006年にニューヨーク証券取引所（NYSE）と合併した。また2005年に創業したBATSグローバル・マーケットは2008年に取引所に進化した。このような技術革新や競争の結果、アメリカの取引所では超高速で高頻度の取引が可能なインフラが整い、超高速取引を武器にする取引業者が次々に出現するようになった。日本でも、2010年に東京証券取引所が超高速取引に対応できるプラットフォーム「アローヘッド」を導入した結果、アメリカなどから超高速取引の業者が続々と上陸した。いまでは、アルゴリズム取引の注文が東京証券取引所の株式注文全体の７割を超える日もある[186]。

　超高速取引を行う業者の代表的な存在は、ゲッコー（GETCO[187]）やバーチュ・ファイナンシャル（Virtu Financal）である。ゲッコーは超高速取引の最大手であり、世界の50以上の取引所でビジネスを展開しその多くで上位の取引シェアを占めるとされる。バーチュは超高速取引を武器に、マーケット・メイキングなどの戦略によって利益をあげるビジネス・モデルである。

---

[184] Electronic Communications Networks。ECNの先駆的な存在は1971年に創業したナスダック。
[185] funginguniverse.comのサイト、http://www.funginguniverse.com/company-histories/the-island-ecn-inc-history/（参照日2015年12月11日）。
[186] 日経産業新聞（2015年５月22日）「東証、ネバーストップ作戦　５年ぶりシステム刷新」より。
[187] Global Electronic Trading Company

バーチュは2015年に上場を果たし[188]、2014年の売上高は7億ドルを超え、東京証券取引所でも活発な取引を行っている。ゲッコーやバーチュはダーク・プール[189]における主要なプレーヤーとしても知られる。

技術のイノベーションとロボット運用の広がり

　超高速取引はアルゴリズム取引の一種であるが、コンピュータ・アルゴリズムを利用する資産運用やトレーディングは決して新しいものでなく、そのタイプはきわめて多様である。トレーダーの経験と勘を頼りにしない取引の先駆としては2.8で紹介したソープとカッスーフが1967年に発行した『市場をやっつけろ：科学的な株式市場システム』などがあげられる。そして少なくとも1980年代の後半にはかなり高度なコンピュータの利用が試みられている。たとえば、1988年に設立されたATD（Automated Trading Desk）というベンチャー企業はエキスパート・システム[190]という当時の最新の人工知能（AI）の手法を利用し、大口の注文を市場に与える影響を最小限に抑えて執行するというビジネス・モデルを確立した。ATDは成長を続け2007年にシティ・グループに約7億ドルで買収されたが、当時のATDのシェアはナスダックとNYSEで6％を占めていた。また比較的古くからアルゴリズム運用の戦略をとってきた会社としては日本でもよく知られた資産運用会社のマン・グループ傘下のマンAHLなどもあげられる。

　近年は、後で説明する機械学習というAIのアプローチの飛躍的な進歩などからアルゴリズムを運用やトレーディングに活用する動きが広がっている。たとえば、大手ヘッジファンドのシタデル（Citadel）は2002年に証券会社を設立したが、数年後にアルゴリズムよるマーケットメイクに注力する方向に舵を切り、債券や株式のマーケットメイクで大きなシェアを占めるまで

188　『フラッシュ・ボーイズ』の発行とその反響の影響で当初予定していた2014年の上場が延期された。
189　ダーク・プールとは証券会社などが運営する取引所外の市場のこと。機関投資家の大口のオーダーを外部に情報をもらすことなく執行することなどに利用される。
190　1970年代スタンフォード大で開発された、人間の専門家（エキスパート）の知識をベースに、推論機能を適用することで結論を得る手法。1980年代以降、法律、生産、会計などの分野で応用が進んだ。

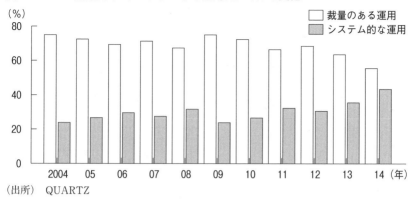

図6.12.2 新規参入ヘッジファンドの運用スタイルの変化

(出所) QUARTZ

に至った。2014年には金利スワップのビジネスに参入し、1年後にはブルムバーグの電子取引基盤の最大のマーケット・メイカーに成長した。金利スワップのマーケットメイクは長い間にわたって銀行や証券会社の専売特許の分野であったから、これは隔世の感がある出来事である。また、運用資産が1,600億ドルを超える世界最大級のヘッジファンドの1つであるブリッジウォーター[191]は2015年2月に、IBMのワトソンという有名な人工知能の開発を主導した研究者を採用し最新のAI技術を使った運用チームを発足させたことを発表する。

図6.12.2は、新しく立ち上げたヘッジファンドのうち、運用者に裁量のあるスタイルとシステム的な運用のスタイルの比率の推移を示したものであるが、システム的な運用の比率が増加して半数に迫っていることがうかがえる。

アルゴリズムの果たす役割と人工知能（AI）利用の増加

アルゴリズム取引といっても、その利用するアルゴリズムの目的は多様である。資産運用やトレーディングに利用される代表的な目標を表6.12.2に記す。

これらの目的に用いられるソフトウェア技術はまちまちであり、最新のソ

---

[191] Bridgewater Associates

表 6.12.2　資産運用等で利用されるアルゴリズムの主な目的

目的	説明
統計的な分析	金融商品や指数のヒストリカル・データ、各種経済指標などのファンダメンタルズのデータ、またそれらの相互関係などに関する統計分析。ボラティリティ、相関、トレンド、主成分などを得る。
将来価格の予想	将来価格の予想。将来とは超短期のこともあれば長期の場合もある。
取引の執行	大口の売買注文をスムーズに行うアルゴリズム
ポートフォリオ管理	ポートフォリオに組み入れる銘柄やその配分の推定
リスク管理	状況に応じたポジション・サイズのコントロール

表 6.12.3　資産運用等に関連する主なAIの手法や概念

手法	説明
エキスパート・システム	知識に推論機能を適用することで結論を得る。1980年代にブームが起こった。
ファジー制御	要素が集合に属する場合と、属さない場合の中間のあいまいな状態を許容するファジー集合を使って推論する。
機械学習	マシーンが反復して学習し予測をする。パターン認識の技術の1つとして発展したが、データの増加で存在感を増した手法。学習に使われるアルゴリズムにはさまざまなものがある。
ニューラルネットワーク	脳機能の特性を計算機上のシミュレーションによって表現することを目指した数学モデル。機械学習のアルゴリズムとして威力を発揮する。
ディープラーニング	多階層のニューラルネットワークを使った機械学習のこと。近年画期的な利用方法が開発され、注目されている技術。これまでの機械学習は人間が特徴量というパラメータを与えていたが、ディープラーニングでは機械自身が特徴量の学習をすることができる。

フトウェア技術を要しない部分もたくさんある。しかしながら、近年急激に応用が進んでいるのはAI、特に機械学習の技術である。表6.12.3で資産運用などに関連する主なAIの手法や概念を簡単に説明する。

コンサルティングファームが仕掛けたFinTechブーム

　2010年12月、ニューヨーク市が関連するベンチャーキャピタルであるニューヨーク市パートナーシップ基金[192]は大手コンサルティングファームのアクセンチュアとともに、フィンテック・イノベーション・ラボの開催を発表した。これは「金融サービス分野で先進テクノロジーを活用した商品を開発する若い企業や成長過程の企業をサポートする[193]」ための催しであり、ベンチャー企業だけでなく多数のウォール街の金融機関も参加した。

　「フィンテック（FinTech）」という単語は、FinancialとTechnologyをつなげた造語であるが、この単語自体は以前からまれにではあるが現れていたものであり、それ自体は新しいものではない。また、前述のように金融ビジネスに革新的な技術を持ち込むこと自体もまったく新しい話ではない。しかしながら、コンサルティングファームがフィンテックという造語をキャッチ・コピーとしてアドバルーンをあげた理由は明快である。当時の金融界を取り巻く環境は、リーマン・ショック後の混乱がまだ色濃く残っていた状態であり、既存の金融機関に次々に新しい規制が課され始めていた。こうしたなかで、ベンチャー企業関連のビジネスはコンサルティングファームにとって金融部門の数少ない有望分野であったのだ。また、ウォール街の金融機関にとっても、ベンチャー企業が成長してIPO（新規公開株）のビジネスに関与するチャンスがある。

JOBS法とフィンテック・ブームの到来

　こうした業界の機運は政治にも後押しされる。2012年4月、オバマ・アメリカ大統領はJOBS法[194]に署名をした。JOBS法はベンチャーを含めた中小企業による資本市場から資金調達を容易にするための証券取引に関連するいくつかの法律の改正である。詳しい説明は省略するが、JOBS法は規制緩和に加えて、新興企業の資金調達を容易にするためにインターネットのプラットフォーム等を認可するなどの内容を含む。企業や個人がインターネットを

---

[192] Partnership Fund for New York City
[193] Partnership Fund for New York CityのHPより。
[194] Jumpstart Our Business Startups Act

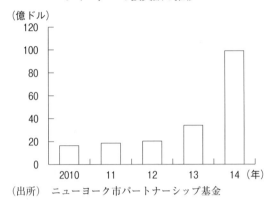

図6.12.3　アメリカのフィンテック企業（ベンチャー）への投資額の推移

（出所）　ニューヨーク市パートナーシップ基金

使って、オープンで幅広い投資家へアクセスして資金調達をする手法はクラウド・ファンディングと呼ばれるが、JOBS法はそれを促進するねらいがある。JOBS法は2013年9月に発効したが、その影響はすぐに表れ、2014年のフィンテック企業への投資額は急増する（図6.12.3）。

　こうした、実績をもとにコンサルティングファームは、さらにフィンテックの将来性を世界中に宣伝した。イギリス政府はこうした機運に乗じて、イギリスを金融ベンチャーのメッカにするためにフィンテックという言葉を使って熱心なプロモートを始めた。こうして、フィンテックは1つの世界的キーワードになり、2015年の後半頃からは日本のメディアや雑誌にもしばしば登場するようになった。

フィンテック企業の主な戦略

　金融サービスで成長を目指す企業の戦略は多様である。表6.12.4でアメリカのフィンテック企業（金融サービスのベンチャー）の代表的なサービスを紹介する。

　資産運用関連では、ロボ・アドバイザーと呼ばれる資産管理サービスが注目される。これは、典型的にはアルゴリズムで各顧客の運用方針に適合するETF投資のポートフォリオ資産配分の決定し、実際に小口投資家の資産運

表6.12.4 フィンテック企業の主な戦略

戦略	内容
資産運用・トレーディング関連	ロボ・アドバイザー、投資判断情報の提供など
融資関連ビジネス	個人向けや中小企業向けの貸出など
決済	既存の決済サービスをより安く、より便利に
デジタル通貨	電子通貨および仮想通貨（ビットコインなど）に関するサービス
個人向け金融サービス	個人向け金融ツールなどを提供

用を行うサービスである[195]。基本的には資産配分の決定はポートフォリオ理論がベースになるが、さまざまなレベルで、ビッグデータや機械学習などを使った先進的な運用や分析の手法の採用によるパフォーマンスの差別化競争が始まっている。つまりヘッジファンドなどが利用するロボット運用の新しい手法を小口の投資家にまで提供しようという試みが始まっているのだ。ロボ・アドバイザーのサービスには、ベンチャー企業以外にも、ブラック・ロックやチャールズ・シュワブなど大手の運用会社や証券会社が買収や独自のサービスの開始などによって続々と参入している。ロボ・アドバイザーが運用する資産は2015年時点で300億ドル以上とされ、そう遠くない将来に数百兆円規模に達するという予想もある[196]。資産運用分野では、ほかにビッグデータを機械学習で解析をして投資判断情報を提供するようなベンチャー会社もある[197]。

また、融資の分野では、これまで融資が受けにくかった個人や中小企業に対して斬新なアイデアで資金を集めるようなサービスが始まっている。これらは、少なくとも小口の融資に関する分野では、これまでの銀行のビジネス・スタイルを一変させる可能性を感じさせる。さらに、決済やデジタル通貨の分野では、ブロックチェーンというビットコインの基盤の技術の応用について注目が集まっているが、紙幅の関係で説明は省略する。

---

[195] ベンチャー企業の例ではWealthfront、Bettermentなどが代表格で、先進的な運用手法を試みるBondITなどもある。

[196] FT紙（2015年9月20日）"Robo-advisers mark 'seismic' shift in wealth management"は、今後10年で5兆ドルに拡大するという予想を紹介している。

[197] Kenshoなど。

理論とテクノロジーの融合がファイナンスの新たな主役となる予感

　以上のように、これまでの金融技術にさまざまな先端ITを織り交ぜたサービスの提供や運用・トレーディングは大きな潮流になりつつある。さらにフィンテックという言葉の世界的なブームによって、金融のイノベーションに大きな社会的注目が集まりつつある。前述したように、フィンテックという言葉は、コンサルティングファームのベンチャー企業向けのビジネスと深く関連するものであり、その脈略だけで金融とテクノロジーの関係をとらえると全体像を見誤る可能性があるが、新しい金融の機運に関する関心は、ファイナンスの分野の競争や技術革新を一段と加速させることになるだろう。そしてロボ・アドバイザーや革新的な融資のスタイルなどのビジネス・モデルは金融業務の本丸に挑む可能性を感じさせる状況になりつつある。

　いずれにしても、今後はコンピュータやAIの技術が数学的モデルとともにファイナンスの主役になることが予感される。本書の大部分は、過去半世紀の数学的モデルとその応用が主役だった時代を説明したものだが、フィンテック・ブームは新しい主役の登場の幕開けを示す出来事なのかもしれない。

6.13　〔補遺〕マイナス金利時代の金利オプションの評価

ヨーロッパに続いて日本もマイナス金利時代に突入

　2016年1月29日、黒田総裁が議長を務める日銀の金融政策決定委員会は5対4の僅差で、民間金融機関が日銀に預ける当座預金の一部に対してマイナス0.1％の金利を適用することを決定した。黒田総裁は直前までマイナス金利の導入を否定していたので市場は驚き、期間5年程度までの国債利回りやスワップ金利は即座にマイナス金利に突入、2月9日には10年国債の利回りもマイナスとなった（図6.13.1）。これまでも、短期の国債利回りが一時的にわずかなマイナスになることがあったが、今回は5年の国債の利回りが一時マイナス0.3％近くに達するという本格的なマイナス金利時代の到来であ

図6.13.1 マイナスに突入した長期国債利回り（2016年1月～2月）

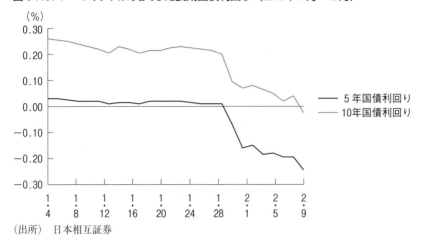

（出所） 日本相互証券

表6.13.1 各国のマイナス金利政策の導入時期

国（地域）	導入時期	政策金利等（導入時）
スウェーデン[198]	2009年7月	▲0.25%
デンマーク	2012年7月	▲0.2%
ユーロ圏	2014年6月	▲0.1%
スイス	2014年12月	▲0.25%
日本	2016年1月	▲0.1%

る。

　マイナス金利導入という従来の常識を覆す金融政策については、ヨーロッパが日本より一歩先んじていた。本格的なマイナス金利を中央銀行が最初に導入したのは2009年のスウェーデンであり、その後2012年にはデンマーク、そして国際通貨ユーロの金融政策を担う欧州中央銀行（ECB）が2014年6月にマイナス金利の導入を決めている（表6.13.1）。

　これまでのところ、最も大きなマイナス金利幅をとっているのはスイスの中央銀行であり、2015年1月に、政策金利をマイナス0.75％にまで引き下げた。2016年2月現在、スイスの国債利回りは一部の期間で1％を超えるマイ

---

[198] スウェーデンのマイナス金利政策は2010年にいったん終了し、2015年から再びマイナス金利政策が実施された。

第6章　リーマン・ショックと危機後の世界　529

図6.13.2 スイスのイールド・カーブ（2016年2月12日現在の水準）

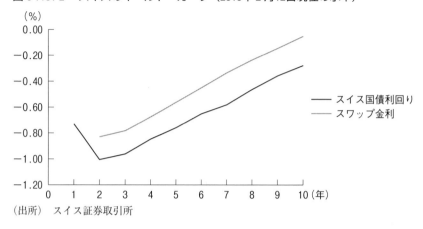

（出所）　スイス証券取引所

ナス幅という、まさに異次元の金利水準となっている（図6.13.2）。

バシュリエ・モデルの復活

　マイナス金利時代に、重大な影響があるのは金利オプションの評価である。金利オプションの最も基本的モデルはブラック・ショールズ・モデル型のブラック・モデル[199]であるが、1990年代後半に始まった超低金利時代に対応するためにボラティリティのスキューやスマイルが導入されたこと、さらにスマイル等に対応するためにCEVモデルが復活しSABRモデルなどが登場したことについては4.6と4.7で説明したとおりである。このような方法で超低金利時代は何とか対応してきたが、ブラック・モデルではマイナス金利には対応できない[200]。なぜならば、ブラック・モデルは原資価格の対数が正規分布に従うと仮定しているが、負の値の対数は実数値にはならないので、マイナス金利をインプットすると評価システムはエラーとなってしまうのである。

---

[199]　2.10を参照。
[200]　CEVモデルやSABRモデルでは、$\beta = 0$に固定した場合にのみマイナス金利でも利用可能である。CEVモデルで$\beta = 0$に固定したモデルはバシュリエ・モデルと同じである。

こうした状況で復活したのが、1900年のルイ・バシュリエの論文に示されたオプション評価式（2.1の式2．1．5）である。バシュリエのアプローチは原資産が正規分布に従うと仮定したものだったが、正規分布であれば原資産価格がプラスの値であるかマイナスの値であるかに関係なしに評価することができる。バシュリエの論文では満期時点のコールの価値として示されたが、これを現在価値に割り引いた次の式がバシュリエ・モデルまたは正規分布モデルと呼ばれる。バシュリエ・モデルのコールの価格C_Nは、次のとおりである。

$$C_N = e^{-rT}[(F-K) \cdot N(d_1) + a\sqrt{T}\, n(d_1)] \tag{6.13.1}$$

$$d_1 = \frac{F-K}{a\sqrt{T}}$$

　rは無リスク金利で他の記号の意味は式2．1．5と同じとする。

　金利のオプション市場では、リーマン・ショック以来の世界的な超低金利時代の到来に対応し、一部のブローカーは金利オプションのボラティリティの市場気配を、従来のブラック・モデルにインプットするボラティリティ（これをログノーマル・ボラティリティという）だけでなく、バシュリエ・モデルにインプットすべきボラティリティ（これをノーマル・ボラティリティという）も同時に提示するようになった。金利水準がゼロに近いほど低下すれば、ログノーマル・ボラティリティの値が大きく上昇してしまうことは4.6で説明したが、ノーマル・ボラティリティは金利水準が低下しても水準が安定するというメリットがある。そして、もしフォワード金利がマイナスになれば、ログノーマル・ボラティリティによる市場気配の提示はもはや不能になる。

　ログノーマル・ボラティリティとノーマル・ボラティリティを換算するための1つの方法として、次のような近似式がある[201]。

---

[201] これはGrunspan（2011）によるもの。ちなみに、ノーマル・ボラティリティからログノーマル・ボラティリティへの換算は、4.7で説明したSABRモデルの近似式が使え、ほぼ同じ式をGrunspan（2011）も導いている。

$$\sigma_N(K) \fallingdotseq \sigma_B(K)\frac{F-K}{ln(F/K)}\left[1-\frac{ln\left(\frac{1}{\sqrt{KF}}\frac{F-K}{ln(F/K)}\right)}{ln^2(F/K)}\sigma_B^2(K)T\right]+O(T^2 ln T) \quad (6.13.2)$$

ただし、$\sigma_N(K)$ は行使価格 K のオプションのノーマル・ボラティリティ、$\sigma_B(K)$ は行使価格 K のオプションのブラック・モデルにインプットするログノーマル・ボラティリティである。また $O(T^2 ln T)$ は、時間 T に関し $T^2 ln T$ 以上の次数の項であり、T が大きい場合はこの項を考慮する必要がある。この近似式を使うとアット・ザ・マネーのボラティリティは次のように近似できる。

$$\sigma_N \fallingdotseq \sigma_B F\left(1-\frac{\sigma_B^2 T}{24}\right)+O(T^2 ln T) \quad (6.13.3)$$

こうして復活したバシュリエ・モデルは、マイナス金利環境下でもオプション価格の算出が可能という意味で好都合ではあるが、実際にバシュリエ・モデルを使って金利オプションのリスク管理等を行うことは、オプション期間が比較的短い場合を除いてあまり現実的でない。なぜならば、正規分布型のバシュリエ・モデルでは、金利の変動が上下に完全に対称であり、たとえば現在のフォワード金利の水準がマイナス0.3%であった場合に、オプションの満期までに金利が1％上昇して0.7％（＝▲0.3％＋1％）となるのと、さらに1％マイナス幅を広げてマイナス1.3％（＝▲0.3％－1％）となるのはまったく同じ確率で起こりうる事象と認識されてしまうからである。つまり、バシュリエ・モデルを使ってリスク管理するには、金利の現状水準がプラスの水準であろうとマイナスの水準であろうとおかまいなしにランダムに変動するという認識が定着する必要があるが、現時点では金利の変動に対する常識はまだそこまで劇的には変化していない[202]。

マイナス金利への対応策としてのシフテッド・モデル

マイナス金利環境下で利用されるようになった金利オプションの評価方法

---

[202] マイナス幅が大幅になった場合は、債券などの金融商品から現金や金の所有にシフトすることが見込まれるので、マイナス金利の幅には一定の限度あるという考え方が主流である。

に、シフテッド・モデル（shifted model）と呼ばれる手法がある。シフテッド・モデルの原理は比較的単純であり、オプション価格計算に適用するフォワード金利と行使金利の両方をθ％ずつシフトさせた値をインプットして計算するという方法である。現在のフォワード金利Fに対しシフト後の金利がプラス、つまり$F+\theta>0$となるようにシフト幅を設定すれば、ブラック・モデルなどに適用可能になる。ブラック・モデルをシフトさせたモデルは、シフテッド・ログノーマル・モデル（Shifted Lognormal Model）と呼ばれる。シフテッド・モデルはもともと4.7と4.8で説明したボラティリティのスキューに対応するために生まれたモデルの1つであるが、マイナス金利に適用できるということで、再び脚光を浴びたのである。

シフテッド・ログノーマル・モデルで計算されるコール・オプションの価格C_Sはブラック・モデルのコールの価格C_Bを使って次の式で表現できる。

$$C_S(F, K, T, \sigma_S(K)) = C_B(F+\theta, K+\theta, T, \sigma_S(K)) \quad (6.13.4)$$

$\sigma_S(K)$：シフテッド・ログノーマル・モデルに適用するボラティリティ

シフテッド・ログノーマル・モデルに適用するボラティリティ$\sigma_S(K)$の水準は、市場で観測されるオプションの実勢価格と一致するように逆算する必要があるが、もし市場で$\sigma_S(K)$を直接観測できる場合は逆算[203]の必要はない[204]。一般に、金利をプラスにシフトさせた場合、シフテッド・ログノーマル・モデルに適用する市場整合的なボラティリティはブラック・モデルのボラティリティより低くなる[205]。

---

[203] 市場でノーマル・ボラティリティ$\sigma_N(K)$が観測できる場合は、SABRモデルの近似式（4.7の式4.7.8）を使って$\sigma_S(K)$を近似的に算出することもできる。その場合は、$\beta=\nu=\rho=0$、$\alpha=\sigma_N(K)$と設定し、フォワード価格（金利）と行使価格はシフト後の値を適用する。

[204] マイナス金利環境が長引けば、ブローカーがシフテッド・モデルに適用するボラティリティを提示する習慣が一般化する可能性がある。

[205] ログノーマル・ボラティリティは超低金利では大きく上昇することは4.6等で説明したとおりであるが、金利をプラスにシフトさせれば超低金利の状態が緩和されるから、シフテッド・ログノーマル・モデルに適用するボラティリティのほうが低くなる。このような特性があるために、シフテッド・モデルは市場のボラティリティのスキューにある程度対応することができる。

シフテッド・モデルにおいては、シフト幅の設定水準によってモデルの算出結果の振る舞いが変わってくる。現在ヨーロッパでは、1％のシフトが一般化されつつあると聞くが、マイナス金利状態が続けば、なんらかのシフト幅が市場のコンセンサスとなると考えられる。もしそうなった場合は、シフテッド・モデルは使いやすいものとなり、さらに普及が進むと思われるが、マイナス金利幅が一般的なシフト幅を超えてしまった場合の対応などに課題が残るだろう。
　シフテッド・モデルを使えば、市場のボラティリティのスマイルやスキューに対応することも可能である。たとえば、シフテッド・モデルに適用するボラティリティに、SABRモデルを適用すればスマイルやスキューへの対応方法の1つとなる。

おわりに

　まるまる 1 年間、半ば引き篭もりのような生活を続け、何とか本書を書き終えることができた。1 年前には本書を書くための十分な知見があると思っていたが、実際に書き始めてみると、至るところで穴だらけであることがわかり、慌てて膨大な分量の資料と格闘することになった。

　本書に取り上げた内容は、いつか本というかたちで書き残したいと思い続けていたものばかりだ。それらは、ブラック・ショールズ・モデルに到達するまでの歴史や評価原理の本質、ハリソンとクレプスとプリスカの理論、証券化商品の仕組みと本質、LTCMの崩壊や2007年からの金融危機のことなどだ。今回、長年溜まっていた宿題を、無謀にも一気に片付けることになった。困難を承知で一冊にまとめたのは、「歴史」という視点には、すべての要素が必要だったからである。また、すべての要素を一冊の本にまとめること自体には、きっと大きな意義があるに違いないと考えた。

　正直なところ、本書の執筆によって、筆者自身が事前の想像を遥かに超えた勉強をさせてもらった。ファイナンスに関する歴史をたどっていくと、これまで断片的にしか理解していなかった人物やその業績に遭遇し、それらが 1 本の糸としてつながっていたことを発見したのだ。時間的な制約で今回は深入りできなかったが、いつかさらに奥までたどってみたいと思える歴史も至るところで現れた。

　こうした作業の繰り返しによって、これまでの知見に、もうひとつ別の次元を加えて理解することができるようになった気がする。本書の上梓によって、数理ファイナンスになんらかのかたちで関与する人、これから学ぶ人たち、さらには金融に関心がある方々などに、筆者の発見や感動を少しでも伝えることができることを願ってやまない。

　本書の出版は数多くの方々に支えられたことによって初めて実現した。RPテック代表の倉都康行氏は本書出版の道筋をつけてくれただけでなく執筆中はさまざまなサポートをしてくれた。猪田義浩と糸田真吾の両氏は拙い

原稿を丁寧に読んで数多くの専門的で有益なコメントをしてくれた。中西雅之と江本麗行の両氏は専門家の視点で原稿を確認してくれた。それからRPテックの長野由紀子氏にも原稿を確認していただいた。

　本書を書くための材料も、過去30年近くにわたって多くの方々とともに行ってきた研究と実践の成果として得られたものである。特に最近6年間、NTTデータの町田至弘氏のチームで、皆吉真一郎、江本麗行、韓琪の各氏などとともにさまざまな事案の調査や検討を行った経験が、モデル理論の再確認や最近のトピックの研究に大変役立った。また筆者の東京銀行勤務時代の経験は、本書のすべての土台になっている。1980年代終盤から90年代初めにかけての資本市場第二部勤務時代に、冨岡明氏の指導のもとで小西秀氏などの仲間とともに、ハリソン、クレプス、プリスカやHJMモデルなどの論文を測度論や確率過程論のテキストを片手にじっくり読み込んだ経験が第3章を書き上げる基礎となった。当時最新の金利モデルであったHJMモデルに目をつけ、その実装のプロジェクトを主導してくれたのは木方元治氏であり、東京とロンドンの両方で上司だった駒方康吉氏は、債券とデリバティブ取引についてのさまざまな議論と実践の機会を与えてくれた。また証券化商品についての知見を広めたのはソニー銀行時代の投資家としての経験であり、これは社長だった石井茂氏が多様な投資方法を許容してくれたおかげである。

　最後に、筆者の長大で野心的すぎる企画を快く引き受けてくれた一般社団法人金融財政事情研究会理事の谷川治生氏には、最大限の感謝を捧げたい。

2016年2月

櫻　井　　豊

【参考文献】

Allen,F. and G. Yago（2010）"Financing the Future: Market-Based Innovations for Growth," Wharton School Publishing（空閑裕美子訳『金融は人類に何をもたらしたか』東洋経済新報社）

Allen, L.（2003）"The Basel Capital Accords and International Mortgage Markets: A Survey of the Literature," Financial Markets, Institutions and Instruments 13, pp. 41-108

Altman, E. I.（1968）"Financial Ratios, Discriminant Analysis and the Prediction of Corporate Bankruptcy." *Journal of Finance*, 23（4）pp.589-609

American Securitization Forum（2003）"Statement on Behalf of the American Securitization Forum before the Subcommittee on Housing and Community Opportunity, Subcommittee on Financial Institutions and Consumer Credit United States House of Representatives Hearing on Protecting Homeowners: Preventing Abusive Lending While Preserving Access to Credit November 5, 2003"

Aronson, D. and T. Masters（2013）"Statistically Sound Machine Learning for Algorithmic Trading of Financial Instruments: Developing Predictive-model-based Trading Systems Using TSSB," Independent Publishing Platform

Arrow, K. J.（1953）" The Role of Securities in the Optimal Allocation of Risk-Bearing, " Review of Economic Studies,（1964）31, pp.91-96

Arrow, K. J. and G. Debreu（1954）"Existence of an Equilibrium for a Competitive Economy," Econometrica, 22: pp.265-290

Ashcraft, A. B. and T. Schuermann（2008）"Understanding the Securitization of Subprime Mortgage Credit," Federal Reserve Bank of New York. Staff Reports

Bachelier, L.（1900）"Theory of Speculation." In The Random Character of Stock Market Prices, 英訳 ed. P. Cootner. MIT Press（1964）, pp.17-78

Barnett-Hart, A.K.（2009）"The Story of the CDO Market Meltdown :An Empirical Analysis," Harvard College

Bergman, S.（2001）"CDO Evaluator Applies Correlation and Monte Carlo Simulation to Determine Portfolio Quality," Standard & Poor's

Bernanke, B.S.（2010）"Monetary Policy and the Housing Bubble" a speech at the Annual Meeting of the American Economic Association, Atlanta, Georgia

Bethany, M. and Nocera, J.（2010）"All the Devils are Here; The Hidden History of the Financial Crisis," Penguin

Billingsley, P.（1986）"Probability and Measure," John Wiley & Sons

BIS（Bank for International Settlements）（1999）"A Review of Financial Market Events in Autumn of 1998"

BIS (Bank for International Settlements) (2008) "Credit Risk Transfer Developments from 2005 to 2007" Report of the Joint Forum

Black, F. (1993) "Beta and Return." *Journal of Portfolio Management* 29, no. 1, pp.8-18

Black, F. and Cox, J. (1976) "Valuing corporate securities: some effects of bond indenture provisions," *Journal of Finance* 31, pp. 351-367

Black, F. and M. Scholes (1973) "The pricing of options and corporate liabilities," *Journal of Political Economy*, Vol. 81, pp.637-654

Boness, A.J. (1973) "Elements of a Theory of Stock Option Value," *Journal of Political Economy*, 72 (April) pp.163-75

Bookstaber, R. (2007) "A Demon of Our Own Design." John Wiley & Sons (遠藤真美訳『市場リスク 暴落は必然か』日経BP社)

Border, K. C. (1985) "Fixed point theorems with applications to economics and game theory," Cambridge University Press

Brady Report (1988) "Report of the Presidential Task Force on Market Mechanisms," Presidential Task Force on Market Mechanisms, N. Brady (Chairman), U.S. Government Printing Office

Bratton. W. and A. J. Levitin (2012) "A Transactional Genealogy of Scandal: From Michael Milken to Enron to Goldman Sachs," Public Law & Legal Theory Working Paper Series. Research Paper No. 2126778

Caouette, J. B., E. I. Altman and P. Narayanan (1998) "Managing Credit Risk" John Wiley & Sons (信用リスク研究会訳『クレジットリスクマネジメント』シグマベイスキャピタル)

Carhart, M. M. (1997) "On Persistence in Mutual Fund Performance," Journal of Finance 52, pp.57-82

Carlson, M. (2007) "A Brief History of the 1987 Stock Market Crash with a Discussion of the Federal Reserve Response" Federal Reserve

Chava, S. and R. Jarrow (2004) "Bankruptcy Prediction with Industry Effects," Review of Finance, 8 (4), pp.537-569

Cifuentes, A. and G. O'Connor (1996) "The Binomial Expansion Method Applied to CBO/CLO Analysis," Moody's Investors Service

Clement, P. and I. Maes (2013) "The BIS and the Latin American debt crisis" National Bank of Belgium Working Paper No. 247

Committee on the Global Financial System (2008) "Ratings in Structured Finance: What Went Wrong and What Can Be Done to address shortcomings?," BIS CGFS Papers 32

Cootner, P. H. (1962) "Comment on the Variation of Certain Speculative Prices" In The Random Character of Stock Market Prices, MIT Press

Cootner, P. H. (1964) "The Random Character of Stock Market Prices," MIT Press
Cowles, A. (1933) "Can Stock Market Forecasters Forecast?" *Econometrica* 1, pp. 309-324
Cox, J.C., J.E. Ingersoll and S.A. Ross (1985) "A Theory of the Term Structure of Interest Rates," Econometrica, Vol.53, 1985, pp.385-407
Cox, J.C. and S. A. Ross (1975) "The pricing of options for jump processes" Working Paper #2-75, University of Pennsylvania
Cox, J.C. and S. A. Ross (1976) "The Valuation of Options for Alternative Stochastic Processes," Journal of Financial Economics 3: pp.145-166
Cox, J.C., S. A. Ross, and M. Rubinstein (1979) "Option Pricing: A Simplified Approach." Journal of Financial Economics 7: 229-263
Cox, J. C., S. A. Ross, and M. Rubinstein (1985) "Options Markets," Prentice-Hall
Debreu, G. (1959) "Theory of Value: An Axiomatic Analysis of Economic Equilibrium" Yale University Press
Derman, E. and I. Kani (1994) "Riding on a smile," Risk Magazine
Derman, E. and Wilmott, P. (2009) "The Financial Modelers' Manifesto" wilmott.com
Dinallo, E.E., et al. (2008) "Bond Insurer Transparency; Open Source Research," Pershing Square
Dodd, R. (2009) "Exotic Derivatives Losses in Emerging Markets: Questions of Suitability, Concerns for Stability," IMF Working Paper
Dunbar, N. (2011) "The Devil's Derivatives; The Untold Story of the Slick Traders and Hapless Regulators Who Almost Blew Up Wall Street ... and Are Ready to Do It Again," Harvard Business Review Press (河野純治訳『悪魔のデリバティブ』光文社)
Duffie, D. (1988) "Security Markets, Stochastic Models," San Diego Academic Press
Duffie, D. (1991) "The theory of value in security markets," In: Handbook of Mathematical Economics, vol. IV
Duffie, D. (1992) "Dynamic Asset Pricing Theory," Princeton University Press (山崎昭、桑名陽一、大橋和彦、本多俊毅訳『資産価格の理論』創文社)
Duffie, D. (2010) "How Big Banks Fail — And What to Do about It," Princeton University Press (本多俊毅訳『巨大銀行がなぜ破綻したのか』NTT出版)
Duffie, D. and C. Huang (1985) "Implementing Arrow-Debreu equilibria by continuous trading of few long-lived securities," Econometrica, 53 pp1337-1356
Duffie, D. and K. Singleton (1999) "Modeling Term Structures of Defaultable Bonds," Re-view of Financial Studies, 12 , pp.687-720

Dupire, B. (1992) "Arbitrage Pricing with Stochastic Volatility," Proceedings of AFFI Conference in Paris, June 1992

Dupire, B. (1994) "Pricing with a Smile," Risk Magazine

Dybvig, P. H. and S.A. Ross (1987) "Arbitrage," J. Eatwell, M. Milgate and P. Newman, eds., The New Palgrave, A Dictionary of Economics, The MacMillan Press, pp.100-106

EDHEC-Risk Institute (2011) "EDHEC-Risk European Index Survey 2011 — October 2011"

EDHEC-Risk Institute (2012) "EDHEC-Risk North American Index Survey 2011 — April 2012"

EDHEC-Risk Institute (2013) "Smart Beta 2.0"

Fama, E. F. (1963) "Mandelbrot and the Stable Paretian Hypothesis," *Journal of Business* 36, pp.420-429

Fama, E. F. (1970) "Efficient Capital Markets: A Review of Theory and Empirical Work," *Journal of Finance* 25: pp.383-417

Fama, E. F. and K. R. French (1992) "The Cross-Section of Expected Stock Returns," *Journal of Finance* 47: 427-465

Fama, E. F. and K. R. French (1993) "Common risk factors in the returns on stocks and bonds," *Journal of Financial Economics* 33, pp.3-56

Fama, E. F. and K. R. French (2013) "A Five-Factor Asset Pricing Model," Working Paper

Federal Court of Australia (2012) "Bathurst Regional Council v Local Government Financial Services Pty Ltd (No 5) [2012] FCA 1200"

Federal Home Loan Mortgage Corporation (2003) "Investor's guide to Cmo's"

Fox, J. (2009) "Myth of the Rational Market. A History of Risk, Reward, and Delusion on Wall Street." Harper Business

Gilkes, K., N. Jobst, and B. Watson (2005) "CDO Evaluator Version 3.0: Technical Document," Standard & Poor's

Goldman, M.B., H. B. Sosin and M. A. Gatto (1979) "Path Dependent Options: "Buy at the Low,. Sell at the High""

Gordy, M.B. and S. Willemann (2010) "Constant Proportion Debt Obligations: A Post-Mortem Analysis of Rating Models" Federal Reserve Board

Grin, J. M. and J. Nickerson (2015) "Debt Correlations in the Wake of the Financial Crisis: What are Appropriate Default Correlations for Structured Products?," Working Paper

Grunspan, C. (2011) "A Note on the Equivalence between the Normal and the Lognormal Implied Volatility: A Model Free Approach," *SSRN Electronic Journal*

Guill, G.D. (2007) "Bankers Trust and the Birth of Modern Risk Management," White Paper, Wharton Financial Institutions Center

Hagan, P. D. and Diana E. Woodward (1999) "Equivalent Black volatilities," App. Math. Finance, 6 , pp.147-157

Hagan, P., D. Kumar, A. Lesniewski, and D. Woodward (2002) "Managing smile Risk," Wilmott Magazine

Harrison, J.M. and D.M. Kreps (1979) "Martingales and arbitrage in multiperiod securities markets," *Journal of Economic Theory* 20, pp.381-408

Harrison, J.M. and S.R. Pliska (1981) "Martingales and Stochastic Integrals in the theory of continuous trading," Stochastic Processes and Applications, Vol. 11

Haug, E.G. (1997) "The Complete Guide to Option Pricing Formulas" McGraw-Hill.

Haug, E. G. (2007) "Derivatives Models on Models," New. York, John Wiley & Sons

Haugb E. G. and N. N. Taleba (2011) "Option traders use (very) sophisticated heuristics, never the Black-Scholes-Merton formula," *Journal of Economic Behavior & Organization* 77 pp.97-106

Hafner, W. and H. Zimmermann (2007) "Amazing discovery: Vincenz Bronzin's option pricing models," *Journal of Banking and Finance* 31, pp.531-546

Heath, D., R. Jarrow, and A. Morton (1992) "Bond Pricing and the Term Structure of Interest Rates: A New Methodology for Contingent Claims Evaluation," Econometrica, Vol.60, No. 1, pp.77-105

Heston, L.H. (1993) "A closed-form solution for options with stochastic volatility with applications to bond and currency options," Rev of Fin Studies, 6, pp.327-343

Ho, T. S. Y. and S.B. Lee (1986) "Term Structure Movements and Pricing Interest Rate Contingent Claims," *Journal of Finance*, Vol. 41, No. 5, pp.1011-1029

Holton, G.A. (2002) "History of. Value-at-Risk: 1922-1998," Working Paper

Hull, J. C. (2008) "Options, Futures, and Other Derivatives (7th Edition)," Prentice Hall (三菱UFJ証券市場商品本部訳『フィナンシャル・エンジニアリング　第7版』金融財政事情研究会)

Hull, J. C., A. Sokol and A. White (2014) "Modeling the Short Rate: The Real and Risk-Neutral Worlds" Risk

Hull, J. C. and A. White (1987) "The Pricing of Options on Assets with Stochastic Volatilities," *Journal of Finance*, 42, pp.281-300

International Monetary Fund (IMF) (2009) "Exotic Derivatives Losses in Emerging Markets: Questions of Suitability, Concerns for Stability" IMF Working Paper

Ito, K. and H. P. McKean (1974) "Diffusion Processes and their Sample Paths," Springer Verlag

Jarrow, R. and S. Turnbull (1992) A Unified Approach for Pricing Contingent Claims on Multiple Term Structures," Discussion paper, Johnson Graduate School of Management, Cornell University

Jarrow, R. and S. Turnbull (1995) "Pricing Derivatives on Financial Securities Subject to Credit Risk," *Journal of Finance*, 50 (1), pp.53-85

Jarrow, R. and S. Turnbull (1998) "A Unified Approach for Pricing Contingent Claims on Multiple Term Structures," Review of Quantitative Finance and Accounting, Springer, vol. 10 (1), pp.5-19

The Joint CFTC-SEC Advisory Committee (2010) "Findings Regarding the Market Events of May 6, 2010," Report of the Staffs of the CFTC and SEC to the Joint Advisory Committee (SECレポート)

Karier, T. (2010) "Intellectual Capital: Forty Years of the Nobel Prize in Economics ," Cambridge University Press (小坂恵理訳『ノーベル経済学賞の40年』筑摩書房)

Kassouf, S. T. (1965) "A Theory and an Econometric Model for Common Stock Purchase Warrants," Analytical Publishers

Kendall, M.G. (1953) "The Analysis of Economic Time-Series — Part 1: Prices." *Journal of the Royal Statistical Society*, series A, 116 pp.11-25

King, M. (2009) Speech "To Scottish Business Organisations in Edinburgh 20 October 2009" Bank of England

Kreps, D. (1979) "Arbitrage and Equilibrium in Economics with Intinitely Many Commodities," Economic Theory Discussion Paper, Cambridge University

Laurent, J. and J. Gregory (2005) "Basket Default Swaps, CDOs and Factor Copulas," *Journal of Risk* 7/4

Lewis, M. (2014) "Flash Boys: A Wall Street Revolt," W. W. Norton & Company (渡会圭子、東江一紀訳『フラッシュ・ボーイズ』文藝春秋)

Lintner, J. (1965) "The Valuation of Risk Assets and the Selection of Risky Investments in Stock Portfolios and Capital Budgets," Review of Economics and Statistics 47, pp.13-37

Li, D. X. (2000) "On Default Correlation: A Copula Function Approach", Journal of *Fixed Income* 9 (4): pp.43-54

Lintner, J. (1965) "The Valuation of Risk Assets and the Selection of Risky Investments in Stock Portfolios and Capital Budgets," Review of Economics and Statistics 47: pp.13-37

Lowenstein, R. (2000) "When Genius Failed: The Rise and Fall of Long-Term Capital Management" Random House (東江一紀、瑞穂のりこ訳『天才たちの誤

算』日本経済新聞社）
MacKenzie, D.（2008）"An Engine, Not a Camera How Financial Models Shape Markets" The MIT Press
MacKenzie, D. and T. Spears（2012）"'The Formula That Killed Wall Street'? The Gaussian Copula and the Material Cultures of Modelling," Wired Magazine
Malkiel, B. G.（1990）"A Random Walk Down Wall Street," Norton（井手正介訳『ウォール街のランダム・ウォーク：株式投資の不滅の真理』日本経済新聞社）
Mandelbrot, B. B.（1963）"The Variation of Certain Speculative Prices," *Journal of Business* 36: pp.394-419
Mandelbrot, B. B.（1966）"Forecasts of Future Prices, Unbiased Markets, and 'Martingale' Models," *Journal of Business* 39: pp.242-255
Mandelbrot, B. B.（1973）"Comments on: 'A Subordinated Stochastic Process Model with Finite Variance for Speculative Prices,' by Peter K. Clark." Econometrica 41, pp.157-159
Mandelbrot, B. B. and R. L. Hudson（2004）"Misbehavior of Markets," Basic Books（高安秀樹監訳、雨宮絵理、高安美佐子、冨永義治、山崎和子訳『禁断の市場：フラクタルでみるリスクとリターン』東洋経済新報社）
Markowitz, H. M.（1952）"Portfolio Selection," *Journal of Finance* 7, pp.77-91
Melino, A. and S. Turnbull（1990）"The Pricing of Foreign Currency Options with Stochastic Volatility," *Journal of Econometrics*, 45, pp.239-265
Merton, R.C.（1973）"Theory of rational option pricing," *Bell Journal of Economy. And Management Science*, Vol. 4, No. 3
Merton, R.C.（1974）"On the pricing of corporate debt: the risk structure of interest rates," J. Finance 29: pp.449-70
Merton, R. C.（1976）"Option Pricing When Underlying Stock Returns Are Discontinuous," *Journal of Financial Economics* 3 pp.125-144
Merz, M and Wüthrich, M.V.（2013）"Financial Modeling, Actuarial Valuation and Solvency in Insurance" Springer
Modigliani, F. and M. H. Miller（1958）"The Cost of Capital, Corporation Finance and the Theory of Investment," American Economic Review, Vol.48, No.3, pp.261-297
Modigliani, F. and M. H. Miller（1961）"Dividend Policy, Growth and the Valuation of Shares," *Journal of Business* 34: pp.411-33
Modigliani, F. and M. H. Miller（1963）"Corporate Income Taxes and the Cost of Capital," The American Economic Review, Vol. 53, No. 3（Jun., 1963）, pp.433-443
Mossin, J.（1966）"Equilibrium in a Capital Asset Market," Econometrica 34, pp.768-783

National Commission on the Causes of the Financial and Economic Crisis in the United States (2011) "The Financial Crisis Inquiry Report" (FCICレポート)

Officer, R.R. (1972) "The Distribution of Stock Returns," *Journal of the American Statistical Association* 67, pp.807-812

Ohlson, J. A. (1980) "Financial Ratios and the Probabilistic Prediction of Bankruptcy," Journal of Accounting Research, 18 (1) pp.109-131

Osborne, M.F.M. (1958) "Brownian Motion in the Stock Market," Operations Research 7, pp.145-173

Osborne, M.F.M. (1959) "Brownian Motion in the Stock Market," reprinted in P. H Cootner (1964) "The random character of stock market prices," Cambridge (MA): MIT Press, pp.100-128

Patterson, S. (2012) "Dark Pools: The Rise of the Machine Traders and the Rigging of the U.S. Stock Market," Crown Publishing Group (永野直美訳『ウォール街のアルゴリズム戦争』日経BP社)

Scholes, M. (1969) "A Test of the Competitive Market Hypothesis: The Market for New Issues and Secondary Offerings," Ph.D. thesis, University of Chicago

Poundstone, W. (2005) "Fortune's Formula: The Untold Story of the Scientific Betting System That Beat the Casinos And Wall Street" Hill & Wang Pub (松浦俊輔訳『天才数学者はこう賭ける―誰も語らなかった株とギャンブルの話』青土社)

Pozar, Z., T. Adrian, A. Ashcraft and H. Boesky (2010) "Shadow Banking" Federal Reserve Bank of New York Staff Reports No. 458

The President's Working Group on Financial Markets (1999) "Hedge Funds, Leverage, and the Lessons of Long-Term Capital Management"

Public Policy Institute of California (1998) "When Government Fails: The Orange County Bankruptcy A Policy Summary" The Second Annual California Issues Forum

Pye, G. (1972) "Gauging the Default Premium," Research Program in Finance Working Papers No 6, University of California at Berkeley

Radner, R. (1972) "Existence of equilibrium of plans, prices and price expectations in a sequence of markets," Econometrica, 40 pp.289-303

Reiner, E. and M. Rubinstein (1991) "Unscrambling the Binary Code," Risk Magazine, Risk, October, pp.75-83

Roll, R. (1977) "A Critique of the Asset Pricing Theory's Tests. Part I: On Past and Potential Testability of the Theory," *Journal of Financial Economics* 4 pp.129-176

Ross, S. A. (1976) "The Arbitrage Theory of Capital Asset Pricing," *Journal of Economic Theory* 13: pp.341-360

Ross, S.A. (1978) "A Simple Approach to the Valuation of Risky Streams," *Journal of Business* 51: pp.453-475

Ross, S. A. (2011) "The Recovery Theorem," Journal of Finance forthcoming

Rubinstein, M. (1992) "Exotic options" (working paper), University of California

Tobin, J. (1958) "Liquidity Preference as Behavior Towards Risk," Review of Economic Studies 25. 1, pp.65-86

Samuelson, P. A. (1965a) "Rational Theory of Warrant Pricing," Industrial Management Review 6, no. 2: pp.13-32

Samuelson, P. A. (1965b) "Proof That Properly Anticipated Prices Fluctuate Randomly," Industrial Management Review 6, no. 2: pp.41-49

Scholes, M. (1969) "A Test of the Competitive Market Hypothesis: The Market for New Issues and Secondary Offerings," Ph.D. thesis, University of Chicago

Sharpe, W.F. (1964) "A Theory of Market Equilibrium under Conditions of Risk," *The Journal of Finance*, Vol. 19, No. 3

Shiller, R. J. (1981) "Do stock prices move too much to be justified by subsequent change in dividends"

Shiller, R. J. (1988) "Portfolio Insurance and Other Investor Fashions as Factors in the 1987 Stock Market Crash," NBER Macroeconomics Annual pp. 287-295

Shiller, R. J. (2000) "Irrational Exuberance," Princeton University Press (沢崎冬日訳『投機バブル　根拠なき熱狂—アメリカ株式市場、暴落の必然』ダイヤモンド社)

Shin, H.S. (2010) "Risk and Liquidity," Oxford University Press (大橋和彦、服部正純訳『リスクと流動性：金融安定性の新しい経済学』東洋経済新報社)

Shumway, T. (2001) "Forecasting Bankruptcy More Accurately: A Simple Hazard Model," *Journal of Business*, pp.101-124

Sorkin, A.R. (2009) "Too Big to Fail: The Inside Story of How Wall Street and Washington Fought to Save the Financial System — and Themselves," Penguin Group (加賀山卓朗訳『リーマン・ショック・コンフィデンシャル』早川書房)

Sprenkle, C.M. (1961) "Warrant prices as indicators of expectations and Preferences," reprinted in P. H. Cootner (1964) "The random character of stock market prices," Cambridge (MA): MIT Press, pp.412-475

Stein, E. M., and J. C. Stein (1991) "Stock Price Distributions with Stochastic Volatility: An AnalyticApproach," Review of Financial Studies, 4, pp.727-752

Taleb, N. N. (2007) "The Black Swan: The Impact of the Highly Improbable," New York: Random House (望月衛訳『ブラック・スワン：不確実性とリスクの本質』ダイヤモンド社)

Tavakoli, J.M. (2001) "Credit Derivatives & Synthetic Structures: A Guide to Instruments and. Applications, 2nd Edition," John Wiley & Sons

Ted, G. (2009) "Fool's Gold: How Unrestrained Greed Corrupted a Dream, Shattered Global Markets and Unleashed a Catastrophe," Little Brown（土方奈美訳『愚者の黄金』日本経済新聞出版社）

Thorp, E. O. and S. T. Kassouf (1967) "Beat the Market: A Scientific Stock Market System," Random House

Tobin, J. (1958) "Liquidity Preference as Behavior towards Risk," Review of Economic Studies 25: 65-86

United States Senate Permanent Subcommittee on Investigations Committee on Homeland Security and Governmental Affairs (2011) "Wall Street and The Financial Crisis: Anatomy of a Financial Collapse"（レビン－コバーン・レポート）

Vasicek, O. (1977) "An Equilibrium Characterization of the Term Structure," *Journal of Financial Economics*, 5, pp.177-188

Weatherall, J. O. (2013) "The Physics of Wall Street: A Brief History of Predicting the Unpredictable" Mariner Books（高橋璃子訳『ウォール街の物理学者』早川書房）

Wilmott, P. (2005) "The Best of Wilmott Volume 2", John Wiley & Sons

Report of the Staffs of the CFTC and SEC to the Joint Advisory Committee on. Emerging Regulatory Issues.

相田洋、茂田喜郎（1999）『NHKスペシャル　マネー革命〈第2巻〉金融工学の旗手たち』NHK出版

池尾和人、永田貴洋（1999）「銀行行動と規制枠組みの進化」ファイナンシャルレビュー第51号、財務省財務総合政策研究所

伊藤清（1953）『確率論』岩波書店

伊藤清（1976）『確率論』（岩波講座　基礎数学）岩波書店

宇沢弘文（1989）『経済学の考え方』岩波書店

大墳剛士（2014）「米国市場の複雑性とHFTを巡る議論」JPXワーキング・ペーパー特別レポート

大寺廣幸（2001）「カリフォルニア州オレンジ郡の破産―米国の地方自治体の倒産と再建の教訓―」郵政研究所月報、2001年3月

岡田功太（2014）「世界の年金基金で進むスマートベータの導入」野村資本市場クォータリー2014 Summer

加藤敏康、吉羽要直（1999）「金利派生商品モデルの実務的活用について」日本銀行金融研究所、Discussion Paper No. 99-J-24

河合祐子、糸田真吾（2005）『クレジット・デリバティブのすべて』財経詳報社

川地宏行（2014）「店頭デリバティブと仕組債における説明義務と適合性原則(1)」法律論叢第87巻

倉都康行（2014）『12大事件でよむ現代金融史入門』ダイヤモンド社

駒形康吉、櫻井豊、小西秀（1992）「債券オプションにおける金利タームストラクチャーの問題とその解決策」証券アナリストジャーナル第30巻第6号
櫻井豊（2001）『時価革命と金融工学』ISコム
二階堂副包（1960）『現代経済学の数学的方法―位相数学による分析入門』岩波書店
二階堂副包（1971）『数理経済学入門』岩波書店
日本経済新聞社編（2014）『経済学41の巨人―古典から現代まで』日本経済新聞社
松尾豊（2015）『人工知能は人間を超えるか？―ディープラーニングの先にあるもの』KADOKAWA
森毅（1987）『位相のこころ』日本評論社
渡辺信三（1975）『確率微分方程式』（数理解析とその周辺9）産業図書

【事項索引】

[英数字]

1ファクター・ガウシアン・コピュラ ·················· 385～386
ABCPコンデュイット ··· 44,388～396,441～444
ABNアムロ ·················· 412,417
ABS CDO ······· 46,387,399,407～412
ABS（資産担保証券） ···· 42,407～408
AIG ················ 452～457,476～480
AIGファイナンシャル・プロダクツ ·················· 452～458
BNPパリバ ······················· 493
CAPM ········ 14,106～119,146～147,151～152,167～171,273～280
CBO ······························ 370
CDO（Collateralized Debt Obligations）····· 42,365～388,405～412
CDOスクエアード ··················· 476
CDS指数取引 ················ 413～416
CEVモデル ··················· 291～306
CIRモデル ··················· 291～297
CLO ······························ 370
CMBS ····························· 408
CMO ····················· 337～339
CMSスプレッド・ラダー・スワップ ····················· 488～490
CPDO（定率債務証券）······ 412～419,482～484
CVA（Credit Valuation Adjustment） ··················· 505～513
FCICレポート ··············· 474～480
HJM（Heath-Jarrow-Morton）モデル ····················· 215～225
IKBドイツ産業銀行 ·········· 441～444
JPモルガン ····· 358～366,371～374

KMVモデル ··················· 347～348
LSモデル ··························· 348
MM理論 ········ 11,93～101,178,507
OIS金利 ···················· 504～508
Oスコア ···························· 351
REMIC ···························· 339
RMBS ······························ 408
SABRモデル ················· 299～308
SIV ············· 44,388～396,441～444
SIVライト ···················· 393～394
S&P ························ 481～484
Zスコア ······················ 349～352

[あ]

アービトラージ型 ············ 370～375
アジア型オプション ·········· 225～229
アジア危機 ··················· 315～316
アセット相関 ················· 384～387
アノマリー ········ 273～280,516～518
アミン・ジャロー・モデル ········ 354
アラン・ホワイト ············ 298～300
アルゴリズム取引 ··················· 519
アルファ・ファイナンス ···· 388～389
アルフレッド・コウルズ ············ 86
アレンジャー ················· 402～405
アロー・ドブリュー均衡 ···· 237～241
アロー・ドブリュー証券 ······· 85,185
安定分布 ······················· 245～255
アンドリュー・モートン ··········· 217
アンドリュー・レシニェフスキ ··· 302
アンドレイ・コルモゴロフ ·········· 74

[い]

イーラジ・カニ ··············· 265～273
位相数学 ···························· 77

548

一般化中心極限定理 ·············· 249
一般均衡理論 ················ 10, 77〜85,
　　　　　　　　　　　　94, 201, 235
伊藤清 ······················· 74〜76
伊藤の補題 ······················ 160
インプライド相関 ················ 387

[う]
ウィーナー ························ 67
ウィリアム・シャープ ······· 113〜119
ヴィンチェンツォ・ブロンズィン ···· 76
ウェーバー・フェヒナーの法則 ···· 90

[え]
エイブ・スクラー ············ 381〜382
エイモス・トベルスキー ·········· 142
エキスパート・システム ·········· 522
エキゾチック・オプション ········ 34,
　　　　　　　　225〜233, 280〜289
エキゾチック・デリバティブ
　······························ 486〜494
エキゾチック・ローン ······· 401〜402
エクイティ（あるいはジュニア）・
　トランシェ ······················ 368
エスペン・ハウグ ············ 230〜233
エドワード・アルトマン ···· 349〜351
エドワード・ソープ ········· 127〜132
エマニュエル・ダーマン ···· 265〜273,
　　　　　　　　　　　　　　460〜468
エリック・ライナー ·········· 227〜229

[お]
オスカー・モルゲンシュテルン ··· 112
オズボーン ························ 86
オペレーションズ・リサーチ
　（OR） ·························· 90
オリジネーター ············· 402〜405
オルンシュタイン＝ウーレンベッ
ク過程 ······················· 183, 301

[か]
カール・ポパー ··················· 120
ガウシアン（正規）・コピュラ ···· 378,
　　　　　　　　382〜387, 465〜466
確率空間 ····················· 187〜189
確率ボラティリティ・モデル ······ 39,
　　　　　　　　　　　　　　297〜308
カスケード（連鎖反応）効果 ····· 257,
　　　　　　　　262, 320〜321, 326〜328
角谷の不動点定理 ················· 84
カバード・ボンド ············ 333〜336
カリフォルニア州オレンジ郡の損
　失事件 ······················ 289〜290
完全市場 ·························· 11
完全資本市場 ····················· 100
カントリーワイド ············ 478〜485
完備性 ········· 78, 200〜215, 237〜239

[き]
機械学習 ·························· 524
キャッシュフロー型 ·········· 375〜376
競争均衡 ······················ 77〜83
競争均衡の存在定理 ··············· 81
局所（ローカル）マルチンゲール
　······························ 204〜212
許容（admissible）戦略 ····· 211〜213
ギルサノフの定理 ········ 30, 191〜200
金融安定理事会（FSB：Financial
　Stability Board） ·········· 496〜502
金利のタームストラクチャー（期
　間構造）モデル ················· 217

[く]
グラス・スティーガル法 ···· 376〜377
グリーンスパン前FRB議長 ········ 476
クレジット・スコア ·········· 397〜398

事項索引　549

クレジット・デフォルト・スワップ（CDS） ………………… 358〜365
クレジット・デリバティブ（クレデリ） ……………………… 358〜365
クレジット・デリバティブとCDO …………………………………… 43
クロード・シャノン ……………… 127
グンベル・コピュラ ………… 382〜383

[け]
ケース・スプレンクル …… 102〜104
ケネス・アロー ………………… 77〜85
ケネス・フレンチ ………… 273〜280
ケンドール ……………………… 86〜90

[こ]
広義のABS ………………… 408〜410
厚生経済学の第1基本定理 ……… 238
構造型モデル ……………… 341〜349
効率的市場仮説 ………… 18, 134〜142, 320〜329
効率的ポートフォリオ …… 109〜115
コーシー分布 …………………… 249
ゴードン・パイ …………… 351〜352
ゴールドマン・サックス … 478〜482
小型株効果 ………………… 273〜280
国際決済銀行（BIS） ……… 427, 496
国際スワップ・デリバティブズ協会（ISDA） ……………… 359〜365
コピュラ関数 ……………… 377〜387
コンデュイット ………………… 339

[さ]
サービサー ………………… 402〜405
再証券化 ………………………… 407
裁定価格 ………………………… 191
裁定価格理論（APT） …… 167〜176
裁定機会（フリーランチ） … 28, 211

最良推定（Best Estimate） … 514〜515
サブプライムMBS ……………… 405
サブプライム・モーゲージ ……… 45
サブプライム・ローン …………… 394, 397〜406, 438〜440
サミュエルソン ………… 73, 119〜126, 137〜138, 159, 460

[し]
シーン・カッスーフ ……… 129〜133
ジェームズ・トービン …………… 111
ジェームズ・ボネス ……… 104〜106
ジェラール・ドブリュー …… 77〜85
シグマ・ファイナンス …… 392〜394
自己相似性 ……………………… 136
資産価格付けの第1基本定理 …… 29, 190〜196
資産価格付けの第2基本定理 …… 32, 203〜215
資産担保証券（ABS） …………… 367
市場整合的評価 ………………… 515
市場ポートフォリオ …………… 167
実確率 …………………………… 189
実測度 ……………………… 508〜515
ジップの法則 …………………… 246
シティ・グループ ……… 419, 477〜480
シニア・トランシェ …………… 368
ジニー・メイ ……………… 333〜337
シフテッド・ログノーマル・モデル ……………………………… 533
資本市場線 ……………………… 114
ジャック・トレイナー … 107, 144, 146
ジャロー・ターンブル・モデル ………………………………… 354〜355
ジャンク債 ………………… 365〜370
ジャンプ過程 …………………… 179
出生死滅過程 …………………… 180
証券監督者国際機構（IOSCO）

……………………………… 496〜498	尖度……………………… 250, 301
条件付請求権……………………… 191	
情報カスケード…………………… 327	[そ]
初期賦存…………………………… 240	ソロモン・ブラザーズ……… 308〜312
ジョン・コックス………… 176〜186,	
345〜347	[た]
ジョン・バー・ウィリアムズ… 106〜111	ダイアナ・ウッドワード… 303〜308
ジョン・ハル……………… 298〜300	ダウ理論……………………… 130
ジョン・フォン・ノイマン……… 112	達成可能………………… 203〜213
ジョン・メリウェザー……… 308〜317	ダニエル・カーニマン…………… 142
ジョン・リントナー……………… 119	ダレル・ダフィー………… 233〜241
シンセティックCDO………… 366〜375	
	[ち]
[す]	チェーン・ファイナンス…… 405〜406
スーパー・シニア……… 43, 373〜375,	チャップマン＝コルモゴロフ方程
408〜409	式…………………………… 71
スタティック型…………… 375〜376	中央清算機関（CCP：Central Coun-
スタンダード・アンド・プアーズ	terparty）……………… 501〜508
（S&P）………………… 419〜423	中心極限定理……………………… 249
スタンレー・プリスカ…………… 201	超高速取引（HFT）……………… 519
スチュアート・ターンブル… 353〜355	
スティーブン・ロス……… 167〜186	[て]
ストラクチャード・カラー	ディープ・クマール……………… 302
……………………… 491〜492	ディープラーニング……………… 524
スノーボール……………… 489〜494	デイヴィッド・クレプス… 186〜200,
スパニング数（spannning num-	509〜510
ber）……………………………… 238	デイビッド・ヒース……………… 216
スマート・ベータ………… 515〜518	デイビッド・リー………… 378〜383,
	465〜466
[せ]	ティモシー・ガイトナー…… 451〜457
正値線形価格ルール………… 191〜194	デフォルト・ポイント…………… 348
責任準備金………………………… 515	電子取引ネットワーク（ECN）… 521
セミ（半）・マルチンゲール… 203〜212	店頭デリバティブ規制……… 498〜501
セルフ・ファイナンシング戦略	
……………………… 203〜211	[と]
線形価格関数……………………… 191	ドイツ銀行……… 481〜482, 488〜490
潜在価値（EV：エンベディッ	ドイツ復興金融公庫（KfW）……… 441
ド・バリュー）………………… 514	トゥー・ビッグ・トゥー・フェイ

事項索引 *551*

ル ·················· 457, 466〜474
動学的（dynamic）な均衡 ··· 234〜241
同値（測度） ························· 190
同値マルチンゲール測度 ···· 190〜215,
222〜226
トータル・リターン・スワップ
（TRS） ······························· 362
トービンの分離定理 ······ 13, 111〜116
ドッド・フランク（ウォール街改
革・消費者保護）法 ··· 57, 469〜474
トランシェ ······················ 338〜339
ドレクセル・バーナム・ランバー
ト ································ 365〜370

[な]
ナシーム・タレブ ······· 245〜246, 255
ナッシュ均衡 ···························· 84

[に]
二階堂副包 ······························· 77
二項モデル（CRRモデル）··· 184〜186,
225〜227, 265, 270〜274
ニュー・センチュリー ········ 405, 438
ニューラルネットワーク ············ 524
ニンジャ（NINJA）ローン ········ 401

[ね]
熱伝導方程式 ·························· 151

[の]
ノーマル・ボラティリティ ········ 531

[は]
バーゼル I ····················· 427〜433
バーゼル II ···················· 427〜436
バーゼル III ···················· 498〜500
バーゼル（銀行監督）委員会 ······ 58,
427〜436, 496〜500

バーナンキERB議長 ················ 457
バイアブル（viable）な価格シス
テム ·························· 191〜196
ハザード・モデル ············ 380〜382
ハザード・レート ············ 349〜357,
379〜380
ハザード・レート・モデル
································ 356〜357
バシチェック・モデル ······· 218〜219
バシュリエ・モデル ················· 530
パス・スルー証券 ············ 336〜338
パッシブ運用 ·························· 516
パトリック・ハーガン ······· 302〜308
バランスシート型 ············ 370〜375
バリア・オプション ················· 229
ハリー・マーコウィッツ ···· 106〜111
パリバ・ショック ········· 49, 442〜444
バリュー・アセット・リスク
（VaR） ······················ 427〜433
バリュー株効果 ··············· 273〜286
パレート最適（効率）··· 81, 238〜241
パレートの図的解法 ················· 252
パレートの法則 ······················· 246
ハワード・ソーシン ···· 225〜227, 452
バンカース・トラスト ······· 281〜289,
358〜362, 431
バンク・オブ・アメリカ ···· 480〜485

[ひ]
ビストロCDO ················ 371〜374

[ふ]
ファースト・トゥ・デフォルト
（FTD） ····················· 362〜363
ファーマ・フレンチの3ファク
ター・モデル ··· 273〜280, 515〜518
ファーマ・フレンチの5ファク
ター・モデル ························ 517

ファクター・モデル ………… 170〜176
ファニー・メイ … 333〜337,453〜455
ファンドブリーフ（Pfandbrief）… 335
フィードバック効果 ……………… 325
フィッシャー・ブラック …… 143〜155,
  278,345〜347
フィッチ ………………… 419〜423
フィナンシャル・モデラー宣言
  …………………………… 460〜465
フィルトレーション（情報増大
  系） ……………… 203〜205,238
フィンテック ……………………… 518
フォッカー・プランク方程式
  ……………… 150〜151,182〜183
フォワード金利モデル …………… 219
フォン・ノイマン＝オスカー・モ
  ルゲンシュテルン効用関数 …… 111
ブライス・マスターズ ……… 358〜362
ブラウン運動 ……………… 68〜76
ブラック76モデル ………………… 153
ブラック・ショールズ・モデル … 22,
  151〜163,178,200,306,341〜344,509
ブラック・マンデー …… 38,255〜264
フラッシュ・クラッシュ ………… 518
フランク・ナイト ………………… 121
フランコ・モディリアーニ … 93〜101
フリーランチ ……………… 191〜196
ブルーノ・デュピール …… 265〜273
ブレイディ・レポート …… 256〜264
フレディ・マック ………… 334〜337,
  453〜455
ブロワ・マンデルブロ ……… 17,36,
  135〜141,245〜255
分散スコア …………… 377〜381,381

[へ]
ベア・スターンズ …… 440,451〜452,
  476〜478

平均・分散効率的（MVE）… 174〜175
べき乗則 ……………………… 247
ヘストン・モデル ………… 298〜302
ヘッジファンドLTCM ……… 309〜320
ベンジャミン・グレアム ………… 275

[ほ]
ポアソン過程 ……………… 179〜180
ポートフォリオ・インシュランス
  …………………………… 256〜264
ポートフォリオ理論 ……………… 12
ホー・リー・モデル ……… 218〜225
ポール・ウィルモット …… 460〜465
ポール・クートナー …… 101,253〜255
ポールソン財務長官 ……… 446〜458
ポール・ボルカー ………… 466〜474
ポール・レヴィ ……………… 68,248
保険監督者国際機構（IAIS）…… 496
ボラティリティのスマイル（ス
  キュー）…… 38,264〜269,303〜306
ボラティリティのボラティリティ
  …………………………… 298〜307
ボルカー・ルール …… 57,466〜474
ポンツィ・スキーム ……… 325〜326

[ま]
マーヴィン・キング ……… 469〜470
マーク・ルビンシュタイン ……… 184,
  225〜230
マーケット・バリュー型 … 375〜376
マートン・ミラー …………… 93〜101
マートン・モデル ………… 342〜350
マイケル・ハリソン ……… 186〜225,
  509〜510
マイケル・ミルケン ……… 365〜370
マイナス金利 ……………………… 528
マイロン・ショールズ … 140,145〜155,
  309〜312

マネージド型 ················· 375〜376
マルコフ過程 ··················· 219
マルチ・カーブ ·················· 504
マルチンゲール ·················· 122
マルチンゲール測度 ············· 186
マルチンゲール表現定理 ···· 204〜215

[む]
ムーディーズ ······ 418〜423, 478〜481
無裁定性 ············· 98〜100, 191〜193

[め]
メザニン ·················· 408〜410
メザニン ABS CDO ················ 410
メザニン（mezzanine）・トランシェ ························· 368
メリルリンチ ········· 417, 419〜421, 454〜457, 478〜485

[も]
モーゲージ担保証券（MBS）
　 ·························· 333〜340
モーリー・オズボーン ······ 86, 90〜93
モノライン保険会社 ········· 444〜448
モメンタム効果 ············· 276〜280
モンテカルロ・シミュレーション
　 ······························ 34, 232

[ゆ]
ユージン・ファーマ ···· 138〜142, 254, 273〜280
誘導型モデル ········· 349〜357, 379

[よ]
予算（budget-feasible）消費 ······ 240

[ら]
ラドン・ニコディブ微分 ···· 197〜199

ランダム・ウォーク ····· 67〜73, 140, 232, 245〜247, 253
ランダム・ウォーク仮説 ···· 122〜124
ランド研究所 ······················· 79

[り]
リーマン・ショック ······ 49, 448〜459
リーマン・ブラザーズ ··· 454〜459, 476
リカバリー理論 ···················· 513
リスク中立世界 ······················ 26
リスク中立測度 ··············· 508〜515
リスク中立評価法 ············ 176〜186
リスクの市場価格 λ ···· 114, 219〜225
リスク・プレミアム ······ 97, 114, 125, 509〜515
リチャード・ロール ········· 174〜176

[る]
ルイ・バシュリエ ············· 5, 67〜76
ルックバック・オプション ··· 227〜231

[れ]
レオン・ワルラス ···················· 77
レビン－コバーン・レポート
　 ···························· 474〜482
レラティブ・バリュー取引 ··· 309〜320

[ろ]
ローカル・ボラティリティ・モデル ······················ 39, 264〜273
ローレンス・サマーズ ············· 142
ロシア危機 ······················· 316
ロバート・ジャロー ···· 216, 353〜357
ロバート・シラー ······· 262, 320〜329
ロバート・マートン ········ 24, 120, 153〜163, 309〜312, 341〜349
ロボ・アドバイザー ················ 527
ロング・ターム・キャピタル・マ

ネジメント……………………145
ロングテール……………………248

[わ]
歪度………………………………250

ワシントン・ミューチュアル……480
割引過程……………………210〜212
ワルラス均衡………………237〜241

数理ファイナンスの歴史

平成28年4月12日　第1刷発行

著　者　櫻　井　　　豊
発行者　小　田　　　徹
印刷所　図書印刷株式会社

〒160-8520　東京都新宿区南元町19
発　行　所　一般社団法人　金融財政事情研究会
　　　　　編集部　TEL 03(3355)2251　FAX 03(3357)7416
販　　　売　株式会社きんざい
　　　　　販売受付　TEL 03(3358)2891　FAX 03(3358)0037
　　　　　URL http://www.kinzai.jp/

・本書の内容の一部あるいは全部を無断で複写・複製・転訳載すること、および磁気または光記録媒体、コンピュータネットワーク上等へ入力することは、法律で認められた場合を除き、著作者および出版社の権利の侵害となります。
・落丁・乱丁本はお取替えいたします。定価はカバーに表示してあります。

ISBN978-4-322-12862-8